V&R

Umwelt und Gesellschaft

Herausgegeben von

Christof Mauch,
Helmuth Trischler und
Frank Uekötter

Band 10

Vandenhoeck & Ruprecht

Weltmeere

Wissen und Wahrnehmung im langen 19. Jahrhundert

Herausgegeben von
Alexander Kraus und Martina Winkler

Vandenhoeck & Ruprecht

GEFÖRDERT VOM

Gedruckt mit Unterstützung des Bundesministeriums für Bildung und Forschung.
Die Verantwortung für den Inhalt dieser Veröffentlichung liegt beim Autor.

Mit 9 Abbildungen und 5 Karten

Bibliografische Information der Deutschen Nationalbibliothek
Die Deutsche Nationalbibliothek verzeichnet diese Publikation in der
Deutschen Nationalbibliografie; detaillierte bibliografische Daten sind
im Internet über http://dnb.d-nb.de abrufbar.

ISBN 978-3-525-31713-6
ISBN 978-3-647-31713-7 (E-Book)

Umschlagabbildung: Fabian Winkler

© 2014, Vandenhoeck & Ruprecht GmbH & Co. KG, Göttingen /
Vandenhoeck & Ruprecht LLC, Bristol, CT, U.S.A.
www.v-r.de
Alle Rechte vorbehalten. Das Werk und seine Teile sind urheberrechtlich geschützt.
Jede Verwertung in anderen als den gesetzlich zugelassenen Fällen bedarf der vorherigen
schriftlichen Einwilligung des Verlages. Printed in Germany.

Satz: textformart, Göttingen | www.text-form-art.de
Druck und Bindung: ⊕ Hubert & Co, Göttingen

Der Mensch und das Meer

Du freier Mensch, du liebst das Meer voll Kraft,
Dein Spiegel ist's. In seiner Wellen Mauer,
Die hoch sich türmt, wogt deiner Seele Schauer,
In dir und ihm der gleiche Abgrund klafft.

Du liebst es, zu versinken in dein Bild,
Mit Aug' und Armen willst du es umfassen,
Der eignen Seele Sturm verrinnen lassen
In seinem Klageschrei, unzähmbar wild.

Ihr beide seid von heimlich finstrer Art.
Wer taucht, o Mensch, in deine letzten Tiefen,
Wer kennt die Perlen, die verborgen schliefen,
Die Schätze, die das neidische Meer bewahrt?

Und doch bekämpft ihr euch ohn' Unterlass
Jahrtausende in mitleidlosem Streiten,
Denn ihr liebt Blut und Tod und Grausamkeiten,
O wilde Ringer, ewiger Bruderhass!

Charles Baudelaire (Die Blumen des Bösen)

Inhalt

Alexander Kraus und Martina Winkler
Weltmeere.
Für eine Pluralisierung der kulturellen Meeresforschung 9

Franziska Torma
Wissenschaft, Wirtschaft und Vorstellungskraft.
Die ›Entdeckung‹ der Meeresökologie im Deutschen Kaiserreich 25

Werner Tschacher
»Mobilis in mobili«.
Das Meer als (anti)utopischer Erfahrungs- und Projektionsraum
in Jules Vernes *20.000 Meilen unter den Meeren* 46

Christian Holtorf
Das ozeanische Gefühl – ein Topos der Moderne 66

Mareike Vennen
»Echte Forscher« und »wahre Liebhaber« –
Der Blick ins Meer durch das Aquarium im 19. Jahrhundert 84

Shane McCorristine
Träume, Labyrinthe, Eislandschaften:
Körper und Eis in Arktis-Expeditionen des 19. Jahrhunderts 103

Alexander Kraus
Der Klang des Nordpolarmeers 127

Julia Heunemann
No straight lines.
Zur Kartographie des Meeres bei Matthew Fontaine Maury 149

Pascal Schillings
Das Meer als Akteur.
Maritime Einflüsse auf die Wissensproduktion
der ersten deutschen Antarktisexpedition, 1901–1903 169

Martina Winkler
Landratten auf Segeltour?
Russländische Unternehmer im Nordpazifik 191

Jens Ruppenthal
Wie das Meer seinen Schrecken verlor.
Vermessung und Vereinnahmung des maritimen Naturraumes
im deutschen Kaiserreich 215

Lars Schladitz
Das Südpolarmeer als Arena: Nationalismus und Nutzungsansprüche
im japanischen Walfang (1934–1941) 233

Autorinnen und Autoren 253

Alexander Kraus und Martina Winkler

Weltmeere

Für eine Pluralisierung der kulturellen Meeresforschung

»*Der Mensch und das Meer*«

1. Von der Vielfalt der Meere

Nichts Geringeres als die in den »Tiefen des Meeres [...] verborgenen Schönheiten der Natur« wollte Ernst Haeckel in seinen zwischen den Jahren 1899 bis 1904 veröffentlichten *Kunstformen der Natur* erschließen und für das bloße, nicht mit einem Mikroskop »bewaffnete« Auge sichtbar machen.[1] In seiner eigenwilligen Deutung der Darwinschen Evolutionstheorie versuchte der Jenaer Zoologieprofessor neben den zentralen Leitideen der natürlichen Selektion und der Variation noch eine weitere zu platzieren: das Prinzip Schönheit. Wer die über tausend kunstfertig gestalteten Bildtafeln sah, sollte nicht nur auf einer wissenschaftlichen Ebene *verstehen*, sondern auch die Pracht von Strahlentierchen, Nacktkiemern oder Nesseltieren *bewundern*. In seinem Vorwort betonte Haeckel die Schönheit, die »zierlichen und phantastischen Formen« und die erstaunliche Fülle dieser neuen Welt – die er, so wurde er nicht müde zu betonen, dem Betrachter öffnete. In Haeckels Werk finden sich damit verschiedene Dimensionen der Ozeane versammelt, die auch in unserem Buch betrachtet werden: Erforschung und Verwissenschaftlichung; Domestizierung und Ästhetisierung; Schematisierung, Systematisierung und möglicherweise Verfälschung; sowie Nutzung, Kommerzialisierung und Popularisierung. All dies basierend auf der Vorstellung, die Ozeane seien belebte natürliche Räume, welche mit Sinn zu füllen nun die Aufgabe der Menschen und damit des historischen Agierens sei.

Gleichzeitig wird bei der Betrachtung des Haeckelschen Werks auch ein Grundproblem der aktuellen kulturwissenschaftlichen Meeresforschung deutlich: Haeckel präsentierte sich nicht nur als Künstler und Wissenschaftler, sondern zugleich als entdeckender Eroberer. Seine Bilder waren zugunsten einer scheinbar natürlichen Symmetrie über Schematisierungen, wenn nicht Mani-

---

1 Ernst Haeckel, Kunstformen der Natur. Leipzig und Wien 1899–1904, hier unpaginiertes Vorwort.

pulationen idealisiert worden. Wie in anderen Wissenschaftsfeldern auch hatte sich hier »die Entscheidung für das Vollkommene und gegen das Unvollkommene« durchgesetzt[2] – letztlich stellte dies eine logische Überführung Linnéeschen vernunftbetonten Systematisierungswillens in eine Kunstform der Wissenschaft dar. Im aufklärerischen Diskurs seines Projekts sind die Meere dunkel und unerforscht, doch Haeckel selbst »zieht« die Schätze des Ozeans »ans Licht«. Was wir in Haeckels Darstellung *nicht* finden, sind Bilder von den Weltmeeren als Orte der Angst und Düsternis – »die Fluten« waren hier eben kein »verdammtes Reich der Finsternis, in dem sich Monster von abenteuerlicher Gestalt gegenseitig das Leben zur Hölle machen und alles verschlingen«.[3]

Betrachtet man nun Haeckels Werk und seine Herangehensweise an das Meer vor dem Hintergrund der aktuellen Meeresforschung, so muss er als ungewöhnlicher Ausnahmefall erscheinen. Die vorherrschende Meistererzählung ist eine andere und beschreibt das Verhältnis von ›Mensch‹ und ›Meer‹ eher als von Angst und Distanz bestimmt. Die Autoren dieses Bandes zeigen jedoch, dass Haeckels offener, ganz und gar nicht angstbeladener Ansatz eben keine Ausnahme war, und argumentieren ›für eine Vielfalt der Meere‹.

2. Das Meer als das ›Andere‹?

Auch wenn der *oceanic turn* als Begriff nicht so inflationär erscheint wie seine linguistischen, imperialen, räumlichen und weiteren Verwandten, zeigt sich doch ein deutlich wachsendes wissenschaftliches Interesse am maritimen historischen Raum.[4] Die Wahrnehmungsgeschichte der Meere, die Geschichte ihrer kulturellen Konstruktion, Analysen von kartographischen und zoologischen Illustrationen sowie Beschreibungen des Meeres als Angstfaktor in der Vormoderne und Moderne bilden wichtige Elemente dieser jüngsten Trendwende. Primär geht es dabei darum, das Meer zu historisieren oder, wie John Gillis so schön formuliert, »taking history offshore«.[5] Diese Forderung richtet sich gegen die traditionelle Ignoranz gegenüber den Meeren als historische

---

2 Lorraine Daston, Peter Galison, Objektivität. Frankfurt a. M. 2007, 9–15, hier 13.

3 Bernd Brunner, Wie das Meer nach Hause kam. Die Erfindung des Aquariums. Berlin 2003, 11.

4 Dennoch zu finden ist er z. B. bei dem Projekt »The Oceanic Turn in the Long Eighteenth Century: Beyond Disciplinary Territories«, online abrufbar unter http://ideasandsociety.ucr.edu/oceanicturn/ [6.3.2013] oder auch bei einem panel auf der Jahrestagung des Association for Slavic, East European, and Eurasian Studies, siehe http://aseees.org/convention/2012-program.pdf. Siehe auch Patricia Yaeger, Editor's Column: Sea Trash, Dark Pools, and the Tragedy of the Commons, in: PMLA 125, 2010, Nr. 3, 523–545.

5 John R. Gillis, Taking history offshore. Atlantic islands in European minds, 1400–1800, in: Rod Edmond, Vanessa Smith (Hrsg.), Islands in History and Representation. London 2003, 19–31; Bernhard Klein, Gesa Mackenthun, Einleitung. Das Meer als kulturelle

Räume und Faktoren und stellt ein hartnäckig terrozentrisches Weltbild in Frage. Zurückzuführen sei dieses Weltbild in erster Linie auf die Territorialisierungsprozesse der modernen Staats- und Gesellschaftsbildung, so die Vertreter dieser Forderung. Der Anspruch auf zunehmende Kontrolle, klare Strukturierung und deutliche Abgrenzung souverän beherrschter, im Idealfall national legitimierter Territorien finde einen passenden Gegenpol in einem als ›anders‹, nicht-territorial, also nicht kontrollierbaren und per se strukturlosen Meer, wie es sich sinnbildlich auf modernen Weltkarten zeige:[6] Das Meer erscheine in der Folge als ein Nicht-Gebiet, bleibe territorial unmarkiert, ohne Struktur und Grenzen, als eine möglichst schnell zu überwindende Fläche. Die modernen Ozeane erschienen aus dieser Perspektive leer.[7] Geschichte sei hier nicht denkbar.[8]

Wie bei vielen anderen ›othering‹-Prozessen auch hat sich das Konzept des ›anderen‹ Meeres gerade deshalb lange Zeit bewährt, weil die historische Dimension seiner Entwicklung so gern ausgeblendet wird. Und so erscheint es häufig, als sei das Meer tatsächlich in genuiner Weise ›anders‹, ›unbeherrschbar‹, ›endlos‹. Nicht zufällig gilt das Meer als der Foucaultsche Heterotopos schlechthin, als geschichtsloser und zeichenloser Raum, als »naturgegebene Grenze des Raumes menschlicher Unternehmungen«, als durch den Menschen letztlich nicht denkbarer Raum.[9] Diese Prämisse bildet ein prominentes Element zahlreicher geschichts- und kulturwissenschaftlicher Einleitungen und markiert so die entscheidende Legitimationsfigur für den *oceanic turn*. So schreiben beispielsweise Bernhard Klein und Gesa Mackenthun über ihr Buch *Das Meer als kulturelle Kontaktzone*, dass es sich explizit gegen die »dominante kulturelle Vorstellung [richte], die das Meer als primär symbolischen und weitgehend geschichtslosen Ort begreift«.[10]

Kontaktzone, in: dies. (Hrsg.), Das Meer als kulturelle Kontaktzone. Räume, Reisende, Repräsentationen. Konstanz 2003, 1–16; Jonathan D. Culler, Literary theory: A very short introduction. Oxford 2011, 127.

6 Philip E. Steinberg, The Social Construction of the Ocean. Cambridge 2001; Paul Reuber, Günter Wolkersdorfer, Geopolitische Weltbilder als diskursive Konstruktionen. Konzeptionelle Anmerkungen und Beispiele zur Verbindung von Macht, Politik und Raum, in: Hans Gebhardt, Helmuth Kiesel (Hrsg.), Weltbilder. Berlin 2004, 367–387.

7 Zum Konzept von leeren Räumen siehe u. a. Robert David Sack, Human Territoriality. Its Theory and History. Cambridge, MA 1986.

8 Ian K. Steele, The English Atlantic, 1675–1740: An Exploration of Communications and Community. New York 1986, vi.

9 Michel Foucault, Andere Räume, in: Karlheinz Barck (Hrsg.), Aisthesis. Wahrnehmung heute oder Perspektiven einer anderen Ästhetik. Leipzig 1992, 34–46; Hans Blumenberg, Schiffbruch mit Zuschauer: Paradigma einer Daseinsmetapher. Frankfurt a. M. 1988, 9; Eric J. Leed, The Mind of the Traveler. From Gilgamesh to Global Tourism. New York 1991, 19; Roland Barthes, Mythen des Alltags. Frankfurt a. M. 2006; Fernand Braudel, Das Meer, in: ders., George Duby (Hrsg.), Die Welt des Mittelmeeres. Frankfurt a. M. 1997, 37–60.

10 Klein, Mackenthun, Einleitung. Das Meer als kulturelle Kontaktzone, 1.

Dieses repetitiv angeführte Argument, wir sähen das Meer als leeren Raum,[11] führt die Diskussion aber immer wieder zu ihrem Ausgangspunkt zurück. Denn ungeachtet dessen, dass in den letzten zwei Jahrzehnten zahlreiche Forschungsarbeiten erschienen sind, in denen über unterschiedliche Zugänge die Historizität der Meere nachgewiesen wird, gehen auch viele jüngere Beiträge von der Prämisse aus, unser Weltbild sei terrozentrisch, das Meer habe nach wie vor keine Geschichte und es wäre nun an der Zeit, dies zu ändern. Dekonstruktion und Konstruktion verschmelzen. Der *oceanic turn* droht zu einem ständigen Drehen um die eigene Achse zu werden.

Die in diesem Band versammelten Beiträge wollen diese Schleifenbewegung vermeiden und stellen das vermeintlich ›andere‹ Meer gerade nicht ins Zentrum ihrer Betrachtungen. Gemeinsam ist ihnen vielmehr das Interesse an der Komplexität menschlicher Wahrnehmung, Strukturierung, Nutzung und Orientierung des Meeres. So präsentieren sie unterschiedliche Ansätze aus dem Feld der kulturellen und historischen Meeresforschung und fragen danach, wie Menschen Meere erforschten, navigierten, ausbeuteten, ästhetisierten, genossen, kontrollierten, bekämpften und zu verstehen versuchten. Dabei kristallisieren sich diverse Strategien und Methoden heraus, die in ihrer Gesamtheit vor allem eine Annahme verblassen lassen: die Vorstellung von einer universalen und fundamentalen Angst vor dem Meer, von einem tief verwurzelten Gefühl der Andersartigkeit und Unerreichbarkeit. Menschen unterschiedlichster Kulturen und Zeiten haben das Meer durchaus als nutzbar und strukturierbar angesehen. Die ästhetische und auch die mythische Dimension gehen dabei nicht unbedingt verloren – sie stehen aber nicht zwangsläufig im Mittelpunkt.

3. Die Pluralisierung der kulturellen Meeresforschung

John Gillis hat es sich in seinem 2012 publizierten Buch *The Human Shore. Seacoasts in history* zur Aufgabe gemacht, mit dem Mythos der menschlichen »Terrazentrizität« ein für alle mal aufzuräumen.[12] In einem fast atemberaubenden Parforceritt durch die Geschichte führt er zahlreiche Ergebnisse aus der archäologischen Forschung, der Mittelmeergeschichte, der Imperialhistorie und weiteren relevanten Bereichen an. Dabei argumentiert er überzeugend für eine genauere Betrachtung der weder ausschließlich terrazentrischen noch explizit aquatischen menschlichen Geschichte. Menschen haben, so Gillis, in der Ver-

---

11 So beispielsweise bei: Andrew S. Cook, Surveying the Seas: Establishing the Sea Routes to the East Indies, in: James Akerman (Hrsg.), Cartographies of Travel and Navigation. Chicago 2010, 69–96 oder Greg Dening, Deep Times, Deep Spaces: Civilizing the Sea, in: Bernhard Klein, Gesa Mackenthun (Hrsg.), Sea Changes. Historicizing the ocean. New York 2004, 13–36.
12 John R. Gillis, The Human Shore: Seacoasts in History. Chicago und London 2012.

gangenheit vorwiegend »amphibisch« gelebt und somit Wasser und Land hervorragend miteinander zu verbinden gewusst. So beeindruckend die Darstellung auch ist, stellt sich doch die Frage, ob sein Ansatz, mehr oder weniger die gesamte Menschheitsgeschichte auf weniger als 200 Seiten zusammen zu fassen, tatsächlich geeignet ist, ›das Meer‹ in seiner Gesamtheit zu ›historisieren‹. Und tatsächlich fällt auf, wie häufig in Gillis' Text verallgemeinernd von »we« die Rede ist, von »our mythical geography« oder schlicht »humans«, und wie gern der Autor in seinen Argumenten die Adverbien »ever« und »always« oder wahlweise ›never‹ bemüht.

Der vorliegende Band ist deutlich weniger kohärent – und dies mit gutem Grund. Die Historisierung von Räumen und Wahrnehmungen bedarf zuallererst eines bewussten Aufbrechens der Vorstellung von anthropologischer Universalität und Konstantheit. ›Der Mensch‹ ist daher eine ebenso problematische Kategorie wie ›das Meer‹. Zwar beklagt der Literaturwissenschaftler William Boelhower den Charakter meereshistorischer Untersuchungen, seien diese doch zumeist allein »random and often merely impressionistic trajectories into a still largely uncharted oceanic order«. Doch gerade diese Annahme einer irgendwie gegebenen und nun zu erforschenden »oceanic order« erscheint uns problematisch und limitierend.[13] Entsprechend bearbeiten die Autorinnen und Autoren in ihren Texten zeitlich und räumlich ausgesprochen vielfältige historische Bereiche – sie thematisieren alle fünf Ozeane und einige der Nebenmeere. Dies spiegelt das zentrale Anliegen des Bandes: eine bewusste, konzeptionelle Pluralisierung der kulturellen Meeresforschung. Und dies geschieht explizit auf verschiedenen, einander überlappenden Ebenen: in Bezug auf die Ebene der historischen Akteure, mit Blick auf die spezifische räumliche Zuordnung sowie in Hinsicht auf eine Problematisierung des Kollektivsingulars ›Meer‹.

Erstens, um mit den historischen Akteuren zu beginnen: Das Meer wurde von verschiedenen Menschen auf unterschiedliche Weise wahrgenommen und beschrieben. Die häufig in der Literatur postulierte Universalität des Verhältnisses von ›Mensch‹ und ›Meer‹ ist hochproblematisch. Einen hier nutzbaren Ansatz für eine historische Differenzierung schlägt beispielsweise Charles Maier vor. Er hat Territorialisierungsprozesse seit der Frühen Neuzeit beschrieben und ein Periodisierungsmodell entwickelt, das eine Klammer vom Westfälischen Frieden bis zu den Globalisierungstendenzen des späteren 20. Jahrhunderts bildet.[14] In dieser Zeit, so Maier, sei die Welt vorranging in den Mustern der sauber abgegrenzten, idealerweise effektiv durchherrschten Nationalstaaten gedacht

---

13 William Boelhower, The Rise of the New Atlantic Studies Matrix, in: American Literary History 20, 2008, Nr. 1, 83–101, hier 86f.
14 Charles Maier, Consigning the Twentieth Century to History: Alternative Narratives for the Modern Era, in: American Historical Review 165, 2000, Nr. 3, 807–831.

worden. Wo aber Räume territorialisiert, fest strukturiert und scheinbar klar definierten Souveränitäten unterworfen werden, haben Ozeane keinen Platz und somit auch keine Geschichte. Die von Charles Maier und anderen beschriebenen Territorialisierungsprozesse haben sich für das Denken der Historiker tatsächlich als Territorialisierungsfalle erwiesen.[15] Auf die maritime Geschichte übertragen, entspricht dieses Modell nicht nur den Beobachtungen Philip Steinbergs, sondern auch der aktuell nicht nur in der Wissenschaft, sondern auch in Politik, Wirtschaft und Kultur verstärkten Wahrnehmung der Meere.[16]

Eine weitere prominente Differenzierung erfolgt auf kultureller Ebene. Das pauschale Bild von ›dem Menschen‹, mit dem die klassischen Meereskonstruktionen oft arbeiten, wird zuweilen auf Europa oder die westliche Welt beschränkt. Die Angst vor dem Meer, die Vorstellung vom leeren ozeanischen Raum erscheint damit als spezifisch okzidental. Das so entstehende Bild erscheint aber nicht unbedingt weniger diskutabel: Zwar erfährt die Vorstellung von westlichen Terrozentrikern einerseits und nichteuropäischen »Saltwater People«[17] andererseits im Rahmen der aktuellen Versuche, der sozialwissenschaftlichen »territorial trap« zu entkommen, eine neue und bemüht nichteurozentrische Wertung. Doch mündet der kritische Impuls nicht selten in essentialisierende Zuordnungen und schafft einen kulturellen Dualismus, der die Forschung eher blockiert als fördert.[18]

Vielmehr scheint es noch komplizierter zu sein; sowohl historische als auch kulturelle Zuordnungen müssen weiter ausdifferenziert werden. Europäische Elitendiskurse haben sich seit dem Westfälischen Frieden und seit Hugo Grotius eine nicht nur einheitlich-westliche, sondern auch terrozentrische Kultur zu-

---

15 John Agnew, The Territorial Trap: The Geographical Assumptions of International Relations Theory, in: Review of International Political Economy 1, 1994, Nr. 1, 53–80.

16 Um hier nur ein Beispiel von vielen zu nennen: Das sehr prominent ins Zentrum gestellte Motto der Weltausstellung 2012 in Seoul lautete:»The Living Ocean and Coast«, siehe http://english.visitkoreayear.com/english/infor/infor_01_07_01.asp [6.3.2013].

17 Zu diesem Begriff siehe: Ian McNiven, Saltwater People: Spiritscapes, Maritime Rituals and the Archaeology of Australian Indigenous Seascapes, in: World Archaeology. Special issue: Seascapes 35, 2004, Nr. 3, 329–349. Siehe auch John R. Gillis, Islands of the Mind: How the Human Imagination Created the Atlantic World. London 2009, 1–2; Epeli Hau'ofa, Our Sea of Islands, in: E. Waddell (Hrsg.), A New Oceania: Rediscovering Our Sea of Islands. Suva, Fiji 1993, 2–16; Peter Boomgard, In a state of flux: Water as a deadly and a life-giving force in Southeast Asia Waterscapes, in: ders. (Hrsg.), A world of water: Rain, Rivers and Seas in Southeast Asian Histories. Leiden 2007, 1–26.

18 Ein gelungenes, von der Imperiums- und Postkolonialismusforschung inspiriertes Gegenbeispiel bildet: Jennifer Gaynor, Maritime Ideologies and Ethnic Anomalies: Sea Space and the Structure of Subalternity in the Southeast Asian Littoral, in: Jerry Bentley, Kären Wigen (Hrsg.), Seascapes: Maritime Histories, Littoral Cultures, and Transoceanic Exchanges. Honolulu 2007, 53–70. Siehe auch Jennifer Gaynor, Liquid Territory: Subordination, Memory and Manuscripts among Sama People of Sulawesi's Southern Littoral. Dissertation University of Michigan 2005.

rechtgezimmert. Doch reicht es nicht, ein solches Selbstbild mit gegenläufigen ›Fakten‹ wie Siedlungsstrukturen oder Ressourcennutzung zu konfrontieren und damit als falsch zu entlarven. Vielmehr erscheint bei genauerem Hinsehen auch dieser Mythos moderner europäischer Landgebundenheit nicht mehr so einheitlich, Grotius keinesfalls als dominanter Sprecher der Vergangenheit. Ein anschauliches Beispiel für die Komplexität des Themas findet sich in der zur Zeit florierenden Piratenforschung, die traditionelle Dualismen systematisch unterminiert. Die frühneuzeitliche Konstruktion der Meere als Freiheitsraum oder auch – je nach Perspektive – als rechtsfreies Gebiet, auf dem sich Piraten als *hostis humani generis* bewegten,[19] kann zwar als ein Nachweis für den Mythos Meer betrachtet werden. Doch handelt es sich hier um eine Perspektive von vielen, keinesfalls um die einzige oder auch nur vorherrschende Konzeption von Meer und Piraterie. Der nachweisliche Pragmatismus, um nicht zu sagen Opportunismus im Umgang mit Piraten oder wahlweise Freibeutern zeigt auch, wie wenig eindeutig die Grenzziehungen hier waren – in den berühmten Worten Samuel Taylor Coleridges: »No man is a pirate, unless his contemporaries agree to call him so.«[20] Darüber hinaus sind gerade Rechtsverständnis und Rechtspraxen von Piraten zu zentralen Forschungsobjekten geworden; Lauren Benton bezeichnet Piraten gar als »sophisticated legal actors«.[21] Wie die Forschung zu den Rechtskonstrukten von *amity lines* deutlich macht, komplizieren die Dualismen kolonialen Denkens das Bild zusätzlich.[22] Denn es war nicht ›das Meer‹, das als rechtsfrei begriffen wurde oder einem anderen, weniger strukturierten Recht unterlag. Vielmehr wurde ein Dualismus vom Rechtsraum Europa einerseits und einer atlantischen rechtsfreien Zone andererseits konstruiert. Die eher sozialhistorisch orientierte Forschung wiederum konzentriert die Kontraste stärker auf die Dynamik von aufkommendem Kapitalismus und Nationalstaaten

---

19 Agnes Christina Laut, Vikings of the Pacific. The Adventures of the Explorers who came from the West, Eastward. Bering, the Dane; the Outlaw Hunters of Russia; Benyowsky, the Polish Pirate; Cook and Vancouver, the English Navigators; Gray of Boston, the Discoverer of the Columbia; Drake, Ledyard, and other Soldiers of Fortune on the West Coast of America. New York 1905, 110.

20 Patricia Risso, Cross-Cultural Perceptions of Piracy: Maritime Violence in the Western Indian Ocean and Persian Gulf Region during a Long Eighteenth Century, in: Journal of World History 12, 2001, Nr. 2, 293–319, hier 297.

21 Editorial Collective, Of Pirates, Empire, and Terror: An Interview with Lauren Benton and Dan Edelstein, in: Humanity 2, 2011, Nr. 1, 75–84, hier 75. Siehe auch Lauren A. Benton, A Search for Sovereignty: Law and Geography in European Empires, 1400–1900. Cambridge 2010; Erin Mackie, Rakes, Highwaymen, and Pirates: The Making of the Modern Gentleman in the Eighteenth Century. Baltimore 2009.

22 Eliga Gould, Lines of Plunder or Crucible of Modernity? The Legal Geography of the English-Speaking Atlantic, in: Bentley, Wigen, Seascapes, 105–120; Michael Kempe, Teufelswerk der Tiefsee. Piraterie und die Repräsentation des Meeres als Raum im Recht, in: Hannah Baader (Hrsg.), Das Meer, der Tausch und die Grenzen der Repräsentation. Zürich 2010, 379–411.

einerseits und der Piraterie andererseits.[23] ›Das Meer‹ als Mythos verliert bei genauerem Hinsehen schnell seine dominante Bedeutung und vor allem seine Einheitlichkeit; die Welt erscheint zunehmend von zahlreichen, oft quer zueinander stehenden Strukturierungsversuchen und Unebenheiten bestimmt.

Zweitens ist es natürlich auch fraglich, ob und auf welche Weise die betrachteten Akteure überhaupt in ihrer Lebenswelt mit Meeren konfrontiert waren – und auch, um welche Meere es sich jeweils handelte. Eine generelle, verallgemeinernde Form der Geschichte ›des Meeres‹ ignoriert den ungeheuren Variantenreichtum, mit dem wir es hier zu tun haben. Bei allem Konstruktivismus sind doch klimatische ebenso wie topographische Bedingungen von Bedeutung, spielen Möglichkeiten ökonomischer Nutzung oder auch rechtliche und politische Traditionen und Voraussetzungen eine bedeutende Rolle. Die *roaring forties* beispielsweise vermittelten um 1800 europäischen Seefahrern vollkommen neue Erfahrungen, die sie erst langsam in ihre vom Atlantik und der Nordsee geprägten Wahrnehmungsmuster einpassen mussten.[24] Insofern erscheinen auch die eigentliche Bezeichnung der ›Meeresgeschichte‹ und unsere gewohnte Sprachregelung von ›dem Meer‹ überdenkenswert. Darüber hinaus ist die Isolation und Sonderstellung dieser ›Meeresgeschichte‹ hochproblematisch, ergeben sich die wichtigen Fragen und die Voraussetzungen zu deren Beantwortung doch vielmehr aus Gebieten wie der Umwelt-, Imperial-, Wirtschafts- oder Mediengeschichte und nicht zu vergessen der Politik- und Rechtsgeschichte. All diese Subdisziplinen brauchen die Geschichte der Meere ebenso wie diese umgekehrt aus ihnen schöpft.[25]

Das Etikett ›Meeresgeschichte‹ gaukelt demnach eine problematische Einheitlichkeit des wissenschaftlichen Ansatzes vor, die sich letztlich auf die oben

---

23 Erin Mackie, Welcome the Outlaw: Pirates, Maroons, and Caribbean Countercultures, in: Cultural Critique 59, 2005, Nr. 1, 24–62; Marcus Rediker, The Pirate and the Gallows: An Atlantic Theater of Terror and Resistance, in: Bentley, Wigen, Seascapes, 239–250; Marcus Rediker, Between the Devil and the Deep Blue Sea: Merchant Seamen, Pirates, and the Anglo-American Maritime World, 1700–1750. Cambridge 1987; Peter Linebaugh, Marcus Rediker, Die vielköpfige Hydra: Die verborgene Geschichte des revolutionären Atlantiks. Berlin 2008; Jorge Canizares-Esguerra, Erik R. Seeman (Hrsg.), The Atlantic in Global History, 1500–2000. Upper Saddle River, NJ 2007; Bernard Bailyn, Atlantic History: Concept and Contours. Cambridge 2005.
24 Geoffrey Blainey, The Tyranny of Distance. How Distance shaped Australia's History. Melbourne 1968. Ähnlich argumentiert auch Eric H. Ash, Navigation Techniques and Practice in the Renaissance, in: David Woodward (Hrsg.), The History of Cartography. Vol. 3: Cartography in the European Renaissance. Chicago 2007, 509–527.
25 David Burnett beispielsweise kritisiert zu Recht, dass sowohl Kartographieforschung als auch Imperiumsstudien hydrographische Karten bisher sträflich vernachlässigt haben. David Graham Burnett, Hydrographic Discipline among the Navigators: Charting an »Empire of Commerce and Science« in the Nineteenth-Century Pacific, in: James Akerman (Hrsg.), The Imperial Map: Cartography and the Mastery of Empire. Chicago 2009, 185–260.

diskutierte Konstruktion des ›anderen‹ Meeres zurückführen lässt: denn nur in seiner ›Andersartigkeit‹ lässt es sich als Einheit fassen. Der entsprechende Gegenentwurf einer alles umfassenden ›Landesgeschichte‹ erschiene denn auch mehr als absurd: viel zu pauschal und geradezu lächerlich konzeptfrei.

Der postulierte *oceanic turn* kann wohl erst dann wirklich erfolgreich sein, wenn ›Maritimität‹ zu einer Kategorie historischer Betrachtung wird, ohne dass ein symbolbeladenes, pauschalisierendes Konzept des Meeres das Zentrum der Betrachtung für sich beansprucht. Die Verbindung von Erkenntnissen und Konzepten historischer *area studies* mit dem Interesse an Maritimität und nicht-terrozentrischer Betrachtungsweise ist bereits verschiedene Male geglückt.[26] Viel zu lernen ist von den inzwischen klassischen *Atlantic* und *Indian Ocean Studies* sowie der sich entwickelnden Pazifischen Geschichte. Von entscheidender Bedeutung sind auch Denkansätze der Globalgeschichte. Hier wird das historische Denken ›outside the box‹, außerhalb der nationalstaatlichen Schemata nämlich, vorexerziert. Ebenso wie die Globalgeschichte postuliert, dass historisches Agieren nicht unbedingt innerhalb modern konstruierter räumlicher Einheiten stattfand, muss auch die Meeresforschung versuchen, geographische Schubladen zu vermeiden. Zahlreiche Autoren haben bereits darauf hingewiesen, wie sehr die Meeresgeschichte ›globales‹ Denken erfordert und wie umgekehrt Globalgeschichte maritime Geschichte möglich macht.[27] Kären Wigen beispielsweise plädiert für die Etablierung von »maritime sociocultural studies« – einer an den Erfahrungen der verschiedenen *area studies* orientierten, aktuelle historiographische Fragen diskutierenden, dabei das ›Maritime‹ aber durchaus als umwelt-, sozial- und kulturhistorische Besonderheit einbeziehende Disziplin.[28] Die Diskussionen sind offen, und die Thesen hängen nicht zuletzt vom methodischen Ansatz der Autoren ab. So haben zahlreiche Historiker und Geographen die Historizität von Atlantik und Pazifik diskutiert. Während Bernhard Klein überzeugend gegen die Vorstellung von

---

26 Bentley, Wigen, Seascapes; Kären Wigen (Hrsg.), AHR Forum: Oceans of History, in: American Historical Review 111, 2006, H. 3.
27 Edward G. Gray, Alan Taylor, Introduction. Toward a Pacific World, in: Commonplace 5, 2005, Nr. 2, online abrufbar unter http://www.common-place.org/vol-05/no-02/intro/index.shtml; Ingo Heidbrink, Maritime History/Schifffahrtsgeschichte – Bemerkungen zu einem Forschungsgebiet mit nahezu zwangsläufig transnationaler Ausrichtung, in: H-Soz-u-Kult 15.06.2007, online abrufbar unter http://hsozkult.geschichte.hu-berlin.de/forum/id=892&type=diskussionen; Emily Sohmer Tai, Marking Water: Piracy and Property in the Premodern West, in: Bentley, Wigen, Seascapes, 205–220; David Igler, The Great Ocean. Pacific Worlds from Captain Cook to the Gold Rush. Oxford und New York 2013; Rainer F. Buschmann, Oceans of World History: Delineating Aquacentric Notions in the Global Past, in: History Compass 2, 2004, Nr. 1, 1–10.
28 Kären Wigen, Introduction, in: Bentley, Wigen, Seascapes, 1–20. Siehe auch Martin Lewis, Kären Wigen, A Maritime Response to the Crisis in Area Studies, in: The Geographical Review 89, 1999, 161–168.

einheitlichen »atlantischen« oder »pazifischen« Kulturen argumentiert und fordert, es müssten vielmehr kleinere ozeanische Regionen in den Blick genommen werden,[29] gibt es andere, nicht weniger überzeugende Argumente für die Erforschung nun auch des Pazifiks als historische und geographische Einheit. Katrina Gulliver, Pekka Korhonen und David Igler schlagen eine eigene historische Periodisierung der pazifischen Welt vor[30] und Ryan Jones schreibt aus umwelthistorischer Perspektive gerade *für* die Existenz einer geographischen, historischen und kulturellen Einheit des Pazifik.[31] Eine Entscheidung erscheint nicht notwendig. Denn wenn es zu den Resultaten bisheriger Untersuchungen gehört, dass die Vorstellung von einem Weltmeer längst als historisch und kulturell variabel, aber auch von der wissenschaftlichen Fragestellung abhängig gilt,[32] dann sollte diese Erkenntnis auch die Grundlagen des Forschungsgebietes selbst berühren und zu einer pluralistischen Erforschung der Meere anstatt zu einer irgendwie als einheitlich begriffenen Meeresgeschichte führen.

Drittens gehört zu dieser Pluralisierung und Differenzierung auch ein Überdenken der scheinbar so klaren Grenzen zwischen Meer und Land. Denn durch die historisch so erfolgreiche Konstruktion und Mythisierung des Meeres als Heterotopos fällt die Gegenüberstellung zum Land zumeist allzu deutlich aus. Der Begriff der natürlichen Grenze – in der auf das Land bezogenen Grenzforschung ein heute kaum mehr ungestraft zu verwendender Begriff – scheint beim Meer nach wie vor seine Berechtigung zu haben: »An Land sind Grenzen Arte-

---

29 Bernhard Klein, Gesa Mackenthun, Introduction. The Sea is History, in: dies. (Hrsg.), Sea Changes. Historicizing the Ocean, New York 2004, 1–11, hier 6. Aus der umfassenden Literatur zu Atlantic Studies und Pacific Studies seien hier nur als Auswahl genannt: Greg Dening, History ›in‹ the Pacific, in: The contemporary Pacific: A Journal of Island Affairs 1, 1989, Nr. 1–2, 134–139; Paul W. Blank, Fred Spier (Hrsg.), Defining the Pacific. Opportunities and Constraints. Ashgate 2002; Matt K. Matsuda, The Pacific, in: American Historical Review 111, 2006, Nr. 3, 758–780; Arif Dirlik (Hrsg.), What is in a Rim? Critical perspectives on the Pacific Region Idea. Boulder 1993; Hester Blum, The Prospect of Oceanic Studies, in: PMLA 125, 2010, Nr. 3, 670–678.

30 Katrina Gulliver, Finding the Pacific World, in: Journal of World History 22, 2011, Nr. 1, 83–100; Pekka Korhonen, The Pacific Age in World History, in: Journal of World History 7, 1996, Nr. 1, 41–70; Igler, The Great Ocean.

31 Ryan Tucker Jones, Running into Whales: The History of the North Pacific from below the Waves, in: American Historical Review 118, 2013, Nr. 2, 349–377.

32 Martin Lewis, Dividing the Ocean Sea, in: The Geographical Review 89, 1999, Nr. 2, 188–214; Mark Peterson, Naming the Pacific. How Magellan's relief came to stick, and what it stuck to, in: Common-place 5 (2005), Nr. 2, online abrufbar unter http://www.common-place.org/vol-05/no-02/peterson/index.shtml; Tony Ballantyne (Hrsg.), Science, Empire and the European Exploration of the Pacific. Aldershot 2004; Edmundo O'Gorman, The Invention of America. Bloomington 1961, 131 f.; John Horace Parry, The Discovery of the Sea. New York 1974.

fakte. Anders verhält es sich mit der Grenze zwischen Land und Meer. Küstenlinien sind nämlich im eminenten Sinne, was man ›natürliche Grenzen‹ nennt, Grenzen also, die weder vom Menschen gezogen sind, noch von ihm ohne weiteres, das heißt, ohne technische Hilfsmittel überwunden werden können.«[33] Doch auch hier liegen bereits zahlreiche empirische Forschungen vor, die deutlich machen, wie problematisch dieser Dualismus ist. Die Komplexität pazifischer Inselwelten, die im wahrsten Sinne des Wortes fließenden Übergänge zwischen Flüssen und Meeren in Küstengebieten,[34] die ständige Bewegung von Ebbe und Flut sowie die Landgewinnung in Marschgebieten und die daraus erwachsenden Möglichkeiten und Chancen[35] und nicht zuletzt die von dem bereits erwähnten John Gillis so schön auf den Punkt gebrachte »more amphibious than aquatic« Lebensweise vieler Küstenbewohner[36] stellen die Existenz einer klaren Grenzlinie zwischen Land und Meer radikal in Frage. Auf einer eher kulturtheoretischen Ebene haben verschiedene Autoren betont, dass die Vorstellung einer eindeutigen und durchgezogenen Grenzlinie ohnehin eine moderne Vorstellung und – wenig überraschend – ein Resultat des Ordnungsbedürfnisses aufklärerischen Denkens ist.[37] Zumindest in Bezug auf die Grenze von Meer und Land scheint dieses aufklärerische Denken noch recht verbreitet. Doch die zunehmende Häufigkeit der wahlweise als Adjektiv oder auch Substantiv genutzten englischen Vokabel ›littoral‹ lässt darauf hoffen, dass David Iglers Aussage von der kaum zu überschätzenden Nützlichkeit des Küstenkonzeptes die erwarteten Früchte trägt.[38]

Helen Rozwadowski hat zudem einen weiteren Punkt ins Spiel gebracht, als sie darauf hinwies, dass die ›Besonderheit‹ des Meeres nicht nur zum Land relativ sei, sondern mindestens ebenso zum menschlichen Körper und seinen

---

33 Michael Makropoulos, Modernität als Kontingenzkultur, in: Gerhart von Graevenitz, Odo Marquard, Matthias Christen (Hrsg.), Kontingenz. München 1998, 55–79, hier 55.

34 Heather Sunderland, Geography as Destiny? The Role of Water in Southeast Asian History, in: Peter Boomgard (Hrsg.), A World of Water: Rain, Rivers and Seas in Southeast Asian histories. Leiden 2007, 27–70; Benton, A Search for Sovereignty; Donald W. Meinig, A Macrogeography of Western Imperialism: Some Morphologies of Moving Frontiers of Political Control, in: Fay Gale (Hrsg.), Settlement & Encounter: Geographical Studies Presented to Sir Grenfell Price. London 1970, 213–240.

35 Marie Luisa Allemeyer, »Kein Land ohne Deich …!« Lebenswelten einer Küstengesellschaft in der Frühen Neuzeit. Göttingen 2006.

36 Gillis, The Human Shore, 39; Gabriel Cooney, Introduction: Seeing Land from the Sea, in: World Archaeology. Special Issue: Seascapes 35, 2004, Nr. 3, 323–328.

37 Tim Ingold, Lines: A brief History. London 2007; Paul Carter, Dark with Excess of Bright: Mapping the Coastlines of Knowledge, in: Denis Cosgrove (Hrsg.), Mappings. London 1999, 125–147.

38 David Igler, The Northeastern Pacific Basin: An Environmental Approach to Seascapes and Littoral Places, in: Douglas Cazaux Sackman (Hrsg.), A companion to American environmental history. Chichester 2010, 579–594, hier 586.

Maßstäben.[39] Historisierung des Meeres bedeutet somit auch, Meere und Menschen in ihrem Verhältnis zueinander zu betrachten und hier nach historischen und kulturellen Unterschieden zu fragen. Diskurse und Interessen, aber auch technische Voraussetzungen sind hier zentral.

Die Beiträge unseres Buches knüpfen an die drei genannten Aspekte an. Es geht ihnen eben nicht darum, die beiden Meistererzählungen von der konstruierten Leere der Ozeane einerseits und der zunehmend erfolgreichen Erforschung und Eroberung andererseits zu überprüfen oder sich gar für eines der beiden Narrative zu entscheiden. Vielmehr werden in den Texten verschiedene Dimensionen des modernen Umgangs mit Ozeanen ausgelotet. Die bei Haeckel alle mehr oder weniger intensiv und gleichzeitig vertretenen Dimensionen wie Verwissenschaftlichung, Ästhetisierung, Nutzung, Domestizierung – und vor allem: Erklärung und Sinngebung – werden an den Beispielen verschiedener Akteure untersucht. Wissenschaftsgeschichte spielt dabei eine große Rolle, ebenso jedoch figurieren Wirtschaftsfragen, kulturelle Konstruktionen und psychologische Deutungen als relevante Felder. Epochal liegt eine Konzentration auf das entwicklungsreiche 19. Jahrhundert vor, mit Ausblicken in das 18. und das 20. Jahrhundert. Regional wird die traditionell ›maritime‹ Nation England weniger konzentriert betrachtet als andere Staaten, Imperien und Akteure, wie Deutschland, Russland, Österreich-Ungarn, Frankreich, Japan.[40]

Entscheidend schließlich sind zwei Überlegungen, mit welchen die Beiträge in neue Richtungen weisen. *Erstens* sollen Wissenschaftsgeschichte, Wirtschaftsgeschichte und Rechtsgeschichte der Meere hier nicht als spezielle oder gar isolierte Disziplinen der Geschichtswissenschaft betrachtet werden. Vielmehr geht es darum, anhand verschiedener Akteure die Ozeane in die ›allgemeine Geschichte‹ einzubringen: als Wahrnehmungs-, Aktions-, Konflikt- und Kontakträume. Philip Steinberg hatte zweifellos Recht, wenn er auf die dualistischen Schematisierungen moderner politischer Weltkarten hinwies, auf denen das Land strukturiert erscheint, die Meere dagegen homogen blau. Aber natürlich kennt die Moderne auch andere, zum Beispiel ozeanographische Karten, in welchen die Ozeane alles andere als ›leer‹ erscheinen, sondern außerordentlich reich in Bezug auf Geologie, Topographie, Strömungen, maritime Flora und Fauna sowie weitere Dimensionen. Diese Karten dürfen nicht, so eine

---

39 Helen M. Rozwadowski, Ocean's Depths, in: Environmental History 15, 2010, Nr. 3, 520–525.

40 Ebenfalls exemplarisch: Alex Calder, Voyages and Beaches: Pacific Encounters, 1769–1840. Honolulu 1999; Epeli Hau'ofa, The Ocean in Us, in: The Contemporary Pacific 10, 1998, 391–410; Harriet Guest, Imagining the South Pacific (Review Article), in: Journal of Historical Geography 12, 1986, H. 4, 425–428; Elizabeth Jameson, Dancing on the Rim, Tiptoeing through Minefields: Challenges and Promises of Borderlands, in: Pacific Historical Review 75, 2006, H. 1, 1–24.

Grundthese des Buches, Spezialisten für die Geschichte der Ozeanographie vorbehalten sein; die Geschichte der Ozeane soll keine Randdisziplin des Fachs bleiben. Vielmehr sollte es möglich gemacht werden, die verschiedenen Karten – und hier seien auch die ›Karten im Kopf‹, mental maps, eingeschlossen – miteinander zu verknüpfen und sie gemeinsam in die Geschichte einzubinden. Wir suchen also nach Wegen, die blaue Fläche der Ozeane komplexer zu gestalten und aus dem allzu einheitlichen »big word«,[41] welches das Meer nach wie vor darstellt, operationalisierbare Untersuchungsgegenstände zu machen.

Dazu gehört, *zweitens*, auch ein weiterer Schritt: Obwohl Historiker und Historikerinnen sich seit geraumer Zeit mit Ozeanen beschäftigen, bleiben sie doch meist, in einem ganz wörtlich aufgefassten Sinn, *an der Oberfläche*. Die Beiträge in unserem Buch blicken dagegen durchaus, wie Kären Wigen forderte, »beneath the waves«[42] und betrachten die Meere als strukturierte und historische Räume, nicht nur als von Akteuren zu überquerende Flächen. Die Autorinnen und Autoren nehmen wissenschaftliche Erforschung in den Blick sowie Besitzansprüche, das Meer als Erfahrungsraum, Strömungen, die Nahrungsgründe von Walen, den spezifischen Klang des Meeres sowie die Bedeutung von Inseln. Auf diese Weise betrachten sie die Ozeane als mehrdimensionale und hochkomplexe Räume, die – je nach Akteuren, Epoche, Zielen – unterschiedlich strukturiert erschienen. Nach diesen Strukturen und Strukturierungen zu fragen, ist die zentrale Aufgabe des Buches, um die Ozeane aus der Territorialisierungsfalle und den Fängen der Meistererzählungen zu lösen und komplexer, komplizierter, bunter zu gestalten.

So erarbeitet *Franziska Torma* in ihrem Beitrag die Bedeutung der Planktonforschung für die Wissenschaftslandschaft des späten Kaiserreiches und legt die politischen, ökonomischen und häufig hochemotionalen Auswirkungen ozeanographischer Diskussionen dar. Das Meer, so Torma, wurde zu einem vielfältig nutzbaren »Konsumgut«, das Plankton zu einem politisch hochbrisanten Thema. *Werner Tschacher*s Untersuchungen berühren ein ähnliches Thema, nehmen jedoch ein vollkommen anderes Genre in den Blick. Seine Auseinandersetzung mit Jules Vernes Roman *20.000 Meilen unter den Meeren* ermöglicht überraschende Erkenntnisse nicht nur über das Verhältnis von Natur und Technik, sondern auch über Machtkonzepte, Wissenschaftsverständnis und Vorstellungen einer ökonomischen Nutzung des Meeres. Letztlich erweist sich der Roman als eine komplexe, dialektische Verknüpfung von utopischen und antiutopischen Meeresbildern.

*Christian Holtorf*s Text, möglicherweise am nächsten der klassischen These vom »anderen« Meer verwandt, erlaubt differenzierte Einblicke in die Tradi-

---

41 Korhonen, The Pacific Age in World History.
42 Kären Wigen, Oceans of History. Introduction, in: American Historical Review 111, 2006, H. 3, 717–721.

tionen der westlichen Psychologie und Philosophie und ihre diskursive Nutzung des Meeres als Spiegel und Projektionsraum. Das dabei deutlich werdende »ozeanische Gefühl« erscheint in Holtorfs Perspektive wie ein Palimpsest, auf das Autoren verschiedener Zeiten und Genres ihre eigenen Interpretationen und Bilder auftragen, in dem die Arbeiten ihrer Vorgänger aber nach wie vor durchscheinen und wirkmächtig bleiben.

In einem Kapitel, das die Frage nach dem Meer mit einem Blick ins bürgerliche Wohnzimmer des 19. Jahrhunderts verbindet, analysiert *Mareike Vennen* die Entwicklung des Aquariums und betrachtet die verschiedenen diesem neuartigen Glaskasten zugeschriebenen Funktionen. Dabei werden Aquarien als Medien konzeptionalisiert, die dazu verhalfen, das Meer nicht nur zu ästhetisieren, zu domestizieren und zu erforschen, sondern vor allem, es ganz grundlegend als epistemischen Raum für den modernen Menschen zu erschließen. *Shane McCorristine* dagegen begibt sich mit seinem Thema auf die Suche nach Spuren, welche die Wahrnehmung der arktischen Meere in den Schriften britischer Entdecker hinterlassen hat. Dabei verbindet er Konzepte der Raum- und Landschaftsforschung mit dem aktuellen »mobilities«-Paradigma und untersucht Perzeptionen, Rhythmisierungen und Visionen. Statt des traditionellen Dualismus, in dem allzu häufig der hilflose Mensch dem übermächtigen Meer gegenübersteht, erkennen wir hier kreative Wege, sich die Natur als Landschaft verständlich und begreifbar zu machen. *Alexander Kraus'* Text bezieht sich ebenso auf die Arktiserfahrungen europäischer und US-amerikanischer Forscher im 19. und frühen 20. Jahrhundert. Das aktuelle Konzept der »soundscapes« aufgreifend, ermöglicht seine Konzentration auf die akustische Wahrnehmung des Nordpolarmeeres eine Systematisierung und Periodisierung der Arktisreisen und letztlich eine Geschichte der Zähmung des Meeres. Wissenschaft, Kommerzialisierungsprozesse und Heroisierung bilden ein komplexes Feld im Wandel.

In ihrem Beitrag über die ozeanographischen Arbeiten Matthew Fontaine Maurys untersucht *Julia Heunemann* die Geschichte der Meeresgrundforschung und Strömungskartographie. Maury kombinierte die Sichtbarkeit von driftenden Schiffen oder Flaschen einerseits und die Invisibilität von Meeresströmungen andererseits. Ozeane wurden so von blauen leeren Flächen zu dreidimensionalen Räumen. Julia Heunemann verleiht dabei dem Konzept der Zirkulation prominente Bedeutung, was sich sowohl aus der Sprache ihrer Quellen ergibt, in denen die Meeresströmungen beispielsweise gern mit dem menschlichen Blutkreislauf verglichen wurden, als auch aus ihrem medientheoretischen Ansatz. Denn Maury beschrieb nicht nur einen Zirkulationsraum, sondern schuf auch einen, indem er Daten, Informationen und Theorien in einen regen Umlaufprozess brachte. *Pascal Schillings* stellt das Meer auf andere Weise ins Zentrum, wenn er es in seiner wissenschaftshistorischen Abhandlung als Akteur konzeptualisiert und ihm Handlungsmacht zuspricht. Er beschreibt und analysiert die besonderen Herausforderungen, mit denen eine auf Objektivität und Präzision ausgerichtete Wissenschaftskultur zu kämpfen hatte, wenn sie sich in arktische Meere begab. Dabei waren es nicht nur tatsächliche Probleme, die sich durch Kälte, Bewegung und Feuchtigkeit ergaben, sondern ebenso unbewiesene Vorstellungen und Ängste, mit denen sich die Wissenschaftler der ersten deutschen Antarktisexpedition dem Meer näherten.

Martina Winkler kontrastiert in ihrem Beitrag die allzu eindeutige Zuordnung des Russländischen Imperiums als Kontinentalreich mit Meeresperzeptionen, wie sie in Berichten russländischer Nordpazifikreisender im späten 18. Jahrhundert zum Ausdruck kommen. Deutlich wird dabei keineswegs die vermutete Fremdheit, sondern ein sehr pragmatischer Zugang, mit dem die Akteure das Meer als Bewegungs- und Nutzungsraum konzeptualisierten. Eine zunächst weniger pragmatische, sondern eher das Dramatische betonende Herangehensweise beschreibt *Jens Ruppenthal*, wenn er die Seefahrtskultur im Deutschen Kaiserreich untersucht. Die machtpolitischen Ziele und die Konkurrenz mit anderen Imperien erforderten auch eine ambitionierte Flottenpolitik. Doch neben der Konstruktion des Meeres als furchteinflößend und herausfordernd entwickelte sich auch ein anderer, ausgesprochen nüchterner Meeresdiskurs: Mithilfe von Vermessung und Beschreibung wurden die Ozeane domestiziert. Ebenso wie das Deutsche Kaiserreich konnte auch Japan auf keine lange maritime Tradition zurückblicken. *Lars Schladitz* beschreibt, wie in den 1930er Jahren in konzertierter Aktion eine japanische Walfangflotte für das antarktische Meer entstand. Der Glaube an Technologie und maskuline Kraft spielte dabei eine entscheidende Rolle, aber auch der Anspruch, die Ozeane ohne Rücksicht auf Ambitionen konkurrierender Nationen frei nutzen zu können. Das Südpolarmeer wurde so zu einer Bühne für die japanische Selbstdarstellung als Seemacht sowie zu einer Arena internationalen Wettstreits um die Ressourcen der Ozeane.

Welche Herausforderung es darstellt, für die kulturelle Meeresforschung zeitliche wie geographische Schubladen tatsächlich zu vermeiden, zeigte sich in unseren Versuchen, die Beiträge dieses Bandes in eine stringente Reihenfolge zu bringen: Eine geographische Anordnung, die den Himmelsrichtungen folgt oder die Weltmeere auf einem klaren Kurs durchkreuzt, stößt rasch an ihre Grenzen, sobald nicht punktuelle oder regionale Geschichten in den Fokus rücken, sondern Expeditionen, die eine Vielzahl der Welt- und Nebenmeere bereisen. Fügen sich wiederum diese einzelnen Expeditionen aus wissenschaftsgeschichtlicher Perspektive spielerisch leicht in eine chronologische Reihung, lassen sich dagegen solche Ansätze nicht in dieser verorten, die einzelne Phänomene und Entwicklungen über einen längeren Zeitraum hinweg thematisieren. In unserem Falle zeigte sich die Poesie als das rettende Ufer, Charles Baudelaire, um genau zu sein: Jener Dichter des 19. Jahrhunderts, der für eine neue

Epoche der europäischen Lyrik steht, der die Romantik überwand und dem Paradox, dem Abgründigen in der Poesie Tür und Tor öffnete. Teile seines weltberühmten Zyklus *Les Fleurs du Mal* entstanden während einer Schiffsreise des Dichters 1841/42 – *L'Homme et la mer* gehört zu den Gedichten, die auf dem Indischen Ozean geschaffen wurden. In der wiederholten Überblendung zwischen Mensch und Meer, deren offen zu Tage tretender Ähnlichkeit, fanden wir all die Elemente wieder, die die Autorinnen und Autoren dieses Bandes in ihren Beiträgen bearbeitet haben. Jenes Gedicht Baudelaires hat unseren *Weltmeeren* Gestalt verliehen.

Dieser Band geht auf Vorträge und Diskussionen zweier verschiedener wissenschaftlicher Konferenzen zurück: einem *panel* zu arktischen maritimen Kulturen auf dem Kongress des European Network in Universal and Global History (ENIUGH) im April 2011 in London einerseits und einem von den Herausgebern an der Westfälischen Wilhelms-Universität Münster im Juni 2011 veranstalteten Workshop mit dem Titel »Ozeane der Moderne« andererseits. Wir möchten den Autorinnen und Autoren unseren herzlichen Dank aussprechen für die so gelungene Kooperation – nicht weniger Dank gilt den Mitarbeitern des Rachel Carson Centers und den Herausgebern der Reihe »Umwelt und Gesellschaft« für ihre Unterstützung von Beginn an und die Aufnahme des Bandes in diese Publikationsreihe.

Franziska Torma

Wissenschaft, Wirtschaft und Vorstellungskraft

Die ›Entdeckung‹ der Meeresökologie
im Deutschen Kaiserreich

»das Meer voll Kraft«

Am 15. Juli 1889 verließ ein Dampfer den Kieler Hafen in Richtung Grönland. Anfang November desselben Jahres kehrte das Schiff nach einer halben Weltreise und fast 16.000 zurückgelegten Seemeilen nach Kiel zurück. Der patriotische Schiffsname *National* und das im Reisebericht geschilderte hochoffizielle Zeremoniell des Auslaufens lassen im flottenbegeisterten Deutschen Kaiserreich eine politische Mission vermuten.[1] Angesichts dessen, was die Crew jedoch auf der Reise gesammelt hatte, erstaunt die Begeisterung ein wenig. Es handelte sich um unzählige Proben von gallertartiger, schleimiger Masse, die Wissenschaftler mit Netzen und Spezialgeräten aus den Weltmeeren gefischt hatten. Trotz dieser wenig öffentlichkeitswirksamen Ausbeute verband diese Unternehmung, die als Kieler Plankton-Expedition in die Geschichte eingehen sollte, Meeresforschung mit patriotischen Aufgaben. Dafür spricht der telegrafische Abschiedsgruß, den Prinz Heinrich den »Planktonfahrern« übermittelt hatte: Er erhoffe sich von der Unternehmung »Großes der Wissenschaft, Ruhm und Ehre dem Vaterland«.[2] Dafür spricht auch der ökonomische Nutzen, den das meeresbiologische Wissen für die Fischerei versprach. Die finanziellen Zuwendungen von staatlicher Seite waren erheblich: Die *Humboldt-Stiftung der Preußischen Akademie der Wissenschaften* bezuschusste das Unternehmen mit knapp 25.000 Reichsmark, der *Deutsche Seefischereiverein* mit 10.000 Reichsmark, Kaiser Wilhelm II. wiederum steuerte den Löwenanteil von 70.000 Reichsmark bei.[3]

Nach der Heimkehr der Forschungsreisenden im Herbst 1889 kam es zu einem wissenschaftlichen Eklat. Der Jenaer Zoologie-Professor Ernst Haeckel, einer der prominentesten Biologen im Kaiserreich, griff den Expeditionslei-

---

1 Victor Hensen (Hrsg.), Ergebnisse der in den Atlantischen Ocean von Mitte Juli bis Anfang November 1889 ausgeführten Plankton-Expedition der Humboldt-Stiftung. Band I. Kiel und Leipzig 1892, 49.
2 Hensen, Plankton-Expedition, 49.
3 Ebd., 14–15.

ter Victor Hensen scharf an.⁴ Haeckels Invektiven gipfelten im Ausspruch, das gesamte Geld für die Expedition sei praktisch »zum Fenster hinausgeworfen«, die Reise habe keinerlei Nutzen gebracht.⁵ Victor Hensen hatte herausgefunden, dass Plankton innerhalb der Ozeane zwar gleichmäßig verteilt sei, diese insgesamt aber relativ arm an Plankton seien, und dass die beste Forschungsmethode darin bestünde, Plankton quantitativ auszuwerten.⁶ Bereits wenige Monate nachdem Hensen diese ersten Ergebnisse der *Preußischen Akademie der Wissenschaften* vorgestellt hatte, veröffentlichte Ernst Haeckel im Gegenzug sein Werk *Plankton-Studien* als eine Art »Streitschrift« gegen Hensen und vertrat genau die gegenteilige Auffassung: Die Zusammensetzung und Verteilung des Planktons sei ungleichmäßig, der Norden sei arm an Plankton, die Tropen dagegen reich, und die quantitative Methode sei ohnehin völlig verfehlt.⁷ Darauf wiederum antworteten der Expeditionsteilnehmer und Kieler Zoologie-Professor Karl Brandt, sowie Victor Hensen selbst.⁸ Festhalten lässt sich, dass Haeckel vor allem die spezifischen Methoden der Expedition kritisiert hatte, die der damals vorherrschenden entwicklungsbiologischen Perspektive sowie seiner eigenen holistisch-evolutionären Weltsicht diametral gegenüberstanden.

Zwei Deutungen über die Kieler-Plankton-Expedition herrschen innerhalb der Wissenschaftsgeschichte vor: Ilse Jahn interpretiert den Kieler Planktonstreit als einen Kampf um die knappen Ressourcen der Forschungsförderung im Deutschen Kaiserreich.⁹ Olaf Breitbach, Eric L. Mills und Rüdiger Porep sehen diese Kontroverse als einen Baustein innerhalb der Professionalisierungsgeschichte der Meeresökologie.¹⁰ Zwei der prominentesten zoologischen For-

---

4 Dazu: Ernst Haeckel, Plankton-Studien. Vergleichende Untersuchung über die Bedeutung und Zusammensetzung der pelagischen Flora und Fauna, in: Jenaische Zeitschrift für Naturwissenschaft 25, 1890, 232–332.

5 Rüdiger Porep, Methodenstreit in der Planktologie – Haeckel contra Hensen. Auseinandersetzung um die Anwendung quantitativer Methoden in der Meeresbiologie um 1900, in: Medizinhistorisches Journal 7, 1972, 1/2, 78.

6 Eric L. Mills, Biological Oceanography. An Early History, 1870–1960. Ithaca und London 1989, 27–28.

7 Porep, Methodenstreit, 77–78.

8 Karl Brandt, Haeckels Ansichten über die Plankton-Expedition. Schriften des Naturwissenschaftlichen Vereins für Schleswig-Holstein VIII, 1891, 199–213. Victor Hensen, Die Plankton-Expedition und Haeckels Darwinismus. Über einige Aufgaben und Ziele der beschreibenden Naturwissenschaften. Kiel und Leipzig 1891. Mills, Biological Oceanography, 31.

9 Ilse Jahn, Die Humboldt-Stipendien für Planktonforschung und die Haeckel-Hensen-Kontroverse (1881–1893), in: Ekkehard Höxtermann, Joachim Kaasch, Michael Kaasch und Ragnar Kinzelbach (Hrsg.), Berichte zur Geschichte der Hydro- und Meeresbiologie und weitere Beiträge zur 8. Jahrestagung der DGGTB in Rostock 1999. Rostock 2000, 47–60.

10 Olaf Breidbach, Über die Geburtswehen einer quantifizierenden Ökologie – der Streit um die Kieler Planktonexpedition von 1889, in: Berichte zur Wissenschaftsgeschichte 13, 1990, 101–114. Mills, Biological Oceanography, 9–42. Porep, Methodenstreit, 75–83.

schungstraditionen seien sich in die Quere gekommen: die Morphologie, vertreten durch Ernst Haeckel einerseits, und die analytische Physiologie, vertreten durch Emil Heinrich Du Bois-Reymond, dem Sekretär der *Preußischen Akademie der Wissenschaften*, sowie dem Expeditionsleiter Victor Hensen andererseits.[11]

Bemerkenswert ist nicht nur die Tatsache, dass sich zwei wissenschaftliche Lager über die Frage stritten, welches die adäquaten Arbeitsweisen der damals noch relativ jungen Meeresforschung seien, sondern dass sich dieser wissenschaftsinterne Streit darüber hinaus zu einem hoch-emotional geführten Disput ausweitete, der mitunter die öffentliche Aufmerksamkeit fesselte. Noch gut anderthalb Jahre nach der Rückkehr der Forschungsreise erfuhren die Berliner Zeitungsleser am 4. März 1891 aus der Unterhaltungsbeilage der *Täglichen Rundschau* in dem Artikel *Die neueren Forschungen über den Stoffwechsel des Meeres* spezifische Details über die Forschungsreise und die daran anschließende Kontroverse.[12]

Vor dem Hintergrund des öffentlichen Interesses am Meer legt Plankton auch eine kulturhistorisch interessante Spur, die den inhaltlichen Radius der Kontroverse überschreitet, und der es sich zu folgen lohnt. Dieser Aufsatz betrachtet ausgehend von Ansätzen, welche die Popularisierung und kulturelle Inszenierung von Wissenschaft im Deutschen Kaiserreich analysieren, Plankton als Schlüssel zu verschiedenen Feldern, in denen das Meer im letzten Drittel des 19. Jahrhunderts an Präsenz gewann.[13] Heute gilt Plankton als Grundelement der Meeresökologie, um 1900 musste dieser Stellenwert erst noch bestimmt werden. Der Aufsatz zeigt insofern eine historische Momentaufnahme derjenigen Jahre, in denen Plankton in der Öffentlichkeit sichtbar war, bevor es zum Forschungsgegenstand der spezialisierten Laborwissenschaft wurde.

Unter dieser Perspektive macht Plankton Verbindungen deutlich, die zwischen Wissenschaft und Politik einerseits, zwischen Wissenschaft und Ökonomie andererseits bestanden. Um den Weg der mikroskopischen Partikel

---

11 Dazu: Breidbach, Geburtswehen, 101–114.
12 Carus Sterne, Die neueren Forschungen über den Stoffwechsel des Meeres. Ausschnitt aus einem Artikel der Täglichen Rundschau. Unterhaltungsbeilage, 14.3.1891, zitiert aus: Hensen, Die Plankton-Expedition und Haeckels Darwinismus, 80–82. Victor Hensen nahm in diesem Buch Bezug zum Plankton-Streit und druckte sowohl seine Argumente, als auch Haeckels Gegenpositionen ab. Darin publizierte er auch zeitgenössische Presseartikel. Allgemein siehe: Lynn K. Nyhart, Civic and Economic Zoology in Nineteenth-Century Germany. The ›Living Communities‹ of Karl Moebius, in: Isis 8, 1998, 605–630, hier 609. In allgemeiner Perspektive auch: Lynn K. Nyhart, Modern Nature. The Rise of the Biological Perspective in Germany. Chicago und London 2009, besonders 125–160.
13 Zum Konzept der öffentlichen Inszenierung in der Wissenschaft, siehe: Stefanie Samida (Hrsg.), Inszenierte Wissenschaft. Zur Popularisierung von Wissen im 19. Jahrhundert. Bielefeld 2011. Grundlegend dafür: Andreas Daum, Wissenschaftspopularisierung im 19. Jahrhundert. Bürgerliche Kultur, naturwissenschaftliche Bildung und die deutsche Öffentlichkeit 1848–1914. München 2002.

durch diese unterschiedlichen Bereiche nachzuvollziehen, widmet sich der Artikel vier Aspekten. Erstens war Planktonforschung eine Form inszenierter Spurensuche. Wer Plankton erforschte, suchte nach Indizien zur Lösung säkularisierter Welträtsel, wie der Evolution des Lebens. Zweitens gewann meeresbiologisches Wissen zunehmend pragmatische Bedeutung für die wirtschaftlichen Interessen der Hochseefischerei. Drittens trug Planktonforschung zu Konzepten der Meeresökologie bei, die in der Grauzone von Vorstellungskraft, Wirtschaft und Wissenschaft angesiedelt waren. Um den Bezug von Plankton zur Faszinationskraft der Ozeane im Kaiserreich nachzuvollziehen, steht, viertens die Vielfalt der soziokulturellen Funktionen des Meeres im Vordergrund. In Bezug auf die Weltpolitik des Deutschen Kaiserreichs lässt sich zeigen, dass nationale und imperiale Interessen keinesfalls auf den bislang in der Forschung betonten Bereich der Flottenpolitik beschränkt waren.[14] Es war vielmehr die Wissenschaft, die die Weltmeere im Deutschen Kaiserreich symbolisch vereinnahmte und letztendlich als wirtschaftliches und kulturelles Konsumgut verfügbar machte.

1. Indizien und Deutungspotentiale

Plankton war nicht nur ein Mikroorganismus, sondern auch ein Bedeutungsträger. Im ausgehenden 19. Jahrhundert galten Tiere und Pflanzen als Spuren, denen es zu folgen, und Zeichen, die es zu deuten galt. Das traf einerseits auf die Wissenschaftler selbst zu, andererseits folgte die interessierte Öffentlichkeit gespannt dieser Fährtensuche.[15] Was gab besser Anlass zu Spekulation und zu öffentlicher Schaulust als die Suche nach Indizien, aus denen sich großartige Theorien schmieden ließen? Funde von Tieren oder deren Körperteilen an Küstenabschnitten hatten seit Jahrhunderten die menschliche Neugierde befördert.[16] Fossilien gaben Rätsel über frühere Lebensformen auf und verwiesen darauf, dass das Leben historischem Wandel unterlag. Genau die Frage, wie sich die Natur über die Zeiten verändert hatte, hatte die Wissenschaft seit dem 18. Jahrhundert umgetrieben, doch es waren Charles Darwins Schriften, welche die entscheidende Dynamisierung der Lebenswissenschaften einläuteten.[17] Die

---

14 Rolf Hobson, Imperialism at Sea. Naval Strategic Thought, the Ideology of Sea Power, and the Tirpitz Plan, 1875–1914. Boston 2002.
15 Zum Verhältnis von Wissenschaft und Öffentlichkeit im Kaiserreich: Daum, Wissenschaftspopularisierung.
16 Helen M. Rozwadowski, Fathoming the Ocean. The Discovery and Exploration of the Deep Sea. Cambridge, MA und London 2005, 79 ff.
17 Charles Lyell, Geological Evidences of the Antiquity of Man. London 1863. Vor allem: Charles Darwin, On the Origin of Species by Means of Natural Selection, or the Preservation of Favoured Races in the Struggle for Life. London 1859.

Evolutionstheorie stellte nicht nur die Entstehungsgeschichte der Arten, sondern auch die Funktionsweise wissenschaftlicher Selbstinszenierung auf den Kopf. Fast jedes natürliche Ding erschien nun als potentielles Erkenntnisobjekt.

Bereits mehrere Jahrzehnte vor Darwin hatten George Cuvier und Charles Lyell Schriften über die naturgeschichtliche Veränderungen der Erde und ihrer Lebewesen verfasst.[18] Die von Cuvier und Lyell mitbegründete Erkenntnisperspektive der Geologie ergänzte das frühere taxonomische Klassifikationssystem durch die Dimension einer Tiefenzeit. Schon hier spielte das Meer eine Rolle: George Cuvier hatte seine frühen paläontologischen Untersuchungen unter anderem an aquatischen Lebensformen wie Fischen und Weichtieren durchgeführt. Bereits Cuviers und Lyells Forschung hatte gezeigt, dass einerseits ganze Arten aussterben, dass aber andererseits gesamte Tierkörper aus fossilen Funden rekonstruiert werden konnten. Nicht nur Ideen, dass sich das Leben auf der Erde über die Zeit veränderte, und dass fossile Bruchstücke das bereits vergangene Leben als Modell wiedererstehen ließen, gewannen dadurch Gestalt. Paläontologische Forschungsarbeit wurde darüber hinaus zu einer Rekonstruktionsarbeit am materiellen Objekt.[19]

Von diesem Erkenntnishorizont ausgehend, dynamisierte Charles Darwin die Lebenswissenschaften: Er legte der Biologie eine entwicklungsgeschichtliche Linie zugrunde, die durch Selektionsprozesse gesteuert wurde. Lebewesen hatten Vorfahren in der Vergangenheit. Fossilien, auch in der Gestalt ›lebender Fossilien‹ wie Tierarten und sogar Bevölkerungsgruppen, denen die Wissenschaft ein prähistorisches Alter beimaß, verwiesen auf einen früheren Daseinszustand. Zwischen den einzelnen Spezies, vom Einzeller zum Menschen, bestand ein evolutionäres Kontinuum. Diese Einsicht barg mehr als nur biologische Erkenntnisse: Diese Koppelung von Raum und Zeit machte Projektionen von Evolutionsstufen über den Globus möglich. Objekte wurden dadurch verzeitlicht. Auch Tiere und Pflanzen erhielten einen neuen Stellenwert im Hinblick auf ihren Status innerhalb dieser Entwicklungsgeschichte. Erklärungslücken konnten, von nun an, an fehlenden materiellen Objekten festgemacht werden. Das bedeutete wiederum, dass Erkenntnissuche mit einer weltweiten

---

18 Charles Lyell, Principles of geology, being an attempt to explain former changes of the earth's surface, being reference to causes now in operation. (2 Bände) London 1830 und 1832. George Cuvier, Recherches sur les ossemens fossiles ou l'on rétablit les caractères de plusieurs animaux dont les révolutions du globe ont détruit les espèces. 4 Bde. Paris 1812. Dazu und zum Folgenden grundlegend: Martin Rudwick, Bursting the Limits of Time. The Reconstruction of Geohistory in the Age of Revolution. Chicago 2005.
19 Zur Idee lebender Fossilien im Meer und den Diskussionen um die Evolutionstheorie: Sherrie Lyons, Sea Monsters. Myth or Genuine Relic of the Past, in: Keith R. Benson, Philip F. Rehbock, Oceanographic History. The Pacific and Beyond, Seattle und London 1993, 60–70. Zur Paläontologie auch: Martin Rudwick, The meaning of fossils. Episodes in the History of Paläontology. Chicago, 1985.

Jagd nach teilweise unbekannten, verschollenen oder verloren geglaubten Naturobjekten einherging. Als *missing links* galt es gerade diejenigen Objekte, Tiere oder Pflanzen zu finden, welche diese Wissenslücken schließen konnten. Die Wissenschaft vom Leben entdeckte die gesamte Welt als Labor.[20]

Den Arzt und Meeresforscher Ernst Haeckel, der im Kaiserreich Darwins Theorien popularisierte und zu seiner eigenen speziellen Abstammungslehre umformulierte, fesselte das Plankton, ein auf den ersten Blick eher unscheinbarer Stoff.[21] Diese marinen Kleinstlebewesen lockten ihn von 1854 bis 1900 zu verschiedenen Zielen rund um den Erdball. Plankton war als Objekt der Wissenschaft noch relativ jung. Erst in den 1840er Jahren hatte der Physiologe Johannes Müller mit der systematischen Untersuchung der damals noch als »Meeresauftrieb« bezeichneten Substanz begonnen. Sein Schüler Ernst Haeckel befasste sich seit Ende der 1850er Jahre mit einer spezifischen Planktonform, den Radiolaren, die er am Golf von Neapel studiert und im Buch *Kunstformen der Natur* visuell verewigt hatte.[22] Dass diese Schwebeteile ein Kernelement des Lebens im Ozean waren, ahnten Ernst Haeckel und Kollegen. Was sie jedoch genau bewirkten, lag noch im Dunklen, und nur die Untersuchung des biologischen Materials schien Gewissheit bringen zu können.

Die Jagd nach Planktonproben führte Haeckel auf die Kanarischen Inseln, nach Norwegen, Dalmatien, Ägypten, in die Türkei, den Nahen Osten und in die Tropen. Während seiner Fahrt 1900 nach Südostasien schöpfte er gleich zu Beginn der Reise die ersten Proben, die er wissenschaftlich interpretierte. Er wies ihnen einen Platz im ozeanischen Stoffkreislauf zu, indem er sie in der Entwicklungserzählung platzierte und sie zum funktionalen Grundbaustein der Meeresbiologie erklärte: Schwebeteilchen im Ozean »vermögen durch Synthese von Wasser, Kohlensäure und Ammoniak Kohlenhydrate und Eiweißkörper zu bilden; und da diese ›Kohlenstoff-Assimilation‹ vermöge ihrer massenhaften Entwicklung […] in größerem Maßstab geschieht, liefern die Peridieen, ebenso wie die verwandten Diatomeen, große Mengen von ›Urnahrung‹ für die

---

20 Dazu am Beispiel der Biogeographie: Henrika Kuklick, Islands in the Pacific. Darwinian Biogeography and British Anthropology, in: American Ethnologist 23, 1996, H. 3, 611–638. Zum Verständnis der Wissenschaft als Spurensuche: Carlo Ginzburg, Spurensicherungen. Über verborgene Geschichte, Kunst und soziales Gedächtnis. München 1988. Für den Bereich der Archäologie: Ulrich Veit u. a. (Hrsg.), Spuren und Botschaften. Interpretationen materieller Kultur. Münster u. a. 2003. Dazu am Beispiel der Anthropologie: Oliver Hochadel, Die Knochenjäger. Paläoanthropologen als Sachbuchautoren, in: Andy Hahnemann, David Oels (Hrsg.): Sachbuch und populäres Wissen im 20. Jahrhundert. Frankfurt a. M. 2008, 29–38. Zu den Field Sciences und Wissenschaft als sozialer Praxis: Henrika Kuklick, Robert E. Kohler (Hrsg.), Science in the Field, in: Osiris, Special Issue 11, 1996.
21 Haeckel Ernst, Aus Insulinde. Malayische Reisebriefe. Berlin 1901, 3.
22 Mills, Biological Oceanography, 19. Ernst Haeckel, Kunstformen der Natur 1899–1904. Leipzig und Wien 1904.

niederen Seethiere«.²³ Ernst Haeckel reiste über Land, besuchte Küstenstationen und Inseln, um das begehrte Plankton einzusammeln. Dabei brachten seine Untersuchungen nicht immer gleichermaßen erfolgreiche Resultate. Während die Suche vor der Südküste Javas wenig Spektakuläres aus dem Wasser beförderte,²⁴ fand sich auf der Fahrt durch die Straße von Malakka Bestaunenswertes. Diese Proben beinhalteten Unmengen von Einzellern, die Haeckel einerseits in naturwissenschaftlicher Perspektive als bloße »einfache, gefärbte Plasmakörnchen« betrachtete. Andererseits las er sie auch als Indizien seiner Theorien, wobei er hier großartige Interpretationshorizonte auf die Entwicklung des Lebens eröffnete: »[S]ie gehören zu den einfachsten uns bekannten Organismen und sind deshalb von höchstem theoretischen Interesse, weil sie eine starke Stütze für die Hypothese der Urzeugung [...] geben.«²⁵ Diese Annahme, dass aus Unbelebtem das Leben entstehen könnte, existierte schon seit der Antike. Doch nicht so sehr Haeckels etwas anachronistisch erscheinende Position ist hier zentral. Wichtiger ist die Tatsache, dass seine Ausführungen in der Tat die Vermutung zuließen, dass Plankton den Weg zum Ursprung aller Dinge, zur Entstehung des Lebens weisen könne! In einer Zeit, als die Suche nach Ursprüngen sowohl Wissenschaft als auch populäre Kultur durchzog, passte Ernst Haeckels Versuch zum Zeitgeist, da er die Komplexität der Evolution auf eine einzige Ur-Substanz zurückführen, und die biologische Entwicklungsgeschichte an der neu entdeckten Existenz von bislang nur unzureichend untersuchten Kleinstlebewesen festmachen konnte.²⁶

Nachdem die biblische Schöpfungserzählung ihre Verbindlichkeit verloren hatte, bedurften die materiellen und immateriellen Dinge neuer Erklärungen. Trotz aller vermeintlicher ›Entzauberung‹ durch Darwins Thesen, die der Bibel den Stellenwert der Offenbarungsschrift nahmen, entstand die Welt als wissenschaftlich zu entschlüsselndes Mysterium in spezifischer Weise neu.²⁷ Erkenntnisprozesse wurden zum Puzzlespiel. Die ebenfalls noch aus der Antike stammende Idee des Welträtsels erfreute sich im letzten Drittel des 19. Jahrhundert zunehmender Popularität. Du Bois-Reymond hatte in einem Vortrag unter dem Titel *Die Sieben Welträtsel* im Jahr 1880 metaphysische Fragen neu

---

23 Haeckel, Aus Insulinde, 18.
24 Ebd., 173.
25 Ebd., 246.
26 Zur Suche nach Ursprüngen als Antriebsfeder von Forschungsreisen am Beispiel der Orientalistik: Suzanne L. Marchand, German Orientalism in the Age of Empire. Religion, Race, and Scholarship. Cambridge, MA 2009.
27 Anne Harrington, Die Suche nach Ganzheit. Die Geschichte biologisch-psychologischer Ganzheitslehren. Vom Kaiserreich bis zur New Age Bewegung. Reinbek 2002. Früher hatte die Geologie diese Schlüsselfunktion übernommen, dazu: Rudwick, Bursting the Limits of Time. Für Deutschland übernahm auch die Archäologie im Kaiserreich ähnliche Funktionen, dazu: Marchand, German Orientalism.

formuliert,²⁸ deren Krux und gleichzeitige Anziehungskraft darin bestanden, dass sie sich vielleicht nie lösen lassen würden. Kritiker warfen ihm vor, dass er mit diesen Ausführungen »das Nichtwissen in Permanenz« erkläre.²⁹ Ernst Haeckel spannte dagegen in seinem populärwissenschaftlichen Buch *Die Welt-räthsel* den Bogen in die andere Richtung und träumte von der wissenschaftlichen Weltformel: »Nichts scheint mir geeigneter als diese großartige kosmologische Perspektive, um von vornherein den Maßstab und den weitsichtigen Standpunkt festzusetzen, welchen wir zur Lösung der großen, uns umgebenden Welträtsel einhalten müssen.«³⁰ Er war der festen Überzeugung, dass seine monistische Philosophie den richtigen Weg weise, und die Abkehr vom »anthropistischen Größenwahn«, womit sich der Mensch zum Zentrum des Universums erkläre, nicht nur die Welträtsel lösen, sondern sogar ein neues Welt- und Menschenbild hervorbringen könne.³¹ Die geologisch-paläontologische Erdgeschichte ergänzte Haeckel durch eine biogenetische Dimension. Eine Untersuchung von Einzellern und Mikroorganismen, so der Umkehrschluss, machte eine wissenschaftliche Zeitreise zu den Ursprüngen des Lebens möglich! In Haeckels Indizienkette erhielten die kleinsten Bausteine des Lebens ungeheures Deutungspotential, da sich aus ihrer Analyse Auskunft über die großen, noch ungelösten Fragen gewinnen ließe.

2. Ökonomie des Plankton-Fischens

Auch Victor Hensen interessierte sich seit den 1860er Jahren für das Plankton, und auch seine Forschungsfragen waren als die Phantasie und Neugierde anregende Rätselaufgaben formuliert: »Das Meer bedeckt zwei Drittel der Erdoberfläche. Wo ist das Ende seines Massen- und Formenreichthums? Welche Nothwendigkeiten regeln und begrenzen seine Zeugungen?«³² Hensen und seine Expeditionsmannschaft setzten jedoch nicht auf groß angelegte Erzählungen,

---

28 Heinrich Du Bois-Reymond, Die sieben Welträtsel. In der Leibniz-Sitzung der Akademie der Wissenschaften am 8. Juli 1880 gehaltene Rede, online abrufbar unter http://vlp.mpiwg-berlin.mpg.de/library/data/lit28646 [28.4.2012]. Mit den sieben Welträtseln griff er die Grundgedanken und -konzepte der Naturwissenschaften auf, und stellte ihre Lösbarkeit in Frage. Dazu: Kurt Bayertz, Myriam Gerhard und Walter Jaeschke (Hrsg.), Weltanschauung, Philosophie und Naturwissenschaft im 19. Jahrhundert. Der Ignorabimus-Streit. Hamburg 2007.
29 Du Bois-Reymond, Die sieben Welträtsel, 67.
30 Ernst Haeckel, Die Welträthsel. Gemeinverständliche Studien über Monistische Philosophie. Bonn 1899, 21–22.
31 Haeckel, Die Welträthsel, 20. Zum Stellenwert von Haeckels Welträtseln und ihrem Einfluss auf den Monismus als Weltanschauung und soziale Bewegung: Daum, Wissenschaftspopularisierung, 214 ff.
32 Hensen, Plankton-Expedition, V.

sondern auf Systematik als Methode. Im Gegensatz zu Haeckel, der weite Strecken über Land zurückgelegt hatte, bewegten sich Victor Hensen und seine Crew ausschließlich durch den eigentlichen Forschungsraum, den es wissenschaftlich zu vermessen galt.

Dabei kann nicht genug betont werden, dass das Meer zeitgleich durch Interessen der Hochseefischerei international als Wirtschaftsraum an Bedeutung gewann.[33] Der *Deutsche Fischereiverein*, Vorläufer des *Deutschen Seefischereivereins*, und das Preußische Landwirtschaftsministerium forcierten die Gründung der *Deutschen Kommission zur wissenschaftlichen Untersuchung der Meere* im Jahr 1870. Meeresforschung stand in enger Nähe zum Staat, der zunehmend auf die Ressourcen der Ozeane blickte.[34] Um die deutsche Hochseefischerei auf- und ausbauen zu können, waren zuverlässige Angaben über das Leben im Weltmeer erforderlich.[35] Zunächst lag der räumliche Radius der nutzenorientierten Planktonforschung auf der Nord- und Ostsee und somit den Meeren in unmittelbarer Nähe zu Deutschland, die bis in das letzte Drittel des 19. Jahrhunderts auch die hauptsächlichen Fischereigründe ausmachten. Ziel dieser zweckgebundenen Forschung war es, das Leben im Ozean zu verstehen, um umfassendes Wissen für den Fischfang zu gewinnen. Das Verständnis der Biologie des Weltmeeres wies den Weg zu globalen Meeresressourcen, die vor allem jenseits der deutschen Küste lagen. Der *Deutsche Seefischereiverein* führte, einige Jahre nach der Gründung der *Deutschen Kommission zur wissenschaftlichen Untersuchung der Meere*, in der Ostsee Planktonuntersuchungen durch. Um jedoch ein Urteil über die Verteilung von Plankton jenseits der deutschen Küsten zu gewinnen, musste der Radius der Forschung ausgedehnt werden. Eine praktische Überlegung war leitend: »Wir finden, dass die großen Thiere, die Walfische und Delphine, die großen Schildkröten, die großen Fische, Haifische, Thunfische, selbst Kabeljau [...] die hohe oder tiefe See aufsuchen [...]. Diese Thatsachen mit einander kombinirt, scheinen anzudeuten, dass im Ocean selbst eine Fülle von Nahrungsmitteln vorhanden sein müsse [...]. Eigentlicher Fischfang wird bis jetzt nicht auf dem Ocean selbst betrieben. [...] Da nur im Plankton die Nahrung der Fische [...] erzeugt werden kann, gestattet seine Menge noch am ehesten ein Urtheil. [...] Wenn die hohe See mehr Plankton auf die Flächeneinheit enthält, als die Küstengewässer, so kann sie darauf mehr essbare Thiere ernähren als jene.«[36] Der grundlegende Forschungsauftrag der Kieler Plankton-Expedition bestand genau darin, »eine sehr eingehende und weitgreifende

---

33 Ingo Heidbrink, Deutschlands einzige Kolonie ist das Meer! Die deutsche Hochseefischerei und die Fischereikonflikte im 20. Jahrhundert. Hamburg 2004.
34 Nyhart, Modern Nature, 149–150.
35 Grundlegende Informationen zum Folgenden stammen aus: Mills, Biological Oceanography, 9–42, und Breidbach, Geburtswehen, 101–114.
36 Hensen, Plankton-Expedition, 9–11.

Kunde über die Massenverhältnisse des Planktons und seiner Bestandteile zu geben«, und damit allein den geographischen Radius der bisherigen an die Küste gebundenen Forschung entscheidend zu überschreiten.[37]

Während der Kieler Plankton-Expedition segelte der Dampfer *National* vom Nordatlantik bis zu den Bermudas, durch die Sargasosee zu den Kapverden, von dort zum Äquator, über Ascension nach Pará. Nachdem das Schiff während der Reise zweimal auf Grund gelaufen war, traten die Planktonfahrer die Heimreise über die Azoren an. Teils segelten sie auf den Spuren großangelegter Vorgängerreisen, wie denen der britischen *Challenger*-Expedition (1872–1876), die jedoch Planktonproben eher *en passant* gesammelt hatte, teils fuhren sie eigene Routen.[38] Während der gesamten Fahrt entnahmen die Wissenschaftler Wasserproben, wobei diese Prozedur breiten Raum in der Reisebeschreibung einnahm: »Unmittelbar nach dem Frühstück [...] folgte der erste Planktonzug [...]. Die Fänge wurden [...] sofort sortirt, und konserviert.«[39] So schilderte der Expeditionsleiter die Art, wie eine der mannigfachen Proben, in diesem Fall zwischen Schottland und Kap Farvel, gewonnen wurde. Plankton-Fischen entwickelte sich zu einer Routine, die sich unzählige Male an verschiedenen Orten der Reise abspielte. Planktonsuche und Frühstück kommen im Reisebericht die gleiche Bedeutung als feste Teile des Tagesablaufs zu. Egal ob bei der Schilderung des Sonnenauf- oder Sonnenuntergangs, das Planktonnetz und die Spezialinstrumente waren ständige Begleiter an Deck.

Auch für Hensen und seine Crew war Plankton Erkenntnisobjekt, das die Wissenschaftler erst gewinnen mussten, um es dann (neu) zu interpretieren. Es erhielt so eine weitere Bedeutungsdimension: »Wenn demnach wenige Netzzüge genügen, um über die bezüglichen Bestandteile großer Meeresflächen Auskunft zu erlangen, so scheint sich [...] die Gelegenheit zu finden, eine Fülle von Kenntnissen zu gewinnen über einen so gewaltigen und auf der Erde vorherrschenden Lebenserzeuger, wie es der Ocean ist.«[40] Die Erkenntnisse über das Plankton waren für Hensen untrügliches Zeichen des gegenwärtigen wissenschaftlichen Fortschritts, für den Wandel von bloßen Vermutungen zu gesichertem Wissen:

»Die Zeit, wo wir noch den Ocean für unergründlich und mit rätselhaften Urwesen erfüllt hielten, liegt nicht allzu fern. Die Schleier sind jetzt gehoben worden. [...] Uns entwickeln sich aus den gemachten Befunden heraus die Ansichten über die Ratio der Existenz des Planktons. Wir haben nicht zu kämpfen mit Vorstellungen, wie es

---

37 Ebd., 10.
38 Ebd., 4. Zur Challenger Expedition: C. W. Thomson. The Voyage of the Challenger in the Atlantic. London 1877. Ernst Haeckel hatte die Planktonproben dieser Forschungsreise ausgewertet.
39 Hier und im Folgenden Hensen, Plankton-Expedition, 53, 148.
40 Ebd., 6.

wohl im Ocean anders sein könnte, nicht mit Hypothesen, wie die Dinge sich gestalten müssten, nicht mit Zweifeln, ob sie vielleicht ganz anders seien, sondern wir haben die greifbaren Objekte vor uns.«[41]

Ernst Haeckel griff Hensens Methode und dessen Rationalisierungsnarrativ als reduktionistisch und mechanistisch an, während Hensen in Haeckels evolutionär-imaginativen Zugang zum Meer vor allem Hirngespinste sah.[42]
Charles Darwins Evolutionstheorie und Haeckels Ergänzungen dazu hatten sich parallel zur Plankton-Kontroverse zu einer öffentlichen Debatte in Berlin ausgeweitet, die derartige Ausmaße annahm, dass sie als Redeschlacht bezeichnet wurde.[43] Auch Viktor Hensen und Ernst Haeckel führten ihre Auseinandersetzung jenseits des eigenen Kreises fort. Ihre eigenen Ergebnisse und die Angriffe auf den jeweiligen Kontrahenten publizierten sie eben nicht in biologischen Fachjournalen, sondern in Publikationen wie in Reiseberichten oder in an eine breitere Öffentlichkeit adressierten Werken.[44]
Öffentlichkeit wurde so zu einem wichtigen Faktor der Wissenschaftspolitik. Vor allem die Institutionalisierung neuer Wissensfelder zog, wenn sie geschickt vorgebracht war, das breitere Publikum an. Bereits im Jahr 1881 hatte sich Haeckel mit der Bitte um finanzielle Unterstützung für seine erste Tropenexpedition nach Indien an die *Preußische Akademie der Wissenschaften* gewandt, die sein Gesuch ablehnend beschied. Acht Jahre später förderte die Akademie Victor Hensens Plankton-Expedition, der einerseits aufgrund seiner methodologischen Nähe zu Du Bois-Reymond innerhalb fachwissenschaftlicher Kreise überzeugender argumentieren konnte und dazu für breite Kreise ökonomischen Nutzen versprach.

3. Die ›Entdeckung‹ der Meeresökologie

Es waren darüber hinaus vor allem die epistemologischen Lehrstellen, die Plankton zum Bestandteil der wissenschaftlichen Inszenierung werden ließen. Diese Lücke füllten populäre Darstellungen, die ebenfalls das Ökosystem Ozean entwarfen. Zeitgleich zur Planktonforschung stellten auch Medien des bürgerlichen Konsums das Meer als Lebensgemeinschaft vor. Aquarien, aber auch Bücher und Zeitschriften, erlaubten Einblicke in den Ozean als belebte Umwelt, und regten die menschliche Vorstellungkraft über das Leben auf dem Meeres-

---

41 Ebd., V.
42 Hensen, Plankton-Expedition und Haeckels Darwinismus, 20–21.
43 Kurze Zusammenfassung dieser ausufernden Diskussion: Friedrich Dahl, Die Redeschlacht in Berlin über die Tragweite der Abstammungslehre. Jena 1908.
44 Z. B. Hensen, Die Plankton-Expedition und Haeckels Darwinismus. Haeckel, Plankton-Studien. Brandt, Haeckels Ansichten, 199–213. Siehe dazu auch Anm. 77.

grund an. Dagegen war die Entdeckung der quantifizierenden Meeresökologie in erster Linie das Ergebnis einer Fleißarbeit: »Das ganze Unternehmen« der Planktonreise, so führte Victor Hensen aus, war »ein grosses Unterfangen, in neunjähriger Arbeit aus den besonderen Verhältnissen des Meeres aufgebaut, daher ist es auch nicht ohne Weiteres mit Entdeckungsreisen zu vergleichen.«[45] ›Entdeckung‹ beschrieb in diesem Kontext Detailstudien, und wurde zu einer streitbaren Frage der Methodik und (Re-)Interpretation.

Auf der Auswertung der gewonnenen Planktonproben, die bis in die 1930er Jahre währte, basierten die wissenschaftlichen Karrieren der Nachfolgegeneration wie zum Beispiel diejenigen von Franz Schütt und Carl Apstein. Dadurch etablierte sich nicht nur eine Forscherriege, sondern auch eine Forschungspraxis und dazugehörige Erklärungsmuster, die meeresbiologische Ansätze bis in das 20. Jahrhundert prägten.[46] Victor Hensen betrat dennoch kein wissenschaftliches Neuland. Das Begriffs- und Vorstellungsarsenal der Meeresökologie existierte bereits seit der Mitte des 19. Jahrhunderts, und auch wissenschaftliche Theorien über das Leben im Meer waren seit der zweiten Hälfte des 19. Jahrhunderts vorhanden: Karl August Möbius hatte anhand seiner Studien an Austernbänken im Jahr 1877 den Begriff der Biozönose für eine Gemeinschaft von Lebewesen geprägt, die in einem abgegrenzten Bereich, dem Biotop, zusammenleben.[47] Diese Perspektive auf die dynamischen Zusammenhänge im Meer hatte er zunächst nicht durch wissenschaftliche Feldforschung gewonnen. Er hatte bereits Ende der 1860er Jahre, als er noch in Hamburg lebte und forschte, den Ausbau des dortigen Schauaquariums vorangetrieben und auf diese Weise die Umrisse der ozeanischen Lebensgemeinschaften erahnt. Gerade diese praktischen Erfahrungen machten ihn zum geeigneten Kandidaten für die neu gegründete Zoologie-Professur, die er im Jahr 1868 an der Kieler Universität antrat.[48] Dort hatte sich der Physiologe Victor Hensen bereits seit geraumer Zeit eingehend mit der Frage befasst, wie sich die Fischerei wirtschaftlich gestalten ließe. Hensen versuchte seit Mitte der 1880er Jahre nicht

---

45 Hensen, Plankton-Expedition, 4.
46 Adolf Steuer, Die Entwicklung der deutschen marinen Planktonforschung, in: Die Naturwissenschaften 24, 1936, H. 9,129–131. Eric L. Mills, The Ocean Regarded as a Pasture. Kiel, Plymouth and the Explanation of the Marine Plankton Cycle, 1887 to 1935, in: Walter Lenz, Margaret Deacon (Hrsg.), Ocean Sciences. Their History and Relation to Man. Proceedings of the 4th International Congress on the History of Oceanography Hamburg 23.–29.9.1987. Hamburg 1990, 20–29. Mills vergleicht die sogenannte Kieler Schule der Planktonforschung mit der Arbeitsweise des *Plymouth Laboratory of the Marine Biological Association of the United Kingdom*, und ihre jeweiligen Erklärungskonzepte zum Planktonzyklus im Meer.
47 Karl August Möbius, Die Auster und die Austernwirtschaft. Mit Einleitungen und Anmerkungen von Günther Leps und Thomas Potthast, Frankfurt a. M. 2006. Nyhart, Civic and Economic Zoology, 605–630. Nyhart, Modern Nature, 125–160.
48 Nyhart, Modern Nature, 145–152.

nur das Leben im Meer, sondern auch die Praktiken der Fischerei statistisch zu erfassen, wobei er 700 Fragebögen an die Küstengemeinden in Deutschland verteilt hatte. Sie fragten die Zahl der Fischerboote, die Fanggründe und die gefischten Spezies ab. Hensen und Möbius waren zudem führende Wissenschaftler innerhalb der *Deutschen Kommission zur wissenschaftlichen Untersuchung der Meere*.[49]

Möbius interessierte sich trotzdem nicht nur für den ökonomischen Nutzen der Meeresfauna, sondern auch für die ästhetische Dimension. Für ihn war die menschliche Vorstellungskraft genuiner Bestandteil des Wissens vom Meer: »Wenn daher an einem klaren ruhigen Tag unser Blick zum ersten Mal durch die spiegelglatte Meeresfläche bis auf den Grund hinunterreicht, wo auf reinem Sande Muscheln liegen oder Krebse gehen und auf grünen und braunen Pflanzen Schnecken und Seesterne kriechen und über dies alles Fische und Quallen schweben, so genießen wir eine eigenthümlich neue Freude; denn eine Welt, in die wir bis dahin nur mit der Einbildungskraft gelangen konnten, breitet sich nun wirklich unter unseren staunenden Augen aus.«[50] Nach Möbius lotete Meeresforschung die Grenze der damals erfahr- und vorstellbaren Realität aus: Was ist »Phantasie dem Meere gegenüber«, was ist »wirklich« und »in Wahrheit«?[51] Der Kieler Plankton-Streit offenbarte das grundlegende Problem, dass ›Wahrheit‹ und ›Wahrheitssuche‹ zu einer streitbaren Frage des Umgangs und der Deutung wurden.

Auch Ernst Haeckel hatte ein übergreifendes Konzept entworfen. Seine erste explizite Bestimmung der (Meeres-)Ökologie lieferte er im Jahr 1866: »Unter Oecologie verstehen wir die gesammte Wissenschaft von den Beziehungen des Organismus zur umgebenden Aussenwelt, wohin wir im weiteren Sinne alle ›Existenz-Bedingungen‹ rechnen können. Diese sind theils organischer, theils anorganischer Natur; sowohl diese als jene sind […] von der grössten Bedeutung für die Form der Organismen, weil sie dieselbe zwingen, sich ihnen anzupassen.«[52] Auch wenn Haeckels Interaktion verschiedener Akteure (organische und anorganische) im Ökosystem durchaus heutigen wissenschaftstheoretischen Ansätzen der *Actor-Network-Theory* entsprechen zu scheinen, war für die zweite Hälfte des 19. Jahrhunderts ein anderer Aspekt bedeutsam:[53] Haeckels Öko-

---

49 Mills, Biological Oceanography, 15–16.
50 Karl August Möbius, Das Thierleben am Boden der deutschen Ost- und Nordsee. Vortrag, gehalten am 26. Nov. 1870 im Saale der Harmonie in Kiel. Berlin 1871, 3.
51 Ebd., 3.
52 Ernst Haeckel, Generelle Morphologie der Organismen. Allgemeine Grundzüge der organischen Formen-Wissenschaft, mechanisch begründet durch die von Charles Darwin reformirte Descendenz-Theorie. Band II. Berlin 186, 286.
53 Bruno Latour, Science in Action. How to Follow Scientists and Engineers Through Society. Milton Keynes 1987. Bruno Latour: The Pasteurization of France. Cambridge, MA 1988.

logie verband, wie Möbius, eine imaginative mit einer naturwissenschaftlichen Dimension.

Victor Hensens Ökologie war anderer Natur: Bis zum Start der Kieler Plankton-Expedition hatte er theoretische Erklärungsmuster zu bieten, wie sich die Grundlagen der Fischerei am Besten untersuchen ließen. In seinem Buch *Über die Bestimmung des Planktons oder des im Meere treibenden Materials an Pflanzen und Thieren*[54] erhielt die wissenschaftlich messbare Produktivität von Meeresabschnitten ihre politisch-ökonomische Metaphorik. Bereits vor der Kieler Expedition galt ihm Plankton als Herzstück des ozeanischen Stoffkreislaufes, der von chemischen Substanzen (Kohlenstoff und Stickstoff) angestoßen würde. Diese Prozesse entzogen sich aufgrund ihrer Komplexität noch einer effektiven Bestimmung. Hensen griff auf die Methode zurück, die Eingangs- und Ausgangsprodukte dieser Kreisläufe zu bestimmen. Die Qualität von Meeresabschnitten, welche sich an der ›Produktion‹ an organischem Material bemaß, war Hensens Leitinterpretation: »Das Meer hat ebensogut wie ein Ackerfeld oder ein Garten seine Jahres-Produktion an Thieren und an Pflanzen.«[55] Hensen sprach von der »Ertragsfähigkeit des Meeres«,[56] die durch Forschung zu ergründen sei.[57] Diese Interpretation des Ozeans als (volks-)wirtschaftliches System übernahmen sogar kritische Stimmen, wie der Wissenschaftsjournalist Carus Sterne, der in der *Täglichen Rundschau* eigentlich Partei für Ernst Haeckel ergriffen hatte. Er sprach von »Thierstaaten« bestehend aus »Hunderten von Einzelthieren«, aus »Algen«, »Planktonthieren«, »Seewalzen«, »Schwimmpolypen«, die in ihrer Gesamtheit Nahrungsmittel herstellten und zur Ernte lieferten.[58]

Zudem übertrug das Denken in (Produktions-)Abschnitten und Flächeneinheiten ein territoriales Ordnungsmuster auf den Ozean, der nicht nur in biologische Zonen eingeteilt werden konnte, sondern dadurch auch kontrollierbar erschien. Die Kieler Plankton-Expedition ersetzte in ihrer »Volkszählung der Meeresprovinzen«[59] den evolutionären Stellenwert, den Plankton auf einer biologischen Zeitleiste einnahm, durch einen Fokus auf dessen quantitative Verteilung im Raum.[60] Auch wenn Hensen zunächst von einem relativ geringen Vorkommen von Plankton im Meer ausging, setzte er auf die Produktionskraft der Stoffkreisläufe. Hensens Ansatz lieferte den imperialen und nationa-

---

54 Victor Hensen, Ueber die Bestimmung des Planktons oder des im Meere treibenden Materials an Pflanzen und Thieren. Berlin 1887.
55 Zu Hensens Planktonforschung: Mills, Biological Oceanography, 22 ff. Hensen, Plankton-Expedition, 6. Auch: Hensen, Ueber die Bestimmung, 2.
56 Hensen, Ueber die Bestimmung, 2.
57 Ebd., 97.
58 Sterne, in: Hensen, Plankton-Expedition, 81.
59 Ebd., 80.
60 Hensen, Ueber die Bestimmung, 99–100.

len Interessen an den Ressourcen des Meeres Legitimationsmuster, die jenseits der Politik zu stehen schienen. Doch er selbst betrachtete – staatlich subventionierten – Wissensgewinn als Form menschlicher Machtpolitik gegenüber der ozeanischen Natur: »so werden auch wohl die Mittel sich beschaffen lassen, welche solche Unternehmungen zur Unterjochung des Meeres leider unvermeidlich erfordern.«[61]

4. Das Meer als Konsumgut

Die Meeresbiologie entwarf den Ozean als Konsumgut in einem doppelten Sinn: Als ökonomisches Konsumgut versprach er der Fischerei Ressourcen und den Menschen eine Ernährungsquelle, als kulturelles Konsumgut vermittelte er das Lebensgefühl, auch noch als kolonialpolitisch zu spät Gekommene Zugangswege zur Welt zu haben. Plankton war der (teils unsichtbare) Stoff, der diese Sphären verband. Die bloße Bezeichnung der deutschen Kolonien als ›überseeische Gebiete‹ brachte den Ozean in den Fokus von Politik, Wissenschaft und Gesellschaft. Die offene See erfuhr eine gesteigerte Wertschätzung als Wirtschaftsraum. Deutschland lag damit im internationalen Trend: Nationale Kommissionen zur wissenschaftlichen Untersuchung der Meere, wie die bereits erwähnte *Deutsche Kommission zur wissenschaftlichen Untersuchung der Meere*, hatten sich in Nord- und Westeuropa im letzten Drittel des 19. Jahrhunderts zu formieren begonnen. 1902 führten die gemeinsamen Interessen der internationalen Hochseefischerei zur Gründung des *International Council for the Exploration of the Sea*.[62]

Im Kaiserreich forcierten Träume vom Meer nicht nur die Flottenpolitik Kaiser Wilhelms II., denn offensichtlich machtpolitische Bezüge bildeten nur einen Aspekt des Stellenwerts, den der Ozean einzunehmen begann. Es war das Potential von Kosmopolitismus und imaginierter Weltmacht, das dem Meer im Deutschen Kaiserreich zu seiner Beliebtheit verhalf.[63] Postkarten aus Übersee zeigten nicht nur kolonialpolitische Sphären, sondern auch exotische Inseln als Orte paradiesischer Sehnsucht. Matrosenanzüge und -kleider für Kinder und Jugendliche waren *en vogue*. Aquarien standen in den bürgerlichen Salons.[64] Auch Flaschen- oder Buddelschiffe fanden sich in dem einen oder anderen Setzkasten. Die Küste wandelte sich zum Badestrand, und Ozeanreisen dienten nicht nur geschäftlichen Anlässen, sondern auch Erholungs- und Ur-

---

61 Ebd., 102.
62 Helen M. Rozwadowski, The Sea Knows No Boundaries. A Century of Marine Science under ICES. Seattle 2002.
63 Zum Kosmopolitismus und der Verbindung der Deutschen zur Welt durch Wissenschaft, auch: Nyhart, Modern Nature, 131.
64 Zu Aquarien siehe den Beitrag von Mareike Vennen.

laubszwecken. Ökonomische Interessen waren häufig auch hier präsent: Kolonialprodukte wie Kaffee, Tee, Kakao und Tabak warben mit der Abbildung insularer oder maritimer Sujets.[65]

Das Meer als einer der letzten ›unentdeckten Kontinente‹ konnte auch den Wunsch nach Unterhaltung und Wissen erfüllen.[66] Diese populären Bezüge zum Land (das Meer als Kontinent) erklären sich aus der bereits genannten Wahrnehmung des Meeres in territorialen Bahnen. Meeresforschung fand nicht nur in der Zoologie, sondern auch in der Geographie ihre institutionelle Heimat. Im imperialen Zeitalter, in dem die Erdoberfläche als zunehmend bekannt und erschlossen galt, schürten die Weltmeere als unbesetzte Räume letzte Explorationsphantasien, die einerseits wirtschaftspolitisch motiviert waren, andererseits aber auch kulturelle Sinnhorizonte ansprachen. Neben Artikeln zur Erforschung Afrikas und der Antarktis, publizierten geographische Zeitschriften wie der *Globus* oder *Petermann's Geographische Mitteilungen* auch über das Meer. Artikel skizzierten, wie die Korallen im Roten Meer beschaffen waren,[67] schilderten, wie unterseeische Bänke im südlichen Stillen Ozean entdeckt worden sind[68] und wie die Flora und Fauna des Indischen Archipels aussah.[69] Diesem ozeanischen Trend folgten auch Unterhaltungszeitungen wie *Der Kladderadatsch* oder *Die Gartenlaube*, welche die See und das Meerestier als Thema entdeckten.[70] Nicht nur semi-wissenschaftliche Berichte, auch narrative Utopien ließen den Ozean neu in den Köpfen entstehen. Jules Vernes frühe *Science*

---

65 Zur allgemeinen Bedeutung des Meeres im Deutschen Kaiserreich: Patrick Ramponi, Weltpolitik maritim. Meer und Flotte als Medien des Globalen im Kaiserreich, in: Silvia Marosi u. a. (Hrsg.), Globales Denken. Kulturwissenschaftliche Perspektiven auf Globalisierungsprozesse. Frankfurt a. M. 2006, 99–120. Zur Rolle der Küste und der Erfindung des Badestrandes: Alain Corbin, Meereslust. Das Abendland und die Entdeckung der Küste. Frankfurt a. M. 1994, 319–357. Zu Bildpostkarten im Deutschen Kaiserreich: Jens Jäger, Plätze an der Sonne? Europäische Visualisierungen kolonialer Realitäten um 1900, in: Claudia Kraft, Alf Lüdtke, Jürgen Martschukat (Hrsg.), Kolonialgeschichten. Frankfurt a. M. 2010, 160–182. Joachim Zeller, Harmless ›Kolonialbiedermeier‹? Colonial and Exotic Trading Cards, in: Volker M. Langbehn (Hrsg.), German Colonialism and Visual Culture. London und New York 2010, 71–88. Zur Werbung: David Ciarlo, Advertising and the Optics of Colonial Power at the Fin de Siècle, in: Langbehn (Hrsg.), German Colonialism, 37–54.

66 Rozwadoski, Fathoming the Ocean, Kapitel »The Undiscovered Continent«, 37–65.

67 Plate und Hartmeyer, Korallenforschung im Roten Meer, in: Petermann's Geographische Mitteilungen 48. Band, 1902, 72.

68 R. Langenbeck, Neuentdeckte unterseeische Bänke im südlichen Stillen Ozean, in: Petermann's Geographische Mitteilungen 43. Band, 1897, 193.

69 Max Weber, Die niederländische ›Siboga‹-Expedition zur Untersuchung der marinen Fauna und Flora des Indischen Archipels und einige ihrer Resultate, in: Petermann's Geographische Mitteilungen 45. Band, 1900, 182.

70 Franz Ith, Die Zoologische Station des Berliner Aquariums in Rovigno, in: Die Gartenlaube 17, 1897, 284.

Fiction einer Tauchfahrt, *20.000 Meilen unter dem Meer*, fesselte die Aufmerksamkeit und Fantasie jugendlicher und erwachsener Leser.[71]

Kulturelle, wirtschaftliche und politische Interessen verknüpfte das im Jahr 1899 in Berlin gegründete *Institut für Meereskunde*, das dem Geographischen Institut der Universität Berlin angegliedert war. 1906 eröffnete das daran angeschlossene *Museum für Meereskunde* seine Ausstellungsräume.[72] Mit diesen beiden Institutionen waren Zentren entstanden, die sich der Meeresforschung und der Popularisierung des Ozeans gleichermaßen verschrieben hatten, und die damit Wissbegierde und Schaulust verknüpften. Diesem Zweck dienten öffentliche Vortragsreihen mit Lichtbildern.[73] Fachgelehrte berichteten über die steigende kulturelle und volkswirtschaftliche Bedeutung der Meeresforschung am Institut und *Museum für Meereskunde*, aber auch an Akademien, an Universitäten und in Geographischen Gesellschaften.

Die Gesellschaft für Erdkunde zu Berlin widmete ihre Sitzung am 7. Dezember 1889 der Kieler Plankton-Expedition. Die Vorträge der Expeditionsteilnehmer Otto Krümmel[74] und Karl Brandt[75] waren in den *Verhandlungen der Gesellschaft für Erdkunde* abgedruckt.[76] Im Gegensatz zu fachwissenschaftlichen Untersuchungen wählten hier die Meeresforscher, wie in den ebenfalls populären Reiseberichten, eine allgemein verständliche Sprache. Schilderungen der biologischen Untersuchung der Weltmeere waren sogar von Bezügen zur Antike durchzogen. Natur- und lebenswissenschaftliche Begriffe verschmolzen somit mit dem kulturellen Deutungshorizont des Bildungsbürgertums. Die einleitenden Passagen von Krümmels Vortrag lauteten: »Sie werden [...] vernehmen, von welcher außerordentlichen Bedeutung für die Ernährung der Tiere der Hochsee die formenreiche organische Welt des Planktons ist, unter welchen Namen V. Hensen alles zusammenfasst, was an Tieren und Pflanzen willenlos von den Wogen und Strömungen dahin getragen wird, dem Odysseus vergleichbar.«[77] Ein altgriechisches Zitat aus der Odysee schloss diese Ausführungen

---

71 Zur Prägung von Weltbildern durch sogenannte Abenteuerliteratur: Richard Phillips, Mapping Men and Empire. A Geography of Adventure. London und New York 1997, 1–44. Zu Jules Verne siehe auch den Beitrag von Werner Tschacher in diesem Band.
72 BArch Berlin-Lichterfelde R 901/37850, Presseausschnitt Tägliche Rundschau, Eröffnung des Museums für Meereskunde, 5.3.1906.
73 BArch Berlin-Lichterfelde R 901/37849, Veröffentlichungen des Instituts für Meereskunde und des Geographischen Instituts, Prospekt.
74 Otto Krümmel, Die Plankton-Expedition im Sommer 1889, in: Verhandlungen der Gesellschaft für Erdkunde zu Berlin, 10. Band, 1889, 502–514.
75 Karl Brandt, Über die biologischen Untersuchungen der Plankton-Expedition, in: Verhandlungen der Gesellschaft für Erdkunde zu Berlin, 10. Band, 1889, 515–525.
76 Richthofen von, Ferdinand: Vorgänge bei der Gesellschaft, in: Verhandlungen der Gesellschaft für Erdkunde zu Berlin, 10. Band, 1889, 499–501.
77 Krümmel, Plankton-Expedition, 502–503.

ab.[78] Mit diesen Vortragsveranstaltungen gewann die Meeresforschung eine öffentliche Bühne. Diese öffentliche Infrastruktur sorgte dafür, dass Wissenschaft und ihre Kontroversen Verbreitung fanden.

Zweck der Ausstellungshallen im Museum war es, »Sinn und Verständnis« für das Meer im deutschen Volk zu wecken, und dieses für die »nationale und praktische Bedeutung der See-Interessen« zu begeistern.[79] Die Ausstellung setzte sich aus diversen Bereichen zusammen: Die Reichs-Marine-Sammlung des *Museums für Meereskunde* stellte die Insignien der deutschen See- und Weltmacht aus, in langer Kontinuitätslinie von der Blütezeit der Deutschen Hanse im 14. Jahrhundert bis zum Aufbau der deutschen Kriegsmarine im Kaiserreich.[80] Neben Modellen der Kaiserjacht und der neuesten Kriegsschiffe fanden sich jedoch auch Exponate zum Plankton und zur Biologie des Meeres. Die Sammlungen nautischer und ozeanologischer Instrumente zeigte Dredgen und Planktonnetze, unter anderem ein von Viktor Hensen entworfenes Netz zur Untersuchung von Fischeiern.[81] Planktonforschung hielt damit Einzug in die imperiale Machtdemonstration, die den weltweiten Radius der Meeresbiologie miteinbezog. Die Biologische- und Fischereisammlung stellte Gruppen aus dem Golf von Suez, dem Mittelmeer, der Polarregion und der Nordsee aus, wobei hier das Konzept ozeanischer Lebensgemeinschaften zur Anschauung kam. In den Schaukästen fanden sich präparierte Modelle maritimer Lebensgemeinschaften, »die unter einer von der Natur gegebenen Summe äußerer Lebensbedingungen untereinander vorkommen oder in ihren Lebensfunktionen aufeinander angewiesen sind.«[82] Das Plankton selbst blieb zwar in diesen Inszenierungen unsichtbar, doch Zusatzinformationen, die außerhalb des Museums durch die oben genannten Vorträge zugänglich waren, präsentierten es als den grundlegenden Stoff, der diese Gemeinschaften *in natura* am Leben erhält.

»Stopfpräparate« zeigten die Fische der Meere. Der Museumsführer verwies dabei auf die globale Verbreitung bestimmter Fische und damit auf den zukünftigen weltweiten Radius der deutschen Hochseefischerei. Hinweise, wie gut jeweils die einzelnen Fischarten schmeckten, ließen die Weltmeere als Konsumgut zum Zweck der menschlichen Ernährung erscheinen.[83] Sogar ein öffentlicher Vortragsabend am *Museum für Meereskunde* befasste sich mit dem

---

78 Ebd., 503.
79 BArch Berlin-Lichterfelde R 901/37850, Presseausschnitt Tägliche Rundschau, Eröffnung des Museums für Meereskunde, 5.3.1906. Lynn K. Nyhart interpretiert das Museum als reines imperiales Propaganda-Instrument: Nyhart, Modern Nature, 278–288.
80 Friedrichs-Wilhelm Universität Berlin, Institut für Meereskunde Museum (Hrsg.): Führer durch das Museum für Meereskunde Berlin. Berlin 1907, 5–41.
81 Führer durch das Museum, 89.
82 Ebd., 97.
83 Ebd., 111 f.

Meer als Nahrungsquelle.[84] Das einheitlich koordinierte Untersuchungsprogramm des *International Council for the Exploration of the Sea* habe den Vorteil, dass die »biologische Enträtselung« des Meeres das Wissen über Lebenszirkel und Ernährungsketten im Weltmeer offenlege, an deren Ende der Mensch stand.[85] Die beginnende Planktonforschung bildete dafür die Basis.

Das Meer war jedoch nicht nur ein ernährungspolitisches, sondern auch ein kulturelles Konsumgut. Mittelpunkte der maritimen Unterhaltungskultur waren die Städte und Zentren bürgerlicher Kultur. Groß angelegte Schauaquarien überzogen Deutschland und die Kolonien. Sogar in Dar-es-Salam, Deutsch-Ostafrika, befand sich ein Aquarium, das die dort ansässige Fauna ausstellte und diese an seine deutschen Pendants verschiffte.[86] Bereits seit 1869 stand in Berlin, Unter den Linden, ein Schauaquarium. Der Zoologe Alfred Brehm, ehemaliger Direktor des Hamburger Zoos, baute diese Institution auf und leitete sie bis 1873.[87] Aktive Pressearbeit war fester Bestand der öffentlichen Repräsentation. Brehms Nachfolger, dem Reichstagsabgeordneten und mit biochemischen Vorgängen vertrauten Apotheker Otto Hermes, gelang es, erstmals künstliches Meerwasser zur Tierhaltung herzustellen. Diese Neuerung hatte über Berlin hinaus Folgen: Aquarien wurden längerfristig von der geographischen Nähe zur Küste unabhängig,[88] und so wurden aus weit entfernten, tropischen Gegenden transportierte Meerestiere im gesamten Deutschen Reich zum geschickt inszenierten Spektakel. Populäre Visionen ozeanischer Lebensgemeinschaften waren im kleinen Weltmeer hinter Glas zu bestaunen, wobei diese im Gegensatz zu den Museumspräparaten lebendig waren und den Zuschauern die Dynamik der Natur vor Augen führten: »Der Besucher glaubt daher hier anfänglich nur auf Seepflanzen zu blicken. Und doch ist auch hier fast Alles lebend, fast Alles dem Thierreich angehörend, Sabellen und Serpeln, jene Röhrenwürmer, deren zarte und zartgefärbte Fühlerkränze selbst mit den gleichsam nur hingehauchten Tentakeln der Seenelken wetteifern, Korallen, Seeigel, See- und Sonnensterne, Meerhand – Polypenstöcke an Buntheit und seltsamen Formen einander überbietend – und zwischen und theilweise über ihnen der grüne Sammetteppich der Alge – dem Maler, der dies farbengetreu wiedergeben wollte, würde man Uebertreibung vorwerfen.«[89] Wenn Plankton hier auch als Stoff unsichtbar

---

84 H. Henking, Das Meer als Nahrungsquelle, in: Meereskunde. Sammlung volkstümlicher Vorträge, 7. Jahrgang, 1913, H. 9, 1–30.
85 Ebd., 2–3.
86 BArch Berlin-Lichterfelde R 901/6208, Abschrift Kais. Gouverneur von Deutsch-Ostafrika, J.Nr.I.3527, Daressalam, 8.7.1905. BArch Berlin-Lichterfelde R 901/6208, Kaiserlicher Gouverneur von Deutsch-Ostafrika, Daressalam, 11.5.1906.
87 Karl August Möbius hatte als Zoodirektor in Hamburg das erste Salzwasser-Aquarium in Deutschland in den 1850er Jahren eingerichtet, dazu ganz knapp: Nyhart, Civic and Economic Zoology, 608.
88 Carl Nißle, Ein Wunderbau für die Thierwelt, in: Die Gartenlaube 10, 1873, 168.
89 Ebd., 169.

blieb, war Wissen darüber und über den ozeanischen Stoffkreislauf notwendig, um die Aquarien auf Dauer erfolgreich zu betreiben.[90]

Um den steigenden Bedarf an Meerestieren zu stillen, der im Berliner Aquarium herrschte, gründete Otto Hermes eine eigene, kommerziell arbeitende zoologische Station in Istrien.[91] Die biologische Station Rovigno entstand als eine reine Tierfangstation, »welche zunächst bestimmt war, dem Aquarium stets lebendes Material aus der reichen, prächtigen Tierwelt des Mittelländischen Meeres zur Schaustellung nach Berlin zu besorgen […], um dort in den schönen großen Becken des Aquariums dem wißbegierigen Publikum einen Begriff vom Leben des südlichen Meeres zu geben«.[92] In dieser Station wurden die größeren Tiere an das Leben in Gefangenschaft gewöhnt und dann nach Berlin transportiert. Die Station in Rovigno ging als Forschungsinstitut 1911 in den Besitz der *Kaiser Wilhelm-Gesellschaft* über. Wie die bereits 1872 eröffnete Zoologische Station Neapel, und die Königlich Biologische Station Helgoland, die 1893 ihre Türen öffnete, verschrieb sich Rovigno im Lauf der Zeit verstärkt der meeresbiologischen Wissenschaft. Um die Planktonfänge der Forschungsreise des *National* auszuwerten, gründete die *Preußische Kommission zur wissenschaftlichen Erforschung der deutschen Meere* im Jahr 1902 ein Laboratorium für internationale Meeresforschung in Kiel. Sein Schwerpunkt war die Planktonforschung im Verbund des *International Council for the Exploration of the Sea*. Plankton, das im Kaiserreich aufgrund kontroverser Zuschreibungen sowie einer allgemeinen Faszination am Meer für kurze Zeit in der öffentlichen Sphäre präsent gewesen war, fand dadurch Eingang in die spezialisierte Laborwissenschaft.[93]

5. Fazit: Vom Mikroorganismus in die Welt

Was war nun Plankton und was war nun das Meer im Deutschen Kaiserreich? Plankton ist einerseits eine biologische Substanz, die erst im letzten Drittel des 19. Jahrhunderts einen Platz in der wissenschaftlichen Debatte fand. Die Verankerung dieser Mikropartikel im Wissenshaushalt verband auf konfliktträchtige Weise evolutionsbiologische, wirtschaftliche und ökologische Ebenen. Plankton war anderseits auch ein kulturelles Gut, an das wissenschaftliche, wirtschaftliche und kulturelle Projektionen des Meeres geknüpft waren. Je nach

---

90 Nyhart, Modern Nature, 136.
91 Dazu: Marion Kazemi, Von der Adria an die Nordsee. Meeresbiologische Forschung in der Kaiser-Wilhelm-/Max-Planck-Gesellschaft, in: Vorträge und Abhandlungen zur Wissenschaftsgeschichte 2010, 115–139. Hein-Georg Klös, Hans Frädrich, Ursula Klos, Die Arche Noah an der Spree. 150 Jahre Zoologischer Garten Berlin. Eine tiergärtnerische Kulturgeschichte 1844 bis 1994. Berlin 1994, 347–358.
92 Ith, Die Zoologische Station, 284.
93 Mills, The Ocean Regarded as a Pasture, 20–29.

Intention eröffneten die Mikroorganismen Zugänge zu verschiedenen Versionen der Ozeane. Die Weltmeere galten als Urgrund allen Lebens, als zukünftiger Wirtschaftsraum, als auf nationaler und internationaler Ebene bedeutsames imperiales Interessenfeld und nicht zuletzt als Konsumgut einer Schau- und Unterhaltungskultur. Der Stellenwert des Kieler Planktonstreites liegt in seiner Funktion als historische Momentaufnahme, an der sich diese Verknüpfung ablesen lässt.

Bereits Rüdiger Porep hat festgestellt, dass Haeckels »Sprache [...] Prosa«, Hensen »Sprache [...] Mathematik« sei.[94] An diesen Sätzen ließe sich eine Dichotomie zwischen Rationalität und Imagination, Wirtschaft und kultureller Faszination eröffnen. Dieser Aufsatz hat jedoch gezeigt, dass sich erst aus der Verflechtung dieser Stränge erklären lässt, warum Plankton zwischen verschiedenen Funktionalitäten des Meeres vermitteln konnte. Die Spurensuche nach Plankton führte in verschiedene Bereiche, wobei das aufgefundene Motivbündel aus Vorstellungskraft, Wissenschaft und Wirtschaft normalerweise nicht in der Zusammenschau betrachtet wird. Die Kieler Plankton-Expedition hat jedoch genau diese enge Verbindung offen gelegt, die noch die Meeresbiologie durch das gesamte 20. Jahrhundert als Epistem und Handlungsfeld prägen sollte.

Wie sah es nun um 1900 mit der Politik aus? War Plankton womöglich ein Baustein deutscher Weltmachtaspirationen? Diese abschließende Frage öffnet grundlegende Problemhorizonte einer Geschichtsschreibung, die nicht-menschlichen Daseinsformen einen Stellenwert bei der Betrachtung historischer Entwicklungen einräumt. Wie führte der Blick auf mikroskopisches Leben zum Blick auf die Welt? Plankton und die weltweite Verteilung ozeanischer Fauna bestimmten praktisch die Wege der Wissenschaftler, wohin sie gingen, welche Räume sie global besetzten, und wie sie sich den Erdball aneigneten. Mit der Wissenschaft und Schaukultur kamen andererseits Meerestiere materiell und imaginativ an Land. Plankton verband das Deutsche Reich mit der Welt, und unter dieser Perspektive ist Meeresbiologie eine nachhaltige Form von Weltpolitik – mit anderen Mitteln.

---

94 Porep, Methodenstreit, 80.

Werner Tschacher

»Mobilis in mobili«

Das Meer als (anti)utopischer Erfahrungs- und Projektionsraum in Jules Vernes *20.000 Meilen unter den Meeren*

»*Dein Spiegel ist's*«

1. Die Verwandlung der Welt

Das literarische Œuvre des französischen Schriftstellers Jules Verne (1828–1905) spiegelt wie kaum ein anderes die Verwandlung der Welt im 19. Jahrhundert wider. Die globalen Modernisierungsprozesse im Gefolge der Industriellen Revolution, insbesondere die Beschleunigung der interkontinentalen Kommunikation und Mobilität, ließen die Erdteile in der raumzeitlichen Wahrnehmung der Menschen enger zusammenrücken.[1] Die Ozeane wurden zu *Mittel-Meeren*,[2] wenn nicht gar, wie 1833 der Berliner Geographieprofessor Carl Ritter (1779–1859) mit kühnem Blick auf den technischen Fortschritt der Schifffahrt für den Atlantik konstatierte, zu einem »großen Kanal«.[3] Kolonialismus und Imperialismus weiteten die Vorstellung der kontinentalen Frontiers auf die unbesiedelten Meeresräume aus,[4] um diese im nächsten Schritt als »bewegliche Grenze[n] der Ressourcenerschließung«[5] zu unterwerfen. Philipp E. Steinberg unterscheidet drei grundlegende Formen der sozialen Konstruktion der Meere in der Moderne, die diesen Vorgang näher differenzieren: erstens die unmittelbare Nut-

---

1 Wolfgang Kaschuba, Die Überwindung der Distanz. Zeit und Raum in der europäischen Moderne. Frankfurt a. M. 2004; Laura Otis, Networking. Communicating with Bodies and Machines in the Nineteenth Century. Ann Arbor 2001.
2 Jürgen Osterhammel, Die Verwandlung der Welt. Eine Geschichte des 19. Jahrhunderts. 2. Aufl. München 2009, 161–163.
3 Zit. nach Karl Schlögel, Im Raume lesen wir die Zeit. Über Zivilisationsgeschichte und Geopolitik. Frankfurt a. M. 2006, 43.
4 Robert David Sack, Human Territoriality. Its Theory and History. Cambridge 1986, 127–168; James Muldoon, Who owns the Sea, in: Bernhard Klein (Hrsg.), Fictions of the Sea. Critical Perspectives on the Ocean in British Literature and Culture. Aldershot 2002, 13–27; David Blackbourn, Die Eroberung der Natur. Eine Geschichte der deutschen Landschaft. 2. Aufl. München 2006. Vgl. auch die Ausführungen zu *wilderness* und *frontier* bei Verena Winiwarter, Martin Knoll, Umweltgeschichte. Eine Einführung. Köln u. a. 2007, 56f.
5 Zit. Osterhammel, Die Verwandlung der Welt, 465. Vgl. ebd., 468–477.

zung des Ozeans als Ressourcenlieferant der Industrie, als Transportfläche der zivilen Schifffahrt und als Kampffeld antagonistischer Weltmächte. Zweitens benennt Steinberg regulierende Eingriffe in den als formlos und widerspenstig begriffenen Meeresraum, von denen das Seerecht und das Konzept der Seemacht im territorialen bzw. imperialen Wettstreit der Nationen die geläufigsten sind. Drittens definiert er sozial konstruierte, diskursiv vermittelte Formen der kulturellen Wahrnehmung und Aneignung des Naturraums Meer im Rahmen von Debatten über Fortschritt, Geopolitik und Recht: Das Meer erscheine im Fortschritts- und Entwicklungsdiskurs der Moderne als Antithese der *wilderness* – ein nur der Luft vergleichbarer unbezähmbarer Raum, der sich jeder rationalen Planung, zivilisatorischen Entwicklung, kapitalistischen Investition und territorialen Aneignung widersetze. Dies gelte umso mehr für die im 19. Jahrhundert noch weitgehend unbekannte Tiefsee, die gerade erst in den Blick rückte. Im geopolitischen Diskurs werde der jenseits staatlicher Souveränitätsausübung liegende Ozean als ein leeres *Machtfeld* konstruiert, in das Staaten ihre Machtansprüche wechselseitig hineinprojizierten. Im Rechtsdiskurs erscheine das Meer bar jeder sozialen Kontrolle oder Gesetzgebung und repräsentiere als per se rechtsfreier Raum die Kontradiktion des Staatswesens. Mit der Antithese zur kolonisierbaren Wildnis, zu Zivilisation und Staat stehe es wegen seiner sozial konstruierten Leere in der industriellen Moderne einerseits außerhalb der Gesellschaft, andererseits habe gerade die Idealisierung der Tiefsee neue Projektionsräume für soziale Identitätsdiskurse, Utopien und Mythen der Moderne eröffnet.[6]

Steinberg deutet Jules Vernes *20.000 Meilen unter den Meeren*, veröffentlicht 1869/71, als Schlüsselroman der sozialen Konstruktion der Weltmeere in der ersten Hochphase des wissenschafts- und technikgläubigen Industriezeitalters: Das Meer erscheine im Roman als freiheitliche Antithese der Natur zur menschlichen Zivilisation an Land, deren Begrenztheit und Enge durch die fortschreitende wissenschaftliche Erforschung der Tiefsee noch sichtbarer werde. In der Gestalt des Kapitän Nemo biete das Meer anarchistischen Konzepten Raum, die aber durch Vernes Vorliebe für die Ästhetisierung des Meeres und die Klassifikation der Meeresfauna und -flora relativiert würden.[7] Im Folgenden sollen die Darstellung des Meeres im Roman und die von Verne in diesen Raum projizierten Weltbilder näher analysiert und dabei Steinbergs Kernthesen überprüft werden.

---

6 Philipp E. Steinberg, The Social Construction of the Ocean. Cambridge 2001, bes. 32–38, 110–158, 206–210.
7 Ebd., 121–124.

2. Das Meer als Erfahrungs- und Projektionsraum im Roman

2.1 Der Roman und seine Entstehung

Als für die damalige Zeit neuartiger wissenschaftlicher Reise- und Abenteuerroman schildert *20.000 Meilen unter den Meeren* bekanntlich die unterseeische Weltreise des Pariser Meeresforschers Professor Pierre Aronnax, seines flämischen Dieners Conseil und des kanadischen Harpuniers Ned Land an Bord der *Nautilus* mit seinem geheimnisvollen Kapitän Nemo, einem genialen Ingenieur und Naturkundler. Die drei Protagonisten gehen am 9. Juli 1867 in New York an Bord des amerikanischen Kriegsschiffes *Abraham Lincoln*, das einen die internationale Schifffahrt bedrohenden vermeintlichen Riesennarwal jagen soll, der sich später als das stählerne Unterseeboot Nemos herausstellt. Nach einem fatalen Angriff südlich von Japan werden die drei Gefährten als Gefangene Nemos an Bord genommen. Die nun folgende Reise der *Nautilus* um die Welt beginnt am 6. November 1867 und endet am 22. Juni 1868 vor der norwegischen Inselgruppe der Lofoten. Als erstes sucht die *Nautilus* die Inselwelt Ozeaniens und das Korallenmeer auf. Am 4. Januar 1868 strandet sie kurzzeitig in der Torresstraße zwischen Australien und Neuguinea, wo ein Angriff von Papuakriegern abgewehrt wird. Mit rasanter Geschwindigkeit durchquert sie den Indischen Ozean bis zur Südspitze Ceylons. Danach begibt sie sich ins Rote Meer, um am 11. Februar 1868 durch einen unterseeischen Tunnel ins Mittelmeer einzufahren. Nach der Passage Kretas und der Meerenge von Gibraltar werden vor der spanischen Küste versunkene Schätze geborgen und im Atlantik die imposanten Ruinen der versunkenen Stadt Atlantis aufgesucht. Danach geht es in direkter Fahrt zum Südpol, von dem Nemo am 19. März 1868 Besitz ergreift. Die *Nautilus* nimmt wieder Kurs nach Norden und fährt die südamerikanische Ostküste entlang in die Karibik, wo es zu einem grausamen und verlustreichen Kampf mit Riesentintenfischen kommt. Nemo zieht sich nun immer mehr in eine düstere Gedankenwelt zurück und versenkt vor der irischen Westküste hasserfüllt ein Kriegsschiff. Aronnax, der sich anfangs von Nemo fasziniert zeigt, beginnt zu zweifeln und wendet sich schließlich entschieden gegen den Kapitän. In einem grandiosen Finale versinkt die *Nautilus* vor Norwegen im Strudel des Malstroms, wobei den drei Gefangenen die Flucht gelingt.[8]

---

8 Textgrundlage der Darstellung ist die ausführlich kommentierte und neuübersetzte Ausgabe Jules Verne, 20.000 Meilen unter den Meeren, hrsg. und übers. von Volker Dehs. München 2009. Vgl. die Inhaltsangaben bei URL: http://www.j-verne.de/verne9.html [18.7.2012]; Heinrich Pleticha (Hrsg.), Jules Verne Handbuch. Stuttgart 1992, 193–195; Thomas Ostwald, Jules Verne. Leben und Werk. Berlin 1984, 70–83.

Niederschrift und Veröffentlichung von *20.000 Meilen unter den Meeren* fielen in eine bewegte Phase der französischen Geschichte. Sie umfasste die letzten Krisenjahre des Zweiten Kaiserreiches, dessen Untergang im deutsch-französischen Krieg von Juli 1870 bis Januar 1871, den Aufstand der Pariser *Commune*, deren blutige Niederschlagung von März bis Mai 1871 und die Anfänge der Dritten Republik.[9] Inspiriert von Victor Hugos romantischem Epos *Die Arbeiter des Meeres* von 1866, in dem das Meer als Raum mystischer, existentieller Bedrohung dargestellt wird,[10] arbeitete Verne von 1866/67 bis Juli 1869 mit Unterbrechungen an seinem Meisterwerk, häufig selbst in Bewegung, so auf seiner USA-Reise im März und April 1867 an Bord des Ozeanriesen *Great Eastern*,[11] zumeist aber während Kurzfahrten an der nordfranzösischen, belgischen und englischen Küste auf seiner Yacht *Saint-Michel I*.[12] Das Buch wurde zunächst als Fortsetzungsroman von März 1869 bis Juni 1870 in dem von Pierre-Jules Hetzel (1814–1886) verlegten *Magasin d'Éducation et de Récréation* abgedruckt, dessen vordringliches Ziel die unterhaltsame Vermittlung moralischer und populärwissenschaftlicher Bildung für die ganze Familie war.[13] Als kleinformatige Buchausgabe ohne Illustrationen erschien der erste Band des Romans im Oktober 1869 in der von Hetzel exklusiv für Verne geschaffenen Reihe *Voyages extraordinaires*,[14] der zweite Band folgte im Juni 1870. In dieser Zeit lagen

---

9 Peter C. Hartmann, Geschichte Frankreichs. 3. Aufl. München 2003, 67–70; Fenton Bresler, Napoleon III. A life. London 1999; Johannes Willms, Paris. Hauptstadt Europas 1800–1914. München 2000, 283–431; Jens Ivo Engels, Kleine Geschichte der Dritten französischen Republik (1870–1940). Köln u. a. 2007, 16–22.
10 Victor Hugo, Die Arbeiter der Meere. Hamburg 2003. Vgl. Jörg W. Rademacher, Victor Hugo. München 2002, 144.
11 Anne de Thoisy-Dallem, La légende du Great Eastern, in: Marie-Pierre Demarq, Didier Frémond, Hélène Tromparent (Hrsg.), Jules Verne – le roman de la mer. Paris 2005, 42–47; Bernard Crochet, Le ›Great Eastern‹ – la ville flottante de Jules Verne, in: Neptunia 237, 2005, 30–35; Philippe Valetoux, Le flâneur maritime, in: Marie-Pierre Demarq, Didier Frémond, Hélène Tromparent (Hrsg.), Jules Verne – le roman de la mer. Paris 2005, 28 f.; Volker Dehs, Jules Verne. Eine kritische Biographie. Düsseldorf und Zürich 2005, 168–173; Jean-Paul Dekiss, Jules Verne l'enchanteur. Paris 2002, 118–121; François Angelier, Album Jules Verne. Paris 2012, 121–125; Ostwald, Jules Verne, 43–46.
12 Dehs, Jules Verne, 174–178; William Butcher, Jules Verne. The definitive biography. New York 2006, 183–215; Angelier, Album Jules Verne, 120, 125–130; URL: http://www.j-verne.de/verne9.html [12.7.2012].
13 Fonds Hetzel. Bibliothèque-Médiathèque de Sèvres (Hrsg.), Jules Verne et le Magasin d'Éducation et de Récréation. Paris o. J.; Dekiss, Jules Verne, 74–78; Dehs, Jules Verne, 141 f.
14 Bis zu Vernes Tod sollten nach offizieller Zählung insgesamt 54 mehrbändige Romane im enzyklopädischen Gesamtwerk der *Außergewöhnlichen Reisen* erscheinen. Vgl. Dehs, Jules Verne, 145 f. Vgl. Volker Dehs u. a. Bibliographie der Voyages extraordinaires, URL: http://jv.gilead.org.il/biblio/voyages.html [20.7.2012] sowie Andreas Fehrmanns Bibliographie der Voyages extraordinaires, URL: http://www.j-verne.de/abenteuer2.html [12.7.2012]; Thomas Ostwald, Was auf den Reisen geschah. Die Romane und ihr Inhalt, in: Heinrich Pleticha (Hrsg.), Jules Verne Handbuch. Stuttgart 1992, 75–199.

Abb. 1: Frontispiz des Romans 20.000 Meilen unter den Meeren von Jules Verne.[15]

Abb. 2: Meereswunder vor dem Salonfenster.

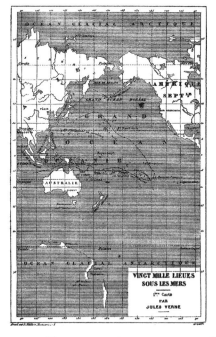

Abb. 3 (links): Reiseroute des Nautilus durch Pazifik und Indischen Ozean.
Abb. 4 (oben): Ausbeutung des Ozeans durch Schleppnetzfang.

15 Abb. 1–6 aus: Jules Verne, Vingt mille lieues sous les mers, Paris: J. Hetzel 1871, Frontispiz (ohne Seitenzählung), S. 101, 104, 137, 201 und 297.

Abb. 5: Besuch in der unterseeischen Ruinenstadt Atlantis.

Abb. 6: Begegnung des Nautilus mit einem Schwarm von Kalmaren.

bereits erste deutsche, englische und spanische Übersetzungen auf der Basis der Erstfassung vor. Im November 1871 publizierte Hetzel dann die mit 111 Illustrationen Edouard Rious (1833–1900) und Alphonse de Neuvilles (1835–1885) aufwändig gestaltete Großausgabe, die Vernes Lesern in grandiosen Bildern unterschiedliche Annäherungen an das Meer als einen noch weitgehend unbekannten, faszinierenden, gleichwohl durchaus gefahrvollen Naturraum vermittelte: die durch Gezeiten und Wind bewegte, vom Sturm aufgepeitschte, dann wieder friedliche Meeresoberfläche,[16] die ruhige, von Lebewesen aller Art reich bevölkerte Unterwasserwelt,[17] Tauch-, Fischerei-, Kampf- und Jagdszenen,[18] gefährliche Begegnungen mit Meerestieren wie Walen, Haien, Rochen, Riesenhummern, -spinnen, und -kraken,[19] faszinierende, durch Natur und Technik erzeugte Lichtphänomene,[20] unterseeische Ruinen, versunkene Wälder und

---

16 Jules Verne, 20.000 Meilen, 22, 31, 49, 53, 67, 72, 145, 163, 226, 273, 447, 484, 487, 514, 540, 583, 585, 595, 604, 621.
17 Ebd., 153, 158, 182, 302, 388 f. 460.
18 Ebd., 62, 174, 182, 186, 188, 192, 201, 291, 308, 324, 328, 345, 363, 377, 478, 527, 603.
19 Ebd., 186, 333, 425, 466, 476, 478, 550, 561, 564, 567, 569.
20 Ebd., 53, 67, 72, 111, 115, 153, 163, 188, 192, 201, 289, 308, 328, 342, 398, 428, 437, 460, 514, 585, 605.

Schiffswracks[21] sowie ein Frontispiz, das die meisten dieser Motive visuell vorwegnimmt (Abb. 1).[22] Dem Roman wurden zudem zwei mit Längen- und Breitengraden ausgestattete Karten beigefügt, auf denen die Leser den Reiseverlauf in den beiden Hemisphären sowie die Bezeichnungen der Ozeane und Inseln präzise nachvollziehen konnten (Abb. 3).[23]

2.2 Das Meer als Raum technischer und politisch-sozialer Utopie

Die abenteuerliche Weltreise der Protagonisten unter den Meeren folgt dem verborgenen Reiseplan Nemos. Dieser orientiert sich an der nur ihm bekannten Position unterseeischer Naturwunder und seinem unermüdlichen Entdeckerdrang. Mal durchschneidet die *Nautilus* zielstrebig, in ungeheurem Tempo die Ozeane, »wie eine Schwalbe die Luft oder ein Expresszug das Festland«,[24] dann wieder fährt sie einen Schlingerkurs, der Nemos wechselnden Absichten und Stimmungen entsprechend, in unterschiedlichen Geschwindigkeiten bis hin zu völligem Stillstand abläuft. Highlights der unterseeischen Tour um die Welt sind die Visite des untergegangenen Atlantis und die Eroberung des Südpols.[25] Mit der riskanten Passage durch den unterseeischen *Arabian Tunnel* ins Mittelmeer nimmt Nemo die 1869 erfolgte Eröffnung des Suezkanals für den Schiffsverkehr vorweg, dessen Erbauer Ferdinand de Lesseps (1805–1894) er uneingeschränkt bewundert.[26]

Der das Tafelbesteck der *Nautilus* zierende Wahlspruch Nemos *Mobilis in Mobili* (Beweglich im Beweglichen) versinnbildlicht die unbegrenzte Manövrierfähigkeit der *Nautilus* und ihres Kapitäns.[27] Damit gemeint ist erstens die Fähigkeit des Unterseeboots, sich anders als normale Schiffe unabhängig von Schlechtwetterlagen, Strömungen und Hindernissen in den drei Dimensionen des Meeresraumes zu bewegen. Durch das Abtauchen in die Tiefe kann es sich allen Gefahren entziehen, die an der Meeresoberfläche drohen. Zweitens ent-

---

21 Ebd., 204, 398, 411, 412, 422, 428, 598, 611.
22 Ebd., [2].
23 Frédérique Calcagno-Tristant, Dévoration, Clôture et Enfermement. Approche sémiocognitive des illustrations de dévoration dans le roman de Jules Verne *Vingt mille lieues sous les mers*, in: Iris 28, 2005, [= Jules Verne entre Science et Mythe], 169–189; Hans Ries, Der Triumph des Holzstichs. Die Originalillustrationen des Romanwerks Jules Vernes, in: Heinrich Pleticha (Hrsg.), Jules Verne Handbuch. Stuttgart 1992, 249–261; Guy Gauthier, Edourd Riou, dessinateur. Entre le Tour du Monde et Jules Verne 1860–1900. Paris 2008, bes. 152–154.
24 Zit. Jules Verne, 20.000 Meilen, 371. Vgl. ebd., 432.
25 Jules Verne, 20.000 Meilen, 418–430, 479–513. Vgl. Friedrich Wolfzettel, Jules Verne. Eine Einführung. München und Zürich 1988, 128–130.
26 Jules Verne, 20.000 Meilen, 350–367.
27 Ebd., 85 f. Vgl. dazu Dekiss, Jules Verne, 124.

wickelt die *Nautilus* mit ihrem aus dem Meerwasser gespeisten elektrischen Antrieb eine allen anderen Schiffen überlegene Fahrgeschwindigkeit, die es ihr ermöglicht, die großen Distanzen der Ozeane in kurzer Zeit zu überwinden und deren raumzeitliche Wahrnehmung bedeutend zu reduzieren. Drittens bezieht sich der Wahlspruch Nemos auf ein absolutes Unabhängigkeits- und Freiheitsverständnis. Die den unermesslichen Ruheraum der Tiefsee durchfahrende *Nautilus* stellt in ihrer diskursiven Qualität ein Freiheitssymbol dar und gleicht darin dem in anderen Werken Vernes häufig verwendeten Ballon, der durch die Veränderung der Flughöhe in ruhigere Luftströmungen wechseln und sich der menschlichen Welt entziehen kann.[28] Nemo, der »Mann des Meeres«,[29] verkörpert den radikalen Freiheitswillen eines schöpferischen Genies und rebellischen Außenseiters, der mit der menschlichen Zivilisation gebrochen hat:

»Er hatte sich nicht nur außerhalb der menschlichen Gesetze gestellt, er hatte sich auch von ihnen unabhängig gemacht, war im absoluten Wortsinn frei und jedem Zugriff entzogen! Wer könnte es wagen, ihn bis auf den Meeresgrund zu verfolgen, da er schon auf der Wasseroberfläche alle derartigen Versuche spielend vereitelte? Welches Schiff könnte den Zusammenprall mit seinem Unterwassermonitor überstehen? Welche noch so starke Panzerung den Stoß seines Rammsporns aushalten? Es gab keinen einzigen Menschen, demgegenüber er hätte Rechenschaft ablegen müssen. Gott – sofern er gläubig war –, sein Gewissen – wenn er denn eines hatte –, waren die einzigen Richter, denen er unterworfen war.«[30]

Dieser absolute Freiheitsanspruch Nemos, dessen Name im Lateinischen bekanntlich *Niemand* bedeutet, entspricht dem unbeherrschbaren Meer als Nicht-Ort und unbestimmbares Elixier des Lebens:

»Ja, ich liebe es! Das Meer ist alles! Es bedeckt sieben Zehntel der Erdoberfläche. Sein Odem ist rein und gesund. Es ist die unermessliche Wüste, in der der Mensch niemals allein ist, denn um ihn herum fühlt er überall das Leben pulsieren. Das Meer ist das Medium eines übernatürlichen, wunderbaren Lebens; es ist nichts als Bewegung und Liebe; es hat die lebendige Unendlichkeit, wie einer ihrer Dichter gesagt hat. Und tatsächlich, Herr Professor, manifestieren sich in ihm die drei Reiche der Mineralien, Pflanzen und Tiere [...]. Das Meer birgt die großen Ressourcen der Natur. Durch das Meer hat das Leben sozusagen einmal seinen Anfang genommen, und wer weiß, ob es dadurch nicht enden wird! Hier herrscht absolute Ruhe. Das Meer gehört nicht den Despoten. Auf seiner Oberfläche mögen sie ihre Unrechtsherrschaft ausüben, Kriege führen, sich zerfleischen, alle irdischen Schrecken verbreiten. Aber dreißig Fuß unter

---

28 Direkte Vergleiche bei Jules Verne, 20.000 Meilen, 433, 457f. Vgl. Wolfzettel, Jules Verne, 22–25 sowie zur Luftfahrt als Symbol für die individuelle Freiheit menschlichen Handelns und Naturbeherrschung Rüdiger Haude, Grenzflüge. Politische Symbolik der Luftfahrt vor dem Ersten Weltkrieg. Das Beispiel Aachen. Köln u. a. 2007, 20f., 275–283, 340–344.
29 Zit. Jules Verne, 20.000 Meilen, 97 (Überschrift des 10. Kap.). Vgl. ebd., 616.
30 Zit. Jules Verne, 20.000 Meilen, 101. Vgl. dazu Wolfzettel, Jules Verne, 136–140.

seiner Oberfläche endet ihre Herrschaft, erschöpft sich ihr Einfluss, schwindet ihre Macht! Ach, Monsieur, leben Sie, leben Sie im Schoß des Meeres! Hier allein herrscht Unabhängigkeit! Hier beugt mich kein Herr! Hier bin ich frei!«"[31]

Doch ergibt sich aus dem Gefangenenstatus der drei unfreiwilligen Gäste der *Nautilus* ein elementarer Gegensatz zwischen dem utopisch-anarchistischen Freiheitsanspruch Nemos und dem Freiheitsrecht der Schiffsbesatzung und der Gefangenen, das aufgehoben wird, um seinen wissenschaftlichen Erkenntnisdrang wie auch sein Rachegefühl zu befriedigen und das Geheimnis seiner Existenz zu wahren.[32] Nemos despotische Kommandogewalt über die hermetisch abgeschlossene Welt der *Nautilus* macht das Schiff eben nicht, wie er es postuliert, zum Hort der Freiheit, sondern in Wahrheit zu einer »technokratischen Zwangsidylle«[33] – eine »nomadische Kriegsmaschine«[34] im Sinne von Gilles Deleuze und Felix Guattari, darauf ausgerichtet, »die Staatsform und die Stadtform zu zerstören, wenn sie auf sie trifft«.[35] Für die beschriebene Widersprüchlichkeit des uneingelösten anarchistischen Anspruchs lassen sich in der Forschung weitere typologische Interpretamente finden: Würde man Nemo in Anlehnung an Eric Hobsbawm als Sozialbanditen betrachten, so verkörperte er hierin zuvorderst den Typus des Rächers mit eigenen moralischen Prinzipien.[36] Sieht man Nemo der piratischen Ökonomie des Nach-Beute-Suchens verpflichtet, wird man ihn wohl am ehesten mit den sklavenhaltenden Piraten der Karibik vergleichen können.[37] Obwohl die »Goldene Zeit« der Piraten längst vorüber war, hatte der Kampf der Staatsgewalt gegen das als Geißel der Menschheit verdammte Piratenwesen mit der Pariser Seerechtsdeklaration von 1856 erst ein Jahrzehnt vor Abfassung des Romans einen definitiven völkerrechtlichen Ausdruck gefunden.[38] Wie ein Pirat weicht auch Nemo dem System staatlicher Macht gezielt aus. Trotz der hohen technischen Überlegenheit der *Nautilus* gerät die Reise bisweilen zur Flucht: Nemos offenkundige Abneigung gegen das Mittelmeer ist da-

---

31 Zit. Jules Verne, 20.000 Meilen, 109. Vgl. ebd., 195 mit Nemos Monolog über den Ozean als lebendiger Organismus sowie Steinberg, The Social Construction, 122.
32 Jules Verne, 20.000 Meilen, 100–105, 292. Vgl. Olivier Sauzereau, Nemo et les autres, in: Marie-Pierre Demarq, Didier Frémond, Hélène Trompent (Hrsg.), Jules Verne – le roman de la mer. Paris 2005, 64–71.
33 Zit. Wolfzettel, Jules Verne, 147.
34 Gilles Deleuze, Félix Guattari, Tausend Plateaus. Berlin 1992, 522. Vgl. Gabriel Kuhn: Leben unter dem Totenkopf. Anarchismus und Piraterie. Wien 1994, 42.
35 Zit. nach Gabriel Kuhn, Unter dem Jolly Roger. Piraten im Goldenen Zeitalter. Berlin und Hamburg 2011, 103.
36 Eric Hobsbawm, Die Banditen. Räuber als Sozialrebellen. München 2007, 77–90.
37 Kuhn, Unter dem Jolly Roger, 30–32, 68–75, 123–132, 161–164.
38 Michael Kempe, Fluch der Weltmeere. Piraterie, Völkerrecht und internationale Beziehungen 1500–1900. Frankfurt a. M. und New York 2010, 153–190, 336–343; Steinberg, The Social Construction, 130; Kuhn, Unter dem Jolly Roger, 150–156.

durch erklärbar, dass es ein nahezu geschlossenes, von Staaten durchherrschtes, noch dazu an den Küsten dichtbesiedeltes Gewässer ist, von dem er seine Freiheit grundsätzlich eingeschränkt glaubt, weshalb er es mit größtmöglicher Geschwindigkeit in 48 Stunden durchquert.[39]

Philipp E. Steinberg interpretiert Nemos oben zitiertes Bekenntnis zum Meer und seinen lateinischen Wahlspruch denn auch dezidiert antizivilisatorisch, antinationalstaatlich und antikapitalistisch: »an explicit rejection of the spatial fixity that characterizes both the politics of the territorial nation-state and the economics of industrial capitalism«.[40] Doch wird man diese Einschätzung weiter differenzieren müssen: Nemo bekämpft die Kriegsschiffe, die in der *Nautilus* anfangs einen Wal, in jedem Fall aber eine Gefahr für den internationalen Seeverkehr erblicken und sie deshalb verfolgen, als Vertreter imperialer Herrschaft und regulierender Staatsgewalt. Dabei tritt der unversöhnliche Hass Nemos auf das britische Empire hervor, der durch die Andeutung seiner indischen Herkunft und die Ermordung seiner Familie während eines Kolonialaufstandes[41] eine entsprechend einseitig das Empire betreffende antikoloniale Komponente erhält. Das auch in anderen Romanen aufscheinende antibritische Ressentiment Vernes ist durch die in der zweiten Hälfte des 19. Jahrhunderts in Afrika und im Indischen Ozean eskalierende imperialistische Konkurrenz zwischen Großbritannien und Frankreich erklärbar.[42] Kaum weniger als Jules Vernes *alter Ego* Aronnax[43] ist Nemo im nationalistischen Denken der Zeit gefangen, das nach Interessenlage imperial oder antiimperial gewendet werden konnte. Nemo versteht sich selbst als Alleinherrscher über sein unterseeisches »Reich«;[44] wie ein Imperator nimmt er den Südpol in Besitz.[45] Dann wieder dient die Reise der *Nautilus* der Unterstützung nationaler Aufstandsbewegungen gegen das britische Weltreich in Indien und die osmanische Herrschaft auf Kreta.[46] An den Wänden von Nemos Kabine hängen die Porträts bedeutender nationaler Frei-

---

39 Jules Verne, 20.000 Meilen, 384.
40 Zit. Steinberg, The Social Construction, 123. Für antikapitalistische Bemerkungen im Roman vgl. Jules Verne, 20.000 Meilen, 112, 413f.
41 Jules Verne, 20.000 Meilen, 140–142, 597–618. Vgl. Jules Verne, Die geheimnisvolle Insel [1874/75] sowie URL: http://www.j-verne.de/verne19.html (8.9.2012); Steinberg, The Social Construction, 123f.
42 Peter Wende, Das britische Empire. Geschichte eines Weltreichs. München 2008, 145–168; Osterhammel, Die Verwandlung der Welt, 158f., 617–619, 646–654; Kate Marsh, Nicola Frith (Hrsg.), France's Lost Empires. Fragmentation, Nostalgia, and la fracture coloniale. Lanham u.a. 2011.
43 Vgl. die nach einer Fotografie Vernes gestaltete Porträtillustration Rious in Jules Verne, 20.000 Meilen, 44; Nachwort von Volker Dehs ebd., 700.
44 Zit. Jules Verne, 20.000 Meilen, 187.
45 Jules Verne, 20.000 Meilen, 512–514 (mit Illustration).
46 Ebd., 336, 378–380, 414. Vgl. Steinberg, The Social Construction, 123.

heitskämpfer und Vertreter humanistischer Ideale.[47] In der jüngeren Jules-Verne Forschung ist dazu der umstrittene Gedanke geäußert worden, dass sich hinter der Figur Nemos eine versteckte Anspielung des konservativen Monarchisten Verne auf den sozialistischen Politiker und Wissenschaftler Gustave Flourens (1838–1871) verbergen könnte, der gegen Napoleon III. opponierte und während des Kommune-Aufstandes umkam. In jedem Fall liegen sowohl in der *anarchistischen Despotie* Nemos als auch im politischen Herrschaftsdiskurs des Zweiten Kaiserreiches bonapartistische, radikaldemokratische und technokratische Züge eng beieinander.[48] In *20.000 Meilen unter den Meeren* wird der Widerspruch zwischen der individuellen Freiheit des Anführers und der intervenierenden Staatsgewalt am Ende zugunsten der bürgerlichen Ideologie von Ordnung, Recht und Moral entschieden.[49]

2.3 Das Meer als domestiziertes Objekt moderner Naturwissenschaft

Einen weiteren Zugang zur sozialen Konstruktion des Meeres im Roman bilden die rasanten Fortschritte der Naturwissenschaft im 19. Jahrhundert. Die *Nautilus* ermöglicht Nemo die wissenschaftliche Erkundung des fremden Meeresraumes.[50] Seine universale Gelehrsamkeit spiegelt sich in der 12.000 Bände umfassenden Bibliothek der *Nautilus* wider, die zahlreiche naturwissenschaftliche Werke enthält.[51] Die Vitrinen des Salons bergen seltene Muscheln, Schwämme, Korallen und Schnecken, deren Wert, wie es heißt, jede Museumssammlung in Europa überragt.[52] Verne gibt seinen Lesern detaillierte Informationen zur Positionsbestimmung auf dem Meer sowie zur Temperatur, Dichte und Zusammensetzung des Meerwassers.[53] Die Meeresfauna und -flora stellt er als ein wis-

47 Ebd., 405. Vgl. Steinberg, The Social Construction, 123.
48 Kommentar von Volker Dehs in Jules Verne, 20.000 Meilen, 640 f.; Dehs, Jules Verne, 87–101; Gegenposition bei Leonidas Kallivretakis, Jules Verne's Captain Nemo and French Revolutionary Gustave Flourens. A hidden Character Model, in: The Historical Review 1, 2004, 207–244. Vgl. aktuell auch Thomas Wagner, Demokratie als Mogelpackung oder: Deutschlands sanfter Weg in den Bonapartismus. Köln 2011.
49 Jules Verne, 20.000 Meilen, 13, 336, 601–612. Vgl. Indra N. Mukhopadhyay, Alexandre Dumas's and Jules Verne's India: The French Republic of Letters discusses Imperial Historiography, in: Kate Marsh, Nicola Frith (Hrsg.), France's Lost Empires. Fragmentation, Nostalgia, and la fracture coloniale. Lanham u. a. 2011, 111–122; Catherine Bertho-Lavenir, La mer au XIXe siècle: la révélation d'un espace, in: Marie-Pierre Demarq, Didier Frémond, Hélène Tromparent (Hrsg.), Jules Verne – le roman de la mer. Paris 2005, 85.
50 Jules Verne, 20.000 Meilen, 133–139, 152, 177. Vgl. Michel Clamen, Jules Verne et les sciences. Cent ans après. Paris 2005.
51 Jules Verne, 20.000 Meilen, 112 f.
52 Ebd., 118–120.
53 Ebd., 123, 267–269. Vgl. Muriel Gout u. a., Quand Jules Verne raconte la mer. Vingt Mille Lieues sous les mers. Paris und Monaco 2005, 10–13.

senschaftlich klassifiziertes System vor. Dabei orientiert er sich an den gängigen Darstellungen der zeitgenössischen Natur- und Meeresforschung, darunter *Die physische Geographie des Meeres* des amerikanischen Seeoffiziers und Hydrografen Matthew Maury (1806–1873)[54] und die naturwissenschaftlichen Standardwerke von Frédol und Mangin.[55]

Die auf den schwedischen Naturforscher Carl von Linné (1707–1778) zurückgehende wissenschaftliche Klassifizierung und Erforschung der Meereslebewesen wird von Professor Aronnax und dem Diener Conseil bisweilen exzessiv betrieben.[56] Selbst das gewaltigste Meerestier, der Wal, findet sich in diesem Klassifizierungssystem, Mollusken und Quallen gleich, auf zoologische Kategorien reduziert: »Stamm der Wirbeltiere [...], Klasse der Säugetiere, Unterklasse der Monodelphia, Gruppe der Fischförmigen, Ordnung der Cetaceae, Familie der... [...] Die Ordnung der Cetaceae umfasst drei Familien: Glattwale, Pottwale und Delfine, und zur letzteren gehört der Narwal.«[57] Ähnlich trockene, nicht enden wollende Passagen über die Zoologie der Wale finden sich in Herman Melvilles 1851 erschienenem Roman *Moby Dick*, dessen Inhalt Verne aus einer 1853 erschienenen Besprechung in der *Revue des Deux Mondes* und aus Mangins *Les Mystères de l'océan* bekannt war.[58]

Vom großen Salonfenster aus nehmen Aronnax und sein Diener auf bequemen Sitzmöbeln sitzend und Zigarre rauchend die Klassifizierung der vom elektrischen Licht der *Nautilus* erleuchteten Meereswelt gewissermaßen am lebenden Objekt vor (Abb. 2),[59] oder wie Conseil es ausdrückt, »durch die Scheibe eines unermesslichen Aquariums«.[60] Doch wird dieser Vergleich umgehend von Aronnax zurückgewiesen:

»›Tatsächlich! Fische!‹, rief Conseil aus. ›Man könnte meinen, wir befänden uns vor einem Aquarium‹. ›Oh nein‹, erwiderte ich, ›denn ein Aquarium ist nichts als ein Käfig, und die Fische dort sind frei wie die Vögel in der Luft.‹«[61]

---

54 Vgl. Volker Dehs' Auflistung der im Roman genutzten Quellen bei Jules Verne, 20.000 Meilen, 744f.
55 Bei den naturwissenschaftlichen Werken handelt es sich um Frédol (Alfred Moquin-Tandon), Le Monde de la mer. Paris 1865, und Arthur Mangin, Les Mystères de l'océan. Tours 1864 u.ö. Vgl. den kritischen Apparat von Volker Dehs in Jules Verne, 20.000 Meilen, 641 und 744f.; Jacques Noiray, L'inscription de la science dans le texte littéraire. L'exemple de *Vingt mille lieues sous les mers*, in: Christophe Reffait, Alain Schaffner (Hrsg.), Jules Verne ou Les inventions romanesques. Amiens 2007, 29–50.
56 Zit. Jules Verne, 20.000 Meilen, 24, 57f., 154–159, 183f., 297–304, 313–315, 335, 358, 375f., 393–395, 432f., 453f., 503, 574f. Vgl. die Illustrationen ebd., 153, 158, 388f.
57 Zit. Jules Verne, 20.000 Meilen, 57.
58 Exemplarisch Herman Melville, Moby Dick. Frankfurt a.M. 1977, Bd. 1, Kap. 32, 191–208. Vgl. dazu den Kommentar von Dehs in Jules Verne, 20.000 Meilen, 631f.
59 Jules Verne, 20.000 Meilen, 154–159, 341, 375f.
60 Zit. Jules Verne, 20.000 Meilen, 151.
61 Zit. Jules Verne, 20.000 Meilen, 156.

Die Anregung zu dieser Szene hatte Verne das gigantische Spektakel der Pariser Weltausstellung im Juni 1867 geliefert, auf der eine Vielzahl maritimer Innovationen zur Schau gestellt wurde: Neben dem 1857 fertig gestellten Unterseeboot *Nautilus* von Samuel Hallet, dem Modell des Unterseeboots *Le Plongeur* von Siméon Bourgeois und Charles Brun und einem von Rouquayrol-Denayrouze entwickelten Taucheranzug zeigte eine künstliche Grotte mit einem Rundumaquarium eine scheinbar ungefährliche und beherrschbare Unterwasserwelt. Plüschmöbel und Raucherlaubnis degradierten die Natur zur Unterhaltungsware inmitten einer Flaniermeile.[62] Genau diese Dynamik von wissenschaftlicher und bürgerlicher Domestizierung einerseits und Begeisterung, ja Ehrfurcht vor der Gewaltigkeit des Meeres andererseits greift Verne in seinem Roman auf.

In seiner wissenschaftlichen Darstellung des Meeres bezieht sich Vernes Roman mehrfach auf den von ihm als Dichter apostrophierten französischen Historiker Jules Michelet (1798–1874), Verfasser des 1861 erschienenen, überaus einflussreichen Buches *Das Meer*. Michelet integrierte die moderne Wahrnehmung des Meeres als begrenzter, erforschbarer und gefährdeter Großraum in die von der Romantik vertretene Sicht des Meeres als ein von Geheimnissen durchdrungenes Element.[63] Das Meer stellt er als die Urmutter allen Lebens und organisch gewachsenes, lebendiges Ganzes dar, das einen Kreislauf aus fruchtbaren Elementen, Schlamm und Schleim, bilde[64] und in dem alles auf alles in Bewegung und Liebe einwirke:

»Es ist dies der eigentliche Beruf, die Arbeit dieser großen Meereswelt: lieben und sich vermehren. […] Sie ist – so scheint es – das große Weib des Erdballs, dessen nie versiegendes Begehren, dessen unausgesetztes Empfangen und Gebären ohne Ende ist.«[65]

Dazu passt, dass Nemo die geheimnisvolle, aus Meerwasser gewonnene elektrische Energie, welche die *Nautilus* antreibt, gleichfalls als »Leben«[66] bezeichnet. Verne übernahm von Michelet auch die Anschauung des Meeres als ungeheure Ressource und »ewig unverändert[er]«[67] Teil der Schöpfung. In Vernes katholisch-konservativer Naturphilosophie, in der die Entstehung des Lebens im Meer dezidiert auf den formenden Plan des göttlichen Schöpfers zurückgeführt wird, findet die nur wenige Jahre zuvor publizierte Evolutionstheorie Charles Darwins selbstverständlich keinen Platz.[68]

---

62 Volker Barth, Mensch versus Welt. Die Pariser Weltausstellung von 1867. Darmstadt 2007, bes. 333–335; Dehs, Jules Verne, 173 f.
63 Vgl. das Nachwort des Herausgebers der deutschen Neuübersetzung von Jules Michelet, Das Meer, hrsg. und übers. von Rolf Wintermeyer. Frankfurt a.M. 2006, bes. 317 f.
64 Michelet, Das Meer, 44–54, 84–90.
65 Zit. Michelet, Das Meer, 90. Vgl. den Kommentar ebd., 340–342.
66 Zit. Jules Verne, 20.000 Meilen, 126.
67 Zit. Jules Verne, 20.000 Meilen, 20.
68 Jules Verne, 20.000 Meilen, 20. Vgl. Julia Voss, Charles Darwin zur Einführung. Hamburg 2008.

In anderen Passagen erscheint der Roman näher am Puls der zeitgenössischen Naturforschung. So soll Nemos Tauchfahrt in eine unbelebte, das Geheimnis der Welt schlechthin symbolisierende Tiefe von 16.000 Metern die letzten Geheimnisse der Erde enthüllen,[69] zu denen Forscher und Entdecker noch vordringen können, oder wie es Aronnax zu Beginn der Jagd auf das Ungeheuer der Meere ausdrückt:

»Die Tiefen der Ozeane sind uns völlig unbekannt. Keine Sonde hat sie bisher erreichen können. Was geht in den entlegenen Abgründen vor sich? Welche Wesen leben in zwölf oder fünfzehn Meilen unter dem Meeresspiegel und wie können sie dort überhaupt überleben? Wie sind diese Lebewesen beschaffen? Man vermag kaum Mutmaßungen darüber anzustellen.«[70]

Verne kannte offenkundig die Debatte um die Abyssus-Theorie von Edward Forbes (1815–1854), der behauptete, dass im Meer unterhalb einer Grenze von 550 Metern kein Leben mehr möglich sei. Doch hatte schon der Polarforscher John Ross 1818 mittels einer Sonde niedere Meerestiere aus 2.000 Metern Tiefe zu Tage befördert, und mit dem von Michael Sars (1805–1869) vor den Lofoten erbrachten Nachweis einer reichen Fauna und Flora in einer Tiefe von 800 Metern war Forbes' Theorie bereits 1850 widerlegt.[71] Die Vertretung bzw. Abwandlung veralteter Forschungsthesen wie derjenigen von der toten Tiefsee kommt mitunter auch in anderen Romanen Vernes trotz seiner umfassenden Lektüre aktueller naturkundlicher Fachzeitschriften und Bulletins vor.[72]

2.4 Das Meer als unerschöpflicher Ressourcenlieferant

Ein weiterer Aspekt der Darstellung des Meeres im Roman ist die Ausbeutung seiner Ressourcen. Ungezügelt nutzt Nemo das Meer zur Beschaffung von Nahrung und Kleidung für die Besatzung der *Nautilus*:

---

69 Ebd., 456–459.
70 Zit. Jules Verne, 20.000 Meilen, 17 f.
71 Jules Verne, 20.000 Meilen, 456 f. Vgl. T. R. Anderson, T. Rice, Deserts on the sea floor: Edward Forbes and his azoic hypothesis for a lifeless deep ocean, in: Endeavour 30, 2006, H. 4, 131–137; Robert Kunzig, Der unsichtbare Kontinent – die Entdeckung der Meerestiefe. Hamburg 2002.
72 Piero Gondolo della Riva, Un patrimoine à découvrir: les fiches de travails de Jules Verne, in: Revue Jules Verne 16, 2° semestre 2003, 43–52. So widerspricht Verne in seinem Roman *Die Reise zum Mittelpunkt der Erde* von 1864 der bereits zu seiner Zeit von den allermeisten Wissenschaftlern vertretenen Vorstellung von einem heißen Erdinneren. Dazu Volker Dehs, Nachwort zu Jules Verne, Reise zum Mittelpunkt der Erde. München 2005, 336 f.

»›Ja, Herr Professor, das Meer stillt alle meine Bedürfnisse. Mal werfe ich Schleppnetze aus und hole sie zum Bersten voll wieder ein, mal gehe ich in diesem Element, das dem Menschen so unzugänglich scheint, auf Jagd und erlege das Wild, das in meinen unterseeischen Wäldern haust. Arglos weiden meine Herden wie die Tiere von Neptuns alten Hirten auf den endlosen Ebenen des Ozeans. Ich verfüge da über unermessliche Besitztümer und fahre selbst die Ernte ein, während die Hand des Schöpfers aller Dinge immer wieder neu auf ihnen aussät. [...] Das Meer, Monsieur Aronnax‹, sagte er, ›diese wunderbare, unerschöpfliche Nährmutter, speist mich nicht nur, es versorgt mich auch mit Kleidung.‹«[73]

Auch alle Möbel, Parfums, Zigarren, Schreibtinte und Papier an Bord sind aus den Produkten des Meeres gefertigt.[74] Im Meer findet Nemo die Schätze versunkener Schiffswracks, die seinen ungeheuren Reichtum begründen und ihm den Bau der *Nautilus*, die Finanzierung seiner Meeresforschung und die Unterstützung von Freiheitsbewegungen ermöglichen.[75] Der Kapitän der *Nautilus* übt in seiner Unterwasserwelt das Kolonialrecht des Pioniers aus, der sein eigenes unermessliches Reich gegründet, erschlossen und unterworfen hat, wie Aronnax beim Besuch eines unterseeischen Waldes bemerkt:

»Er betrachtete ihn als sein Eigentum und beanspruchte für ihn dieselben Rechte wie die ersten Menschen in den ersten Tagen der Welt.«[76]

Nemos Alleinherrschaft über seinen unterseeischen *Garten Eden* legitimiert ihn zur uneingeschränkten Ausbeutung der Meeresfauna mittels wiederholter Jagd- und Fangaktionen im Stil industrialisierter Fischereinationen. Der von der Besatzung der *Nautilus* betriebene hochtechnisierte Walfang bringt mit der Unterwerfung des alten Leviathans die Domestizierung der Ozeane stellvertretend zum Ausdruck.[77] Auch beutet Nemo die See bedenkenlos mit Hilfe des Schleppnetzfangs aus (Abb. 4), der schon damals als Raubbau an den Meeren verpönt und zeitweise von der französischen Regierung verboten worden war.[78] Vernes entsprechende Schilderungen sind dem Eroberungsdenken des 19. Jahrhunderts verpflichtet und wirken aus heutiger Sicht ökologisch naiv. Dazu muss aber bemerkt werden, dass sich das moderne Umweltbewusstsein damals noch in den Kinderschuhen befand. Zwar hatten bereits Michelet und andere hellsichtige

---

73 Zit. Jules Verne, 20.000 Meilen, 108 f.
74 Jules Verne, 20.000 Meilen, 109, 113 f., 161.
75 Ebd., 142, 406 ff.
76 Zit. Jules Verne, 20.000 Meilen, 181.
77 Jules Verne, 20.000 Meilen, 33–36, 465. Vgl. zum internationalen Walfang im 19. Jahrhundert Osterhammel, Die Verwandlung der Welt, 556–560; Clé Lesger, Walfang, in: Enzyklopädie der Neuzeit, Bd. 14, 2011, 580–583.
78 Vgl. ebd., Kommentar von Volker Dehs ebd., 650; Clé Lesger, Birgit Pelzer-Reith, Karin Ostrawsky, Fischerei, in: Enzyklopädie der Neuzeit, Bd. 3, 2006, 1006–1015.

Mahner die Meeresressourcen als begrenzt bezeichnet, doch blieb die etwa zeitgleich von Ernst Haeckel (1834–1919) begründete ökologische *Naturhaushaltslehre* Verne unbekannt.[79]

Im Roman erwähnt Verne die um 1790 durch Pelztierjäger ausgerottete Stellersche Seekuh[80] und weist auf die Situation akut bedrohter Tierarten wie den Seeotter und dessen mögliches Aussterben hin, betrachtet dies aber als unvermeidlich:

»Dieser kostbare Fleischfresser, den die Fischer hetzen und jagen, ist inzwischen ausgesprochen selten geworden und hat sich überwiegend in die hohen Breiten des Pazifiks zurückgezogen, wo seine Gattung wahrscheinlich bald aussterben wird. Kapitän Nemos Gefährte hob das Tier auf, legte es sich über die Schulter, und wir setzten unseren Weg fort.«[81]

Verne zitiert sogar die vehemente Kritik des Naturforschers Alphonse Toussenel (1803–1885) an der Dezimierung großer Meeressäuger sowie dessen Theorie, diese würde zur schädlichen Vermehrung verfaulender Pflanzen, von Kraken, Quallen und Kalmaren in Küstengewässern und warmen Meeren und schließlich zur Verpestung der Luft und Epidemien führen.[82] Doch schlachtet die Mannschaft der *Nautilus* weiter unverdrossen Wale, Seehunde und als Manatis bezeichnete Seekühe ab:

»Bei allem Respekt für diese Theorie bemächtigte sich die Mannschaft der *Nautilus* eines halben Dutzend dieser Manatis, schließlich ging es darum, die Proviantkammern mit Fleisch von hervorragender Qualität zu versorgen, die noch die von Rind und Kalb übertrifft. Die Jagd selbst war uninteressant. Widerstandslos ließen sich die Manatis erschlagen. Mehrere tausend Kilo Fleisch, das zum Trocknen bestimmt war, wurden an Bord eingelagert.«[83]

Eine weitere Erklärung für Vernes Darstellungsweise ist, dass es bei den Jagden im Roman nicht allein um Nahrungsbeschaffung geht, sondern auch um mehr

---

79 Jules Verne, 20.000 Meilen, 108, 194f., 202, 291 (Illustration), 295f., 344f., 546–548, 551–553. Vgl. Ernst Haeckel, Generelle Morphologie der Organismen. Allgemeine Grundzüge der organischen Formen-Wissenschaft, mechanisch begründet durch die von Charles Darwin reformirte Descendenz-Theorie. Berlin 1866, Bd. 2, 286; ders., Das Leben in den größten Meerestiefen [1870]. Paderborn 2009; dazu Joachim Radkau, Die Ära der Ökologie. Eine Weltgeschichte. München 2011.
80 Jules Verne, 20.000 Meilen, 549.
81 Zit. Jules Verne, 20.000 Meilen, 190. Wegen des von Russland verhängten totalen Fangverbots und internationaler Abkommen sollte der Seeotter überleben. Vgl. den Kommentar von Volker Dehs ebd., 649; Steinberg, The Social Construction, 128f.
82 Jules Verne, 20.000 Meilen, 549–551. Toussenels Werk *L'Esprit des bêtes. Zoologie passionelle. Mammifères de France* wurde 1868 bei Hetzel neu aufgelegt. Vgl. den Kommentar von Dehs ebd., 676.
83 Zit. Jules Verne, 20.000 Meilen, 551.

oder weniger gefährliche Abenteuer, die Abwechslung in den Reisealltag der Unterwasserreisenden bringen und dem Leser menschliche Tugenden wie Selbstlosigkeit und Mut vor Augen führen sollen. Zudem gehörten Jagden auf Wildtiere im 19. Jahrhundert immer noch zum Kanon adligen Statushandelns, dem Nemo wie selbstverständlich verpflichtet ist, während Aronnax aufgrund seiner großbürgerlichen Stellung daran teilhaben darf. Als professioneller Harpunier, der den unterbürgerlichen Klassen angehört, lässt auch Ned Land seinem Jagdtrieb freien Lauf.[84]

Mitunter jedoch gleiten Vernes Jagdschilderungen in brutale, einem simplen Schwarz-Weiß-Muster folgende Gewaltorgien ab: So wird Nemos Massaker an Pottwalen im südlichen Atlantik als Vernichtung von »Ungeziefer«[85] gerechtfertigt, da diese Tiere eine Bedrohung für die angeblich wertvolleren Glattwale darstellten.[86] Diese an sozialdarwinistische Argumentationen erinnernde Wortwahl, die zwischen wertem und unwertem Leben unterscheidet, wiederholt sich später beim Kampf gegen die Riesenkraken, der ein Fanal des nahenden Endes bildet.[87]

2.5 Die dialektische Konstruktion des Meeres zwischen Utopie und Antiutopie

Die Fahrt der *Nautilus* um die Welt erweist sich trotz der dargestellten technischen und sozialutopischen Konstruktion, naturwissenschaftlichen Domestikation und Ausbeutung des Meeres als eine zutiefst widersprüchliche Initiationsreise durch die Ozeane. Die anfänglichen Bezeichnungen des geheimnisvollen Unfallverursachers als Riesennarwal, alttestamentarischer Leviathan, Seeschlange, Seeeinhorn, Ungeheuer und Monstrum verkörpern noch die alte mythische Sicht des Meeres als Teil einer entfesselten, die Menschheit bedrohenden Natur.[88] Dann stellt sich der verfolgte *Narwal* während des Kampfes mit der *Abraham Lincoln* als ein profanes Wesen aus glattem, undurchdringlichem Stahl heraus, das es allerdings, rational betrachtet, dem zeitgenössischen Stand der Technik gemäß so gar nicht geben dürfte und das deshalb nur als ein »Wunder von Menschenhand«[89] fassbar ist:

»Die Entdeckung des absonderlichsten Fabelwesens, eines der Mythologie entstiegenen Geschöpfs hätte mich nicht im gleichen Maß überrascht. Dass alles Wunderbare

---

84 Jules Verne, 20.000 Meilen, 164–171, 229 ff., 358–362, 443.
85 Zit. Jules Verne, 20.000 Meilen, 475.
86 Jules Verne, 20.000 Meilen, 472–477.
87 Jules Verne, 20.000 Meilen, 566.
88 Ebd., 6–13, 19, 32, 48, 54 f., 57 f., 70, 142. Vgl. Dekiss, Jules Verne, 128 f.
89 Zit. Jules Verne, 20.000 Meilen 71.

auf den Schöpfer zurückgeht, versteht sich von selbst. Aber plötzlich vor den eigenen Augen auf geheimnisvolle Weise und durch Menschenhand das Unmögliche verwirklicht zu sehen, das konnte einen schon um den Verstand bringen.«[90]

Nemo bietet Aronnax am Beginn der Reise, ganz im Sinne der Aufklärung, die Erweiterung seines unvollkommenen Wissens durch die gemeinsame wissenschaftliche Meeresreise an, die sich zwischenzeitlich als Utopie einer spektakulären Schau unterseeischer *Wunder* präsentiert.[91] Mit seinen für Verne typischen bipolaren Strukturen setzt der Roman der Entzauberung des Meeres durch Wissenschaft, Technik, Herrschaft und Ausbeutung die ästhetische Wiederverzauberung des Meeres entgegen. Mal erleuchten die Ruhmkorff'schen Apparate der Taucher oder das von der *Nautilus* ausgehende elektrische Scheinwerferlicht das Meer (Abb. 6),[92] dann wieder sind es Milliarden phosphoreszierender Kleinstlebewesen:

»Inmitten dieser Lichtschichten überraschten mich einzelne Blitze, ähnlich wie Ströme geschmolzenen Bleis im Hochofen oder Metallmassen in Weißglut, sodass bestimmte Lichtabschnitte durch den Kontrast Schatten in dieses brennende Umfeld warfen, aus dem jeglicher Schatten doch hätte verbannt sein sollen. Nein, das war nicht mehr die gemächliche Strahlung unserer gewohnten Beleuchtung! Hier walteten eine unbändige Gewalt und eine Bewegung jenseits aller Erfahrung! Man spürte, dass dieses Licht lebendig war.«[93]

Bei ihrem Unterwasserspaziergang finden Nemo und Aronnax die untergegangene Stadt Atlantis vor, beleuchtet von einem glühenden unterseeischen Vulkan – eine Szene, die der Illustrator de Neuville spektakulär ins Bild gesetzt hat (Abb. 5).[94] Das Wunderbare des Meeres erstrahlt durch die Lichteffekte von Natur und Technik wie eine *féerie* im Stil der Opern- und Operettenkultur der Zeit.[95] Mit einigem Recht weist Friedrich Wolfzettel dieser Ästhetisierung die Funktion zu, »die Anziehungskraft des Wunderbaren unter den veränderten Bedingungen der wissenschaftlichen Moderne zu bewahren«.[96]

Das Meer wird von Verne demnach keineswegs rein wissenschaftlich-rational betrachtet, sondern als Wunderwelt ästhetisch und als Urmutter des Lebens mythisch überhöht. Auch kann gegen Ende des Romans von einer durch Wissenschaft und Technik bewerkstelligten Sozialutopie keine Rede mehr sein: Die simultane Wahrnehmung des Meeres zwischen »Faszination und heilige[m]

90 Zit. Jules Verne, 20.000 Meilen 71.
91 Jules Verne, 20.000 Meilen, 104f., 370, 450f.
92 Ebd., 185–191, 201f, 287–290, 294, 435–437.
93 Ebd., 270.
94 Ebd., 418–430, bes. die Illustration 428.
95 Wolfzettel, Jules Verne, 10–15.
96 Zit. Wolfzettel, Jules Verne, 45.

Grauen«,[97] technischer Moderne und Mythos,[98] verschiebt sich immer mehr zugunsten der Letzteren. Die wissenschaftliche Reise durch die Wunder der Meereswelt wird schließlich zur Schreckensfahrt. So symbolisiert der Kampf der *Nautilus*-Besatzung mit den Riesenkraken die Begrenzung aller Wissenschaft und Technik durch den als tödliche Wirklichkeit wiedererstandenen Mythos des gefahrvollen Meeres.[99] Die hochtechnisierten Unterwasserreisenden fallen mit ihren Beilen auf das Niveau von Steinzeitjägern zurück.[100] Danach treibt die *Nautilus* in einer phantastischen Endzeitstimmung ohne Lenkung des Kapitäns wie »ein Leichnam im Spiel der Wellen«[101] durch den Golfstrom, bevor sie »wie eine Spindel aus Stahl«[102] einem schrecklichen Unwetter trotzt, dem sich Nemo in seiner wahnhaften Todessehnsucht gemeinsam mit Aronnax an Deck des Bootes aussetzt.[103] Die für das Vernesche Oeuvre typische »Dämonie der Grenzüberschreitung«[104] mündet darin, dass sich die Natur als Repräsentantin der göttlichen Vorsehung und Gerechtigkeit dem faustischen Helden entgegenstellt. Nach der Versenkung des Kriegsschiffs fährt die *Nautilus* mit hoher Geschwindigkeit, aber ohne Ziel durch den Nordatlantik, ohne dass das Salonfenster, das Symbol für die moderne Faszination des Meeres, geöffnet würde.[105] Vernes anfängliche Meistererzählung vom Fortschritt endet folgerichtig mit der (Selbst)Bestrafung Nemos für die Hybris, sich als moderner Prometheus[106] über Gott und seine Gesetze gestellt zu haben.[107] In Anlehnung an Edgar Allan Poes Kurzerzählung *Sturz in den Malstrom* von 1841[108] lässt Verne die wieder zum Lebewesen gewordene technische Wundermaschine an einem mythologisch-literarischen Angstort, dem Malstrom vor den Lofoten, von den Naturgewalten des Meeres übermächtigt untergehen.[109] Mit der *Nautilus* versinkt zugleich der moderne Glaube an die Allgewalt der Technik, die nur vorübergehend in der Lage war, die Ohnmacht des Menschen gegenüber den gottgewollten irdischen Widersprüchen und Katastrophen zu verdecken.[110]

  97 Zit. Dehs, Jules Verne, 247.
  98 Simone Vierne, Jules Verne. Mythe et modernité. Paris 1989, 11.
  99 Lucian Boia, Jules Verne. Les paradoxes d'un mythe. Paris 2005, 46–48.
 100 Jules Verne, 20.000 Meilen, 566–570.
 101 Zit. Jules Verne, 20.000 Meilen, 572.
 102 Zit. Jules Verne, 20.000 Meilen, 582.
 103 Jules Verne, 20.000 Meilen, 581–584.
 104 Zit. Wolfzettel, Jules Verne, 25.
 105 Jules Verne, 20.000 Meilen, 612.
 106 Till R. Kuhnle, Das Fortschrittstrauma. Vier Studien zur Pathogenese literarischer Diskurse. Tübingen 2005, 30–36; Vierne, Jules Verne, 89–110; Dekiss, Jules Verne, 123.
 107 Jules Verne, 20.000 Meilen, 606.
 108 Dehs, Jules Verne, 131–134. Vgl. Hans-Dieter Gelfert, Edgar Allan Poe. Am Rande des Malstroms. München 2008, 100f.; Dietrich Kerlen, Edgar Allan Poe. Elixiere der Moderne. München und Zürich 1988, 91–94.
 109 Jules Verne, 20.000 Meilen, 612–620. Vgl. Wolfzettel, Jules Verne, 26f., 36, 42, 128.
 110 Wolfzettel, Jules Verne, 136f., 142.

3. Fazit

20.000 Meilen unter den Meeren, Jules Vernes Roman über die Ozeane zwischen Mythos und Moderne, erweist sich bei näherer Analyse als eine aus katholisch-konservativer Sicht verfasste Fortschrittsparabel. Der am Schluss dominierende Charakter der Antiutopie[111] ergibt sich aus der Dialektik von Aufklärung und Moderne im Sinne Horkheimers und Adornos: Mit der Vervollkommnung der Naturbeherrschung durch die Vernunft in Gestalt der modernen Wissenschaft tritt die Objektivierung der äußeren und die Reprimierung der inneren Natur deutlicher hervor und schlägt mit aller zerstörerischen Vehemenz in Mythologie zurück.[112]

Im Spiegel der Widersprüchlichkeit und Dialektik des Romans finden die Kernthesen Philipp E. Steinbergs ihre weitgehende Bestätigung: Zum einen wirken die Paradigmen von Fortschritt und Nationalstaat auf den Ozean ein. Die von Steinberg beschriebene Nutzung des Ozeans als idealer Verkehrsraum für moderne Transportmittel wie das Unterseeboot erscheint in Vernes Roman faszinierend, während seine Instrumentalisierung als Kampfplatz konkurrierender Nationen ebenso wenig problematisiert wird wie die Ausbeutung seiner Ressourcen. Zum anderen beschreibt Verne das Meer als einen lebendigen Urstoff der Natur, der sich dauerhaft jeder menschlichen Aneignung entzieht. Das letztliche Scheitern von Wissenschaft und Technik mitsamt ihrem Freiheitsversprechen an der unbeherrschbaren, mythisch erfahrenen Natur wird als gerechte Strafe für Nemos Verletzung der göttlichen Ordnung vor Augen geführt. Das Meer erscheint hier als ein der menschlichen Zivilisation entgegenstehender leerer Raum. Ebenfalls im Sinne Steinbergs öffnet es sich damit als Projektionsraum, der bei Verne den ewigen Plan der göttlichen Schöpfung und die Vorzüge der bürgerlichen Zivilisation sichtbar macht. Fortschrittstraum und Antiutopie münden in das eigentliche Bildungsziel dieser außergewöhnlichen Reise unter den Meeren: die moraldidaktische Unterweisung und Mobilisierung der Leser für die gemeinsame Aufrechterhaltung von Ruhe und Ordnung, Religion und Moral gegen innere wie äußere Gefahren, Hindernisse, Chaos und Gewalt.

---

111 Vgl. Matthias Hausmann, Die Ausbildung der Anti-Utopie im Frankreich des 19. Jahrhunderts. Von Charles Nodier über Emile Souvestre und Jules Verne zu Albert Robida (1833–1882). Heidelberg 2009.
112 Max Horkheimer, Theodor W. Adorno, Dialektik der Aufklärung, in: Max Horkheimer, Gesammelte Schriften, Bd. 5, hrsg. von Gunzelin Schmid Noerr. Frankfurt a.M. 1985, 11–290. Vgl. Jürgen Habermas, Die Verschlingung von Mythos und Aufklärung: Horkheimer und Adorno, in: ders., Der philosophische Diskurs der Moderne. Zwölf Vorlesungen. Frankfurt a.M. 1985, 134.

Christian Holtorf

Das ozeanische Gefühl – ein Topos der Moderne

»*wogt deiner Seele Schauer*«

Das »ozeanische Gefühl« ist durch Sigmund Freud bekannt geworden – wenn auch gegen seinen Willen. Er beschrieb es 1929 in seinem Werk »Das Unbehagen in der Kultur« als eine »Empfindung der ›Ewigkeit‹ […], ein Gefühl wie von etwas Unbegrenztem, Schrankenlosem, gleichsam ›Ozeanischem‹ […], die Quelle der religiösen Energie […], ein Gefühl der unauflösbaren Verbundenheit, der Zusammengehörigkeit mit dem Ganzen der Außenwelt«.[1] Für Freud war ein solches Erlebnis Anzeichen eines krankhaften Narzissmus, ein Angriff auf die Selbstkontrolle und die Rationalität des Menschen; er lehnte es ab. Doch das »ozeanische Gefühl« begann mit dieser Erwähnung eine Karriere durch die psychologische Popliteratur, durch Mystik und Esoterik und ist dort bis heute häufig zu finden, wenn es um Naturerfahrungen geht.[2] Was aber bedeutet der Ausdruck genau und wie ist seine Konjunktur zu erklären? Warum hat Freud sich mit ihm beschäftigt und wie ist er zu seinem kritischen Urteil gekommen? Davon handeln die folgenden Überlegungen zu einer Kulturgeschichte des Meeresblicks.

1. Mystik und Meer

Freud war durch den französischen Literaten und Pazifisten Romain Rolland auf den Ausdruck aufmerksam gemacht worden. Rolland wollte Freud veranschaulichen, was er unter Religion verstand: die Erfahrung des Verschmel-

---

1 Sigmund Freud, Das Unbehagen in der Kultur, in: ders., Kulturtheoretische Schriften. Frankfurt a. M. 1974 (OA 1929), 191–270, hier 197 f.
2 Zum Beispiel Sheldon B. Kopp, Meine Pilgerreise zum Meer, in: Triffst du Buddha unterwegs… Psychotherapie und Selbsterfahrung. Frankfurt a. M. 1978, 178–185; Klaus Theweleit, Männerphantasien, Bd. 1: Frauen, Fluten, Körper, Geschichte. Basel und Frankfurt a. M. 1986, 314–362; Andreas Weber, Alles fühlt. Mensch, Natur und die Revolution der Lebenswissenschaften. Berlin 2007, 194 ff. Beim Klettern: Mihaly Csikszentmihalyi, Das Flow-Erlebnis. 6. Aufl. Stuttgart 1996, 124. Vgl. auch die Meereslandschaft auf dem Cover von Ludger Lüdtkehaus, Nichts. Frankfurt a. M. 2003. Nicht eingegangen wird im Folgenden auf die Diskussion zum »ozeanischen Bewusstsein« oder »ozeanischen Erleben«, insofern sie nicht das selbe wie das »ozeanische Gefühl« meinen.

zens mit einer als unendlich vorgestellten Natur. Schon als junger Mann hatte er Mystik und Meer miteinander verbunden: 1888 sprach der 22jährige unter dem Einfluss von Spinoza von »les flots sans nombre de la Divine Mer« und »l'Océan de l'Etre«.³ Später beeinflussten ihn Empedokles und schließlich die indische Philosophie.⁴ Während der Arbeit an einer Biografie über den indischen Priester Ramakrishna, die 1929 erschienen ist, stieß Rolland in dessen Werk auf den Ozean als Metapher für mystische Erfahrungen.⁵ J. M. Masson konnte nachweisen, dass Ramakrishna wiederum den mittelalterlichen Sanskrittext Ashtavakra Gita kannte. Dort heißt es: »Ich bin wie das weite Meer und die Erscheinungswelt ist wie eine Welle. [...] In mir, dem grenzenlosen Ozean, entstehen und vergehen die Wellen der materiellen Welt [...]. Sei gewiß, dass der gewaltige Ozean des manifestierten Universums nichts als Bewusstsein ist.«⁶

In vielen Religionen ist Wasser ein »Reservoir aller Möglichkeiten der Existenz«.⁷ Die rituelle Berührung mit Wasser zitiert den schöpferischen Akt, bedeutet Reinigung und Regeneration oder markiert Tod und Wiedergeburt. Psychologen haben deshalb darüber spekuliert, ob Wasser von Natur aus heilend wirke und der Mensch nach einer in der Urzeit verlassenen See-Existenz zurück strebe.⁸ Analog vermutete der Evolutionsbiologe Carsten Niemitz, dass Wasser schön erscheine, weil die ersten Menschen nicht – wie bisher gedacht – in Wäldern, sondern an Ufern gelebt hätten und das zweibeinige Gehen dort einen Überlebensvorteil bedeutet hätte.⁹ Auch die anhaltende Beliebtheit von Seegrundstücken, Swimmingpools und Hotelzimmern mit Meerblick sei auf die

---

3 Romain Rolland, Credo Quia Verum, in: Cahiers Romain Rolland. Le Cloitre de la rue d'Ulm. Journal de Romain Rolland à l'Ecole Normale (1886–1889). Cahier 4. Paris 1952, 351–379, hier 360.
4 Zum Einfluss von Empedokles: Parsons, Enigma, 97. Zur indischen Philosophie siehe auch Thomas Gugler, Ozeanisches Gefühl der Unsterblichkeit. Der Krishnamritamaharnava des Madhva. Sanskrittext mit annotierter Übersetzung. Berlin 2009.
5 J. Moussaieff Masson, The Oceanic Feeling. The Origins of Religious Sentiment in Ancient India. Dordrecht u. a. 1980, 34 ff. Vgl. auch Ursula Baatz, »Dieses Gefühl kann ich bei mir nicht entdecken«. Ozeanisches Bewußtsein und Religionskritik bei Freud, Rolland und Nietzsche, in: Johann Figl (Hrsg.), Von Nietzsche zu Freud. Übereinstimmungen und Differenzen von Denkmotiven. Wien 1996, 143–163, hier 150 f.
6 Ashtavakra-Gita, in: Detlef B. Fischer, Die Einheit des Seins: Drei Klassiker des Hinduismus. Norderstedt 2010, 102–148, hier 113, 125 (Verse 71, 75 und 143); vgl. Masson, The Oceanic Feeling, 37.
7 Mircea Eliade, Das Heilige und das Profane. Frankfurt a. M. 1990, 114. Vgl. auch Meister Eckhart, der vom Wirken der göttlichen Barmherzigkeit »in die Weite, in das Meer, in ein unergründliches Meer« sprach: Meister Eckhart, Die deutschen und lateinischen Werke, Abt. 1: Die deutschen Werke I–III, V. hrsg. V. Joseph Quint. Stuttgart 1963 ff., 457: Predigt 7.
8 Michael Balint, Angstlust und Regression. Beiträge zur psychologischen Typenlehre. Reinbek 1972, 95–101; Sandor Ferenczi, Versuch einer Genitaltheorie. Leipzig u. a. 1924, 61–79.
9 Carsten Niemitz, Das Geheimnis des aufrechten Gangs. Unsere Evolution verlief anders. München 2004, 184.

stammesgeschichtliche Bindung des Menschen ans Ufer zurück zu führen. Andere, die es ins Trockene geschafft haben, haben das Wasser dagegen mit dem Wahnsinn in Verbindung gebracht.[10] Weil Wasser Furcht und Ehrfurcht hervorrufen könne, forderte der Ethnologe Karl-Heinz Kohl, dass das »ozeanische Gefühl« »in vernünftige zivilisatorische Bahnen gelenkt« werden müsse.[11]

Doch schon diese Hinweise machen deutlich, dass Wasser eine Kulturgeschichte hat und dass die Weltmeere keineswegs geschichtslose Flächen sein können, wie lange vermutet wurde. Sie sind nicht nur Transportfläche und Nahrungsreservoir, sondern auch selbst Teil einer Kultur-, Medien- und Wissensgeschichte.[12] Im Folgenden untersuche ich die historische Wahrnehmung des Meeres in einer doppelten Weise: zum Einen als Ausgangspunkt der sozialen Konstruktion von Ozeanen, zum Anderen als Medium menschlicher Emotionen. Beide Aspekte beschäftigen sich mit der Historizität von Natur und beeinflussen sich gegenseitig: im Sinne der Historischen Anthropologie wenden sie die Geschichte des Wissens auf eine Anthropologie des Erkennens an.[13] Die Begegnung mit dem Meer ist dadurch nicht nur ein Spiegel der Natur, sondern auch der Selbsterkenntnis. Dieses Doppelverhältnis wurde in der Moderne nicht erfunden, aber es wurde mit der technischen Eroberung der Ozeane, dem Wandel der Meeresküste zum Erholungsort und der Etablierung der wissenschaftlichen Selbstbeobachtung – etwa durch Psychologie und Psychoanalyse – besonders wirkungsmächtig. Sowohl Rolland als auch Freud mögen Indien dabei als Chiffre einer exotischen Mystik verstanden haben, die eine spezifische Erfahrung von Ramakrishna in ein diffuses Gefühl verwandelt hat. Dadurch ist

---

10 Michel Foucault, Das Wasser und der Wahnsinn, in: ders., Schriften in vier Bänden. Dits et Ecrits, Bd. 1. Frankfurt a. M. 2001, 365–370; Jean Delumeau, Angst im Abendland. Reinbek 1985, 56–63. Auch Augustinus hatte davor gewarnt, den Ozean zu bewundern statt die inneren Werte zu vervollkommnen (Aurelius Augustinus, Bekenntnisse. Frankfurt und Hamburg 1955, 179 – 10. Buch, 8. Kapitel).

11 Karl-Heinz Kohl, »›dies ›ozeanische‹ Gefühl…« – Anmerkungen zu einer neueren Bestimmung von Religion, in: Bodo-Michael Baumunk, Eva Maria Thimme (Hrsg.), 7 Hügel – Bilder und Zeichen des 21. Jahrhunderts, Bd. V: Glauben. Berlin 2000, 81–85, hier 85.

12 Vgl. Hannah Baader, Gerhard Wolf (Hrsg.), Das Meer, der Tausch und die Grenzen der Repräsentation. Zürich und Berlin 2010; Hartmut Böhme (Hrsg.), Kulturgeschichte des Wassers. Frankfurt a. M. 1988; Christian Holtorf, Die Südsee im Norden. Technik und Transzendenz in Narrativen der Arktisforschung des 19. Jahrhunderts, in: Katharina Neumeister, Peggy Renger-Berka, Christian Schwarke (Hrsg.), Technik und Transzendenz. Zum Verhältnis von Technik, Religion und Gesellschaft. Stuttgart 2012, 181–208; Bernhard Klein, Gesa Mackenthun, Das Meer als kulturelle Kontaktzone. Räume, Reisende, Repräsentationen. Konstanz 2003; Philip E. Steinberg, The Social Construction of the Ocean. Cambridge 2001; Kären Wigen: AHR Forum Oceans of History, in: The American Historical Review 111, 2006, No. 3.

13 Ich orientiere mich an den Arbeiten des Berliner Forschungszentrums für historische Anthropologie. Umfassend dazu: Christoph Wulf, Dietmar Kamper (Hrsg.): Logik und Leidenschaft. Erträge Historischer Anthropologie. Berlin 2002.

das »ozeanische Gefühl« am Ende wohl doch mehr europäischen als asiatischen Ursprungs.[14]

Die Gefühle, die an und auf der See empfunden wurden, spiegelten die Bedürfnisse und Interessen der Menschen. Denn scheint die Kenntnis der Meere auf den ersten Blick nur vom Stand der Entdeckungsgeschichte abzuhängen, offenbart sich bei genauerer Kenntnis ein komplexes Geflecht von politisch-wirtschaftlichen Interessen, kulturellen Imaginationen und individuellen Wünschen. Mit zunehmendem Schiffsverkehr, präziserer Technik und genauerem Wissen hat das Meer seinen Charakter verändert und wurde zum Schauplatz empirischer Naturforschung. Ein paar handfeste Gründe sprachen ebenfalls für den Aufstieg der Ozeanografie: reiche Fischgründe wurden vermutet, wissenschaftliche Institutionen nutzten die Debatte zu eigener Etablierung, Zeitungen trieben sie voran, und Staaten schürten Nationalinteressen, die am Besten zu Wasser geltend gemacht werden konnten. Seit der Mitte des 19. Jahrhunderts halfen auch Zeitungen und Illustrierte, Vorträge und Panoramaschauen bei der Organisation symbolischer Wirklichkeiten, indem sie – in der Hoffnung auf werbewirksame eye catcher – die Dokumentation, den Transport und dadurch die Verbreitung kollektiver Bilder wesentlich erleichterten.

Die Untersuchung von vier charakteristischen Texten, die zwischen der Mitte des 19. und dem Ende des 20. Jahrhunderts entstanden sind, soll diese Entwicklung paradigmatisch verdeutlichen. Sie skizzieren das Spannungsverhältnis zwischen subjektivem Erleben und systematischer Beobachtung, zwischen literarischer und wissenschaftlicher Erkenntnis. Während der amerikanische Schriftsteller Herman Melville das Meer in seinem Roman *Moby Dick* mit den Emotionen eines Walfängers beschrieb, folgte der französische Historiker Jules Michelet einem romantischen Blick aufs Meer, der auf die Ergebnisse von Forschung und Wissenschaft aufbaute. Im 20. Jahrhundert entwickelte sich aus dieser Opposition eine anthropologische Kontroverse: jetzt kritisierte Sigmund Freud den Verlust der Selbstkontrolle bei der Bewunderung unendlicher Meeresweiten, während die französische Psychoanalytikerin Julia Kristeva die epistemische Notwendigkeit täuschender Bilder und unvermeidlichen Scheins dagegen setzte. Kristeva erklärte den Spiegelcharakter narzisstischen Erkennens zur conditio humana; sie setzte dadurch die anhaltende Popularität des »ozeanischen Gefühls« nicht (wie Freud) gegen die aufklärerische Rationalität, sondern erkannte in dessen Etablierung selbst ein Erkenntnisprinzip.

---

14 Vgl. Baatz, Ozeanisches Bewußtsein, 158.

2. Melvilles Kritik der Küste

Die Kombination aus blühendem Geschäft, Entdeckungsreise und Abenteuerepos hat den Walfang bis ins 19. Jahrhundert zum populären Mythos gemacht. Waren die Walfänger aufgebrochen, um Jagdgründe an den entferntesten Winkeln der Erde zu erreichen, schien ihre Rückkehr nicht allein in Menschenhand zu liegen. In der historischen Kartographie der Seelen war das Meer meist der Ort der fliegenden Holländer, der Narrenschiffe und Fährboote ins Totenreich.[15] Über den Ozean reisten die Dämonen, und erst die Apokalypse würde ihr Treiben beenden, wenn kein Meer mehr existierte. Weil die Wasserfläche es dem Menschen ermöglichte, sich darin zu spiegeln, waren zahlreiche anthropomorphe Ungeheuer, Nymphen und Wassergeister in die Gewässer eingezogen.[16] Das Meer wurde, schrieb Jean Delumeau in seiner Studie über die Geschichte kollektiver Ängste im Europa der frühen Neuzeit,

»über Jahrtausende hinweg in seiner plumpen Größe, Macht, Unberechenbarkeit, Tiefe und Finsternis als Anti-Element angesehen, als [...] Ort der Verdammnis schlechthin. [...] Polyphem, Skylla, Circe, die Sirenen, die Laistrygonen, Leviathan, die Lorelei: lauter bedrohliche Wesen, die im oder am Wasser leben. Sie haben alle nur ein Ziel: Menschen einzufangen, sie zu verschlingen, oder ihnen wenigstens, wie Circe, ihre menschliche Identität zu rauben.«[17]

Der Schriftsteller Herman Melville hat die große Zeit des Walfangs noch auf abenteuerliche Weise als Schiffsjunge erlebt. Mit 17 Jahren pendelte auf einem Postschiff zwischen New York und Liverpool über den Atlantik. 1840 heuerte er auf der *Acushnet* mit Kurs Pazifik an. Wegen miserabler Arbeitsbedingungen an Bord desertierte er in Französisch Polynesien, geriet in Gefangenschaft, konnte aber auf dem australischen Walfänger *Lucy Ann* nach Tahiti fliehen. Anschießend gelangte er nach Hawaii und wurde Steuermann auf der *Charles & Henry* aus Nantucket, Massachusetts. Nach vier Jahren kehrte Melville als Matrose auf der U.S-Fregatte *United States* nach New York zurück.

Melvilles literarischer Ozean war ganz von seinen Erfahrungen im Pazifik geprägt. In seinem 1851 erschienenen Werk »Moby Dick« geht es um das Verborgene in der Tiefe, das Unsichtbare, die Täuschung und das Lauern unter der

---

15 Vgl. zum Fliegenden Holländer: Manfred Frank, Die unendliche Fahrt. Die Geschichte des Fliegenden Holländers und verwandter Motive. Leipzig 1995; zum Narrenschiff: Michel Foucault, Wahnsinn und Gesellschaft. Frankfurt a. M. 1973, 25–31.
16 Hans Blumenberg, Schiffbruch mit Zuschauer. Paradigma einer Daseinsmetapher. Frankfurt a. M. 1979, 9 ff.; vgl. Manfred Frank, Die unendliche Fahrt. Die Geschichte des Fliegenden Holländers und verwandter Motive. Leipzig 1995; zum Narrenschiff: Michel Foucault, Wahnsinn und Gesellschaft. Frankfurt a. M. 1973, 25–31.
17 Delumeau, Angst, 55 f.

Oberfläche. Das Dämonische des Meeres entsprach der unerkannten Tiefe der Psyche. Wer es – wie später der Atheist Sigmund Freud – damit aufnahm, folgte, so Melville, einem blasphemischen Antrieb zur Untergrabung des Glaubens: Die Festländer ständen den Bewohnern der Meere feindselig und voller Abscheu gegenüber.[18] Er warnte sie dementsprechend vor der Höllenfahrt der See: »Laßt euren Halt ganz fahren – und euer Ich kehrt schaudernd in euch selbst zurück. Über den Wirbeln der Tiefe schwebt ihr. Und es kann sein, daß ihr am hellen Mittag und beim heitersten Wetter mit einem halberstickten Schrei hinunterstürzt, durch die leuchtende Luft in die sommerliche See, um niemals wieder aufzutauchen. Ihr Pantheisten, bedenkt das wohl!«

Wenn die See still sei, würden nur unheilvolle Vorzeichen eine Ahnung von dem »höllischen Zauber« wecken, der unter der Oberfläche lauerte.[19] Die Schönheit des Meeres sei eine Täuschung: »Das sind die Zeiten, da der Jäger in seinem Fangboot unversehens ein gewisses kindlich vertrauensvolles, ein Gefühl heimatlicher Zuneigung der See gegenüber empfindet, da er sie ansieht wie die blühenden Fluren zu Haus.« Viele Seeleute wären darüber abergläubisch geworden, doch ihr Gefühl, verteidigte Melville sie, stamme »eher aus der Fähigkeit zu denken als aus Unwissenheit«. Anlass zu Respekt und Ehrfurcht gegenüber dem Meer gäbe es nämlich genug, denn in der Tiefe schienen sich die unglücklichen Seelen unzähliger Ausgestoßener und Pilger, Millionen Schatten und Phantome, versunkene Wünsche und abenteuerliche Träume zu verbergen, die die rollenden Wogen so rastlos machten.[20]

Nicht nur die Überladung der Auswandererschiffe im 19. Jahrhundert war eine echte Gefahr für Leib und Leben, auch Navigationsfehler und Schiffsuntergänge kamen nicht selten vor. Der über den Horizont schweifende Blick war deshalb alles andere als schwärmerisch und ozeanisch: Er kündete von den Gefahren, die wie der weiße Wal unsichtbar blieben, aber alle Schwärmereien über die Unendlichkeit der Natur unangebracht machten, denn

»durch die selige Klarheit der tropischen See, durch Wellen, deren Rauschen in verzücktem Überschwang verhielt, schwamm Moby Dick und entzog dem Blick noch die vollen Schrecken seines untergetauchten Rumpfes, verbarg noch gänzlich das Grauen seines grässlich verrenkten Kiefers.«[21]

---

18 Herman Melville, Moby Dick. Übertragen von Alice u. Hans Seiffert. Frankfurt und Leipzig 1977, 374, das folgende Zitat 226 f.
19 Ebd., 320 f., die folgenden Zitate 649 f., 169.
20 Ebd., 639 f.
21 Ebd., 718. Zum Motiv der Meerestiefe in der Literatur: Malte Herwig, Bildungsbürger auf Abwegen. Naturwissenschaft im Werk Thomas Manns. Frankfurt a. M. 2004, 173–188; Anni Carlsson, Der Meeresgrund in der neueren Dichtung. Abwandlungen eines symbolischen Motivs von H. C. Andersen bis Th. Mann, in: Deutsches Vierteljahrsschrift für Literaturwissenschaft und Geistesgeschichte 28, 1954, 221–233.

Doch auch eine der eindrücklichsten Beschreibungen des »ozeanischen Gefühls« steht nicht zufällig in diesem Epos über die große Zeit der Walfänger. Die Fahrt führte nämlich, wenn sie gut gegangen war, in einen Hafen, in dem die Seemänner auf ahnungslose Binnenländer trafen, die in ihrer Mittagspause gedankenverloren auf die Meeresoberfläche starrten. In *Moby Dick* schildert Melville das tägliche Bedürfnis vieler New Yorker, kollektiv ans Ufer zu laufen und bewegungslos aufs Meer zu blicken, als ob sie ihren Augen nicht trauten:

»Seht Euch die Scharen von Menschen an, die dort aufs Wasser hinaus starren. Wandert an einem müßigen Sonntagnachmittag um die Stadt. Geht von Corlears Hook nach Coenties Slip, und von da durch Whitehall nordwärts. Was seht ihr? Wie schweigende Schildwachen stehen da Tausende und aber Tausende aus Adams Geschlecht, in Meeresträumereien versunken. Manche lehnen an den dicken Pfählen auf dem Hafendamm, andere sitzen auf den Molenköpfen; sie schauen über die Reling der Chinafahrer, sie hängen oben im Takelwerk, um noch besseren Ausblick auf die See zu gewinnen. Und alle sind Landratten, sechs Werktage lang zwischen ihren vier Wänden eingepfercht: an Ladentische gefesselt, an die Werkbank geschmiedet, ans Schreibpult gebannt. Wie soll man das erklären? Locken die grünen Felder nicht mehr? Was sollen sie hier? [...] Ein geheimnisvoller Zauber ist da im Spiel. Der größte Träumer in seiner tiefsten Versunkenheit – stellt ihn auf die Füße und laßt ihn gehen: er wird unfehlbar zum Wasser finden, wenn es in der Gegend überhaupt welches gibt.«[22]

Aus Sicht von Melvilles Helden verstehen die Menschen an Land nichts vom Meer. Sie sind Träumer, die den bloßen Anblick von Wasser mit dem Meer verwechseln. Ihre Schwärmerei ist Ausdruck ihrer Ahnungslosigkeit, und Melville, der selbst zur See gefahren war, machte sich über sie lustig.

Aber die literarische Gegenüberstellung zeigt, dass das Meer schon damals auf verschiedene Weisen betrachtet werden konnte. Kulturkritikern sei, wie Hans Blumenberg im 20. Jahrhundert beobachtet hat, das Meer verdächtig, denn Philosophen bevorzugten als »notorische Nichtschwimmer« das Land.[23] Es zu befahren, könnte aus ihrem Blickwinkel ein »Verfehlungsschritt ins Ungemäße und Maßlose« sein, denn die Vorstellung der gefährlichen See diente eigentlich nur dazu, »die Behaglichkeit und Ruhe, die Sicherheit und Heiterkeit des Hafens vorzustellen, in dem die Seefahrt ihr Ende finden soll«.[24] Blumenberg unterschied folgerichtig diejenigen, die körperlich auf den Schiffen arbeiteten, von denen, die an geschützter Stelle darüber reflektierten wie Melvilles »Träumer«. Blumenbergs Werk *Schiffbruch mit Zuschauer* forderte sogar nichts anderes, als die Vermeidung des Schiffbruchs aufzugeben und ihn als notwendige Haltung in der Moderne, als unvermeidliche Rettungslosigkeit anzuerkennen. Schon als Nietzsche die Philosophen »auf die Schiffe!« geschickt hatte, hat

---

22 Melville, Moby Dick, 28.
23 Hans Blumenberg, Die Sorge geht über den Fluss. Frankfurt a. M. 1987, 8.
24 Blumenberg, Schiffbruch, 9–11.

er das Meer mit der Situation des Menschen verglichen, zu dessen Existenz es unvermeidlich gehöre, Risiken einzugehen, Gefahren zu bewältigen und immer wieder Schiffbruch zu erleiden.[25] Ohne Scheitern kein Neuanfang. Das feste Land, interpretierte Blumenberg, wäre nicht die Position des Zuschauers, sondern die des geretteten Schiffbrüchigen, der sich darüber wundert, dass es überhaupt Dinge gibt, die zunächst festen Grund geboten zu haben schienen.[26] Kapitän Ahab hätte das für gefährliches Unwissen und Blasphemie gehalten.

3. Der Donner zu seinen Füßen: Michelet

Als die Küsten im 18. und 19. Jahrhundert zu Promenaden Erholung suchender Stadtbürger wurden, löste sich das Schreckensbild der Meere allmählich auf. Aus dem furchtbaren Gott, der die Schleusen des Himmels öffnete, wurde der gütige Herrscher, der das Weltmeer in seine Schranken wies.[27] Sobald die Natur etwa durch verbesserte Navigationstechniken und genauere Wetterbeobachtungen technologisch gebändigt war, konnte sie individuell und ästhetisch erlebt werden: Das Meer geriet zum Luxus-Schauspiel für Küstenbewohner, die sich in ausreichender Sicherheit vor seinen Gefahren wähnten. An der Küste, schrieb Alain Corbin, »entfalten sich die erhabenen Schönheiten des Nordmeeres und die Pathetik der sturmbewegten Fluten. Hier findet das Individuum hinfort die Möglichkeit, sich mit den Elementen auseinander zu setzen, den Glanz oder die Transparenz des Wassers zu genießen.«[28]

An Land riefen die Weite des Gebirges, der Wüste und des Meeres Lust, ihre Unermesslichkeit Ehrfurcht, ihre Macht Staunen hervor. Die Natur verwandelte sich mit der Romantik in einen Projektionsraum des Erhabenen, wie ihn auch Caspar David Friedrich in seinen Gemälden inszeniert hat.[29] Der Mensch wurde zum Zuschauer der Natur. Friedrich Schiller hatte schon 1801 davon gespro-

---

25 Friedrich Nietzsche, Die fröhliche Wissenschaft. Frankfurt a. M. 1982, 178 f. (4. Buch, Aphorismus 289).
26 Blumenberg, Schiffbruch, 24.
27 Christian Begemann, Furcht und Angst im Prozeß der Aufklärung. Zu Literatur und Bewußtseinsgeschichte des 18. Jahrhunderts. Frankfurt a. M. 1987, 79.
28 Alain Corbin, Meereslust. Das Abendland und die Entdeckung der Küste. Berlin 1990, 80. Zur Forderung nach Sicherheit des Betrachters als Voraussetzung für das Erhabenheitsgefühl vgl. Begemann, Furcht und Angst, 126.
29 Zum Erhabenen: Christine Pries (Hrsg.), Das Erhabene: zwischen Grenzerfahrung und Größenwahn. Weinheim 1989, darin besonders die Einleitung der Herausgeberin, 1–30; Begemann, Furcht und Angst, 97–164; Henning Eichberg, Stimmung über der Heide – Vom romantischen Blick zur Kolonisierung des Raumes, in: Götz Großklaus, Ernst Oldemeyer (Hrsg.), Natur als Gegenwelt. Beiträge zur Kulturgeschichte der Natur. Karlsruhe 1983, 197–233. Vgl. auch W. H. Auden, The Enchaféd Flood or The Romantic Iconography of the Sea. London 1951.

chen, wie »der Anblick unbegrenzter Fernen und unabsehbarer Höhen, der weite Ozean zu seinen Füßen, und der größere Ozean über ihm«[30] den Menschen aus der engen Sphäre des Wirklichen führen könnte. Die Romantik hatte das Meeresufer zum Ort der Selbstentdeckung gemacht: Die Beobachtung der Naturgewalten wurde zum spirituellen Massenphänomen. Religiös zu sein heiße, meinte Friedrich Schleiermacher und nahm Rollands Argument darin vorweg, das Universum anzuschauen und Sinn und Geschmack fürs Unendliche zu entwickeln.[31] Kurz darauf betonte auch Johanna Schopenhauer, dass die Natur nichts Erhabeneres kenne als den »Anblick des in seinen tiefsten Tiefen empörten Meeres«. Froh, nicht selbst auf einem Schiff zu sein, »staunten [wir] in stiller Betrachtung und hatten keine Worte für das Gefühl, das mächtig uns ergriff«.[32]

Einer von denen, die das Meer ausschließlich von Land aus betrachteten und abgesehen von kleineren Küstenfahrten nie eine Seereise unternommen haben, war der französische Historiker Jules Michelet. Michelet veröffentlichte seine Studie über das Meer 1861, zehn Jahre nach Erscheinen des *Moby Dick*. Darin nannte er die See die Mutter allen Lebens und »allen gegenüber gut und weitherzig«.[33] Das Meer verkörpere das Göttliche, seine Unvergänglichkeit stehe der Nichtigkeit des irdischen Daseins entgegen. Der Mensch sei berufen, an der lebenden Harmonie der Welt teilzunehmen und sich an den Küsten in Kur- und Seebädern durch die Kraft des Meeres reinigen zu lassen, denn »dieses schöne Meer mit seinen machtvollen Klimata übt eine wunderbar stählende Wirkung auf den Menschen aus«. Möglicherweise in Anspielung auf Schiller schrieb Michelet:

»An einem Tag, an dem es nicht stürmte, aber das Meer doch stark bewegt war, als der Ozean mit wilder Munterkeit zu späterem Toben aufspielte, saß ich geruhsam auf einem schönen Vorgebirge von etwa 80 Fuß Höhe. Es ergötzte mich, zu beobachten, wie er über eine Küstenlinie von einer Viertelmeile auf meinen Felsen hin Sturm lief, die grüne Mähne seiner langen Welle zum Buckel krümmte und sie wie in jagendem Rennen vorwärts trieb. Die Welle schlug wacker zu und ließ mein Vorgebirge erzittern: ich hatte den Donner zu meinen Füßen.«[34]

Natürlich wusste Michelet, dass »die gewaltige Wassermasse, welche man das Meer heißt, fremd und düster in ihrer nicht zu erschließenden Tiefe, der

---

30 Friedrich Schiller, Über das Erhabene (1801), in: ders., Sämtliche Werke, Bd. V: Philosophische Schriften. Berlin 2005, 571–586, hier 580.
31 Friedrich Schleiermacher, Über die Religion. Reden an die Gebildeten unter ihren Verächtern (OA Berlin 1799). 6. Aufl. Göttingen 1967, 95 und 51.
32 Johanna Schopenhauer, Promenaden unter südlicher Sonne. Die Reise durch Frankreich 1804. Hg. von G. Habinger. Wien 1993, 125, zit. n. Ralf Konersmann, Der Schleier des Timanthes. Perspektiven der historischen Semantik. Berlin 2006, 284, Anm. 27.
33 Jules Michelet, Das Meer. Frankfurt a. M. 1987, 248, das folgende Zitat 261.
34 Ebd., 57.

menschlichen Einbildungskraft immer beängstigend« erscheine, doch seien dies die »kindischen Ängste der alten Welt«,³⁵ die Melville kurz zuvor in *Moby Dick* beschrieben hatte. Sie würden heute gerade von Binnenländern ohne Kenntnis der Wissenschaft vom Meere wiederholt. Die Walfänger verfolgten nur ökonomische Interessen, aber die Moderne habe den Menschen, so Michelet, »auf eine andere Reise, auf das offene Weltmeer der Wissenschaften« geschickt. Denn, so fragte er, »wenn der Sturm eine eigene Wissenschaft ins Leben ruft, kann man dann nicht eine Kunst der Rettung schaffen?«³⁶

Eine dieser Künste der Rettung hieß Ozeanografie und wurde in der Mitte des 19. Jahrhunderts von Matthew F. Maury, dem Leiter des Meeres-Observatoriums in Washington, begründet.³⁷ Maury stellte – auch mit Blick auf den Walfang – die ersten zuverlässigen Seekarten her, indem er die Tiefe des Ozeans in regelmäßigen Abständen messen ließ. Er gab Schiffen Formulare für hydrographische und meteorologische Beobachtungen mit, die er nach ihrer Rückkehr systematisch auswertete. Verwandelt in eine »Dependance der Erde« gewann die See immer stärker den Charakter einer globalen Verkehrsfläche.³⁸ Dagegen hatte sich Kapitän Ahab noch Nacht für Nacht in seine Kabine zurückziehen müssen, wo er

»an einen Kasten im Heckbalken ging, ein zerknittertes dickes Pack vergilbter Seekarten herausholte und sie auf seinem festgeschraubten Tisch vor sich ausbreitete. Dann [...] [konnte er] aufmerksam die verschiedenen Linien und Schattierungen auf den Karten verfolgen und mit bedächtigem, aber sicherem Stift weitere Kurven über Gebiete zeichnen sehen, die bisher leer geblieben waren. Ab und zu blätterte er in Stößen alter Logbücher, in denen verzeichnet stand, zu welchen Jahreszeiten und an welchen Orten man auf verschiedenen früheren Reisen der verschiedenen Schiffe Pottwale erlegt oder gesichtet hatte.«³⁹

Maury dagegen systematisierte die Vielzahl der vorhandenen Karten und versuchte, die Aufzeichnungen einzelner Schiffe zu sicheren geografischen Angaben zusammen zu fassen. Nicht mehr unübersichtliche Stöße vergilbter Karten und alter Logbücher sollten zur Navigation erforderlich sein, sondern ein modernes Handbuch des Meeres. Maury erfasste sogar die Wanderungen der

---

35 Ebd., 16, 18.
36 Ebd., 207, 209, vgl. 217 f.; vgl. Hartmut Böhme, Umrisse einer Kulturgeschichte des Wassers. Eine Einleitung, in: ders., Kulturgeschichte, 7–42, hier 35 f.
37 Zu Maury siehe den Beitrag von Julia Heunemann.
38 Gilles Deleuze, Felix Guattari, Tausend Plateaus. Berlin 1992, 533. Vgl. Hartmut Böhme, Eros und Tod im Wasser – »Bändigen und Entlassen der Elemente«. Das Wasser bei Goethe, in: ders., Kulturgeschichte, 208–233, hier 218. Zum Meer als Verkehrsfläche: Holger Afflerbach, Das entfesselte Meer. Die Geschichte des Atlantik. München 2002; Carl Ritter, Über das historische Element in der geographischen Wissenschaft. Eine in der Königlichen Akademie der Wissenschaften gelesene Abhandlung. Berlin 1834, 15.
39 Melville, Moby Dick, 273 f.

Wale und gab 1851 eine entsprechende Karte heraus. Sein Hauptwerk *The Physical Geography of the Sea* erschien 1854. Maurys Karten zeigten auftretende Winde und Strömungen und ermöglichten es den Steuermännern, die günstigsten Strecken schon im Voraus zu bestimmen. Gleichzeitig verringerte sich auch durch zuverlässigere Navigationsinstrumente, verbesserten Schiffsbau und einen transatlantischen Linienverkehr, für den 1838 der erste Fahrplan erstellt wurde, die Angst vor dem Meer. Jules Michelet musste nun nicht mehr die Gefahren der Seefahrt betonen, sondern stellte Naturforschung und Heilbad in den Vordergrund. Er beklagte das Abschlachten der Wale und forderte »Frieden für den Blauwal [...] [und] all jene kostbaren Arten, die anders bald aussterben würden«. Er sei kein satisfaktionsfähiges Ungeheuer, sondern eine »sanfte Rasse von Säugern mit rotem Blut und Milch wie bei uns Menschen«.[40]

Es liegt nahe, dass sich mit dem Bedeutungswandel von Arbeit und Leben an der Küste auch die Gefühle gegenüber dem Meer verändert haben. Kapitän Ahab hatte seine Bestimmung noch auf dem Meer selbst gesucht – der Walfang war sein Leben und die Rache an einem besonders gefährlichen Exemplar seine Passion. Melvilles Helden hatten mit den an der New Yorker Uferpromenade erlebten Sehnsüchten »düster blickender« Professoren, »weltentrückter Jünglinge« und »Burschen mit hagern Wangen und mit hohlem Blick«[41] nichts gemein. Das »ozeanische Gefühl«, erfahren wir dagegen spätestens von Michelet, ist kein Meeresgefühl, sondern eines des sicheren Ufers. Die Wissenschaften haben die Angst besiegt, der Fischfang hat an Heldenhaftigkeit eingebüßt, der Blick auf das Meer hatte sich verändert.

4. Freud am Meer

Mit der Psychoanalyse kam ein anderer Aspekt des Wassers wieder ins Spiel: sein Spiegelcharakter. Freud reiste bis ins hohe Alter ans Meer. 1908 schrieb er seiner Familie von der englischen Nordwestküste: »Daß man sich so nahe dem Meere, das man immer vor Augen hat, sehr wohlfühlt, werdet Ihr uns gerne glauben.«[42] In Syrakus lobte er »die volle Meeresaussicht« von seinem Hotelfenster.[43] Als er 1904 nach Athen reiste, schrieb er seiner Frau nach Hause: »Das Meer ist herrlich, das Schiff geht absolut ruhig.« Kurz darauf sprach er vom »unbeschreiblich schönen Blick« über das Meer. Schließlich schilderte er auf einer Postkarte an die Familie den Ausblick: »Das schönste Hemd zum Besuch

---

40 Ebd., 245, 170.
41 Ebd., 226.
42 Sigmund Freud, Unser Herz zeigt nach dem Süden. Reisebriefe 1895–1923. Berlin 2003, 240.
43 Freud, Reisebriefe, 357, die folgenden Zitate 183, 188.

der Akropolis angezogen, auf der wir seit 2 St herumsteigen. Sie übertrifft alles was wir je gesehen u was man sich vorstellen kann [...] Die Aussicht von der Burg ist auch herrlich Grüße Papa.«⁴⁴

Vergeblich versuchte Freud, am Meer seiner Arbeit nach zu gehen. Er beklagt die Faulheit des Lebens am Strand und nannte »die himmlische Sonne und das göttliche Meer [...] Feinde aller Leistungen«.⁴⁵ Auf seiner Griechenlandreise 1904 stöhnte er: »Das ewige Schauen auf die kleinen Wellen mit weißen Kämmen u das fortgesetzte leise Stoßen, eigentlich Vibriren [sic!] des Schiffes narkotisieren die unruhigen Geisteskräfte.«⁴⁶ 1909 nannte Freud das Schiff nach Amerika zwar »herrlich«, die Stimmung »übermütig« und die Fahrt »sagenhaft schön«⁴⁷ – doch nur solange das Meer glatt war und das Wetter schön. Er schilderte das Gefühl, allein auf der Welt zu sein, nannte es aber sofort eine Illusion. Als er beschrieb, wie er einmal an Deck stand und die »Wellen studirte«, fügte er hinzu: »Die Abgeschiedenheit auf dem Ozean ist höchst merkwürdig u hat tiefe Wirkungen. [...] Das giebt eine sehr sonderbare, unwirkliche Existenz«, weil es nichts zu tun gebe und arbeiten ausgeschlossen sei.⁴⁸

Doch dreiundzwanzig Jahre nachdem Freud im September 1904 die Akropolis bestiegen hatte, wollte er vom Meer und seiner damaligen Schwärmerei nichts mehr wissen. Zuerst behauptete er, damals den weiten Blick auf die vor ihm liegende Ägäis gar nicht ertragen zu haben. Nicht der herrliche Ausblick von der Akropolis, den er in seinen Briefen beschrieben hatte, hätte ihn damals berührt, sondern die wiedererkannte Geographie, dass Athen tatsächlich – wie in der Schule gelernt – am Meer liege.⁴⁹

Kurz darauf erhielt der Analytiker einen Brief seines Freundes Romain Rolland, der ebenfalls den Anblick des Meeres betraf. Rolland warf Freud vor, in seinem gerade erschienenen Werk *Die Zukunft einer Illusion* die wichtigste Quelle von Religiosität übersehen zu haben: das »ozeanische Gefühl«. Der Blick aufs Meer komme einem Verschmelzungsgefühl gleich, das eine zeitgemäße Form von Religiosität sei.⁵⁰ Nun machte Freud den schwärmerischen Meeresblick zu einer Pathologie. Er nahm Rollands Bemerkung zum Anlass, das »ozea-

---

44 Ebd., 190. Wörtlich zitiert ohne in die Orthografie einzugreifen.
45 Ebd., 321, 205.
46 Ebd., 185.
47 Ebd., 281, 289, 314.
48 Ebd., 290, 293. Peter Gay wies darauf hin, dass Freud »immer arbeitete«, in: Peter Gay, Freud. Eine Biographie für unsere Zeit. Frankfurt a. M. 1989, 106.
49 Freud, Die Zukunft einer Illusion (1927), in: ders., Kulturtheoretische Schriften. Frankfurt a. M. 1974, 136–189, hier 159. Eine ähnliche Schilderung folgt über Freuds Besuch in Konstanz: Als er dort »zufällig« das Ufer des Bodensees erreichte, habe er erstaunt festgestellt, dass es sich bei dem Satz »Konstanz liegt am Bodensee« um eine Tatsachenbeschreibung handelte.
50 Brief von Romain Rolland an Sigmund Freud vom 5. Dezember 1927, in: Parsons, Enigma, 173 f.

nische Gefühl« zu einem Symptom des »Unbehagens in der Kultur« zu erklären (wodurch es Eingang in die Weltliteratur fand). In ein Exemplar des Buches, das er Rolland schickte, schrieb er die bezeichnende Widmung: »The Landtier to his great Oceanic Friend.«[51] Denn die Macht der Natur war für Freud eine intellektuelle Einsicht; auch wenn es anderen Menschen vertraut sei, könne er das »ozeanische Gefühl« nicht nachvollziehen.[52] Er beharrte auf der Ausgrabung an Land – was auch Grund genug gewesen sein mag, die Akropolis zu besuchen. Er sammelte Antiquitäten und reiste Zeit seines Lebens häufig ins archäologische Rom. Sogar in seinem Text über das »ozeanische Gefühl« wählte er nicht das Meer, sondern die römische Archäologie als Beispiel für die Ablagerung von Geschichte.[53] Wie aufgeregt war er, als er auf dem Schiff nach Athen Schliemanns Assistenten Wilhelm Dörpfeld begegnete, doch der berühmte Arzt wagte es nicht, den berühmten Archäologen anzusprechen.[54]

Analytisch nannte Freud das »ozeanische Gefühl« eine Verbundenheit des Ich mit der Umwelt, die sich im Seelenleben vieler Menschen aus der Kindheit erhalten habe und auf eine frühe Phase des Ichgefühls zurückgehe.[55] Es sei nichts anderes, so der überzeugte Atheist, als eine »Wiederherstellung des uneingeschränkten Narzissmus« und ähnele den Entgrenzungserlebnissen Yoga, Mystik, Trance und Ekstase.[56] Freud hat jedes Strömen unter Generalverdacht gestellt. Es war ihm so riskant, dass er Kulturarbeit mit der »Trockenlegung der Zuydersee« verglich.[57] Freud war auch ein Gegner der Ströme des Mesmerismus: Während Franz Anton Mesmer das Fließende der Körpersäfte zum Naturprinzip erhoben und vom »Ozean der Allflut« gesprochen hatte, blieb Freud Anhänger des medizinischen Positivismus von Helmholtz und Du Bois-Reymond, interessierte sich allenfalls für Hypnose und bemühte sich, das Flüssige zu kontrollieren.[58]

---

51 Freud schickte Rolland am 18.3.1931 ein gewidmetes Exemplar der zweiten Auflage: Parsons, Enigma, 222, Anm. 24. Vgl. Rollands folgender Antwortbrief vom 3. Mai 1931 in: Parsons, Enigma, 177 f.
52 Freud, Unbehagen, 198.
53 Ebd., 201 ff.
54 Brief Freuds an Martha Freud vom 1. September 1904, in: Freud, Reisebriefe, 184 ff.
55 Freud, Unbehagen, 200.
56 Ebd., 204.
57 Sigmund Freud, Neue Folge der Vorlesungen zur Einführung in die Psychoanalyse (1937), in: ders., Gesammelte Werke Bd. XV. Frankfurt a. M. 1999, 86, zit. n. Gay, Freud, 690. Die Zuydersee war eine Meeresbucht der Nordsee im Nordwesten der Niederlande, die durch die Errichtung eines Damms im Jahr 1932 zum Ijsselmeer und zur Landgewinnung teilweise trocken gelegt wurde.
58 Vgl. Theweleit, Männerphantasien, 318 ff.; Heinz Schott, Die ›Strahlen‹ des Unbewussten – von Mesmer zu Freud, in: Gereon Wolters (Hrsg.), Franz Anton Mesmer und der Mesmerismus. Wissenschaft, Scharlatanerie, Poesie. Konstanz 1988, 55–70; Jean Starobinski, Über die Geschichte der imaginären Ströme, in: ders., Psychoanalyse und Literatur. Frankfurt a. M. 1990, 24–41, hier 32 f., 41; Gay, Freud, 46.

Warum also lehnte Freud das Ozeangefühl so vehement ab? Als junger Analytiker hatte er ja selbst entspannt am Meer gelegen. Es ist nicht ausgeschlossen, dass Freud es auf der Akropolis empfunden hat. Einige Indizien sprechen dafür: Freud führte ein großbürgerliches, städtisches Leben in Wien und später in London – das richtige Milieu für Erholungsaufenthalte an der See. Er genoss das Wasser und begegnete ihm furchtlos. Als Wissenschaftler lehnte er Religion ab und nutzte regelmäßige Schiffsverbindungen über den Atlantik – ohne Mystik und Seefahrerromantik nachzutrauern. Warum sollte er den Anblick des Meeres nicht genossen haben? Die Amerika-Überfahrt 1909 verlief sogar so ruhig, dass Freud und seine Begleiter sich gegenseitig ihre Träume analysierten. Wobei zu den erstaunlichsten Momenten dieser Reise Freuds Entdeckung gehörte, dass der Kabinensteward sein Werk *Zur Psychopathologie des Alltagslebens* las.[59]

Doch die Episode auf der Akropolis hat Freud nie losgelassen. Im Alter von 80 Jahren verfasste er zum Geburtstag von Romain Rolland die Schrift *Eine Erinnerungsstörung auf der Akropolis*. Nun behauptete er, dass er den Blick über Athen deshalb nicht aushalten konnte, weil er ein Schuldgefühl gegenüber seinem Vater abwehren wollte.[60] Weil dieser Athen nie erreicht hatte, habe auch der Sohn es als unerlaubt empfunden und Zuflucht in der Rationalisierung gesucht.[61] Es scheint, dass Freud sein 1896 gestorbener Vater wieder erschienen ist – und dass er diesen Anblick nicht zu ertragen im Stande war.

Die Abwehr des Todes könnte tatsächlich ein Grund für Freuds späte Distanzierung von eigenen Empfindungen gewesen sein. Peter Gay hat in einer Freud-Biografie darauf hingewiesen, dass erst Todesfälle in Freuds engster Umgebung und das Erlebnis des Ersten Weltkriegs dazu geführt hatten, dass er den Todestrieb in seine Lehre einführte.[62] Aggressionen sah Freud nun nicht mehr als Teil des libidinösen Narzissmus,[63] sondern führte sie auf negative äußere Einflüsse zurück.[64] 1929 entwarf Freud im *Unbehagen in der Kultur* eine Situationsbeschreibung der Weimarer Zeit, die nach dem Weltkrieg darauf zielte, den

---

59 Ernest Jones, Das Leben und Werk von Sigmund Freud. Bd. II, 3. Aufl. Bern 1982, 75, zit. n. Gay, Freud, 239.
60 Sigmund Freud, Brief an Romain Rolland: Eine Erinnerungsstörung auf der Akropolis (1936), in: ders., Essays III. Auswahl 1920-1937, hrsg. v. Dietrich Simon. Berlin 1989, 426-437, hier 431.
61 Freud, Erinnerungsstörung, 437.
62 Gay, Freud, 90.
63 Sigmund Freud, Zur Einführung des Narzissmus (1914), Gesammelte Werke Bd. X. Frankfurt a.M. 1999, 137-170, hier 139, vgl. 167.
64 Freud, Unbehagen, 246; Ursula Orlowsky, Narzissmus-Theorien im Aufriss. Vorbemerkungen, in: dies., Rebekka Orlowsky, Narziss und Narzissmus im Spiegel von Literatur, Bildender Kunst und Psychoanalyse. Vom Mythos zur leeren Selbstinszenierung. München 1992, 361-404, hier 365.

Aggressionstrieb unter Kontrolle zu bekommen.[65] Weil die Liebe den Menschen wehrlos mache, bedürfe er des Schutzes vor der Natur. Kultur stamme daher aus Sublimierung und Triebverzicht.[66] Ihr wichtigstes Instrument sei das Schuldgefühl, wie es Freud selbst auf der Akropolis empfunden hatte.[67] Das »ozeanische Gefühl« nannte er daher einen »Weg zur Ableugnung der Gefahr, die das Ich als von der Außenwelt drohend erkennt«.[68]

5. Die Notwendigkeit der Gefahr

Gegen die Erhabenheit des Ozeans trug Freud ein anthropologisches Argument vor: die Möglichkeit der Täuschung und das Risiko der Gefahr. Daraus sollten sich jedoch kritische Fragen an die Psychoanalyse ergeben. An die Notwendigkeit der Gefahr und den freiheitlichen Impuls der Psychoanalyse erinnerte nämlich die französische Psychoanalytikerin Julia Kristeva in ihrem Buch *Geschichten von der Liebe* von 1989. Sie schlug vor, »inmitten der psychischen Katastrophen der Angstneurotiker, Selbstmordgefährdeten und Impotenten« auf die Herstellung »eines erfüllten, reflexiven und seinen Einbußen und Irrwegen souverän gegenüberstehenden Innenlebens« zu verzichten und in der Psychoanalyse »eher die Wegbereiterin eines Ausbruchs aus diesem geschlossenen Raum als dessen Wächterin« zu sehen.[69]

Kristeva setzte dort an, wo Freud aufgehört hat: beim Narzissmus, den Freud im »ozeanischen Gefühl« wiedergefunden zu haben glaubte. Weil Narziss sich im Spiegel der Wasserfläche täusche, so Kristeva, konstituiere er das menschliche Ich auf dem Grund einer imaginären Beziehung.[70] In Ovids Mythos gehe

---

65 Freud, Unbehagen, 241, 250. Zur Rolle des Arztes: Odo Marquard, Über einige Beziehungen zwischen Ästhetik und Therapeutik in der Philosophie des neunzehnten Jahrhunderts, in: ders., Schwierigkeiten mit der Geschichtsphilosophie. 3. Aufl. Frankfurt a. M. 1992, 85–106; Helmut Lethen, Verhaltenslehren der Kälte. Lebensversuche zwischen den Kriegen. Frankfurt a. M. 1994, 29 f., 97 f.
66 Freud, Unbehagen, 214, 220, 227.
67 Ebd., 250 ff.
68 Ebd., 204.
69 Julia Kristeva, Geschichten von der Liebe. Frankfurt a. M. 1989, 365.
70 Kristeva, Geschichten, 27; vgl. Jacques Lacan, Das Spiegelstadium als Bildner der Ich-Funktion wie sie uns in der psycho-analytischen Erfahrung erscheint, in: ders., Schriften I, hrsg. v. Norbert Haas. Berlin 1991, 62–70. Dass der Narzissmus eine positive, nicht-regressive Rolle bei der Ich-Entwicklung spielen kann, vertreten zum Beispiel Heinz Kohut, Alice Miller und Erich Fromm. Zu Kohuts Konzept eines kosmischen Narzissmus im Verhältnis zu Rollands Mystizismus vgl. Parsons, Egima, 162–165. Einen Überblick verschaffen Orlowsky, Orlowsky, Narziss und Narzissmus. Zur Geschichte der Narziss-Interpretationen: Kristeva, Geschichten, 102–119. Die historischen Überlieferungen des Narziss-Mythos sind zugänglich bei Almut-Barbara Renger (Hrsg.), Mythos Narziss. Texte von Ovid bis Jacques Lacan.

es nämlich um eine Anthropologie der Imagination, um ein Sichtbarmachen des Sehens. Narziss verliebt sich in der Tat nicht in sein Spiegelbild. Er hält das Bild im Wasser vielmehr zunächst für ein echtes Gegenüber. Er war zum Teich gegangen, um etwas zu trinken, nicht um sich zu bewundern. Als er erkannte, dass er in Wirklichkeit sein eigenes Spiegelbild begehrt hatte, ruft er: »Ach, ich bin es ja selbst! ich merk' es, mein Bild ist mir deutlich!«[71] Er verzweifelt über diese Erkenntnis und erkennt, dass er selbst die Ursache dafür ist: »O, wenn ich doch von dem eigenen Leib mich zu trennen vermöchte!«[72] Er schlägt und verletzt sich, schließlich stirbt er.

Die Prophezeiung des blinden Sehers Teiresias, Narziss würde lange leben, wenn er sich nur nicht selbst erkenne, hat sich bewahrheitet: Reflexion führt ihn zur Erkenntnis seiner Sterblichkeit und zum Tod. Narziss entdeckt, schreibt Kristeva, »im Schmerz und im Tod die konstitutive Entfremdung seines eigenen Bildes [...]; die Andersheit hat sich in ihm selbst geöffnet. [...] Sie bleibt offen, klaffend, sterblich.«[73] Er beugt sich zum Trinken über den Teich und begegnet in dem leeren Anderen einem schrecklichen Selbst. Obwohl er von der Schönheit des Bildes zunächst überwältigt ist, sieht er sein Scheitern, denn die Tränen, die ihm vor Verzweiflung aus den Augen laufen, zerstören das Spiegelbild. Schmerz, Imagination und Schein sind hier die Grundlagen menschlicher Identität. Schließlich ertrinkt er und verwandelt sich in eine Narzisse – er verschmilzt mit der Natur.

Freud überträgt diese Szene am See auf den Meeresblick. Aber wo Freud die emotionale Erfahrung des »Anderen« beim Blick auf die reflektierende Wasseroberfläche ablehnte, versuchte Kristeva, »dem Leiden an der Leere Einhalt« zu gebieten.[74] Freud habe Narziss zum perversen Symptom des Todestriebs gemacht.[75] Er hat die Geschichte des hübschen Jungen tatsächlich im selben historischen Moment sexualisiert, in dem Homosexualität erstmals öffentlich diskutiert und sogleich verboten wurde.[76] Der Arzt machte Homosexualität und

---

Leipzig 1999. Übertragungen auf die heutige Gesellschaft: Herbert Marcuse, Triebstruktur und Gesellschaft. Ein philosophischer Beitrag zu Sigmund Freud. Frankfurt a. M. 1971, 158–170; Christopher Lasch, Das Zeitalter des Narzissmus. Hamburg 1995.
  71 Ovid, Metamorphoses – Verwandlungen, übersetzt von Hermann Breitenbach. München 1982, 68–69 (Zeile 463).
  72 Ebd., 68–69 (Zeile 476).
  73 Kristeva, Geschichten, 119.
  74 Ebd., 26, 47.
  75 Ebd., 115, 121.
  76 Zur Verbindung von Freuds Narzissmus-Theorie mit Homosexualität: Freud, Erinnerungsstörung, 138; Stephen Bruhm, Reflecting Narcissus. A Queer Aesthetic. Minneapolis und London 2001, 54 ff.; Walter Erhart, Mann ohne Maske? Der Mythos des Narziss und die Theorie der Männlichkeit, in: Claudia Benthien, Inge Stephan (Hrsg.), Männlichkeit und Maskerade. Köln u. a. 2003, 60–80; Gay, Freud, 308–314; vgl. Christfried Tögel, »Gestern träumte ich wieder vom Reisen«, Einleitung zu: Freud, Reisebriefe, 9–36, hier 16 f.

Narzissmus zu einer Sexualstörung, die offenbar auch etwas mit »kulturellem Konservatismus« zu tun hatte.[77] Weil Freud Narziss aus dem psychischen Raum verbannt hatte, wollte Kristeva dem narzisstischen Irrtum einen stabilen Raum der Reflexion zurück geben.[78] Sie empfahl, das Nichtauthentische, den Schein und die Krise zu unterstützen. Sie versuchte, den Narzissmus um der Freiheit willen zu rehabilitieren, und mochte »das Scheitern der Rehabilitation nicht als Fehlzündung der Maschine oder als Leiden des Individuums begreifen, sondern als eine Illusion unter vielen anderen«.[79] Kristeva erklärte den Widerstreit zur Grundverfassung der Philosophie, sie betonte die Bedeutung des Bildlichen und zugleich des Verzweifelns daran.

Alle vier hier dargestellten Meeresanthropologien beobachten sich – wie Kristevas Narziss' – selbstkritisch: Freud sah sich beim Blick von der Akropolis in Konflikt mit seinem Vater. Michelet fand in der Schwäche der Meerestiere seine eigene Schutzbedürftigkeit. Ahab stellte angesichts des Wals fest, dass nicht dieser ihn verfolgte, sondern er das Meerestier. Und bezeichnenderweise zitierte Melville selbst den antiken Mythos:

»Tiefer noch ist der Sinn jener Geschichte von Narziß, der im Quell sein schmerzvoll liebliches Bild erblickte: weil seine Hände es nicht fassen konnten, stürzte er sich hinab und ertrank. Das gleiche Bild sehen wir selber in allen Strömen und Meeren. Das nie zu fassende Trugbild des Lebens schaut uns an, und das ist der Schlüssel zu allem.«[80]

Das »ozeanische Gefühl« ist ein solches Bild, mit dessen Hilfe wir die Natur wahrnehmen. Die Verbindung, die Freud zwischen »ozeanischem Gefühl« und Narzissmus hergestellt hat, war nicht zufällig. Beide Ausdrücke schwanken zwischen Naturerfahrung und Projektion. Ähnlich wie Kristeva zielte auch der Berliner Soziologe Dietmar Kamper in der Konstruktion eines »Anti-Narziss« auf die Herstellung einer anthropologischen Differenz und betonte »die schmerzende Schnittstelle zwischen Bild und Körper«.[81] Eher beiläufig ist der Roman *Moby Dick* im Übrigen von einer homosexuellen Liebesgeschichte eingerahmt,

---

77 Gay, Freud, 569. Zu Freuds Verhältnis zu Frauen: ebd., 562–587. Klaus Theweleit stellte fest, dass Rolland mit der harmlosen Bemerkung vom »ozeanischen Gefühl« etwas getroffen habe, das Freud zu offen gezeigter Angst vor der möglichen Grenzenlosigkeit der Person bringt (Theweleit, Männerphantasien, 319). Er vermutet, dass Freuds »konkrete Form des Kampfes gegen die fließend/maschinelle Produktionskraft des Unbewußten als Kampf gegen die Frauen, als Kampf gegen die weibliche Sexualität geführt wurde« (ebd., 325f.).
78 Kristeva, Geschichten, 368, 362.
79 Ebd., 367.
80 Melville, Moby Dick, 29 f. Starbuck verliebt sich beim Blick in das Meer nicht in sich selbst, sondern in den Anblick des Elements: ebd., 649–51.
81 Dietmar Kamper, Ohne Spiegel, âne bilde, in: Manfred Faßler (Hrsg.), Ohne Spiegel leben. Sichtbarkeiten und posthumane Menschenbilder. München 2000, 295–299, hier, 298.

durch die er wiederum auf die Trug- und Spiegelbilder, die Selbstverdopplungen und Unschärfen sowohl des Begehrens als auch des Meeres verweist.

Weil bei Melville die Gefahren in der Tiefe lauerten und unsichtbar waren, schien ihm die Schönheit der Meeresoberfläche eine Täuschung. Zugleich mit den Wissenschaften rückte ein ästhetischer Blick aufs Meer in den Vordergrund. Neue Mythen ersetzten die alten: statt Meeresungeheuern wie dem weißen Wal kehrte Narziss zurück, der sich vom Ufer in der Wasseroberfläche spiegelt. Freud lehnte solche Gefühle als Illusionismus und Bedrohung der Rationalität ab. Kristeva erkannte sie als notwendige Täuschungen und Teil der Selbsterkenntnis an, die die Grenzen des menschlichen Erkennens einbezieht. Die Verwendung und Bedeutung des Begriffs »ozeanisches Gefühl« gehört als Teil sowohl der Erforschung und Beherrschung der Ozeane als auch der Gefühle zur abendländischen Kulturgeschichte. Der Begriff kam auf, als die Meere Gegenstand wissenschaftlicher Erforschung wurden und zum Freizeitraum mutierten. Er kam in die Kritik, sobald die Gefühle zum Gegenstand wissenschaftlicher Erforschung wurden.

Die historische Anthropologie des »ozeanischen Gefühls« beschreibt dabei eine Differenz zur Natur, kein Verschmelzen. Als Teil der Wahrnehmungsgeschichte macht sie Arten des Sehens sichtbar und stellt Alternativen bereit. Denn die kontroverse Auseinandersetzung mit dem »ozeanischen Gefühl« hinterlässt Fragen: Welche Rolle spielen Emotionen und Bilder für die Erkenntnis und wie sind sie zu beurteilen? Sind Projektionen vermeidbar oder erkennen wir uns gerade in trügerischen Spiegelbildern? Das Trugbild des Lebens in den Strömen und Meeren, so hatte Melville formuliert, sei »der Schlüssel zu allem«.[82] Wir müssen ihm weder glauben noch misstrauen; es genügt, wenn wir unseren Blick beobachten.

---

82 Melville, Moby Dick, 29 f.

Mareike Vennen

»Echte Forscher« und »wahre Liebhaber« – Der Blick ins Meer durch das Aquarium im 19. Jahrhundert

»Du liebst es, zu versinken in dein Bild«

»Mit der Zeit wird die Tiefe des Meeres, durchsichtig auf unserem Tische, uns noch manche seltsame Naturgeschichte erzählen«, vermerkt 1854 die populäre Familienzeitschrift *Die Gartenlaube*.[1] Und tatsächlich ist seit der Mitte des 19. Jahrhunderts nicht nur eine Welle maritimer Begeisterung zu beobachten, die einer noch jungen Ozeanographie regen Zulauf bescherte, zahlreiche Touristen und Naturkundler an die Küsten Englands trieb und umfängliche »seaside studies«[2] hervorbrachte. Abseits von Explorationen des Strandes und Expeditionen auf See, die den subaquatischen Raum ›im Feld‹ technologisch und epistemologisch zu erschließen suchten,[3] bildete sich weit weg vom Meer, mitten in der Stadt, ein weiterer Schauplatz aquatischer Wissensproduktion, der schnell zur Sensation wurde: das Zimmeraquarium. Mit ihm hielt der vormals unsichtbare submarine Raum nun auch Einzug in das private Heim. Bald schon ließen die Berichte über den »Ocean auf dem Tische« die Randspalten in der Presse hinter sich – versprach das Aquarium doch gänzlich neue (Ein-)Blicke in den Ozean und seine dunklen Tiefen.[4] Entsprechend ergehen sich zahllose zeitgenössische Aquarienberichte in Beschreibungen des »Lebens und Treibens«

---

1 Anonym, Der Ocean auf dem Tische, in: Die Gartenlaube 33, 1854, 392.
2 Vgl. etwa David Elliston Allen, The Naturalist in Britain. A Social History. 2. Aufl. Princeton, NJ 1994. Alain Corbin, Meereslust. Das Abendland und die Entdeckung der Küste 1750–1840. Berlin 1990. Christopher Marsden, The English at the Seaside. London 1947. Angela Schwarz, »Seaside Studies«. Eine populäre Freizeitbeschäftigung von Reisenden ans Meer im England des 19. Jahrhunderts, in: Karlheinz Wöhler (Hrsg.), Erlebniswelten. Herstellung und Nutzung touristischer Welten. Münster 2005, 71–85. James Wavin, Beside the Seaside. A social History of the Popular Seaside Holiday. London 1978.
3 Helen M. Rozwadowski, Fathoming the Ocean. The Discovery and Exploration of the Deep Sea. Cambridge, MA 2005.
4 Zur Geschichte des Aquariums vgl. Bernd Brunner, Wie das Meer nach Hause kam. Die Erfindung des Aquariums. 2. Aufl. Berlin 2011. Ursula Harter, Künstliche Ozeane oder die Erfindung des Aquariums, in: Das Meer im Zimmer. Von Tintenschnecken und Muscheltieren [Kat.]. Graz und Köln 2005, 115–119.

von Seeanemonen, Korallen, Seesternen, Polypen, Mollusken oder der »sonderbaren Thierblumen und Pflanzenthiere«.[5] Doch erschöpft sich die Funktion des Aquariums nicht allein in der Darbietung eines lebendigen dreidimensionalen Schauspiels, in dekorativen Zwecken oder einer Indexikalisierung räumlicher und zeitlicher Ferne.[6] Denn am Beginn jener »Aquaria mania«[7] stehen vor allem experimentelle Versuche naturkundlicher Liebhaber und Amateurwissenschaftler mit einfachen gefüllten Glasbehältern als aquatische Süß- oder Salzwasser-Milieus. Die daraus hervorgehenden Erfahrungsberichte, Korrespondenzen und Ratgeberschriften bilden die Basis des folgenden Beitrags. Sie gilt es daraufhin zu befragen, wie mittels des Aquariums um die Mitte des 19. Jahrhunderts neue Erkenntnisse über das Leben unter Wasser gewonnen werden sollten und welche Praktiken und Technologien dabei zum Einsatz kamen. Insbesondere die ersten Jahrzehnte der Aquarienhaltung, die zurückgehen vor die Zeit ausformulierter aquaristischer Theoriebildung, standardisierter Verfahren und erprobter Technologien, vermögen zu zeigen, wie sich mit dem und durch das Aquarium ein neuartiger, zugleich empirischer und medial vermittelter Blick auf den Ozean konstituiert.

Im ersten Teil des Beitrags geht es um die konstitutive Rolle, die jenen frühen amateurwissenschaftlichen Aquarienversuchen in der Entwicklung moderner Experimentalkulturen und insbesondere in der Erprobung lokaler Wissenspraktiken (dem Experiment und der eigenen Beobachtung des Lebens im Wasser) zukommt. Hierbei haben neben Seewasser- auch Süßwasseraquarien eine wichtige Funktion, um den Unterwasserraum als epistemischen Raum zu erschließen. Daran anschließend rücken die Selbstbeschreibungen der Akteure in den Blick. Die frühen Aquarianer englischer und deutscher Provenienz erheben die Beobachtung des Lebendigen und praktisches Erfahrungswissen zum konstitutiven Teil aquarienbasierter Wissensproduktion und suchen sich in ihrer doppelten Rolle des Forschers und Liebhabers durch einen am Aqua-

---

5 H. Bettziech-Beta, Ein Besuch im Zoophythenhause des zoologischen Gartens zu London, in: Die Natur 31, 1855, 251.
6 Vgl. zur ästhetischen Dimension des Aquariums etwa: Isabel Kranz, »Parlour oceans«, »crystal prisons«. Das Aquarium als bürgerlicher Innenraum, in: Thomas Brandstetter (Hrsg.), Ambiente. Das Leben und seine Räume. Wien 2010, 155–174. Ursula Harter, Le paradis artificiel. Aquarien, Leuchtkästen und andere Welten hinter Glas, in: Vorträge aus dem Warburg-Haus, Bd. 6. Berlin 2002, 77–124. Rebecca Stott, Through a Glass Darkly. Aquarium Colonies and Nineteenth-Century Narratives of Marine Monstrosity, in: Gothic Studies 2, 2000, 3, 305–327.
7 Vgl. etwa Anonym, The Aquarium Mania, in: Titan 13, 1856, 322–323, Henry D. Butler, An AQUARIUM-mania seized upon the public mind, in: ders., The Family Aquarium. Or, Aqua Vivarium. New York 1858, 15.

rium ausgebildeten Blick als Experten zu autorisieren. Trotz dieses selbstzugewiesenen Expertentums stellen sich einer vollständigen epistemologischen Aneignung und symbolischen Domestizierung des Ozeans durch das Aquarium anfangs vielfältige Widerstände in den Weg. Welche Strategien zur Kompensation und Vermeidung dieser Störungen die ersten Aquarienratgeber bereitstellen und inwiefern sich diese Techniken der Regulierung und Kontrolle zugleich auf den Aquarianer selbst zurückwenden lassen, verfolgen die nächsten beiden Abschnitte. So kehren die technischen Regulierungen, die das Aquarium erforderlich macht, in den frühen Aquarienschriften als diskursive Regulierungstechniken wieder. In den Texten wird die medientechnische Signatur des Aquariums ausgeblendet bzw. werden Effekte der Natürlichkeit und Unmittelbarkeit selbst erzeugt. So erscheint ein am Aquarium gewonnenes Wissen unmittelbar als Wissen über das Meer selbst.

1. Das Lebendige beobachten – Szenen amateurwissenschaftlicher Experimentalpraxis im Heim

»Alle echten Forscher«, schreibt der Naturforscher und Volksschriftsteller Emil Adolf Roßmäßler in einem der ersten deutschen Aquarienratgeber von 1857, denen »das Leben die Hauptsache ist – alle pflegen [...] das zu erforschende Leben in ihrer nächsten Nähe, an ihren Arbeitstisch zu fesseln, um täglich und stündlich immer und immer wieder die Wandlungen und Gestaltungen desselben belauschen zu können. [...] Das sind die Keime unserer heutigen Aquarien.«[8] Dieser programmatische Entwurf der Aquarienhaltung als Wissenspraxis geht aus den ersten praktischen Experimenten mit Zimmeraquarien hervor, die zu Beginn der 1850er Jahre vornehmlich von englischen Amateurwissenschaftlern und naturkundlichen Liebhabern unternommen wurden. Mit ihnen hält das Lebendige des Meeresraumes in Form verschiedenster Meereslebewesen mitsamt ihrer aquatischen Umgebung Einzug in den Salon. Zwar ist es Mitte des 19. Jahrhunderts keineswegs neu, lebende Tiere in den eigenen vier Wänden zu halten, doch um die aquatische Flora und Fauna jenseits von Küste und Meer am Leben erhalten und beobachten zu können, muss ihnen eine eigene künstliche Umwelt geschaffen werden. Was in der Sicht der Zeitgenossen dabei das Aquarium qualitativ von bisherigen Versuchen heimischer Fischhaltung – in Form von Fischzuchtbassins oder dem klassischen Goldfischglas – unterscheidet, fasst Wilhelm Geyer 1888 in seinem *Katechismus für Aquarienliebhaber*

---

8 Ebd. Die Mehrzahl der frühen Aquarianer experimentieren sowohl mit Salz- als auch Süßwasseraquarien und obwohl beide in der Folge die *community* oftmals in verschiedene Lager teilen, müssen bei der Betrachtung der Techniken und Wissenspraktiken zunächst beide Aquarientypen herangezogen und gemeinsam betrachtet werden.

zusammen: »Entsprechend dem Zwecke: einen Abschnitt der belebten Natur zur Anschauung zu bringen, soll die Einrichtung möglichst die natürlichen Bedingungen wiederzugeben suchen, unter welchen Thiere und Pflanzen im freien Zustande leben und gedeihen.«[9] Das Aquarium soll durch Anpassung an das aquatische Milieu dem Betrachter eben dieses als belebte Natur zeigen. Die Geste des Zeigens beschränkt sich dabei nicht nur auf sichtbare Vorgänge, sondern sucht unsichtbare Funktionszusammenhänge sicht- bzw. erkennbar zu machen, also die Natur »not in outward appearances but in condition« nachzuahmen, wie der Naturforscher Shirley Hibberd über den Einsatz des Aquariums schreibt.[10]

Einer der ersten, der sich diesen Fragen nach den Bedingungen des Lebens unter Wasser experimentell widmet, ist der Londoner Brauereichemiker und Mitbegründer der *Chemical Society of London*, Robert Warington. Im Jahr 1849 beginnt er in den eigenen vier Wänden mit einem einfachen Glasbehälter eine »experimental investigation«,[11] die den Auftakt einer Reihe weiterer Versuche und zahlreicher Veröffentlichungen über Salz- und Süßwasseraquarien bildet. Ausgehend von der Frage nach den Bedingungen »[of] the healthy life of fish preserved in a limited and confined portion of water«[12] will Warington naturwissenschaftliche Forschungen und Theorien zur Wechselbeziehung von Tieren und Pflanzen in experimentelle Praxis überführen und auf das flüssige Element anwenden. Praktisch bedeutet dies zunächst vor allem, in seinem »small tank in the heart of London« einen (Über-)Lebensraum für Flora und Fauna einzurichten und diesen möglichst ohne Wasserwechsel oder sonstige Eingriffe »in a healthy state« zu erhalten.[13] Denn während das Überleben der Organismen in der künstlichen Umgebung des Aquariums ein spezifisches Wissen über die Beziehungen der Lebewesen untereinander und zu ihrem Milieu bereits voraussetzt, der Erwerb dieses Wissens Anfang der 1850er Jahre jedoch erst das Ergebnis experimenteller Praxis ist, fällt zunächst der epistemologische Einsatz mit dem praktischen Versuch zusammen, ein Aquarium instand zu halten.

---

9 Wilhelm Geyer, Katechismus für Aquarienliebhaber. Fragen und Antworten über Einrichtung, Besetzung und Pflege des Süßwasser-Aquariums. Regensburg 1888, 7. Vgl. auch Wilhelm Hess: »Es handelt sich bei der Einrichtung eines Aquariums hauptsächlich darum, der Natur so nahe als möglich zu kommen, und das können wir nur erreichen, wenn wir es den Verhältnissen in der freien Natur möglichst nachbilden«. Wilhelm Hess, Das Süßwasseraquarium und seine Bewohner. Ein Leitfaden für die Anlage und Pflege von Süßwasseraquarien. Stuttgart 1886, 5.
10 Shirley Hibberd, Rustic Adornments for Homes of Taste. 2. Aufl. London 1870 [1856], 47.
11 Robert Warington, Notice of Observations on the adjustement of relations between the Animal and Vegetable Kingdoms, by which the vital functions of both are permanently maintained, in: Quarterly Journal of the Chemical Society 3, 1851, 52–54, hier 52.
12 Ebd.
13 Die Anzahl der notwendigen Wasserwechsel wurde schnell zum zentralen Kriterium für ein funktionierendes Aquarium.

Noch bevor das Paarungsverhalten bestimmter Arten erforscht oder physiologische Versuche unternommen werden,[14] sind bereits die Einrichtung und Haltung eines »gesunden Aquariums«[15] und die Sicherung des Überlebens der Meerestiere tentative und experimentelle Unternehmen mit stets offenem Ausgang. Da bislang weder für die Bedingungen des Lebens unter Wasser noch für die medientechnische Nachbildung dieser Bedingungen im Aquarium ein hinreichender Quellenfundus zur Verfügung steht, können und müssen die Amateurforscher ihr Wissen vornehmlich empirisch in einem Prozess des *trial and error* erwerben – häufig um den Preis gravierender Verluste der wertvollen Aquarienpopulation.

Die Erfindung des Aquariums im Zeichen einer Verwendung von Wasserbehältern als aquatische Milieus mit Tieren und Pflanzen ist somit von Anfang an in einen experimentellen Wissenskontext eingeschrieben. Mit ungleich geringerem technischen und finanziellen Aufwand als die Tiefseeexpeditionen des 19. Jahrhunderts ermöglicht das Heimaquarium eingehende und durchgehende Beobachtungen des submarinen Lebens – und das, so Roßmäßler, »ohne daß wir uns nur die Füße naß zu machen [...] brauchen«.[16] So befördert die Überführung des ozeanischen Milieus und seiner Lebewesen in die häuslich-urbane Umgebung eine autonome, individuelle Form der Wissensaneignung. Die Mobilisierung des Feldforschers durch eine Mobilisierung des Meeresraumes zu ersetzen, trägt folglich dazu bei, den Blick in den Unterwasserraum zu demokratisieren und seine einfache, ja geradezu bequeme visuelle Zugänglichkeit und handliche Überschaubarkeit zu gewähren. Hieraus entsteht ganz buchstäblich eine ›neue Perspektive‹, trägt doch das Aquarium entscheidend dazu bei, den bisher dominierenden Blick *auf* den Unterwasserraum durch einen Blick *hinein* zu ersetzen.[17]

Dass eine tägliche Beobachtung des Aquariums und seines Inhalts nicht nur möglich, sondern zur Erhaltung der geschaffenen Umwelt geradezu (lebens-)

---

14 Vgl. bezüglich der Aquarienexperimente mit dem Axolotl und dessen Entwicklung hin zu einem Modellorganismus im Labor: Christian Reiß, Gateway, Instrument, Environment. The Aquarium as a Hybrid Space between Animal Fancying and Experimental Zoology, in: NTM – Zeitschrift für Geschichte der Wissenschaften, Technik und Medizin 20, 4 (im Druck).
15 »Für gewöhnlich, d. h. wenn das Aquarium gesund ist, hat man das Wasser gar nicht zu erneuern«, Roßmäßler, Das Süßwasseraquarium. 1857, 83. Vgl. auch: Langer: »Daß das Aquarium gesund, erkennt man an der Klarheit und Farblosigkeit des Wassers«. Langer, Das Aquarium und seine Bewohner als Zimmer- und Gartenschmuck. Berlin 1877, 15.
16 Emil Adolf Roßmäßler, Der Ocean auf dem Tische, in: Die Gartenlaube 28, 1855, 376.
17 Vgl. zur neuen Blickperspektive Stephen Jay Gould: »Until the mid-nineteenth-century, marine organisms were almost always drawn either on top of the water (for swimming forms, mostly fishes) or thrown up on the shore and desiccating on land (for bottom dwellers, mostly invertebrates).« Ders., Leonard's Mountain of Clams and The Diet of Worms. Essays on Natural History. New York 1998, 57–73, hier 70, 67.

notwendig war, davon zeugen zahlreiche Erfahrungsberichte wie etwa die Schilderung des Weymouther Naturkundlers und Hobbyaquarianers William Thompson, der 1853 in den *Annals and Magazine of Natural History* von seinen ersten Aquarienversuchen berichtet: »I took them [some marine specimens] home and placed them in a vessel of salt-water [...]; I watched them daily in order to change the water as soon as I detected my prisoners becoming sickly [...].«[18] Gerade das private Heim bietet in seiner Einheit von Wohn- und Experimentierstätte[19] die Möglichkeit solch kontinuierlicher Beobachtung. Die frühen Versuche eines Warington oder Thompson, die zugleich als liebhaberische und epistemologische Praxis zu verstehen sind und stets auf mehrere Monate oder sogar Jahre hin angelegt waren,[20] führen somit das Heim als genuinen Ort der Ausbildung und Erprobung experimenteller Praktiken vor.

2. Expertenblick und Erfahrungswissen – Strategien der Abgrenzung und Gesten der Autorisierung

»Alle echten Forscher« proklamiert Roßmäßler 1857 in seiner Skizze der noch im Entstehen begriffenen Aquaristik, die exemplarisch für viele weitere Selbstbeschreibungen der Aquarianer steht, »denen es nicht blos darum zu thun ist, getrocknete Mumien von Pflanzen und Thieren aufzuspeichern, und daran die Kennzeichen der äußeren Form zu studiren, denen das Leben die Hauptsache ist – alle pflegten seit den ältesten Zeiten der Naturforschung das zu erforschende Leben in ihrer nächsten Nähe, an ihren Arbeitstisch zu fesseln.«[21] Das (aquatische) Lebendige als Untersuchungsobjekt einerseits und das Experimentieren und Beobachten als Methode zur Erforschung dieses Lebendigen andererseits sind die Merkmale, die Roßmäßler zufolge einen »echten Forscher« respektive Aquarianer auszeichnen. Damit stellt er die Entwicklung des Heimaquariums in einen experimentellen Kontext und unterstreicht den epistemologischen Mehrwert des Aquariums.[22] Mehr noch: Dezidiert weist er das

---

18 William Thompson, On Marine Vivaria, in: Annals and Magazine of Natural History 2, 1853, 11, 382.
19 Vgl. Sven Dierig, Wissenschaft in der Maschinenstadt. Emil Du Bois-Reymond und seine Laboratorien in Berlin. Göttingen 2006, insb. 26–37.
20 Robert Warington, On Preserving the Balance between Animal and Vegetable Organisms in Sea Water, in: Annals and Magazine of Natural History 2, 1853, 12, 319–324, hier 320. Vgl. auch ders., Memoranda of Observations Made in Small Aquaria, in which the balance between animal and vegetable organisms was permanently maintained, in: Annals and Magazine of Natural History 2, 1854, 14, 366–373, insb. 366f.
21 Ebd.
22 Vgl. etwa Johannes Peter: »Immer mehr bricht sich die Erkenntnis Bahn, daß das Aquarium einen höhern Zweck haben soll, als lediglich eine Salonzierde zu sein, daß es auch weder als Spielerei noch zur Sporthexerei [sic], sondern dem ernsten Streben nach Erkenntnis

Aquarium als aktuellen Schauplatz des Wissens aus. Dies dient ihm zugleich als Merkmal der Selbstdefinition, um die sich formierende Aquaristik von traditionellen akademischen und insbesondere taxonomischen Forschungsmethoden abzugrenzen. Einer am toten Objekt orientierten Taxonomie, der es »blos darum zu thun ist, getrocknete Mumien von Pflanzen und Thieren aufzuspeichern, und daran die Kennzeichen der äußeren Form zu studiren«, hält er programmatisch die Erforschung lebendiger Meerestiere und -pflanzen entgegen: »Alle echten Forscher, [...] denen das Leben die Hauptsache ist«.

Die Rolle des Lebendigen beschränkt sich in Roßmäßlers Argumentation nicht auf den Einsatz als primäres Forschungsobjekt der Aquarianer; vielmehr entwirft er auch den *Blick* auf das Leben im Wasser als ›lebendig‹. Roßmäßler greift dazu auf einen klassischen dichotomen Topos zurück, der lebendige Anschauung und eigene Erfahrung gegen ein ›totes‹ Bücherwissen und eine ›tote‹, weil lediglich vermittelte, erfahrungsferne Wissensaneignung qua Lektüre ins Feld führt, die auf gelehrte Wissenschaftskulturen anspielt.[23] Das aquarienbasierte Wissen wird als ›lebendiges‹ Wissen im doppelten Sinne konzipiert – als Wissen über die Lebewesen und Lebensprozesse des Ozeans einerseits und als ›lebendige Anschauung‹ im Sinne einer Wissenspraxis andererseits.

Die Kategorie des ›Lebendigen‹, welche die frühen Aquarianer als Forschungsobjekt und -methode für sich beanspruchen, markiert zugleich ein rhetorisches Element in der Legitimierung der Autoren. Entsprechend erklärt Roßmäßler nicht denjenigen zum »echten Forscher«, der akademische Titel vorweisen kann. Er macht diesen vielmehr von experimentellen Erfolgen abhängig, die auf eigenem Erfahrungswissen basieren. Kompetenz und Expertise in wissenschaftlichen wie praktischen Aquarien-Fragen wird somit in Aquarianerkreisen nicht über einen akademischen Grad ausgewiesen, sondern demjenigen bescheinigt, der in der Praxis überzeugt. Diese polemische Geste für eine bürgerlich-demokratische Selbstermächtigung der Amateurwissenschaften setzt unter dem Schlagwort des ›Lebendigen‹ darauf, dass nicht (mehr) vermitteltes Wissen gelehrter Experten rezipiert wird, sondern ein jeder qua experimentelle Praxis selbst Experte werden kann und muss.[24]

Entsprechend raten die Aquarienleitfäden ihren Lesern zu Selbststudium und eigener Beobachtung und liefern damit zugleich eine komprimierte Be-

---

der Natur dienen soll.« Johannes Peter, Das Aquarium. Ein Leitfaden für die Einrichtung und Instandhaltung des Süßwasser-Aquariums und die Pflege seiner Bewohner. 2. Aufl. Leipzig 1906, 8.

23 Vgl. zur historischen Entwicklung der empirischen Wissenschaften und insbesondere der Beobachtung als Wissenspraxis: Lorraine Daston (Hrsg.), Histories of Scientific Observation. Chicago 2011, ins. 45–113.

24 Damit wird eben jener Selbstermächtigungsgestus wiederholt, mit dem sich die Naturwissenschaften mit den gleichen Argumenten während der wissenschaftlichen Revolution von der scholastischen Tradition abzusetzen suchten. Vgl. Ebd.

schreibung ihres eigenen Selbstverständnisses: »You must use your own eyes«[25] empfiehlt etwa Philipp Henry Gosse und auch Arthur Edwards mahnt: »But let me advise you to trust more to your own observation than to what you can learn by sitting down to read a book without looking with your own eyes [...].«[26] Der amateurwissenschaftliche Aquarianer wird zum Forscher geadelt, ja erscheint gar als der bessere, der »echte Forscher«, da er nicht in traditionellen Forschungsgegenständen und -methoden verhangen sei, sondern sich dem Lebendigen im privaten Heim zuwende. Als autonome, individuelle Form der Wissensaneignung vereint die Aquarienhaltung ›Liebhaber‹ und ›Forscher‹ in einer Person und knüpft die Erforschung des Lebendigen des Meeres weniger an theoretisches Wissen denn an empirische Beobachtung.

Dass es hierbei nicht nur auf eine kontinuierliche Beobachtung, »täglich und stündlich immer und immer wieder« wie Roßmäßler schreibt, ankommt, sondern auch auf die richtige Art und Weise dieser Beobachtung, bemerkt bereits 1854 der Naturforscher Philip Henry Gosse in seinem Buch *The Aquarium: an unveiling of the wonders of the deep sea*. Ein zufälliger unaufmerksamer Blick, »loose and cursory«,[27] reiche nicht aus, um die meist unsichtbaren Funktionszusammenhänge des Wasserlebens oder das Verhalten bestimmter Tierarten zu erfassen. Es gelte alle Details – auch alle scheinbar nebensächlichen – wahrzunehmen, denn die Lebensweisen der Tiere würden Gosse zufolge »never be thoroughly known till they are observed in detail. Nor is it sufficient to mark them with attention now and then; they must be closely watched, their carious actions carefully noted, their behaviour under different circumstances.« Insbesondere solche Bewegungen »which seem to us mere vagaries, undirected by any suggestible motive or cause« seien dabei »the most interesting parts, by far, of published natural history«.[28] Einer solchen Epistemologie des Unscheinbaren geht es darum, alle Symptome zu ›registrieren‹ im doppelten Sinne einer Erfassung und Aufzeichnung – geht doch mit dem »attentive watching« meist eine ebenso minutiöse tägliche Buchführung einher.[29] Ähnlich einem Labortage-

---

25 Philip Henry Gosse, The Aquarium: An Unveiling of the Wonders of the Deep Sea (Part I). 2. Aufl. London 1856 [1854], 15.
26 Arthur M. Edwards, Life Beneath the Waters. Or, The Aquarium in America. New York und London 1858, 46. Vgl. auch ders., 33: »The amateur naturalist must, however, trust, in a great part, to what he will acquire during his own experience to guide him in his after attempts [...]. He may get many hints from books, but cannot always be governed by what his author has given him, for instance may occur which the writer has not taken into consideration, and, then, what is the neophyte to do? He must, as I said before, be governed by his own experience.«
27 Gosse, The Aquarium, iv.
28 Hier und im Folgenden Ebd., iii.
29 Gosses »Aquarium note book« ist einsehbar in der Brotherton Library, University of Leeds, zit. nach http://www.parlouraquariums.org [Juli 2012].

buch protokollieren William Thompson, Robert Warington oder Philip Henry Gosse ihre Beobachtungen in Aquarientagebüchern und raten den Lesern der Leitfäden, ihrem Beispiel zu folgen, wie etwa Arthur M. Edwards:

»I have found it a good plan to keep a naturalist's diary, a book wherein I write down the history of my *Aquarium* and the changes or facts that I remark of my pets every day. To this book I may at time refer, and this plan I recommend heartily to the consideration of my readers. In this way we shall be writing a book that will always be of use, for there are always little facts that slip our memory and may either be useful [...].«[30]

Weiterhin genüge es nicht, die entscheidenden Details zu registrieren, es sei auch notwendig, sie richtig zu deuten. Insbesondere in den ersten Jahren und Jahrzehnten der Aquarienhaltung hängt der Erfolg eines Aquarianers entscheidend davon ab, ein spezifisches Wissen darüber auszubilden, anhand welcher Faktoren frühzeitig erkannt und eliminiert werden kann, was zu innerer Fäulnis oder äußeren Schäden wie Lecks führt. Bereits minimale Veränderungen – eine leichte Wassertrübung etwa oder nach Luft schnappende Fische – gilt es in ihren Ursachen und Konsequenzen zu erfassen um entsprechend zu handeln. In diesem Sinne fordern und trainieren die Aquarienexperimente eine Form der Beobachtung, die mit Lorraine Daston als »a form of disciplined experience«[31] bezeichnet werden kann und die bereits seit dem frühen 18. Jahrhundert in der Naturforschung an Bedeutung gewinnt. Dass sich die Praxis der Beobachtung mithin zu regelrechten Techniken der Kontrolle steigern, zeigt die Empfehlung eines anonymen Autors der *Gartenlaube*, dem zufolge der Aquarianer »das ganze Aquarium etwa alle acht Tage einer Specialhaussuchung unterwerfen [...] und Todtes und sonst Ungehöriges [...] entfernen [müsse]«.[32]

Durch Kontinuität und Erfahrung wird die am Aquarium eingeübte Beobachtung – ebenso wie die damit einhergehenden Aufschreibeverfahren – als Wissenspraxis konzeptualisiert.[33] Ein solcher spezialisierter ›Aquarien-Blick‹, der in den frühen Aquarien-Experimenten erprobt und in den Aquarienschriften der 1850er bis 1880er Jahre als ›Schule des Sehens‹ beschrieben wird, dient zugleich als Geste der Autorisierung, um den Aquarianer als Experten und Forscher auszuweisen und die Aquarienhaltung auf eine epistemologische Basis zu

---

30 Edwards, Life Beneath the Waters, 46 f.
31 Daston, Histories of Scientific Observation, 279.
32 Anonym, Wie er- und behält man den Ocean auf dem Tische, oder das Marine-Aquarium, in: Die Gartenlaube 38, 1855, 503–506, hier 504.
33 Vgl. Lorraine Daston: »All scientific observation ultimately aims to provide evidence [...]. But in order to achieve any of these evidentiary goals, observation must first be conceptualized as a distinctive way of acquiring knowledge, with its own methods, guarantees of reliability, and functions vis-à-vis other modes of investigation.« Daston, Histories of Scientific Observation, 115.

stellen: »The wonders of the ocean floor do not reveal themselves to vulgar eyes« notiert Henry Noel Humphreys. Auch er definiert die Zugehörigkeit zum *inner circle* der Eingeweihten über eine Dyade von Wissen und Blick: »none but the initiated can see the myriad [marine] miracles [...].«[34] Empirisches Wissen und die Beobachtung als Wissenspraxis werden so zur Ressource, mittels derer sich die Autoren qualifizieren, legitimieren und zugleich als Gemeinschaft entwerfen.

3. Störfälle als Widerstand der Aneignung

Ganz im Sinne einer solchen Versicherung des eigenen Expertenstatus berichtet Robert Warington 1868 im *Annals and Magazine of Natural History* von einem seiner Aquarien, das er ganze sechzehn Jahre zuvor eingerichtet habe »and [which] has not since been disturbed [...]«.[35] Wie Warington weisen die meisten der frühen Aquarianer immer wieder mit Nachdruck auf ihre experimentellen Erfolge hin. Doch trotz dieser wiederholten Erfolgsmeldungen sind die frühen Erfahrungsberichte und Schriften zugleich ein beredtes Zeugnis der fortwährenden technologischen, praktischen und epistemologischen Schwierigkeiten bei der Einrichtung und Instandhaltung eines Seewasseraquariums. Über die verschiedenen Störungen und Komplikationen, die den Prozess der Wissensproduktion durchziehen und über die kompensatorischen und präventiven Praktiken zu ihrer Überwindung gibt vor allem das Genre der Aquarienratgeber Aufschluss. Mitte der 1850er Jahre erscheinen die ersten dieser sogenannten Leitfäden zur Herstellung, Instandhaltung und Pflege von Aquarien, nachdem mit der wachsenden Popularität des Aquariums Nachfrage und Angebot für praktische Anleitungen gestiegen sind.[36] Für diese Ratgeber stehen

---

34 Henry Noel Humphreys, Ocean gardens. The history of the marine aquarium and the best methods now adopted for its establishment and preservation. London 1857, 9. Zur Programmatik der Beobachtung beim Aquarium vgl. auch Judith Hamera, Parlor Ponds. The Cultural Work of the American Home Aquarium, 1850–1970. Ann Arbor 2011, insb. Kap. 1.

35 Robert Warington, On some Alterations in the Composition of Carbonate-of-Lime Waters, depending on the influence of Vegetation, Animal Life, and Season, in: Annals and Magazine of Natural History 1, 1868, 145–151, hier 148. Vgl. auch Warington, Memoranda of Observations Made in Small Aquaria, 366f.

36 Die im hier untersuchten Zeitraum (ca. 1850 bis 1900) unter dem heuristischen Begriff »Leitfäden« zusammengefassten Ratgeberschriften stellen in sich ein Konglomerat unterschiedlicher Wissensformen und Textgattungen dar. Hinter Titeln wie *Das Aquarium. Belehrung und Anleitung, ein solches anzulegen und zu unterhalten* oder *Ein Leitfaden für die Einrichtung und Instandhaltung des Süßwasser-Aquariums und die Pflege seiner Bewohner* verbirgt sich eine hybride Mischung aus technischer (Bedienungs-)Anleitung, naturwissenschaftlicher Abhandlung und ästhetischer Naturbetrachtung.

wiederum die Experimente von Warington, Gosse & Co. Pate,[37] deren Erfahrungen nun zu Ratschlägen und Anweisungen verarbeitet und als solche auch in Deutschland einem breiteren Publikum bekannt werden.

Das Versprechen der Aquarienleitfäden lautet beinah einstimmig: Ein richtig eingerichtetes Aquarium verlangt nicht viel Aufwand.[38] Doch erweisen sich das Meerwasser, die Meereslebewesen wie auch die zu ihrer Lebenserhaltung eingesetzte Technik häufig als widerspenstig.[39] So nimmt die Aufzählung aller Widerstände und Störfälle, die bei der Übertragung und Stabilisierung der künstlichen Umwelt auftreten können und die den reibungslosen Übergang zwischen Ozean und Aquarium unterbrechen, in den Aquarienleitfäden oft ganze Kapitel ein. Undichte Stellen, Veralgung und Fäulnis firmieren allesamt unter dem Begriff der »Uebelstände« und machen den Aufwand deutlich, den die Nachbildung der Natur erfordert. So wird vor allem in Bezug auf Seewasseraquarien die Zusicherung, dessen Instandhaltung sei »ziemlich einfach« und erfordere »wenig Mühe«,[40] allzu häufig zur Quelle enttäuschter Erwartungen. Ein eindringliches Bild dessen zeichnet unter dem Titel *An Aquarium in trouble* der Hobbyaquarianer J. Paul in einem Leserbrief, den er 1857 an die Redaktion des *National Magazine* richtet: »Chapped hands, broken jugs and pitchers, spoilt carpet, frightful waste of time, and the result — dead fishes, shabby plants, opaque glass, the bottom black and fetid, and the whole thing a bore.«[41] Wenn aggressiv anmutendes Meerwasser den Aquarienbehälter zersetzt, wenn Fische aus Sauerstoffmangel ersticken oder unbändiger Algenwuchs das aquatische Ökosystem zum Kippen zu bringen droht,[42] wird die im Aquarium epistemologisch wie auch symbolisch domestizierte Ferne und Fremde des Ozeans erneut als Widerständiges erfahren. Das Außen des Meeres, durch das Aquarium ins Innen geholt, erscheint wieder als unkontrollierbare Natur. Von den starken Reaktionen auf einen derart außer Kontrolle geratenen »Oceans auf dem Tische«

---

37 Arthur M. Edwards zufolge sei es »undoubtedly [...] to Mr. Robert Warington that we owe most of the practical knowledge that is now found to be so useful to amateurs in the[ir] management«. Edwards, Life Beneath the Waters, 13.

38 Vgl. etwa John Ellor Taylor: »An aquarium properly constructed, and peopled with proper inhabitants, gives very little trouble indeed.« Ders., The Aquarium. Its inhabitants, structure, and management. London 1876, 25.

39 Vgl. zum Lebendigen als Widerständigem: Georges Canguilhem, Das Lebendige und sein Milieu, in: ders., Die Erkenntnis des Lebens. Berlin 2009, 242–279.

40 Leonhard Schmitt, Wie pflege ich Seetiere im Seewasser-Aquarium? Stuttgart 1909, 3.

41 J. Paul, An Aquarium in Trouble, in: National Magazine 1, 1857, 352.

42 Vgl. etwa Albert Otto Paul, Das Seewasser-Aquarium. Leipzig ca. 1900: »Die Frage des Behälters ist bei Seewasseraquarien eine viel wichtigere und schwieriger zu erledigende als bei Süßwasseraquarien. Es erklärt sich das daraus, daß das Seewasser wegen seines Gehaltes an Salzen die zum Verkitten von Kastenaquarien dienenden Substanzen angreift und zersetzt, wodurch die Aquarien dann überraschend schnell undicht werden und zu rinnen beginnen.«

zeugt die drastische Sprache, mit der die Szenarien eines buchstäblichen Einbruchs des Ozeans ins bürgerliche Interieur skizziert werden: »Mir sind Fälle bekannt geworden«, schreibt Johannes Peters, »daß ganz plötzlich aus einem größern Glasaquarium ein großes Stück herausgesprungen oder ein Glasaquarium mitten durchgebrochen ist.«[43] Nicht nur die Furcht vor der Unberechenbarkeit, auch das häufige Fehlen äußerer Anzeichen von Fäulnis oder aber Bruchstellen erscheinen als besonders tückisch: »Durch ungleiche Abkühlung entstehen oft im Glase Spannungen, welche ein Zerspringen desselben, ohne eine erkennbare äußere Ursache, zur Folge haben können.«[44]

Gerade die auftretenden Störungen und Unfälle erweisen sich jedoch im Verbund mit einer kontinuierlichen Beobachtung wiederum als produktives Prinzip für die Gewinnung neuer Erkenntnisse sowohl über die Tiere im Ozean und ihre Lebensweise als auch für die praktische Herstellung künstlicher Umwelten. Wie das Beispiel Robert Warington zeigt, veranlassen insbesondere falsche Annahmen und materielle Widerstände ihn zu Revisionen, erneuten Versuchen und führen zu einem erweiterten Erfahrungsschatz. Wenn Warington etwa mit den »ravenous propensities« mancher Meerestiere konfrontiert wird, entsteht hieraus die Erkenntnis, welche Arten im Aquarium zusammen gehalten werden können:

»Another source of loss arises from the several creatures attacking and devouring each other, and it therefore becomes a point of great importance — and highly necessary to be carefully observed, where their preservation is an object — to ascertain what varieties may be safely associated in the same tank.«[45]

In den und durch die Dysfunktionen werden die Funktionsweisen der aquatischen Welt in gesteigerter Weise sicht- bzw. erkennbar. Die Fehlschläge und Unfälle zeitigen nicht nur epistemologische Effekte, sie produzieren auch praktisches *Know-how* und werden gleichzeitig zum Motor technischer Innovation wie etwa der Entwicklung neuer Formen von Aquarienbehältern. Als Reaktion sieht Warington sich zu einer Verteilung der Tiere auf »several small tanks« veranlasst oder in einem anderen Fall zur Verwendung eines Behälters mit mehreren durch Glaswände getrennte Abteilungen, »so as to separate these various depredators from each other [...]«.[46]

---

43 Peter, Das Aquarium, 11.
44 F. ten Brink, Ueber Herstellung und Pflege von Aquarien, in: Isis 48, 1880, 5, 381–383, hier 381.
45 Warington, On Preserving the Balance, 321 f.
46 Ebd., 321–322.

4. Kontrollierte Aquarien und disziplinierte Blicke – Techniken der Regulierung

Betrachtet man die Schaffung und Stabilisierung der Miniaturumwelt im Aquarium um die Mitte des 19. Jahrhunderts wie auch die daran erprobten experimentellen Praktiken von ihren materialen und medialen Bedingungen her, so wird deutlich, dass die Produktion neuen Wissens über die Natur eine Technisierung und Regulierung jener Natur zur Voraussetzung hat. Die am und im Aquarium vorgenommenen Beobachtungen und ermittelten Erkenntnisse über den submarinen Raum sind stets an materielle Dispositive und Vermittlungsprozesse gebunden. Dabei bildet die Aquaristik mit der Zeit ein stetig wachsendes Repertoire solcher kompensatorischen und präventiven Techniken aus, die den Umgang mit dem Widerständigen und Stör(an)fälligen des Ozeans im Aquarium selbst als Regulation ausweisen.

So erweist sich bereits die Anfertigung eines Heimaquariums – vor der Zeit der Massenproduktion meist daheim in Eigenregie vorgenommen – als ein Prozess der Sterilisierung, Isolierung und Segregation, um eine möglichst in sich abgeschlossene und stabile Umwelt zu konstruieren.[47] Auf materialer Ebene gilt es dabei, die buchstäblichen Schwachstellen des Aquariums bereits im Vorhinein zu lokalisieren und ihnen bei der Konstruktion durch Abdichtung mittels Kitt, Öl und Lack entgegenzuwirken. Auch die Lebewesen und die anderen Naturelemente müssen vor dem Eintritt ins Aquarium bearbeitet, gereinigt und gewissermaßen ›stubenrein‹ gemacht werden. So sei »Bodensand aus rein gewaschenem Flußsande oder Kies« erforderlich, wie Wilhelm Hess in seinem Leitfaden zu Bedenken gibt, und es dürfe »nicht versäumt werden, den Sand vorher so lange zu schlämmen, bis das Wasser rein abfließt, sonst wird man kein völlig reines Wasser erlangen«.[48] Ebenso empfiehlt er, das eingefüllte Wasser »erst durch ein [sic] Kohlenfilter [...] zu gießen«.[49] Auch Waringtons Erkenntnisse in Bezug auf die richtige Zusammensetzung der Aquarienpopulation sind Mitte der 1850er Jahre bereits fester Bestandteil im Repertoire aquaristischen Wissens: »Ein Aquarium darf nicht mit Thieren, namentlich Fischen übervölkert werden«, mahnt Wilhelm Hess, müsse man doch »darauf achten, daß keine argen Raubthiere mit in das Aquarium kommen, falls man Thiere der verschiedensten Arten darin halten will.«[50] Ebenso wie Bau und Einrichtung beruht auch die tägliche Pflege des Aquariums und seiner Lebewesen auf vielfältigen

---

47 Vgl. Reiß, Gateway, Instrument, Environment.
48 Hess, Das Süßwasseraquarium, 14.
49 Ebd.
50 Ebd., 47. Vgl. auch Geyer: »Worauf hat man bei Besetzung des Aquariums mit Fischen besonders zu achten? Zunächst auf Gesundheit und Unverletztheit der Fische, dann auf richtiges Verhältniss der Anzahl zum Rauminhalt des Behälters, sowie auf passende Aus-

Eingriffen und Regulierungen, wie bereits Waringtons vergleichsweise einfache Versuchsanordnungen bezeugen. Diese Interventionen beschränken sich nicht nur auf das fortwährende Auffüllen des verdunsteten Wassers – »the loss which takes place by evaporation being made up with rain or distilled water, so as to avoid any great increase of the mineral ingredients originally present«[51] –, sondern ebenso auf die Notwendigkeit »to agitate and aërate the water, which had been rendered foul from the quantity of mucus or gelatinous matter generated during the decay of their fronds«.

In diesem Sinne reguliert das Aquarium den Zugang zum Ozean nicht nur, indem es den Blick buchstäblich rahmt und dem Ozean eine – zumeist viereckige – Form gibt. Zudem sind hier, wenn etwa miteinander unverträgliche Fischarten durch Architekturen der Segregation künstlich getrennt oder Wachstums- und Vermehrungsvorgänge von außen eingeschränkt werden müssen, Operationen der Miniaturisierung, Homogenisierung und Selektion am Werke,[52] die eine gezielte Reduktion oder Ausschließung von Umwelteinflüssen unter Hinzufügung neuer, künstlicher Faktoren (wie etwa zusätzlich eingebrachte Glasscheiben) darstellen. Das Aquarium schafft nicht nur die materiellen Voraussetzungen für die Experimente und das daraus generierte Wissen. Ihm kommt vielmehr in seiner Doppelfunktion als Objekt und Instrument experimenteller ebenso wie regulativer Praktiken eine eigene Form der *agency* zu. Indem es als künstliche Nachahmung des Meeres selbst zum Milieu und (Über-)Lebensraum wird und diesen unter seine Bedingungen stellt, bringt es den submarinen Raum (als epistemischen Raum) mit hervor. Die frühen Heimaquarien erweisen sich somit als wichtige Akteure in der praktischen Herstellung künstlicher Umwelten wie auch der experimentellen Produktion neuen Wissens.

Dieses Wissen, so wird hier deutlich, erweist sich jedoch nicht in erster Linie als Einblick in das Milieu und die Lebewesen des Meeres, sondern zunächst vor allem als ein Wissen über Techniken der Kontrolle und Regulierung von Milieus ebenso wie von Lebewesen. Gern werden jene Techniken in Aufsätzen und Schriften in eine Geste symbolischer Bemächtigung übersetzt: So erscheint der »tyrannische, allgewaltige, unbändige Ocean«[53] buchstäblich ›sa-

---

wahl in Rücksicht auf Grösse und gegenseitige Verträglichkeit.« Geyer, Katechismus für Aquarienliebhaber, 31.
51 Warington, On Preserving the Balance, 319.
52 Vgl. etwa Ludwig Müller: »Ist ein Thier gestorben, so muß es, sobald man von seinem Absterben sich überzeugt hat, sofort entfernt werden; verbleibt es auch nur kurze Zeit in dem Aquarium, so kann dies für die übrigen noch lebenden von nachtheiligen Folgen sein; denn schneller als man glauben sollte, gehen im Wasser dergleichen Körper in Fäulniß über, und vergiften dasselbe durch Entwicklung übelriechender Gase.« Ludwig Müller (Hrsg.), Aquarien. Belehrung und Anleitung, solche anzulegen und zu unterhalten. Leipzig 1856, 13.
53 Roßmäßler, Der Ocean auf dem Tische, in: Die Gartenlaube 28, 1855, 376.

lonfähig‹, sobald man das »Leben aus der Tiefe des Meeres« nun »auf dem Tische studiren kann, im Schlafrock und Pantoffeln«.[54] Auch wenn die Aquarianer wie hier über Techniken der Kontrolle und der Regulierung zu verfügen meinen, sind sie doch selbst von eben jenen Techniken erfasst. Denn ebenso wie die Forscher in den Worten Roßmäßlers »das zu erforschende Leben in ihrer nächsten Nähe, an ihren Arbeitstisch […] fesseln, um täglich und stündlich immer und immer wieder die Wandlungen und Gestaltungen desselben belauschen zu können«, fesselt auch das Aquarium seinen Besitzer förmlich an den Arbeitstisch. Mit den regelmäßig erforderlichen Eingriffen – von einer kontinuierlichen Beobachtung über regelmäßige Fütterungen bis hin zur Wasserdurchlüftung – greift das Aquarium in den ersten Jahren stark in die Strukturierung des Alltagslebens seines Besitzers ein. Bereits kurze Zeiten der Abwesenheit nämlich können das Gleichgewicht im Aquarium gefährden, wie John George Wood feststellt: »Once or twice, when I have been away from home for a day or two, the evaporation has been equal to nearly one-third of its amount, and the remaining fluid formed, in consequence, an exceedingly concentrated solution of marine salts. The inhabitants did not like the state of things at all.«[55] Robert Warington gar findet eines Abends »on a particularly hot day during the summer of 1854«,[56] nachdem er einige Stunden fort war, alle Tiere in seinem Aquarium auf der Fensterbank tot vor. Diagnose: Hitzetod. Zudem besteht die Gefahr, gewünschte Beobachtungsergebnisse schlicht zu verpassen. So resümiert der französische Naturforscher René-Antoine Ferchault de Réaumur resigniert seine Versuche zum Paarungsverhalten von Fröschen: »In vain have I tried for several years to seize the moment of the egg laying of the frogs that I kept in glass jars; I have not succeeded at it.«[57] Die Demokratisierung des Blicks in den Unterwasserraum geht so Hand in Hand mit einer spezifischen Form der Disziplinierung, die erlernt und eingeübt werden muss. Das Aquarium, so die These, avanciert zum spielerischen Miniatur-Modell der Einübung in einen disziplinierten Blick. Wenn Aufmerksamkeit, Geduld und Mäßigung ebenso wie das Streben nach selbstständiger Wissensaneignung und Fortbildung als Qualitäten eines guten Aquarianers ausgewiesen werden, so können die praktischen Anleitungen und Ratschläge für Bau, Instandhaltung und Pflege eines Aqua-

---

54 Roßmäßler, Der Ocean auf dem Tische, in: Die Gartenlaube 33, 1854, 392.
55 John George Wood, The Fresh and Salt-water Aquarium. London 1868, 12.
56 Warington: »[O]n a particularly hot day during the summer of 1854, being absent from home, the servant omitted to screen a small case from the sun's rays during the hottest period of the day, and on my return I found every creature dead.«, Robert Warington, On the Injurious Effects of an Excess or Want of Heat and Light on the Aquarium, in: Annals and Magazine of Natural History 2, 1855, 16, 313–315, hier 315.
57 René-Antoine de Réaumur, Grenouilles, Académie des Sciences, Fonds Réaumur, Paris, zit. nach Mary Terrall, Frogs on the Mantelpiece, in: Histories of scientific observations, 197.

riums zugleich als Praktiken der Selbstoptimierung gelesen werden, die den Aquarienschriften als Imperative unterliegen. Das heimische Aquarium bildet dabei selbst den sichtbaren Ausweis des Gelingens oder Scheiterns seines Besitzers. Sämtliche »Uebelstände« und Defekte werden als persönliches Versagen gewertet, wie eine Formulierung Arthur M. Edwards deutlich macht: »Let us remember«, mahnt er in seiner Schrift *Life Beneath the Water*, »that every slight mishap is to be ascribed to a fault of our own, to some point, however seemingly insignificant, yet essential, which we have failed to take into consideration.«[58] Erfolg und Misserfolg werden so ganz praktisch messbar an der Halbwertzeit des eigenen Aquariums, das sich hier als Instrument einer Disziplinierung bzw. Selbstdisziplinierung seines Besitzers erweist, indem die Techniken der Regulierung und der Kontrolle, die der Aquarianer täglich einsetzt, auf ihn selbst zurückgewendet werden.

5. Natürlichkeitseffekte – Diskursive Techniken der Regulierungen

Die Frage, auf welche Weise die vielfältigen Regulierungen am, im und durch das Aquarium in den zeitgenössischen Aquarienschriften verhandelt werden, führt noch einmal zur anfänglichen Prognose der *Gartenlaube* von 1854 zurück: »Mit der Zeit wird die Tiefe des Meeres, durchsichtig auf unserem Tische, uns noch manche seltsame Naturgeschichte erzählen«.[59] Eine kritische Reflexion darüber, inwiefern das Aquarium den Blick in den submarinen Raum und das daraus gewonnene Wissen unter seine eigenen Bedingungen stellt, fehlt in dieser Einschätzung gänzlich. Eben diese Leerstelle ist symptomatisch für die frühen Aquarienschriften der 1850er bis 1880er Jahre. Während die Aquarienleitfäden und Versuchsberichte seitenlang technische Fragen der Regulierung diskutieren, kommt doch in den Definitionen des Aquariums sein künstlicher Charakter als Forschungsinstrument ebenso wenig zur Sprache wie in den Beschreibungen des »Prinzips, auf welchem das Aquarium beruht«,[60] die Künstlichkeit der darin geschaffenen Umwelt Erwähnung findet. Im Gegenteil: Sowohl die eigenen Bedingungen dieser Fabrikation als auch die technische und mediale Signatur der nachgeahmten Umwelt werden weitgehend ausgeblendet. Obwohl es in den Aquarienexperimenten der 1850er und 60er Jahre aus praktischer Sicht um die Bedingungen der Herstellung und Regulierung eines künstlichen Milieus geht, wird das Aquarium, so lässt sich festhalten, konzep-

---

58 Edwards, Life Beneath the Waters, 15.
59 Roßmäßler, Das Süßwasseraquarium, 2.
60 Roßmäßler, Der Ocean auf dem Tische, in: Die Gartenlaube 33, 1854, 392. Vgl. Ebenfalls Edwards, Life beneath the Waters, 15.

tuell meist nicht von seinen Herstellungsbedingungen aus gedacht. Die Experimentalisierung des Lebensraumes, die auf den Techniken der Miniaturisierung, Selektion und Komplexitätsreduktion basiert, wird vielmehr buchstäblich naturalisiert. Auf die Frage nämlich, was das Aquarium seiner Natur nach sei, antworten die zeitgenössischen Aquarienschriften beinah einstimmig, es sei selbst Natur. Das Aquarium mit ›der Natur‹ gleichzusetzen bedeutet hier vor allem, es mit der »Tiefe des Meeres« zu identifizieren. In diesem Sinne wird auch der Wechsel vom ozeanischen in das urban-häusliche Milieu in den Augen der frühen Aquarianer weniger als Medienwechsel denn als Kontinuum gefasst. Wenn sich laut Gosse die Meereslebewesen im Meer und im Aquarium gleichermaßen »*at home*«[61] befinden, so kann folglich der Übergang zwischen dem Meeresraum und dem Heimaquarium keine qualitativen Unterschiede erkennen lassen, da es sich um ein und dasselbe Milieu und damit unveränderte Bedingungen für die Lebewesen handelt. Zahlreiche Buch- und Zeitschriftenartikel führen diesen Analogieschluss zwischen Aquarium und Meer bereits im Titel, wenn etwa Julius Reymhold sein Aquarienbuch eine *Reise in's Meer*[62] nennt oder G. H. Schneider in seinem Artikel über *Das Leben und Treiben auf dem Meeresgrunde* dazu rät, die Meerestiere »in ihrem Elemente, in ihrem Leben und Treiben auf dem Seegrunde«[63] zu betrachten. Dass es sich auch hier um den Grund des Aquariums handelt, markiert einzig der Untertitel seines Artikels.

Ein solcher Kurzschluss zwischen Aquarium und Meer sieht in der Veränderung des Maßstabes keinen qualitativen Wandel; das Aquarium stellt in Hans Freys Worten einen »nahezu vollkommene[n] Ausschnitt der Natur« dar.[64] Während die Vorrichtungen für Vögel, Reptilien und Insekten die Tiere »[a]us ihren Verhältnissen und ihrer natürlichen Umgebung heraus[reißen]« würden und der Mensch ihnen »diesen Verlust nicht vollständig zu ersetzen« vermöge, lebten die Tiere im Aquarium, Karl Gottlob Lutz zufolge, »genau so wie in der Freiheit. Durch nichts gehemmt und eingeengt, zeigen sie sich dem Beobachter in ihrer ganzen Naturwüchsigkeit, in ihrer vollen Natürlichkeit.«[65] Das Verhältnis des Aquariums zum Ozean wird hier als ein mimetisches beschrieben; die Einrichtung des künstlichen Milieus erfolgt im Sinne einer möglichst perfekten Nachahmung der Lebensbedingungen im Meer, um »der Natur so nahe als möglich zu kommen«, indem »wir es [das Aquarium] den Verhältnissen in der

---

61 Gosse, The Aquarium, 3 [Hervorhebung im Original].
62 Julius Reymhold, Die Reise in's Meer. Ein Aquarium für die wißbegierige Jugend. Berlin 1869.
63 G. H. Schneider, Das Leben und Treiben auf dem Meeresgrunde. Bilder aus dem Aquarium zu Neapel I, in: Die Gartenlaube 41, 1878, S. 672–676.
64 Hans Frey, Bunte Welt im Glase. Das Aquarium biologisch gesehen. 2. Aufl. Radebeul-Berlin 1955 [1954], 27.
65 Karl Gottlob Lutz, Das Süßwasser-Aquarium und Das Leben im Süßwasser, 2.

freien Natur möglichst nachbilden«.⁶⁶ Dabei scheint kein Zweifel zu bestehen an der Anpassungsfähigkeit des Aquariums an die Natur, ja an der absoluten Austauschbarkeit von Meeresraum und Aquarium.

Dieses Verfahren mimetischer Anpassung an die Natur lässt sich zuletzt auf die frühen Aquarienschriften selbst zurückwenden. Die materiellen Regulierungstechniken kehren demnach auf diskursiver Ebene in den Aquarienschriften als narrative Steuerungsmechanismen wieder, die sich über ihre mimetische Anpassungsfähigkeit definieren und so letztlich das Moment der Regulierung selbst naturalisieren. Das technisch-mediale Apriori bildet buchstäblich den blinden Fleck des Aquariums.

Epistemologisch erlaubt (und legitimiert) eben dies den Forschenden wiederum, ein induktiv am Aquarium ermitteltes Wissens auf den Lebensraum des Meeres zu übertragen. So erheben die frühen Aquarianer beinahe ohne Ausnahme den Anspruch, mit ihren Aquarien-Experimenten zugleich Aussagen über die Funktionsweise der Lebensräume und -prozesse im Meer treffen zu können. Bedeutsam wird dies etwa in Hinsicht auf die Verhaltensweisen der Tiere – sei es in Bezug auf ihr Paarungsverhalten, die Brutpflege oder ihre Kampfgewohnheiten. Wenn davon ausgegangen wird, dass sich das Aquarium nicht qualitativ vom Raum des Meeres unterscheidet und folglich einen ebenso authentischen Lebensraum bildet, können ohne Probleme auch die Verhaltensweisen seiner Lebewesen als authentisch und unverstellt qualifizieren werden. Entsprechend schreibt Hans Frey:

»[Im Aquarium] ist das Tier nicht Nutzobjekt, es ist auch kein Gefangener, der sein Leben im engsten Gewahrsam vertraut, sondern mit dem Aquarium kommt wirklich ein nahezu vollkommener Ausschnitt der Natur in unser Heim. So ist es nicht verwunderlich, daß sich das Tier weitgehend natürlich bewegt und daß viele Lebensvorgänge ganz naturgemäß verlaufen.«⁶⁷

Frey teilt diese Ansicht mit einer ganzen Reihe von Autoren, die wie Gustav Jäger davon ausgehen, dass sich das Leben »im Aquarium [...] in seiner ganzen Urwüchsigkeit [entfaltet], das Tier ist hier ganz genau das was es im Freien ist«.⁶⁸ Obwohl es den frühen Aquarianern mit ihren Versuchen selbst um die epistemologischen Bedingungen des Lebens unter Wasser geht, blenden sie doch die Bedingungen der eigenen Wissensproduktion aus. Ähnlich steht es um die (fehlende) Reflexion der Vermittlungsakte, die das Aquarium leistet. Die mediale Dimension des Aquariums wird diskursiv negiert, indem in den frühen Schriften zumeist weder die Aquarienvorrichtung noch der Beobachter als Beeinflussungsfaktoren für die Lebewesen im Aquarium Erwähnung finden. Umgekehrt

---

66 Hess, Das Süßwasseraquarium, 5.
67 Hans Frey, Bunte Welt im Glase, 27f.
68 Gustav Jäger, Das Leben im Wasser und das Aquarium. Hamburg 1868, 282.

sieht sich der Betrachter von Glasscheiben und Rahmen ebenso wenig eingeschränkt wie er von den vielfältigen Regulierungstechniken beeinflusst scheint. Der Kurzschluss von Meer und Aquarium setzt eine imaginäre Perspektive in Szene, die unter dem Signum der Unmittelbarkeit firmiert und sich als direkte Beobachtung, als unvermittelter (Ein-)Blick in den submarinen Raum präsentiert. Damit bringt das Aquarium den Ozean zugleich als Phantasma hervor.

Während die frühen Heimaquarien einerseits, so ließe sich resümieren, an der Herausbildung eines Bewusstseins für die flüssigen Übergänge zwischen Natur und Kultur mitwirken, liegen hier zugleich die Grenzen der frühen aquarienbasierten Wissensproduktion – bringt doch der Blick durch das Aquarium ins Meer zunächst vor allem ein Wissen über das Aquarium hervor. Aber gerade in seinen unscharfen Übergängen zwischen Liebhaber- und Wissensobjekt bildet das frühe Heimaquarien einen wichtigen Schritt in der Entwicklung moderner Experimentalkulturen: Die ersten Aquarienversuche bringen praktische Erfahrungen nicht nur zur Lebenserhaltung und Züchtung aquatischer Tiere in den eigenen vier Wänden hervor, sondern auch zur Herstellung künstlicher Umwelten. Damit einher geht die Produktion von Wissen über spezifische Milieus, über experimentelle Praktiken der Beobachtung und technisches *Know-how*.

Für einige Jahre befindet sich das Heimaquarium mitsamt seinem Besitzer und dem neu gewonnenen Wissen in einem ungewissen hybriden Status, in dem die Grenzverläufe von populärer Aquarienkunde und wissenschaftlichen Wissenskulturen fortwährend durchkreuzt sind. Eben dort, wo Epistemologie und Phantasma aufeinandertreffen, bringt das Aquarium den submarinen Raum als epistemischen und zugleich imaginären Raum hervor.

Shane McCorristine

Träume, Labyrinthe, Eislandschaften: Körper und Eis in Arktis-Expeditionen des 19. Jahrhunderts[1]

»Mit Aug' und Armen willst du es umfassen«

Wir gehen träumend durchs Leben, mit offenen Augen und Ohren, und dazu passend gibt es eine Sozial- und Materialgeschichte des vorgeblich Immateriellen – von Träumen und Träumereien von Luft, Erde, Wasser und Feuer. Für viele zeitgenössische Konsumenten wird die Erfahrung der Arktis üblicherweise als »bezaubernd« beschrieben, Tourismusbroschüren versprechen Reisenden eine »Traumlandschaft« im Norden Kanadas.[2] Ein Wissenschaftler hat gar den Begriff eines arktischen »Zaubers« ins Spiel gebracht und behauptet, dieser sei von zentraler Bedeutung für zukünftige Forschungen über diese Region.[3] Woher aber kommt diese Form der Sprache und was bedeutet sie für unser historisches Verständnis von der Erforschung der Arktis?

Die Wurzeln solchen Sprechens über die Arktis lassen sich bis in die »klassische« Ära der viktorianischen Arktiserforschung (also etwa den Zeitraum von 1818–1876) zurückverfolgen. Damals bildeten die Logbücher und offiziellen Expeditionsberichte der Seereisenden auf der Suche nach der Nordwestpassage nur einen Teil eines viel größeren narrativen Feldes über die Entdeckung des Nordens, welches ganz verschiedenartige künstlerische, poetische und spiritualistische Reisen über den Atlantik in eine mystische (im Original: »otherworldly«) Polarwelt einschließen konnte. In der Frage, wie westliche Seefahrer und Reisende über die exotischen und noch nicht erschlossenen Regionen zu Land und See dachten, gibt es seit langem die Tendenz, sich auf die Kategorien von Visua-

---

[1] Ich möchte mich für die großzügige Unterstützung meiner Forschung durch das Irish Research Council CARA Postdoctoral Mobility Fellowship bedanken. Ein Visiting Fellowship am Rachel Carson Center for Environment and Society der Ludwig-Maximilians-Universität München hat mir ebenfalls sehr dabei geholfen, mein größeres Forschungsprojekt zu entwickeln.

[2] Cruise North Expeditions, 2007, http://www.cruisenorthexpeditions.com/Cruise_North_Brochure.pdf [25.03.2012].

[3] Matthew Sturm, The Spirit of the Arctic and the Next Generation of Arctic Researchers, in: Arctic 53, 2000, iii-iv.

lität und Darstellung zu konzentrieren, das heißt darauf, was sie »sahen«, und nicht etwa, was sie erlebten.⁴ Dieser Fokus hat zweifellos Themen von eminent wichtiger Bedeutung in den Geschichten imperialer Eroberung hervorgebracht, wie zum Beispiel den »gendered gaze«.⁵ Er hat aber zugleich dazu geführt, Körperlichkeit, also die Basis der Interaktion von Mensch und Umwelt überhaupt, nicht weiter zu befragen. Postkoloniale Theorien haben im Besonderen die Idee des kolonialen Zuschauers verdinglicht. Dies wiederum ging auf Kosten der Idee desjenigen Subjekts, das zwar Abbilder der Umgebung ›da draußen‹ formt, aber dennoch auch in eine Welt verwickelt ist, die nicht als taubes oder stummes Objekt verstanden werden sollte.⁶ Meine These lautet, dass eine solche Objektivierung des kolonialen Raumes uns dazu gebracht hat, nur sehr wenig Aufmerksamkeit für Zustände aufzuwenden, die den Körper und sein affektives Feld übersteigen.

Dieses Kapitel ist Teil eines größer angelegten Versuches, unser Wissen über die Erfahrung der Arktis neu zu überdenken, indem die Poetik und Rhetorik der körperlichen (beziehungsweise entkörperlichten) Erfahrung in Erzählungen, Dokumenten und Bildern des 19. Jahrhunderts in den Fokus der Aufmerksamkeit rückt. Ich konzentriere mich vorwiegend auf britische und amerikanische Expeditionsberichte aus dem Zeitraum zwischen 1818 und 1876, schließe allerdings auch einige weniger bekannte sowie fiktional-literarische Quellen mit ein, um die These zu untermauern, dass die Verbindung zwischen Körperlichkeit und Entkörperlichung ein zentraler Topos in der Entstehung arktischer »Otherworlds« in der viktorianischen Kultur war. Unter Otherworlds verstehe ich Orte der Einbildung, die durch Zustände von Träumereien, Träumen, das Sehen von Geistern und anderen liminalen Praktiken erreicht werden. Kulturwissenschaftlich arbeitende Geographen haben gezeigt, wie spirituelle und traumhafte Praktiken innerhalb normaler Routinen und Alltagsräumen entstehen können – und das an eben jenen profanen Orten, die die moderne Religionswissenschaft als entweiht und säkular beschrieben hat.⁷ Teresa Brennan hat nachgewiesen, dass Gefühle und Affekte den Körper auf physikalischer Ebene verändern können, sei es durch Pheromone, psychologische Übertragung oder andere biologische Faktoren.⁸ Von dieser Warte aus behaupte ich, dass die Ent-

---

4 Siehe Bernard Smith, European Vision and the South Pacific. New Haven und London 1985; Robert A. Stafford, Scientific Exploration and Empire, in: Andrew Porter, Alaine Low (Hrsg.), The Oxford History of the British Empire 3. Oxford und New York 1999, 294–319.
5 Gillian Rose, Feminism and Geography: The Limits of Geographical Knowledge. Minneapolis 1993.
6 Jessica Dubow, From a Vision of the World to a Point of View in it: Rethinking Sight, Space and the Colonial Subject, in: Interventions 2, 2000, 87–102.
7 Siehe Julian Holloway, Make-believe: Spiritual Practice, Embodiment, and Sacred Space, in: Environment and Planning A 35, 2003, 1961–1974.
8 Teresa Brennan, The Transmission of Affect. New York und London 2004.

decker zu Schiff im 19. Jahrhundert genauso wie heutige Pilger und Touristen verstanden, dass bestimmten Orten eine spezielle »Stimmung« innewohnte, die sich dem Körper durch Grenzerfahrungen mitteilen konnte. Zugleich mit dieser affektgeladenen Körperlichkeit war das Eis des Arktischen Ozeans – eines maritimen Raums, der sowohl illusorischer Fluchtpunkt (die Suche nach dem »offenen Polarmeer«) als auch ein historisiertes, territorialisiertes Teilgebiet einer imperialen Geographie ist – von großer Bedeutung für kognitive Fragen. Dabei drehte es sich zum Beispiel um die Bedingungen, unter denen körperloser Verstand oder Geister als verlässliche Technologien des Reisens dienen konnten, die mit (Meer)Landschaften zu interagieren imstande waren. Allerdings eignet sich der Begriff Eislandschaften (»icescapes«) besser, um die Art von Umgebung zu charakterisieren, die von westlichen Arktisforschern erfahren und dargestellt wurde. Die Eislandschaft, die vor allem die Unbeherrschbarkeit und Erhabenheit der Natur repräsentiert, spielte in der ästhetischen Verortung des Nordens die Hauptrolle. Allerdings werde ich an dieser Stelle nicht die Darstellungen des Eises in aller Breite besprechen,[9] sondern mich stattdessen darauf konzentrieren, welche Affekte das Eis auf Körper in der Arktis ausübte, wie Eislandschaften als nicht-darstellbare Kräfte fungieren konnten, die sowohl körperliche als auch entkörperlichte Reaktionen hervorrufen konnten, und schließlich auf die Frage, wie das Eis über größere Distanzen vermittelt wurde.

Ich stelle die These ins Zentrum, dass westliche Akteure in der Arktis – und vor allem diejenigen unter ihnen, denen es um die Produktion und Verbreitung von Wissen ging – von somatischen und klimatischen Bedingungen bestimmt waren, die aktiv die Art und Weise von Bewegung und Verstehen beeinflussten. Auch die Verdinglichung des dort gesammelten Wissens war von solchen Bedingungen abhängig. Selbst heute wird Forschern, die wissenschaftliche Arbeit in der Arktis oder Antarktis verrichten, häufig die Frage gestellt: »Have you been there?«, als ob die physische Präsenz an den Polen eine Art von Wissen ermögliche, von der andere nur träumen könnten (der Autor spricht hier aus persönlicher Erfahrung).[10] Wie zentral diese körperliche Präsenz auch sein mag, so möchte ich doch behaupten, dass die epistemische Verfassung, die den Körper ins Zentrum der polaren Wissensproduktion stellt, auch eine Diachronizität von Entkörperlichung verrät: »I work, read, think, and dream«, schrieb der norwegische Entdecker Fridtjof Nansen in sein Arktis-Tagebuch an Bord der *Fram*, um dann Edvard Grieg zu zitieren: »dort ward der Traum zur Wirklichkeit, hier

---

9 Siehe dazu Eric Wilson, The Spiritual History of Ice: Romanticism, Science and the Imagination. New York und Basingstoke 2003; Francis Spufford, I May be Some Time: Ice and the English Imagination. London 1996.
10 Adrian Howkins, »Have You Been There?« Some Thoughts on (Not) Visiting Antarctica, in: Environmental History 15 (2010), 514–519.

wird die Wirklichkeit zum Traum!«[11] Beispiele wie diese verdeutlichen, dass in polaren Träumen, in imaginären Lehnstuhlreisen oder in der Wahrnehmung entfernter Gegenwarten der Prozess der Verlassens des eigenen Körpers durch Reisetechniken es mit sich brachte, die Welt als von mannigfachen Stimmen menschlicher und nicht-menschlicher Personen bewohnt zu erfahren.

Um diese Verbindung zu untermauern, werde ich zuerst einige neuere theoretische Perspektiven eröffnen, um festgefügte Annahmen über die Erforschung der Arktis neu zu beleben. Ausgehend von neuen Trends in der Kulturgeographie unterstreiche ich die Wichtigkeit von Körperlichkeit, Rhythmus und der Temporalität des Körpers für unser Denken über Bewegung durch den maritimen Raum. Schiffe, die über den Atlantik segelten, konnten mit kühnem Stolz (»saucy swagger«) oder erbärmlich knarzend (»creak and groan«)[12] durch die hohen Wellen gleiten, aber solche Darstellungen waren nur Teil der Lebenswelt, welche die nicht auf Darstellungen fixierte Geographie derzeit erschließt.[13] Im zweiten Teil behandele ich eine Reihe von Primärquellen aus dem 19. Jahrhundert, um eine Verbindung zwischen körperlichen Praktiken und dem Gefühl von Co-Präsenz zu entwickeln. Dabei geht es mir darum zu zeigen, dass Bewegung durch die Arktis als körperlose Aktivität verstanden wurde und damit als etwas, das Träume und das Erkennen von ›spektralem Raum‹ beinhaltete – Geographien also, die sozusagen geisterhaft die Präsenz multipler menschlicher und nicht-menschlicher Arktisbewohner wechselweise ent- und verhüllten. Erzählungen aus der Zeit der Suche nach der Nordwestpassage (durch die heutige kanadische Arktis) benutzten eine Phänomenologie des Traumes in ihren Beschreibungen, besonders in Bezug auf Bewegung durch oder über Eislandschaften im Arktischen Ozean. Die Kanäle durch diesen maritimen Raum waren normalerweise vereist und nur einige Sommermonate lang befahrbar. Um diese an Herausforderungen reiche Umwelt zu beschreiben, bedienten sich einige Arktis-Erzählungen, vor allem nach dem Verschwinden der Expedition John Franklins im Jahre 1845, einer ›dädalischen Poetik‹ – einer sehr besonderen Sprache aus Labyrinthen, Spalten, Vorhängen und Schleiern. Gerade

---

11 Fridtjof Nansen, Farthest North: Being the Record of a Voyage of Exploration of the Ship Fram, 1893–96, and of a Fifteen Months' Sleigh Journey. Westminster 1897, Bd. 1, 260, 202.

12 Johann Miertsching, Frozen Ships: The Arctic Diary of Johann Miertsching, 1850–1854, übers. v. L. H. Neatby. Toronto 1967, 9; Sherard Osborn, Stray Leaves from an Arctic Journal. Eighteen Months in the Polar Regions, in Search of Sir John Franklin's Expedition, in the Years of 1850–51. New York 1852, 16.

13 »Non-representational theory« wird gemeinhin so verstanden, dass es das Interesse dafür einschließt, »how life takes shape and gains expression in shared experiences, everyday routines, fleeting encounters, embodied movements, precognitive triggers, practical skills, affective intensities, enduring urges, unexceptional interactions and sensuous dispositions«. Hayden Lorimer, Cultural Geography: The Busyness of Being »More-Than-Representational«, in: Progress in Human Geography 29, 2005, 83–94, hier 84.

wegen ihrer Allgegenwärtigkeit ist diese Poetik fast völlig unbemerkt geblieben. Ich schlage vor, dass eine Untersuchung dädalischer Themen (wenn auch hier nur in aller Kürze) den Ausgangspunkt für eine umfassendere Analyse von Träumen, Geisterhaftigkeit und Affektivität in Arktis-Erzählungen bildet. Im dritten Teil behandele ich die Fantasie des körperlosen Fluges durch die Arktis anhand einer Analyse von Charlotte Brontës *Jane Eyre*. Dieser Text ist das vielleicht bekannteste Beispiel der »ikarushaften Arktis« in der britischen Literatur. Er zeigt, dass sich die Konstruktion von Heimat und Arktis in der viktorianischen Kultur keineswegs auf durch Männer verfasste Expeditionsberichte beschränkt. Dies gestattet es mir auch, auf die Sozialgeschichte anderer »Jenseitsforscher« zu verweisen – junge, weibliche Hellseherinnen, die während dieser Zeit im Geiste die Arktis bereisten. Ich folgere, dass die Durchquerung von Eisfeldern, gefrorenen Gebieten oder auch der Luft, ob tatsächlich in der Arktis oder von zuhause aus, die Nützlichkeit des Nachdenkens über Körperlichkeit beziehungsweise Entkörperlichung beweist, also des Nachdenkens darüber, wie man neu darüber verhandeln kann, wie die Arktis in der Moderne vorgestellt und kodifiziert wurde. Eine solche vielgestaltige Perspektive, die sich von der Theorie über Erfahrungsberichte und schließlich hin zur Fiktion bewegt, zeigt die Reichhaltigkeit des Quellenmaterials, das uns für eine ganze Reihe von Neubewertungen der Arktiserkundungen im 19. Jahrhundert zu Verfügung steht.

1. Bewegung in der Arktis

Kulturgeographen, die sich oftmals auf die Arbeiten von Maurice Merleau-Ponty beziehen, haben eine »Rematerialisierung der Landschaft« gefordert, um die körperlichen, nicht-darstellerischen Dimensionen menschlicher und nichtmenschlicher Handlungen berücksichtigen zu können.[14] Christopher Tilley hat die Implikationen für den Körper bei einer solchen Neugewichtung hervorgehoben: »artefacts, places and landscapes may become parts of bodies: the hand and arm which bear an artefact become fully animate and continuous with the arm that grasps it; houses and canoes may be metaphorically conceived as bodies engendering social relationships in space-time.«[15] Aus dieser Sicht ist die natürliche Umgebung keine inaktive Substanz, die von einem körperlosen und interesselosen Blick betrachtet wird, während materielle Gegenstände als mit dem menschlichen Körper in komplexem Austausch stehend gesehen werden. Allerdings war der statische ›Landschaft-als-Bild‹-Ansatz in Historiographien der

---

14 Siehe Heidi V. Scott, Rethinking Landscape and Colonialism in the Context of Early Spanish Peru, in: Environment and Planning D: Society and Space 24, 2006, 481–496.
15 Christopher Tilley, Wayne Bennett, The Materiality of Stone: Explorations in Landscape Phenomenology. Oxford 2004, 9.

Arktis-Imagination sehr beliebt. Vor allem hielt sich hartnäckig die Idee, der arktische Raum habe seine Bedeutung hauptsächlich als eine Art Spielwiese für weiße, männliche und heroische Unternehmungen erlangt – das Polare als unbeschriebenes Blatt, das sich für ideologische Einschreibungen bestens eignete.[16] Um solch triumphale Lesarten der Arktiserforschung (also die Erschließung eines angeblich ›leeren‹ Raumes) infrage zu stellen, ohne allerdings die reichhaltigen und lange währenden ästhetischen Darstellungen des Nordens zu vernachlässigen, stelle ich den Arktiserforscher als verkörpertes Auge vor. Ich richte dabei die Aufmerksamkeit besonders auf die alltägliche, sinnliche Erfahrung des Klimas, von Schmerz, Verdauung, Pflichten und des Tagesrhythmus. Kurz gesagt: auf die Rhythmen, Gewohnheiten und Regime von Entdeckung, die besondere Formen von Mobilität erforderlich machten.

Zu den prominentesten Trends in der Kulturgeographie der letzten Jahre gehört das so genannte »mobilities paradigm«, das eine Welt in Bewegung konzeptualisiert: physisch, virtuell und imaginiert.[17] Mobility-Theoretiker fordern traditionelle sesshafte Sichtweisen heraus, indem sie eine Reihe von nomadischen Praktiken vorstellen, die die Beziehungen zwischen dem menschlichen und nicht-menschlichen Raum beleuchten und dadurch demonstrieren, dass ein Ort niemals verankert ist, sondern immer in Bewegung – als ein Ort, der von einem selbst sich immer in Bewegung befindenden sensorischen Apparat wahrgenommen wird. Konkret auf die Erforschung der Arktis bezogen bereichert diese Perspektive natürlich unser Verständnis vom Körper an Bord eines Schiffes, bietet uns allerdings zusätzlich wertvolle Einsichten zur Immobilität. Die britische Arktiserforschung, wie sie beispielsweise in den Berichten von Kapitänen wie William Edward Parry und John Ross beschrieben wird, lässt sich durch kurze Phasen intensiver Bewegung charakterisieren, die von langen Perioden des Festsitzens und Wartens im Eis abgelöst wurden.[18] In beiden Phasen spielten Affekte eine Rolle dabei, wie Körper mit den Gefahren von Bewegung und Bewegungslosigkeit umgingen und wie sie, in der Erwartung neuerlichen Vorstoßens, unter psychologischem Druck die Zeit verwalteten.

Der bewegungstheoretische Ansatz hat gezeigt, wie traditionell vernachlässigte »unbegrenzte« Räume wie Luft und Ozean in Debatten über die Interaktion zwischen Mensch und Umwelt einbezogen werden können, in denen Grenz-

---

16 Jen Hill, White Horizon: The Arctic in the Nineteenth-Century Imagination. New York 2008; Lisa Bloom, Gender on Ice: American Ideologies of Polar Expeditions. Minneapolis 1993.
17 Siehe Mimi Sheller, John Urry, The New Mobilities Paradigm, in: Environment and Planning A 38, 2006, 207–226.
18 Für ein literarisches Beispiel der arktischen Langsamkeit siehe Sten Nadolny, Die Entdeckung der Langsamkeit. München 1983.

ziehungen, Geschichte und ästhetische Vorlagen von großer Bedeutung sind.[19] Ein gutes Beispiel einer solchen Sensibilität zeigte sich nach der Rückkehr von Parrys erster Expedition über den Arktischen Ozean 1819 auf der Suche nach der Nordwestpassage. Der Dichter John Keats berichtete, die Augen der Seeleute »were so fatigued with the eternal dazzle and whiteness that they lay down on their backs upon deck to relieve their sight on the blue sky. [They described] the dreadful weariness at the continual day – the sun ever moving in a circle round their heads – so pressing upon him that he could not rid himself of the sensation even in the dark Hold of the ship.«[20] Keats schrieb auch, dass die Seeleute, sobald sie südlichere Breitengrade erreicht hatten, auf das Deck stürmten, um die Sterne anzusehen, nach denen sie sich den ganzen Sommer lang gesehnt hatten. Während also Sternbetrachtung und andere meteorologische Beobachtungen eigentlich Teil eines größeren geographischen Interesses waren, um die sich die Offiziere zu kümmern hatten, erinnern uns derartige Geschehnisse daran, dass die kosmischen Welten hinter dem Horizont im Alltag der Seeleute weder nebensächlich noch überflüssig waren. Um zu sehen, wie emotionale Reflexe und deren verwandte romantische Kosmologien sehr wohl friedlich neben der Arbeit der Orientierung und wissenschaftlichen Betrachtung bestehen konnten, müssen wir nur die Schriften Alexander von Humboldts heranziehen.[21] Wie auch in anderen Fällen kann hier der Begriff des »Feldes«, sei es terrestrisch oder maritim, radikal um die Dimension des Körpers und seiner Reaktionen erweitert und vertieft werden.

Die Arktis als eine Mischwelt von Bewegung und Stillstand zu denken, öffnet auch die Tür zu mehr formalen Überlegungen über die Rhythmen, die raumzeitliche Erfahrung bestimmen und regulieren. Jon May und Nigel Thrifts Begriff »timespace« ist hierbei von Nutzen. Sie argumentieren, dass Zeit an unterschiedlichen Orten unterschiedlich erscheint und dass »a sense of time emerges from our relationships with a variety of *instruments and devices*«.[22] In Henri Lefebvre's posthum erschienenem Werk zur *Rhythmanalyse* behauptet dieser, es gebe überall einen »Rhythmus«, wo Ort, Zeit und Kraftaufwand aufeinandertreffen. Diesen Rhythmus versteht Lefebvre als ein Bündel von Flüs-

---

19 Ein wichtiger, aber bislang vernachlässigter Aspekt der Arktiserforschung ist das Mondbewusstsein, das für die Romantik des 19. Jahrhunderts von großer Bedeutung war, und das in Kunst und Dichtung ebenso auftauchte wie in wissenschaftlichen Einträgen und Betrachtungen. Siehe Paul Spencer-Longhurst, Moonrise over Europe: J.C. Dahl and Romantic Landscape. London 2006.
20 John Keats, The Complete Poetical Works and Letters of John Keats. Boston und New York 1899, 339.
21 Siehe Stephen Harrison, Steve Pile, Nigel Thrift, Grounding Patterns: Deciphering (Dis)order in the Entanglements of Nature and Culture, in: dies. (Hrsg.), Patterned Ground: Entanglements of Nature and Culture. London 2004, 15–41, hier 24.
22 Jon May, Nigel Thrift, Introduction, in: dies. (Hrsg.), Timespace: Geographies of Temporality. London 2001, 1–46, hier 4.

sen, die Erfahrung bestimmten und die durch die Interaktion unseres Körpers mit »timespace« entstünden. Dabei gebe es sozial normative Rhythmen, wie den Arbeitstag von neun bis fünf, natürliche Rhythmen, wie die Gezeiten Ebbe und Flut, und Polyrhythmen, wie in den fragmentierten Bewegungsmustern an einem Bahnhof. Lefebvres grundsätzliches Interesse in *Rhythmanalyse* bestand darin herauszufinden, wie diese Rhythmen sich durch den Körper überlagern und verbinden: »The rhythmanalyst calls on all his senses. He draws on his breathing, the circulation of his blood, the beatings of his heart and the delivery of his speech as landmarks.«[23]

Auf die Art und Weise angewandt, wie der menschliche Körper die »arktischen Rhythmen« erfuhr, würde dies bedeuten, dass Prozesse und Flüsse niemals separat von technologischen oder natürlichen Kräften existierten und dass sie in Wechselwirkung mit sich permanent verändernden Zuständen der Zeit standen – mit Langsamkeit, Stopps, Wiederholungen, Intervallen und Zeitraffern. Wenn ein solches Projekt auch den Rahmen meiner Untersuchen sprengen würde, so darf doch festgehalten werden, dass eine Neubewertung von Narrativen über die Arktis von dieser Warte aus Aufklärung darüber geben könnte, wie Veränderungen oder Einwirkungen auf somatische Rhythmen ungewollte rhythmische Effekte produzierten, wie zum Beispiel Seekrankheit, Schlaflosigkeit, Durchfall, Skorbut, Verstopfung, Hunger und Nervosität. Während also diese umweltgebundenen und psychologischen Bedingungen auf dramatische Art die Sinnes- und Zeitwahrnehmung der Forscher durch den Körper verändern konnten, so boten andere soziale Rhythmen wie die Orientierung am westlichen Kalender und das Feiern von Geburtstagen und nationalen Feiertagen einen stabilen Zeitrahmen, der dabei half, die Rhythmen an Bord des Schiffes mit denen in England zu synchronisieren.

Es waren die fluktuierenden natürlichen Rhythmen des Eises, die zuerst die Aufmerksamkeit der britischen Admiralität im Jahre 1817 durch die Berichte von William Scoresby dem Jüngeren und anderen Walfängern auf die Möglichkeit eine Schiffsexpedition zur Erforschung der Nordwestpassage lenkten. Ein Kommentator wies zustimmend darauf hin, dass zwischen 1817 und 1849 die sommerliche Eisdicke so gering war, dass es den Walfängern stets gelang, durch die Baffin Bay zu den reichen Walbeständen vorzustoßen.[24] Parry hatte großes Glück bei seiner Fahrt durch den Lancaster Sound 1819, denn die Rhythmen, die das Arktische Meer öffneten, konnten es auch jederzeit und völlig ohne Vorwarnung verschließen, durch plötzliche Kälteeinbrüche, die das Schiff in einem

---

23 Henri Lefebvre, Rhythmanalysis: Space, Time and Everyday Life. London und New York 2004, 21.
24 Clements R. Markham, The Threshold of the Unknown Region. London 1873, 168. Siehe auch Moira Dunbar, The Effect of Sea Ice Conditions on Maritime Arctic Expeditions during the Franklin Era, in: Patricia D. Sutherland (Hrsg.), The Franklin Era in Canadian Arctic History, 1845–1859. Ottawa 1985, 114–121.

Eisfeld festsetzen konnten.²⁵ So hielt das Eis die Franklin Expedition 1846 in der Victoria Strait gefangen, und das ausgerechnet in einem Gebiet, das tragischerweise keine natürlichen saisonalen Eiswanderungen hatte und im Sommer nicht unbedingt aufbrach. Im Jahr 1830 saßen etwa tausend Walfänger im Packeis der Melville Bay fest. Neunzehn Schiffe wurden zerstört. Eine ähnliche Anzahl von amerikanischen Walfängern saß im Spätsommer 1871 vor der Küste Alaskas fest, was den sich an den Walfang anschließenden Handel schwer schädigte. Aber selbst derart gefährliche Veränderungen im Verhalten des Eises konnte neue Rhythmen erzeugen – diesmal die spielerischen Rhythmen von Vergnügung und Neuheit. Mit Blick auf das Unglück von 1830 wurde berichtet, die Seeleute hätten die Zeit zur Unterhaltung genutzt: »[T]he clusters of tents were a scene of joyous dancing and frolic, for Jack [the sailor] had got a holiday, and the season was long remembered as ›Baffin's Fair‹.«²⁶ Man kann zwar die Existenz von Polyrhythmen, die sich zwischen Körper, Ort, Atmosphäre, Flora und Fauna, Gezeiten, Ökosystem und dergleichen mehr bilden, als Gegebenheiten fest annehmen.²⁷ Dennoch würde ich hinzufügen, dass sie auf ganz extreme Weise unsere Konzeption der Landschaft prägen und animieren sowie jede Untersuchung einer nicht-materiellen oder übernatürlichen Verbindung zu einem Ort bestimmen können.

Doch kommen wir zum Thema von Bewegung und Mobilität zurück. Die Geschichte der viktorianischen Zugreise hat gezeigt, wie Wahrnehmung sich um eine besondere Art der Fortbewegung herum neu organisierte, indem der Zugreisende die Landschaft und einzelne Objekte *durch* das Fahrzeug wahrnahm.²⁸ Man muss sich grundsätzlich darüber klar sein, dass die meisten Schiffsexpeditionen und Jagden der Walfänger in der Arktis durch das Schiff geformt waren. Das Schiff wird in der nautischen Tradition seit jeher als Verlängerung des Seemannskörpers gesehen; auch Gesänge und Seemannslieder waren nicht nur Hintergrundgeräusch, sondern erfüllten wichtige Zwecke für die Bewegung und das Tempo der Körper der Seeleute an Bord des Schiffs (oder in manchen Fällen des Kanus).²⁹ Die Schiffe der Admiralität, die sich auf die Suche nach der Nordwestpassage machten, wurden für die Verwendung im Norden

---

25 Siehe dazu den Beitrag von Alexander Kraus.
26 Alexander Hyde, A.C. Baldwin, W.L. Gage, The Frozen Zone and its Explorers, etc. Hartford, CT 1880, 168.
27 Siehe Tim Edensor, Introduction, in: ders. (Hrsg.), Geographies of Rhythm: Nature, Place, Mobilities and Bodies. Farnham 2010, 1–18.
28 Wolfgang Schivelbusch, Geschichte der Eisenbahnreise – Zur Industrialisierung von Raum und Zeit im 19. Jahrhundert. Hamburg 1977.
29 Siehe John Mack, The Sea: A Cultural History. London 2011, 136–164. Die Lieder sind nachgedruckt in Arctic Miscellanies. A Souvenir of the Late Polar Search. By the Officers and Seamen of the Expedition. London 1852, 9 f.; zu den Voyageuren siehe Carolyn Podruchny, Making the Voyageur World: Travelers and Traders in the North American Fur Trade. Lincoln, NE 2006.

verstärkt und angepasst: Sie waren mit einer Vielzahl von technischen und wissenschaftlichen, vor allem magnetischen, Geräten ausgestattet; maßgeschneidertes Design der Offizierskabinen und professionelle Auswahl von Personal waren Standard; neueste Luftfilter- und Kochsysteme gab es ebenso wie konserviertes Essen, das künstlich die potenzielle Überlebensdauer verlängerte. Und schließlich gab es auch eine kulturelle Ladung, bestehend aus Bibliotheken, pädagogischen Programmen und Theaterausstattungen, die sicherstellten, dass Langeweile und Rastlosigkeit bekämpft werden konnten. Durch all diese Maßnahmen stellte das Schiff nicht nur ein Vehikel dar, sondern war im Gegenteil wichtigstes Material und lebendiger Raum, der die Besatzungen von arktischen Forschungsreisen transportierte, beherbergte, heilte und unterhielt. Das Schiff spielte außerdem eine zentrale Rolle in der Wahrnehmung von (Eis)Landschaften. Francis Bacon mag sich gefragt haben, warum Seereisende Tagebuch führten, »where there is nothing to be seen but sky and sea«,[30] aber die ganzheitliche Sichtweise verkörperlichter Wahrnehmung erfüllt den wichtigen Zweck, Ideen von menschlicher Positionalität als immer zwingend vertikal und von menschlicher Wahrnehmung als notwendigerweise rational und taghell in Frage zu stellen. In anderen imperialen Kontexten ist gezeigt worden, dass die Idee, geographisches und wissenschaftliches Wissen könnten »im Feld« produziert werden, also durch die physische Interaktion zwischen Körper und Umwelt, ein Gefühl von Desorientierung und Ungewissheit unter männlichen Entdeckern hervorrief. Der Anthropologe Johannes Fabian hat zum Beispiel die Geschichte der Erforschung Afrikas revidiert, indem er die somatischen Bedingungen der Europäer einbezog: Ob durch Müdigkeit, Krankheit, Fieber, Trunkenheit, die Einnahme von Drogen oder Wahnsinn, so Fabian, die Entdecker hätten sich oftmals lange Zeit außerhalb rationaler Bezugsrahmen bewegt und dadurch auch Schwierigkeiten überwinden können: »[E]xplorers frequently overcame […] intellectual and existential problems by stepping outside, and sometimes existing for long periods outside, the rationalized frames of exploration.«[31]

Fahrten durch die Baffin Bay und den Lancaster Sound (die wichtigsten Walfanggebiete während der viktorianischen Zeit und in der Regel Ausgangspunkt für die Suche nach der Nordwestpassage) erforderten von Kapitänen dauernde Aufmerksamkeit, denn Treibeis, Stürme, Kollisionen und tote Ausbuchtungen waren zu jeder Zeit möglich und verliehen den temporalen Regimen von Mobilität und Immobilität zusätzliche Bedeutung. Atmosphärische Erscheinungen auf hoher See konnten sofort zu Problemen führen. Insbesondere Nebel gefror über Nacht und drückte die Segel durch die enorme Feuchtigkeit herunter.

---

30 Francis Bacon, The Works of Francis Bacon, Lord Chancellor of England 1. Philadelphia 1842, 26.
31 Johannes Fabian, Out of Our Minds: Reason and Madness in the Exploration of Central Africa. Berkeley, CA 2000, 8.

Navigationstechniken wie Längen- und Breitengradbestimmungen, Echolot und Landvermessung gingen alle vom Schiff aus, das als Zentrum der Präzision galt. Wegen navigationstechnischer und kognitiver Risiken des Reisens durch eine Region, in der, wie Parry bemerkte, auch das beste Auge sich darüber täuschen konnte, ob man es gerade mit Eis oder Land zu tun hatte,[32] waren Schiffe aber auch Orte der Angstempfindung: Lecks konnten schon bald nach dem Ablegen vom Dock ernsthafte Probleme bereiten, wie bei der HMS Trent 1818 unter dem Kommando von John Franklin. Schiffe wurden oftmals auch zusammengebunden, an Eisberge geankert oder von mehreren Lagen Frost und Eis eingeschlossen. Dies schuf einerseits neue, mobile Orte in einem äußerst instabilen Umfeld, machte andererseits aber auch in unheimlicher Weise die geradezu aktive Macht solcher Eislandschaften (Eisberge als Schlösser, Kathedralen oder schließlich als Avatare der Schiffe selbst) deutlich. Als Parrys Expedition 1819 bei Melville Island überwinterte, wurde bei Stürmen, Nebel und extremer Dunkelheit durch Zeichen und Raketen eine Verbindung geschaffen zwischen dem Teil der Mannschaft, der sich an Land befand, und der Besatzung an Bord der Schiffe HMS Hecla und Griper. Während Parrys zweiter Expedition wurde 1821–1823 bei Igloolik ein Seil benutzt, um die Seewarte mit einem der Schiffe zu verbinden.[33]

2. Das Labyrinth und das Eis

Eis war für die Seefahrer im Arktischen Ozean die hauptsächliche Sorge. Und dennoch gab es im Grunde des westlichen Interesses an der Arktis ein ganzes Gewebe von sowohl esoterischen also auch exoterischen Faszinationen, die die Eislandschaft in den Versuch einbanden, das moderne Individuum als ein vollständig orientiertes Subjekt zu etablieren. Außerhalb von Navigationsphasen wurden Eisberge als Ankerplätze benutzt, als Schutzschilde gegen Wind und Stürme, als Aussichtsplattformen und sogar als Schauplätze von Vergnügungen und Aufführungen. Schon im vierten vorchristlichen Jahrhundert, bei der Seereise von Pytheas dem Griechen, spielte Eis die Hauptrolle in der ästhetischen Verortung des Nordens für das griechische Publikum, da es in der Kultur eine sonderbare Präsenz als Symbol von Schönheit und zugleich von Trostlosigkeit hatte. Als Antwort auf die Überfälle der Nordländer war in frühmittelalterlichen irischen und angelsächsischen Quellen die Trope des schrecklichen und bösartigen Nordens omnipräsent. Der um 1200 schreibende dänische Histori-

---

32 William Edward Parry, Journal of a Voyage for the Discovery of a North-west Passage from the Atlantic to the Pacific: Performed in the Years 1819–20, in His Majesty's Ships Hecla and Griper. London 1821, 72.
33 George Lyon, The Private Journal of Captain G. F. Lyon, of H. M. S. Hecla During the Recent Voyage of Discovery under Captain Parry. London 1824, 291.

ker Saxo Grammaticus dachte, Island sei armselig und wild, aber auch voller Wunder und seltsamen Begebenheiten. Die Geräusche, die das Eis beim Anstoßen ans Riff machte, wurden laut seiner Aussage als Klagen von Geistern gedeutet, die als Strafe für die Missetaten ihres sündigen Lebens zu schlimmen Qualen verdammt waren.[34] In der Frühmoderne bildete der eisige Norden eine übercodierte und imaginative Region, die, zumindest in englischen Quellen, als Reich Satans gelten konnte.[35] Der 1633 verfasste Bericht von Thomas James, einem englischen Kapitän und Leiter einer Expedition, die in der Hudson Bay überwinterte, ist bemerkenswert wegen seiner trostlosen und melancholischen Darstellung des Eises. Der Bericht enthielt auch eine Darstellung der grotesken Rückkehr eines verstorbenen Besatzungsmitglieds, das sechs Monate zuvor auf hoher See bestattet worden war, nun aber in Gestalt eines gefrorenen, eisigen Leichnams zurückkehrte.[36] Die Empfindung des Eises als erhaben war eine wichtige Komponente der Dichotomie von Wildnis und Wunderland, die historisch gesehen den Kontakt zwischen dem westlichen Mann und der arktischen Umwelt strukturierte; die kulturellen und psychologischen Konsequenzen dieser narrativen Modellierung sind bis heute relevant.[37] Wie Eric Wilson festgestellt hat, markiert aber das frühe 19. Jahrhundert einen Wendepunkt in Eisdarstellungen, als »scientists for the first time were beginning to understand that ice is not evil matter to be transcended or bland material to be commodified but is instead a vehicle and revelation of vital energy«.[38]

Aus häufigen Hinweisen auf eine tiefsitzende Faszination und Attraktion in Narrativen aller Art lässt sich ablesen, dass das Eis als symbolischer Magnet für Entdecker um die Mitte der viktorianischen Zeit fest etabliert war. Das Eis gab Anlass für Träume und Gipfelerfahrungen. Schiffsexpeditionen in die Arktis konstruierten ihre Begegnung mit dem ersten Eisberg als symbolisches Ereignis und Zeichen des Übergangs ins Polarreich. Oftmals benutzten die Tagebücher und Reiseberichte von Offizieren eine Sprache, die deutlich werden lässt, dass dieser Moment der Begegnung als transformativ empfunden wurde: als erste Gelegenheit, um mit der jenseitigen Umgebung in Kontakt zu treten, und als der Zeitpunkt, an dem darüber reflektiert wurde, was von nun an kommen

---

34 »Spirits, doomed to torture for the iniquity of their guilty life.« Saxo Grammaticus, The Nine Books of the Danish History of Saxo Grammaticus 1, hrsg. v. Rasmus B. Anderson. London 1905, 87.

35 Siehe Colleen Franklin, »An Habitation of Devils, a Domicill for Unclean Spirits, and a Den of Goblings«: The Marvelous North in Early Modern English Literature, in: Helen Ostovich, Mary V. Silcox, Graham Roebuck (Hrsg.),The Mysterious and the Foreign in Early Modern England. Newark 2008, 27–38.

36 Thomas James, The Strange and Dangerous Voyage of Capt. Thomas James, hrsg. v. W. A. Kenyon. Toronto 1975, 96 f.

37 Für eine relevante literarische Behandlung des Themas siehe Christoph Ransmayr, Die Schrecken des Eises und der Finsternis. Wien 1984.

38 Wilson, The Spiritual History of Ice, 4.

mochte. John Ross beschrieb den ersten Anblick eines Eisbergs vor Grönland 1818 beispielsweise folgendermaßen: »Imagination presented it in many grotesque figures: at one time it looked something like a white lion and horse rampant, which the quick fancy of sailors, in their harmless fondness for omens, naturally enough shaped into the lion and unicorn of the King's arms, and they were delighted accordingly with the good luck it seemed to augur.«[39] In derartigen Berichten lässt sich eine Poetik herauslesen, die ich deshalb ›dädalisch‹ nenne, weil sie Antworten auf Orientierungslosigkeit und Chaos zu formulieren versucht. In der antiken Mythologie war Dädalus ein geübter Kunsthandwerker, der ein Labyrinth für König Minos von Kreta baute, sodass dieser den Minotaur gefangenhalten konnte. In den Metamorphosen des Ovid entkommt Dädalus dem Labyrinth, indem er für sich selbst und seinen Neffen Ikarus Flügel erschafft, denn »nicht Herr der Lüfte ist König Minos«. Ikarus aber flog bekanntlich zu nahe an die Sonne und stürzte ins Meer, »von Lust nach dem Himmel verleitet.«[40] Während die Perspektive des Ikarus, des schwindelnden Blicks auf die Landschaft von ganz hoch oben, durch eine entkörperlichte Praxis zustande kommt, die stark mit Jugendlichkeit und weiblicher Macht assoziiert wird, betont die dädalische Poetik im Gegenteil eine sehr körperliche Affektivität, die durch die Erfahrung des Eingesperrtseins erfahren wird.

Allerdings war die Eislandschaft kein passives Objekt der Betrachtung. Vielmehr waren der menschliche Körper und das Eis miteinander verschränkt und existierten in einem Beziehungsfeld, das Affekte zwischen den Körpern vermittelte. »The transmission of affect«, so schreibt Teresa Brennan, »means that we are not self-contained in terms of our energies. There is no secure distinction between an ›individual‹ and the ›environment‹«.[41] Dieser »Verschränkungsansatz« hat Auswirkungen auf die Vorstellung vom Eis als einem unbelebten und mit Faszination aufgeladenen Akteur, daher schlägt Brennan vor, stattdessen eine Art Kraftfeld vorauszusetzen, das menschliche und nicht-menschliche Akteure auf der Grundlage einer gemeinsamen Affektivität verbindet. In der Periode nach den Franklin-Expeditionen (1848–1859) war es ein Bericht von Isaac Israel Hayes, einem amerikanischen Entdecker, der diese relationale Wirklichkeit am lebendigsten vorführte.

In *The Open Polar Sea* (1867) schreibt Hayes dem ersten Eisberg, dem sein Schoner begegnete, sehr deutlich magische Fähigkeiten zu. Er schrieb: »There

---

39 John Ross, A Voyage of Discovery, Made under the Orders of the Admiralty, in His Majesty's Ships Isabella and Alexander, for the Purpose of Exploring Baffin's Bay, and Inquiring into the Probability of a North-west Passage. London 1819. Siehe auch David Buchan, A Voyage of Discovery Towards the North Pole, Performed in His Majesty's Ships Dorothea and Trent, etc. London 1843, 37–39; Alexander Armstrong, A Personal Narrative of the Discovery of the North-west Passage, etc. London 1857, 81–90.
40 Ovid, Metamorphosen, 8.182–235.
41 Brennan, The Transmission of Affect, 6.

was something very impressive in the stern indifference with which it received the lashing of the sea. The waves threw their liquid arms about it caressingly, but it deigned not even a nod of recognition, and sent them reeling backward, moaning and lamenting.«[42] Hier ist dem Kapitän plötzlich bewusst, dass sich ein Feld von Wechselwirkungen aufgetan hat, ein Mahlstrom geradezu, in dem das Schiff und die Mannschaft nur kleinste Teilchen sind. Hayes beschreibt die *United States* als ein »Dynamometer«, das gegen »den Feind« ankämpft, und »groaned like a conscious thing in pain, and writhed and twisted as if to escape her adversary, trembling in every timber from truck to keelson«.[43] Das Bild des Schiffes als verstörtes *bateau ivre* à la Rimbaud passt zum trunkenen Auge des Erzählers – eine visuelle Herangehensweise, in der die Sprache der Verzauberung und Fantasie die Subjektivität vom Körper loszulösen drohen. Sogar die Ziele der Expedition, die Tatsache, dass es darum ging, bestimmte Räume und Routen in Besitz zu nehmen, treten hinter die hypnotisierende Macht des Eises zurück. Hayes schreibt, dass es schien, als ob »we had been drawn by some unseen hand into a land of enchantment, rather than that we had come of our own free will into a region of stern realities, in pursuit of stern purposes«.[44] An dieser Stelle kommt auch die labyrinthische Trope des Schleiers ins Spiel, denn um sich begreiflich zu machen, dass die Arktis eine Ontologie besitzt, welche die Seefahrer auf dem Weg nach Norden in Verwirrung, Regellosigkeit und Verwunderung stürzt, musste der Erforscher auf irgendeine Art von einer Wolke des Unwissens umgeben sein.[45] Hayes setzt diese Poetik fort, wenn er suggeriert, die Elfen des Nordlandes hätten ihnen Schleier um die Augen gelegt, woraufhin der Raum sogleich mit Andeutungen auf Walhalla und andere himmlische Kosmologien verklärt wurde.[46]

Aufzeichnungen von Träumen in den Berichten der Erforscher waren äußerst selten. Wenn es sie allerdings gab, so waren die Ängste, Topoi und psychologischen Besetzungen extrem auffällig. Zum Beispiel notierte Hayes einen Traum vom 22. Dezember 1860, in dem sein Kollege August Sonntag, ein deutschstämmiger Astronom, auftrat:

»I had a strange dream last night, which I cannot help mentioning; and, were I disposed to superstition, it might incline me to read in it an omen of evil. I stood with Sonntag far out on the frozen sea, when suddenly a crash was heard through the darkness, and in an instant a crack opened in the ice between us. It came so suddenly and

---

42 Isaac Israel Hayes, The Open Polar Sea. A Narrative of a Voyage of Discovery Towards the North Pole, in the Schooner ›United States‹. London 1867, 20 f.
43 Ebd., 70.
44 Ebd., 23.
45 In einem anderen Kontext schrieb Ernest Shackleton, »the glamour of the unknown was with us and the South was calling«. Ernest Shackleton, The Heart of the Antarctic: Being the Story of the British Antarctic Expedition 1907–1909. Vol. 1. London 1909, 39.
46 Hayes, The Open Polar Sea, 23.

widened so rapidly that he could not spring over it to where I stood, and he sailed away upon the dark waters of a troubled sea. I last saw him standing firmly upon the crystal raft, his erect form cutting sharply against a streak of light which lay upon the distant horizon.«[47]

Hayes träumte dies während einer Periode langanhaltender Dunkelheit und Finsternis, als seine Expedition am Port Foulke in West-Grönland festsaß, die Hayes als Achtung gebietend und unwirklich beschrieb.[48] Im November war ein Expeditionsmitglied, der Inuk Peter, unter mysteriösen Umständen aus dem Lager verschwunden – ein Vorfall, den Hayes dessen Rivalität mit einem anderen indigenen Teilnehmer, dem altgedienten Jäger Hans Hendrik, zuschrieb. Hayes machte sich noch Wochen nach dem Verschwinden Peters Sorgen und stellte Parallelen zwischen der Verschlechterung des Wetters und dem Schicksal des früheren Untergebenen her:

»The stiffened ropes which pound against the masts, the wind shrieking through the shrouds, the crashing of the snows against the schooner's sides, are sounds of terror echoing through the night; and when I think that this unhappy boy is a prey to the piercing gale, I find myself inquiring continually, What could possibly have been the motive which led him thus to expose himself to its fury?«[49]

Hans versuchte später, eine Antwort darauf zu geben, indem er in seinen Memoiren mutmaßte, Peter sei *Qivittoq* geworden, also eine Person, die menschliche Gesellschaft meidet und, womöglich als Geist, durch die Wildnis ziehe. Die Gründe dafür suchte Hans in einer Paranoia oder Entfremdung von der Mannschaft.[50] Das Datum des Traums fiel ungefähr in die Mitte des Winters und zugleich auf den bedeutungsvollsten Feiertag des christlichen Kalenders, war also mit wichtigen sozialen und emotionalen Konnotationen aufgeladen. Hayes spricht davon, der Höhepunkt des Winters nähere sich.[51] Nach dem fürchterlichen Tod fast aller Hunde der Expedition wurde beschlossen, dass Sonntag, der früher schon mit Hayes zusammengearbeitet hatte, zusammen mit Hans Hendrik auf Schlitten losziehen sollte, um bei den Eingeborenen der Insel Northumberland Ersatzhunde zu kaufen. Kurz nachdem sie das Lager am 21. Dezember verlassen hatten, gerieten sie in ein Unwetter und beschlossen, am nächsten Tag ins Lager zurückzukehren. Sonntag aber fiel durch ein Eisbrett und blieb – obwohl Hans ihn herausziehen konnte – fast leblos in einem eilig errichteten Schneehaus zurück, während Hans Hilfe holte. Ende

---

47 Ebd., 182.
48 Ebd., 172.
49 Ebd., 170.
50 Hans Hendrik, Memoirs of Hans Hendrik, the Arctic Traveller, serving under Kane, Hayes, Hall and Nares, 1853–1876, übers. V. Henry Rink. London 1878, 37.
51 Hayes, The Open Polar Sea, 174.

Januar erreichte Hayes die Nachricht vom Tode Sonntags, woraufhin sein Misstrauen gegen Hans erneut hervorbrach. Wenn Hayes diesen Zufall auch niemals besprach, so musste ihn doch das Vorwissen des Traumes vom 22. Dezember um den Tod Sonntags stark berührt haben und zeigt uns eine materielle Einbildungskraft auf, die dem Eis wieder einmal einen ontologischen Status zuweist – das »crystal raft« aus dem Traum – und eine tiefgreifende Angstkultur während des Überwinterns freilegt. Obwohl das Aufschreiben von Träumen am Ende des 19. Jahrhunderts sehr verbreitet war, so spiegelt diese Trope vom anderen, der auf dem Eis hinwegtreibt, einen Trennungskomplex wieder, den die Arktisforscher aus guten Gründen behielten.

Ein durchgehendes textuelles Merkmal der Bezauberung durch die Eislandschaft war die Behauptung der Erforscher, das Aussehen, die Farben oder die Erfahrung des Eises ließen sich schlicht und einfach nicht beschreiben. Allerdings folgte auf diese Feststellung gewöhnlich ein wortreicher Ausflug in eine architektonische Erhabenheit, in der vor allem die Verträumtheit einen sowohl konstitutiven als auch destabilisierenden Faktor darstellte. In seiner Beschreibung der Wirkung des Eisbergs schreibt Hayes:

»the imagination conjured up effigies both strange and wonderful. Birds and beasts and human forms and architectural designs took shape in the distant masses of blue and white. The dome of St. Peter's loomed about the spire of Old Trinity; and under the shadow of the Pyramids nestled a Byzantine tower and a Grecian temple.«[52]

Solche Beschreibungen des Unbeschreiblichen und Emblematisierungen von abstrakten natürlichen Formen, die in Beziehung stehen zum Prozess der Wolkendeutung sowie zu späteren idiographischen Implikationen des Rorschachtests, waren deshalb von besonderen Formen der Vorstellung abhängig, die das ganze Spektrum von Reisepraktiken abdecken konnten.

Diese Themen sind bedeutsam für die Art, in der wir über den Verstand in der Moderne denken, da sie eine spektrale Ebene von Subjektivität enthüllen, die sich durch die ganze Kultur des 19. Jahrhunderts zieht. Die Romantiker brachen mit der Aufklärungsidee der Klarheit – also der Vorstellung, eine Steigerung von Klarheit und Rationalität brächte die Suche nach Wissen und Selbstverständnis voran – und behaupteten dagegen, dass das visuelle Feld Verzauberungen und Illusionen unterliegen konnte.[53] Die neuen visuellen Techniken wie Diorama, Panorama, Phantasmagorie oder Laterna Magica, die sich im 19. Jahrhundert entwickelten, das Sichtbare vermittelt darstellten und dadurch eine neue unsichere Vorstellung des Selbst hervorriefen, spiegelten diese romantische Sichtweise ebenfalls wieder. Solch spektrale Vorführungen führ-

---

52 Ebd., 48.
53 Alice Kuzniar, »The Crystal Revenge«: The Hypertrophy of the Visual in Novalis and Tieck, in: The Germanic Review 74, 1999, 214–228, hier 216.

ten eine »Vergeisterung« (ghostification) des mentalen Raumes herbei, da sie die natürliche und übernatürliche Welt zum Zweck der Unterhaltung und Bildung nachschufen, gleichzeitig aber den Betrachter in einem unbehaglichen Gefühl kognitiver Verstörung zurückließen.[54] Das Gefühl einer »phantasmagorischen Verschiebung« in der Subjektivität wurden in Literatur, Kunst und Psychiatrie mehr als deutlich; bekannte Beispiele visueller Illusion, wie die optischen Täuschungen des »ice blink« oder der Fata Morgana, fungierten gleichzeitig als Schauplätze der Naturgeschichte und des Unheimlichen.[55] In der Tat wurden Geist-Metaphern oft in Beschreibungen arktischer Landschaft und ihrer Phänomene herangezogen. So stellte der amerikanische Forscher Elisha Kent Kane fest, als er staunend und mit Unbehagen die Lichtbrechung des Eises betrachtete: »The wildest frolic of an opium-eater's revery is nothing to the phantasmagoria of the sky to-night.«[56] Leopold McClintock, sich über Schlafmangel auf seiner Suche nach Anzeichen der Franklin-Expedition im Juli 1858 beklagend, drückte sich so aus: »The mind is busy with a sort of magic-lantern representation of the past, the present, and the future, and resists for weary hours the necessary repose.«[57]

Das Eisfeld diente auch als narratives Mittel, um beim Leser und Konsumenten arktischer Bildlichkeit Spannung und Intensität zu erzeugen. Die Schiffe auf Erkundungsfahrt durch die Arktis konnten komplexe Zusammensetzungen von walfängerischen, imperialen und künstlerischen Ontologien sein. Eine der wichtigsten Objektive des Expeditionsleiters aber war es, den narrativen Status der Reise sicherzustellen. Erst durch die Unterteilung der Expedition in erzählerische Episoden und Phasen (monatliche Berichte, die lange Winterpause, Schlittenfahrten im Frühling, das sommerliche Segeln) wurde es den Lesern zu Hause ermöglicht, diese Praktiken zu verstehen. Die Einrichtung von Kursen, um die Mannschaften an Bord im Lesen und Schreiben und sogar im Veröffentlichen zu unterweisen, und die Tatsache, dass Kapitäne und Crews permanent damit beschäftigt waren, Arktiserzählungen zu lesen sowie selbst Dinge aufzuschreiben und aufzuzeichnen, zeigt die intertextuelle Qualität solcher Unternehmungen. Das Eis spielte eine große Rolle darin, den Leser auf die Intensität der Reise einzustellen, indem bereits existierende Ideen vom Eis als Matrix

---

54 Terry Castle, The Female Thermometer: Eighteenth-Century Culture and the Invention of the Uncanny. New York und Oxford 1995.
55 McCorristine, Spectres of the Self, 27–65.
56 Elisha Kent Kane, The U.S. Grinnell Expedition in Search of Sir John Franklin. A Personal Narrative. New York 1854, 68.
57 Leopold Francis McClintock, The Voyage of the ›Fox‹ in the Arctic Seas. A Narrative of the Discovery of the Fate of Sir John Franklin and his Companions. London 1859, 146 f. Siehe auch Luigi Amedeo of Savoy, On the ›Polar Star‹ in the Arctic Sea 2, übers. v. William Le Queux. London 1903, 588; Jules Michelet, The Sea, übers. v. W. H. D. Adams. London 1875, 233; David Brewster, Letters on Natural Magic Addressed to Sir Walter Scott, Bart. New York 1832, 136.

von Möglichkeiten mobilisiert wurden, aber auch, indem es narrative Streifzüge in die Wunder der Vorsehung, der künstlerischen Darstellung und individueller Träumerei ermöglichte. Manchmal konnte die empfundene Erhabenheit und Größe der Eislandschaft eine traumartige Vision herstellen. Hier drückte der Betrachter seine Verzückung angesichts des sich nahenden Todes narrativ aus, indem er eine mimetische Analogie zu den tatsächlichen Bewegungsmöglichkeiten bildete. George Murray beispielsweise, ein Steuermannsmaat auf den Franklin-Expeditionen, war bezaubert von der sich wandelnden Erscheinung eines gewölbten Eisberges (»an icy temple«).[58] Als Murray unter der Wölbung hindurch segelte, war er besonders beeindruckt von der Schönheit der durchscheinenden Sonnenstrahlen, die kein Dichter sich ausdenken und die kein Maler darstellen könne:

»I was so enraptured with the view, that for a moment I fancied the blue vault of heaven had opened, and that I actually gazed on the celestial splendour of a world beyond. While my eyes were thus riveted on the glorious scene, I observed the fracture gently close, then slowly open. An involuntary shudder ran through me; I awoke, as it were, from a delightful dream, to all the horrors of a terrible reality. This immense body of ice, thousands, probably millions of tons in weight (in the centre of which we were), was afloat, consequently in motion, and about to lose its equilibrium, capsize, or burst into fragments. Our position was awful, and my feelings at the moment may be conceived, but cannot be described. I looked downwards and around me, the sight was equally appalling; I fancied the very sea was agitated. At last I shut my eyes from a scene so terrible: the men at the oars, as if by instinct, ›gave way‹, and our little punt swiftly glided beyond the reach of danger.«[59]

Die Arktis als Labyrinth zu beschreiben war im 19. Jahrhundert sehr typisch. Es war William Beaufort, der behauptete, die Franklin-Expedition »nobly toiled in deciphering the puzzling Arctic labyrinth«.[60] Dies muss man allerdings im Kontext einer breiteren Spannung innerhalb der visuellen Kultur der Arktis und der Konsequenzen für den rational denkenden Forscher sehen. Seit den 1850er Jahren bildete die verschollene Franklin Expedition eine zentrale Komponente einer neuen spektralen Geographie der Arktis, zu deren Hauptmerkmalen ein Gefühl des Verlustes von Kausalität und von kognitiver Kontrolle zählte, das zeitgenössische Schriftsteller mit dem Labyrinth assoziierten. Im Gegensatz zum schlichteren kretischen Labyrinth kreierte die Entstehung des modernen Irrgartens ein Subjekt, das sich mehreren Wegen gegenüber sah, von denen viele falsch und trügerisch waren und ein Gefühl von Verzweiflung und

---

58 Arctic Miscellanies, 47.
59 Ebd., 48.
60 Zitiert in A.K. Isbister, The North-West Passage, in: The Athenaeum: Journal of Literature, Science and the Fine Arts, 1860, 94–96, hier 95. Siehe auch Miertsching, Frozen Ships, 134.

immer weiter sich verringernden Wahlmöglichkeiten erzeugten. Nebel, Lichtbrechung und magnetische Störungen verursachten einen fundamentalen Orientierungsverlust unter den Forschern, die durch Eislandschaften segelten. In der Tat ist seit langem bekannt, wie sehr sich Labyrintherfahrung und Navigation überlappen.[61] Kristen Veel hat die Verknüpfung zweier verschiedener Perspektiven im Labyrinthmotiv aufgezeigt: »The labyrinth walker, whose vision is constricted and fragmented, is overtaken by confusion, and his/her experience of the labyrinth is one of disorder, multiplicity, and chaos, whereas the labyrinth viewer, able to overlook the complete structure, will get a sense of order, clarity, unity, and artistry.«[62] Ob in den Berichten von Schiffsoffizieren, populären Geographen, Schriftstellern, Heilmagnetiseuren oder Geistersehern – man stellte sich Franklin als Gefangenen des arktischen Labyrinths vor, dessen Geheimnis von Dunst und Nebel umgeben war. Es war gerade diese schleierhafte Natur des Rätsels um die verschollene Expedition, die es so zahlreichen Akteuren erlaubte, sich in die Auflösung dieses Rätsels einzumischen.

In *Franklin's Visions*, einem Prosa-Beitrag zu einer schiffseigenen Publikation auf einer der Franklin-Suchexpeditionen, gibt sich der Assistenzarzt an Bord der *HMS Assistance*, Charles Ede, einer Träumerei hin, welche die labyrinthische Eislandschaft mit Träumen von Lufthoheit verbindet:

»The huge blank front of ice that reared around, a limit insurmountable, seemed rent in twain; and through the gaping walls of congealed water came a pleasant sunny light, soft with the tints of morn. A gentle zephyr, whose pure breath was laden with warmth and fragrant perfume, melts with its soft caress the yielding mass. Now brighter shines the glorious colour-giving sun, and through the heavy air the musical sounds of woman's long-lost voice steals o'er my soul with thousand crowds of overwhelming recollections. Tears, hot tears of love, from well-tried friends form a clear passage through the treacherous elements, as flowing in unison they mingle in the ecstasy of joy. Nearer and nearer still the air-borne sounds and home-like fragrance come; while in the dim and lowering distance the dreaded region fades. Lo! gentle spring has decked the barren spot with flowers that we in childhood laughing plucked. Here, in gray garments clad, the light, the hope of life's bright dawn approaches; her step, firm with humanity, scarce leaves its print behind, so lightly buoyed with long deferred hope: she, bending, stretches toward my exhausted form her soothing hands, when that sweet touch my happiness dispels.«[63]

Die Idee des arktischen Labyrinths als Raum von quälender Unsicherheit, von Irrtum und von Unbestimmtheit war demzufolge etwas, das in der kulturel-

---

61 Siehe Christer Westerdahl, Stone Maze Symbols and Navigation. A Hypothesis on the Origin of Coastal Stone Mazes in the North, in: International Journal of Nautical Archaeology 24, 1995, 267–277.
62 Kristen Veel, The Irreducibility of Space: Labyrinths, Cities, Cyberspace, in: Diacritics 33, 2003, 151–172, hier 154.
63 Arctic Miscellanies, 18.

len Einbildung mit Träumen vom Fliegen, von Übersicht und Allwissen einherging. Der Traum, die Vielschichtigkeit des arktischen Raumes aufzulösen, benötigte eine parallele Sicht von oben, sei es durch Kartentechnologie oder durch Flugfantasien.

3. Flugträume

Passend zu den topographischen Anforderungen imperialer Entdeckung und Eroberung setzten die meisten Arktis-Erzählungen Höhe und Aufstieg mit Kenntnis der Umwelt gleich. Die Vogelperspektive über dem Meer war eine wichtige visuelle Logik in der Perzeptionsgeschichte der Arktis: Es verlieh dem Betrachter ein Gefühl von Kompetenz, wenn er das Labyrinth aus der Distanz betrachten konnte und dadurch die Muster und Wege erkennbar wurden, die dem Seefahrer auf dem Wasser verborgen bleiben mussten. Diese visuelle Logik, die Denis Cosgrove als »Apollos Blick« beschrieben hat, erhielt zentrale Bedeutung für die kosmische Sichtweise westlicher Geographie (vor allem der *terra incognita*) seit der Aufklärung und strukturiert bis heute unser Denken über Vermessung und Lufthoheit in zeitgenössischen militärischen Strategien.[64] Als einzelne, sinngesteuerte Figur, die noch dazu in die schwer durchschaubare Eislandschaft eingebunden war, hatte der Seefahrer eine riskante und unfertige Sichtweise. Dagegen versprach der Blick aus der Ferne und von oben, also einer Perspektive, die frei von tatsächlichen und metaphorischen Barrieren der terrestrischen Erfahrung war, die Möglichkeit, eine Ideologie geographischer Inbesitznahme auszuüben. Wie Michel de Certeau es ausdrückte, war dies »der Überschwang eines skopischen und gnostischen Triebes«.[65] Gleich einer Zeremonie der Besitzergreifung schuf die Vermessung des Raums von oben die Bedingungen für eine Performanz der Entkörperlichung, in der der Erforscher als völlig losgelöst von der körperlichen und mentalen Verwirrung und des beschränkten Blicks von unten dargestellt werden konnte, und dadurch die Imperative der »Interesselosigkeit« geographischer Herrschaft erfüllte.

Berichte und Erzählungen von Arktis-Expeditionen konzipierten Navigation als eine Angelegenheit weniger, autorisierter, männlicher Entdecker. Dies schwächte sich allerdings ab, als die Entdecker-Helden Eingang in die viktorianische Populärkultur fanden. Einige Kinder, wie zum Beispiel die Brontës im englischen Haworth, forderten eine solch maskuline Arktis heraus, indem sie

---

64 Denis Cosgrove, Apollo's Eye: A Cartographic Genealogy of the Earth in the Western Imagination. Baltimore 2001; Caren Kaplan, Mobility and War: The Cosmic View of US »Air Power«, in: Environment and Planning A 38, 2006, 395–407.
65 Michel de Certeau, Die Kunst des Handelns, übers. v. Ronald Voullié. Berlin 1980, 180.

sich Welten mit den Figuren Parry und Ross ausdachten.⁶⁶ In der Franklin-Ära (1845–1859) war die Erforschung der Arktis etwas, das man in beliebten visuellen Attraktionen wie dem Panorama darstellte, karikierte und fiktionalisierte. Die fremde, mystische Arktis entstand aus dieser populären Dimension heraus, für die Charlotte Brontës *Jane Eyre: An Autobiography* (1847) das wohl bekannteste Beispiel sein dürfte: ein Roman, der von den (sozialen, geographischen, psychologischen und sexuellen) Beziehungen zwischen Wärme und Kälte und Feuer und Eis bestimmt ist. Dies lässt sich an zahlreichen Beispielen im Text illustrieren: Tante Reed soll ein eisiges Auge haben (»eye of ice«); die Frigidität St. Johns wird deutlich, als er Jane mit einem Kältezauber zu belegen scheint, und Janes Stimmung wird fortwährend vom kalten und rauen Wetter gespiegelt:

»A Christmas frost had come at mid-summer: a white December storm had whirled over June; ice glazed the ripe apples, drifts crushed the blowing roses; on hay-field and corn-field lay a frozen shroud. .. and the woods, which twelve hours since waved leafy and fragrant as groves between the tropics, now spread, waste, wild, and white as pine-forests in wintry Norway. My hopes were all dead.«⁶⁷

Jane beklagt sich darüber, dass eine gefrorene Hülle ihre Hoffnung begrabe, aber es ist ihr feuriges Herz, die ihr eigene, »eingekerkerte Flamme«, welche ihre Zuneigung zu Rochester symbolisiert, also zu einem Mann, dessen geblendetes Gesicht einer »ausgelöschten Lampe« gleiche, die darauf warte, wieder angezündet zu werden.⁶⁸ Entlang dieser elementaren Themen benutzt Brontë aber auch eine ganze Reihe von Vogelmetaphern, um Janes Lebensweise räumlich darzustellen.⁶⁹ Ein wichtiges, durchgängiges Motiv ist das des Vogels im Käfig, der Janes beschränkte gesellschaftliche Mobilität und ein Gefühl von dynamischem Stillstand wiedergibt. Rochester sieht Jane als seine »Lerche« an, die eingesperrt ist und kämpft »like a wild frantic bird that is rending its own plumage in its desperation«.⁷⁰ Durch das Fliegen dem Käfig zu entkommen, wird zur Technik der Ermächtigung, die Janes aufkeimende Freiheit und ihren Wunsch nach einer souveränen Weltsicht, die von den Zwängen des häuslichen Lebens losgelöst ist, symbolisiert. Während in der viktorianischen Malerei selbst der befreite Hausvogel als noch immer dem Heim verbunden gesehen wird, vereinigen sich in Brontës Roman die bestimmenden narrativen Metaphern des Elementaren und der Vogelwelt im arktischen Raum als Traumreich des Fliegens und der erhabenen Eislandschaft.

66 Siehe Hill, White Horizon, 91.
67 Charlotte Brontë, Jane Eyre: An Autobiography. New York 1847, 14, 154, 113.
68 Ebd., 157, 169.
69 Paul Marchbanks, Jane Air: The Heroine as Caged Bird in Charlotte Brontë's *Jane Eyre* and Alfred Hitchcock's *Rebecca*, in: Revue LISA/LISA e-journal 4, 2006, http://lisa.revues.org/1922?lang=fr [30.10.2013].
70 Brontë, Jane Eyre, 169.

Janes Flug nimmt seinen Anfang hinter einem Vorhang, und dies verleiht dem Motiv eine besondere Bedeutung. Der Vorhang stellt zum einen eine selbstgesteckte Begrenzung dar, die Jane vor anderen verbirgt. Vielleicht noch wichtiger aber ist, dass er Jane mit einem Raum der Träumerei umgibt, in dem mentale Streifzüge als Methode der Anpassung an die Umwelt dienen. Ob in spiritualistischen Séancen oder im religiösen Ritus, stets zieht der Vorhang den Teilnehmer in eine Welt des Traums hinüber, in der jederzeit magische Dinge geschehen können. In Janes Umgebung dient das Glas nicht nur als Fenster, das den Blick hinaus in die Winterlandschaft freigibt, sondern auch als phänomenologische Reise in die Bedeutungen von Heim und Arktis – Bedeutungen, die erst dann klarer werden, wenn man des Wertes von Behaglichkeit gewahr wird. Wenigstens zum Teil liegt die Macht der Arktisreise vom Sofa aus darin, dass sie buchstäblich von der Wärme des nahen Kamins gespeist wird. Dies wiederum führte zu einer patriotisch gefärbten Kontemplation der männlichen Unterfangen in den fernen Eislandschaften.[71] In ähnlicher Weise, in der die Kerze das träumerische Nachsinnen Gaston Bachelards ermöglichte, schafft auch Janes kontemplative Versunkenheit in der »pale bank of mist and cloud« ein Tor zur selbstbestimmten und aufsteigenden Darstellung innerhalb des Eisreichs gesellschaftlicher Trostlosigkeit und häuslicher Machtlosigkeit. Die Transluzenz des Glases, seine dialektische Beziehung mit Durchsichtigkeit und Trübheit, verdeutlichen dem Körper, seine eigene Schutzlosigkeit. Aber es ist Janes Glaube an die Eigenschaften der Luft, der ihr Gefühl von Entfremdung am direktesten anzeigt – Luft ist schließlich das Element, das gewöhnlich mit der Einbildung und der sich bewegenden Seele assoziiert wird. Dieser Windstoß bringt Jane zurück zum Text (Thomas Bewicks *History of British Birds*), der zur typologischen Palette ihrer Einsamkeit wird und ihr gestattet, zwischen England und der Arktis intime topographische Bezüge herzustellen.

Im Gefolge von Bewick (und einem intertextuellen Zitat von James Thompsons *The Seasons*) zieht Jane vorbei an

»the bleak shores of Lapland, Siberia, Spitzbergen, Nova Zembla, Iceland, Greenland, with ›the vast sweep of the Arctic Zone, and those forlorn regions of dreary space – that reservoir of frost and snow, where firm fields of ice, the accumulation of centuries of winters, glazed in Alpine heights above heights, surround the pole, and concenter the multiplied rigors of extreme cold‹. Of these death-white realms I formed an idea of my own – shadowy, like all the half-comprehended notions that float dim through children's brains, but strangely impressive.«[72]

Diese Kartierung einer Reise durch die Lüfte und ein Gebiet, das unbewohnt, einsam und zeitlos erscheint, geschieht durch Janes schwebende Gedanken,

---

71 Siehe Charles Tomlinson, Winter in the Arctic Regions. London 1846, 12.
72 Brontë, Jane Eyre, 3.

die immer weiter aufsteigen und gen Norden ziehen. Brontë selbst äußerte sich zu der Parallelkonstruktion von Heim und Arktis in einem Brief während des besonders harten Winters im Jahre 1846: »I do not remember such a series of North-Pole days. England might really have taken a slide up into the Arctic Zone; the sky looks like ice; the earth is frozen; the wind is as keen as a two-edged blade.«[73] Jane orientiert sich demnach an Bewicks Kartographie und verbindet die Nation mit zeitgenössischen polaren Notwendigkeiten. Noch zentraler ist aber, dass vor allem Nebensächlichkeiten ihr Interesse wecken – kleine Bilder von Dingen wie geisterhaften Wracks von Schiffen, einem gruseligen Friedhof und einem übernatürlichen bösen Geist.[74] Diese Art geistiger Reise von jungen Frauen wie Jane war eine Form der Flucht vor den Unannehmlichkeiten und der Tyrannei der Gegenwart. Sie war eine spektral-geographische Praxis, ein persönlicher Ausbruch gen Norden in eine romantische Welt, in der die jugendlich-weibliche Entkörperlichung ebenfalls eine Rolle im interesselosen Ruhm der Nation spielen konnte.

4. Schlussbemerkung

Neben den spirituellen Reisen der viktorianischen Literatur erkannten einige Kommentatoren auch die Möglichkeiten der Hellseherei, wie sie von männlichen Hypnotiseuren und weiblichen Medien überall im britischen Imperium und in den Vereinigten Staaten praktiziert wurde, als eine von mehreren Möglichkeiten an, um mit der Franklin Expedition der 1850er Jahre Kontakt aufnehmen zu können. Dabei handelte es sich um körperliche Vorstellungen entkörperlichter Reisen in die Arktis durch die Technik des Mesmerismus, wobei Medien und Hellseher im englischen Kontext das ernsthafte Interesse einiger Admiralitätsmitglieder weckten.[75] Trotz der Vagheit und Ungenauigkeit vieler dieser Berichte war deren emotionale Bedeutung klar: »Rather let us rejoice that we can have any glimpses of the departed, however dim and fleeting they may be.«[76] Wenn wir die Berichte und Memoiren über die Arktis aus der hier verfolgten, vielschichtigen Perspektive beleuchten, sind wir in der Lage, über die Erforschung der Arktis ein breiteres Verständnis zu entwickeln, als dies üblicherweise der Fall ist. Historiographien des Arktischen Ozeans und der Suche

---

73 Elizabeth Gaskell, The Life of Charlotte Brontë. New York und London 1900, 327.
74 Brontë, Jane Eyre, 3.
75 Zu diesem Thema siehe W. Gillies Ross, Clairvoyants and Mediums Search for Franklin, in: Polar Record 39, 2003, 1–18; Shane McCorristine, Mesmerism and Victorian Arctic Exploration, in: Stefan Donecker, Eleanor Rosamund Barraclough, Danielle Marie Cudmore (Hrsg.), Imagining the Supernatural North (in Druck).
76 Letter from Cleveland to the Readers of the Journal of Man, in: Buchanan's Journal of Man 3, 1852, 7–19, hier 12.

nach der Nordwestpassage im 19. Jahrhundert müssen Visionen des Sichtbaren, aber auch des Unsichtbaren zur Kenntnis nehmen, um die affektiven Kräfte zu enträtseln, die zwischen Körpern, Ozean und Eis zirkulierten. Wir können uns zwar Paul Carter anschließen, der sich über das Fehlen einer Geschichte der Träume der Entdecker beklagte;[77] das intime Wissen, das man für ein solches Projekt bräuchte, lässt sich allerdings in den verschiedenen Erzählungen – wenn auch gleichsam irrlichternd – auffinden. Dieser Beitrag hat gezeigt, dass viktorianische Erzählungen von Fahrten über den Arktischen Ozean in vielerlei Hinsicht den Träumer mit der Wirklichkeit und den Körper mit Entkörperlichung versöhnte, und suggeriert, dass wir uns der konkreten und wechselseitigen Geschichten der Arktiserforschung und den verschiedenen Spielarten der Vorstellungen von Meer, Luft und Übersinnlichkeit bewusst sein sollten.

Aus dem Englischen übersetzt von Martin Kley

---

[77] Paul Carter, The Road to Botany Bay: An Essay in Spatial History. London und Boston 1987.

Alexander Kraus

Der Klang des Nordpolarmeers

»In seinem Klageschrei, unzähmbar wild.«

Wie kaum ein anderes der Weltmeere konnte im Europa des 19. Jahrhunderts das nördliche Eismeer auch ganz ohne persönliche Expeditionsteilnahme sinnlich erfahren werden. Denn darüber, was das Nordpolarmeer eigentlich ausmache, existierten sehr präzise Vorstellungen. Und dies wohlgemerkt, obwohl Sprache bei diesem Unterfangen, wie es im *Damen Conversations Lexikon* von 1835 heißt, schnell an ihre Grenzen stoße: »Mit welchen Hindernissen und Gefahren die Nordpolfahrer zu kämpfen haben, davon sind wir unvermögend, uns einen ausreichenden Begriff zu machen […].« Denn das Spezifische des nördlichen Eismeers könne eben vor allen Dingen über den Gesichtssinn wahrgenommen werden:

»wir bewundern auf bildlichen Darstellungen oder in Schilderungen die malerischen Uferansichten der landschaftlichen Theile des Eismeers, heimathlose Eisfelsen, von der Morgensonne geröthet, oder blaßgrün schimmernd, oder im blendenden Feuer funkelnd, wenn das Nordlicht seine glühenden Strahlen über das sternenbesäete dunkle Himmelsgewölbe wirft; allein alle diese Wunder werden für diejenigen, welche sich mitten unter ihnen befinden, zu den furchtbarsten Schrecken.«[1]

Was hier in wenigen Worten beschrieben wird, korreliert mit dem, was der amerikanische Literaturwissenschaftler und Polarhistoriker Chauncey Loomis in seinem prägenden Essay als das »arktisch Sublime« umschrieben hat: »[…] Arctic Nature was somehow vaster, more mysterious, and more terrible than elsewhere on the globe – a region in which natural phenomena could take strange, almost supernatural, forms, sometimes stunningly beautiful, sometimes terrifying, often both.«[2] Visualisierungen der Arktis gehen im Laufe des 19. Jahr-

---

1 O. A., Eismeer, in: Damen Conversations Lexikon, Bd. 3 [o. O.] 1835, 305 f., hier 306.
2 Chauncey C. Loomis, The Arctic Sublime, in: U. C. Knoepflmacher, G. B. Tennyson (Hrsg.), Nature and the Victorian Imagination. Berkeley u. a. 1977, 95–112, hier 96. Loomis zeigt in seiner Entwicklungsgeschichte dieser Vorstellung, wie sehr deren Aufkommen einerseits daran gekoppelt war, dass noch so vieles über die Arktis nicht bekannt und unerforscht war, andererseits gerade das wiederholte Scheitern von Expeditionen sie zu einem wahren Mysterium machten. Dazu auch Francis Spufford, I May Be Some Time. Ice and the English Imagination. London und Boston 1996, 16–40; zum zwischenzeitlichen Niedergang

hunderts über eine bloße Naturromantik, die sich an der Fremdheit und Unwirklichkeit der Eismeere berauscht, weit hinaus. Denn im Zusammenspiel der eindrucksvollen Lichteffekte mit einem unausweichlichen Gefühl der Einsamkeit und Verlorenheit der im ewigen Eis festsitzenden Polarforscher verdichtet sich das Naturerleben zu einer Nahtoderfahrung: dem Erhabenen, Sublimen.[3] Jenes Gefühl, das im 18. Jahrhundert einen rasanten Aufstieg erfuhr,[4] wurde bereits von Edmund Burke eindrücklich umschrieben: »In all these cases, if the pain and the terror are so modified as not to be actually noxious; […] they are capable of producing delight; not pleasure, but a sort of delightful horror, a sort of tranquillity tinged with terror; which, as it belongs to self-preservation, is one of the strongest of all the passions. Its object is the sublime.«[5]

Wie Russel Potter anhand seiner umfassenden Analyse visueller Repräsentationen der Arktis im 19. Jahrhundert gezeigt hat, war es eben jener durch die Betrachter empfundene »entzückende Schrecken«, der sich in nahezu allen Bildmedien der Zeit wiederfinden lässt: Gleich ob großformatige Panoramen, Dioramen oder Projektionen für die Laterna Magica, Ölgemälde, Lithographien, Buchillustrationen oder solche der illustrierten Presse – die durch sie transportierten Arktisvorstellungen griffen auf ein sich ähnelndes visuelles Repertoire zurück. Die Öffentlichkeit jedenfalls war fasziniert von der Arktis,[6] was zu einem gewissen Grade auch am Agieren der Presse lag, die einen wahren »Kult« um die Forschungsreisenden betrieb, auf Sensationen und Katastrophen aus war.[7] Da Künstler und später Fotografen auf den Expeditionen oft fest eingeplant waren, herrschte jedenfalls kein Mangel an Visualisierungen der Arktis.[8] Doch mögen die visuell vermittelten Eindrücke der mystischen wie

---

der Vorstellung durch die Entdeckung der Überreste der Franklin-Expedition siehe: Beau Riffenburgh, The Myth of the Explorer. The Press, Sensationalism, and geographical Discovery. London und New York 1993, 29–48.

3 Vgl. Russell A. Potter, Arctic Spectacles. The Frozen North in Visual Culture, 1818–1875. Seattle und London 2007, 55.

4 Siehe dazu Andrew Ashfield, Peter de Bolla (Hrsg.), The Sublime. A Reader in British Eighteenth-Century Aesthetic Theory. Cambridge 1996.

5 Edmund Burke, A philosophical Enquiry into the Origin of our Ideas of the Sublime and Beautiful. The fifth Edition. With an introductory Discourse concerning Taste, and several other Additions. London 1867, 257. Siehe zum Konzept des Sublimen im Allgemeinen, Burke im Speziellen auch Jerzy Topolski, The Sublime and Historical Narrative, in: Storia della Storiografia 32, 1997, 3–16.

6 Zur Wirkungsgeschichte eines einzelnen Gemäldes: Ingeborg Høvik, Heroism and Imperialism in the Arctic: Edwin Landseer's Man Proposes – God Disposes, in: Nordlit, 23, 2008, 183–194.

7 Robert G. David, The Arctic in the British Imagination, 1818–1914. Manchester und New York 2000, 86. Dazu grundlegend Riffenburgh, The Myth of the Explorer.

8 Der US-amerikanische Maler William Bradford beispielsweise, der unter anderem mit Isaac Hayes in die Arktis reiste, produzierte den epischen Kampf zwischen den natürlichen Kräften der nordpolaren Umwelt und der menschlichen Schwäche regelrecht in Serie und

tragischen arktischen Landschaften auch noch so sehr ihre Wirkung beim Publikum erzielt haben – das Bild, das sie uns über die Wahrnehmung des Nordpolarmeers durch die Arktisreisenden vermitteln, bleibt einseitig und statisch. Hört man diesen Reisenden indes einmal genauer zu, analysiert man das, was sie in Tagebüchern und Reiseberichten über ihre Erfahrungen[9] im Eismeer berichten, wird schnell zweierlei klar: *Erstens* verändert sich die Wahrnehmung des Nordpolarmeers im langen 19. Jahrhundert kontinuierlich. Wird das nördliche Eismeer zunächst noch als ein gefahrvolles, dämonisches Gegenüber aufgefasst, steht diesem Bild zu Beginn des neuen Jahrhunderts ein nüchterner Blick auf das Brausen des Meeres gegenüber: das Meer wirkt gezähmt. Und dieser Wandlungsprozess macht sich *zweitens* weniger visuell denn akustisch bemerkbar. Den spezifischen Höreindrücken der Polarreisenden, ihren immer detaillierteren Klangbildern des Nordpolarmeers ist im Verlauf dieses erfolgreichen Bändigungsprozesses immer weniger Aufmerksamkeit geschenkt worden. Dass sich Redewendungen wie die der »arktischen Stille« (»arctic silence«) im allgemeinen Sprachgebrauch etablieren konnten, dass der langjährige Präsident der *Royal Geographical Society*, Clements Markham, seine 1921 posthum veröffentlichte Geschichte der arktischen und antarktischen Entdeckungsreisen mit *The Lands of Silence* überschreiben konnte,[10] liegt eben auch an dieser Missachtung des Hörsinns. Und diese ist darauf zurückzuführen, dass der Klang des Nordpolarmeers seinen Schrecken verloren hatte. Wie dieser akustische Niedergang zu erklären ist, soll über eine Analyse der einzelnen Etappen – vom Horror, den das Eismeer durch sein Tosen und Toben hervorrufen konnte, über die wissenschaftliche Analyse der Herkunft der Klänge bis hin zur Zähmung des Eismeers durch den technischen Fortschritt – exemplarisch herausgearbeitet werden. Diesem Dreischritt ist ein methodisches Kapitel voran-

---

über Jahrzehnte hinweg. Siehe dazu die Bilder Nr. 36 (*Sealers Crushed by Icebergs*, 1866), Nr. 49 (*Whalers Trapped by Arctic Ice*, ca. 1870s), Nr. 52 (*The Panther among the Icebergs in Melville Bay*, 1874) und Nr. 58 (*Morning in the Arctic Ice Fields*, c. 1880s) in Richard C. Kugler, William Bradford. Sailing Ships & Arctic Seas. Seattle und London 2003. Auch Thomas Smith, R. D. Widdas, Frederic Edwin Church, Eugène Lepoittevin, François-Auguste Biard oder auch Caspar David Friedrich versuchten sich an diesem Sujet – die Liste ließe sich leicht fortsetzen. Vgl. Emmanuel Hussenet, Rêveurs de Pôles. Les régions polaires dans l'imaginaire occidental. Paris 2004, 54, 78 f., 81, 82, 83, 84, 95, 99, 100 f.

9 »Erfahrung« ist innerhalb der jüngeren Debatten in der Kulturgeschichte mehr und mehr zu einem Schlüsselbegriff geworden. Ute Daniel hat bereits 2004 betont, wie wichtig ein Herausarbeiten der vielfältigen Wechselwirkungen zwischen »medial vermittelten« und tatsächlich »gemachten Erfahrungen« sei, um die spezifischen Eigendynamiken von Wahrnehmungsgeschichten zu rekonstruieren. Ute Daniel, Erfahren und verfahren. Überlegungen zu einer künftigen Erfahrungsgeschichte, in: Jens Flemming u. a. (Hrsg.), Lesarten der Geschichte. Ländliche Ordnungen und Geschlechterverhältnisse. Festschrift für Heide Wunder zum 65. Geburtstag. Kassel 2004, 9–30, hier 26.

10 Sir Clements R. Markham, The Lands of Silence. A History of Arctic and Antarctic Exploration. Cambridge 1921.

gestellt, sowie eines, das sich den frühen Klangeindrücken widmet. Diese erscheinen deutlich weniger eindrucksstark, sodass die Gründe dafür erörtert werden müssen.

1. Über die Unhörbarkeit vergangener Klänge

Was der Herrnhuter Missionar Johann August Miertsching am 26. September 1850 im arktischen Ozean erlebte, erschien ihm noch Jahre später, als er seine Erinnerungen aus geretteten Bleistiftaufzeichnungen und dem Schiffstagebuch Kapitän Robert McLures rekonstruierte,[11] nahezu unbeschreiblich. Denn »zehn Seestürme fassen nicht all' das Schreckliche und Entsetzliche«, was der Mannschaft in diesen in »Todesangst« verbrachten »angstvollen Stunden« widerfahren war.[12] Aufgebrochen, um nach der verschollenen Franklin-Expedition zu suchen, sollte McLure nur wenige Tage später die Prince-of-Wales-Straße – das letzte noch unbekannte Teilstück der Nordwestpassage – als Erster befahren, ehe die Expedition für zwei Jahre im Eise eingeschlossen wurde. Doch bevor es dazu kommen sollte, wurde sie in besagter Septembernacht erstmals zum hoffnungslosen Gefangenen des Eismeers: »Rings um uns ist nichts als Eis, wir können weder vor noch rückwärts und stecken hülflos in der ungeheuren Eismasse.«[13] Die bald darauf einsetzenden Eispressungen waren derart gewaltig, dass ein Teil der Mannschaft sich nicht anders zu helfen wusste, als die Spirituskammer aufzubrechen, um nach der Verköstigung desselben »völlig berauscht« der Todesangst zu entfliehen:

»Siebzehn Stunden standen wir auf dem Verdeck, jeden Augenblick als den letzten unseres Lebens betrachtend. Eismassen, deren jede 3 bis 4 mal größer, als das Schiff, waren, wurden zusammengeschoben, übereinander gethürmt, und stürzten dann mit donnerähnlichem Gekrach zusammen. Mitten in diesem Toben ward das Schiff,

---

11 Sein tatsächlich geführtes Tagebuch musste er auf der aufgegebenen HMS Investigator zurücklassen.

12 Reisetagebuch des Missionars Joh. Aug. Miertsching, welcher als Dolmetscher die Nordpol-Expedition zur Aufsuchung Sir John Franklins auf dem Schiff Investigator begleitete. In den Jahren 1850 bis 1854. Gnadau 1855, 52.

13 Ebd, 49. Der etwas später durch Kommander Sherard Osborn vorgelegte Bericht über die Entdeckung der Nordwestpassage gründet zwar auf den Log- und Tagebüchern McLures, doch merkt man dem nüchternen Duktus des Textes an, dass hier zwar jemand zur Feder griff, der die Arktis von eigenen Reisen kannte, jedoch nicht selbst Teilnehmer der Expedition war. Emotionale Ausbrüche haben demnach eher Seltenheitswert. Die durch Miertsching beschriebene Fastkatastrophe taucht in Osborns Version zwar ebenfalls auf, doch wird hier nur darauf verwiesen, dass ein Schiffbruch im Bereich des möglichen gewesen war. Vgl. Commander Sherard Osborn (Hrsg.), The Discovery of the North-West Passage by H.M.S. »Investigator,« Capt. R. M'cLure, 1850, 1851, 1852, 1853, 1854. London 1856, 115–118.

jetzt auf die eine, dann auf die andre Seite geschleudert, hoch aus dem Wasser emporgehoben, und, sobald das sich aufstauende Eis, sich selbst zermalmend, zusammenstürzte, wieder hinabgeschleudert in das tobende Meer. Die Fugen des Schiffes gingen auseinander und das getheerte Werg fiel heraus [...].«[14]

Hätte »der Barmherzige«, so Miertsching weiter, nicht im Moment der größten Gefahr gesagt »[b]is hierher und nicht weiter!« wären sie unweigerlich verloren gewesen. Aber es geschah das Unfassbare: »Das Eis stand still« und verstummte. Was der Missionar aus der Oberlausitz hier eindrucksvoll schildert – das ohrenbetäubende Tosen und Krachen des Nordpolarmeers und dessen abruptes Verstummen – macht offenbar, was für den Hörsinn typisch ist: Er übt eine niemals pausierende Warnfunktion aus, sorgt für eine gesteigerte Aufmerksamkeit, alarmiert in Gefahrensituationen. Diese Funktion übt er entgegen unseren anderen Sinnen selbst noch im Schlaf aus: Ruht der Mensch, ruhen auch sein Gesichts- und Geruchssinn. Für die Erforschung der Klangwelt des Nordpolarmeers ist das insofern von Relevanz, als sich die Forschungsreisenden zumeist unvermittelt in einer Gefahrensituation wiederfanden, wenn das Eismeer akustisch zu vernehmen war. Dabei zeigt sich noch eine weitere Dimension gegenwärtiger wie historischer Klangwelten: Geräusche vermögen den Hörenden weit mehr als andere Sinneseindrücke in Angst und Schrecken zu versetzen; das Grauen kündigt sich meist über unser Gehör an.[15]

Der Sozioakustikerin Brigitte Schulte-Fortkamp zufolge ist das Hören für die menschliche Orientierung gleichbedeutend mit dem Sehen. Sowohl die Größe als auch die Beschaffenheit von Räumen werden über beide Sinne wahrgenommen: »Das Gefühl für Position und Bewegung ergibt sich aus einer Kombination von hörbaren und sichtbaren Aspekten.«[16] Die Klänge der Geschichte sind nun aber – anders als eine Vielzahl visueller Eindrücke –, so hat es Jürgen Müller in seinen Überlegungen gegen die Taubheit der Geschichtswissenschaften konstatiert, »unwiderruflich verhallt«. Das Fehlen akustischer Quellen zumindest für die Zeit vor der Entwicklung von Aufzeichnungsmethoden habe jedoch dazu geführt, dass »wir uns meist auch gar nicht mehr bemühen, unser Ohr bei der Erforschung der Vergangenheit einzusetzen«.[17] Wenn wir jedoch mit Mur-

---

14 Ebd., 52.
15 Peter Bailey, Breaking the Sound Barrier: A Historian Listens to Noise, in: Body & Society 2, 1996, H. 2, 49–66, hier 52.
16 Brigitte Schulte-Fortkamp, Wie der Schall soziale Räume schafft, in: Christiane Funken, Martina Löw (Hrsg.), Raum – Zeit – Medialität. Interdisziplinäre Studien zu neuen Kommunikationstechnologien. Opladen 2003, 271–283, hier 272.
17 Jürgen Müller, »The Sound of Silence«. Von der Unhörbarkeit der Vergangenheit zur Geschichte des Hörens, in: Historische Zeitschrift 292, 2011, 1–29, hier 3 und 4. In der Geschichtswissenschaft werde zudem das »erkenntnistheoretische Problem der Unhörbarkeit der Vergangenheit kaum je thematisiert«. Ebd., 5.

ray Schafer davon ausgehen, dass uns der Hörsinn emotional stärker berührt als der Sehsinn,[18] sollte ihm dann in der historischen Betrachtung nicht größeres Interesse zukommen? Wie aber lassen sich dann für den Historiker vergangene *Soundscapes*, jene ortsspezifischen Klanglandschaften, rekonstruieren? Und kann über einen möglichen Wandel einer *Soundscape* eine veränderte Wahrnehmung derselben – in unserem Falle des Nordpolarmeers – nachvollzogen werden?

Letztlich sind Geschichtswissenschaftler für solche Rekonstruktionen – das gesteht auch Müller ein – wieder auf schriftliche Überlieferungen angewiesen;[19] sie sind eben zumeist »Gefangene der [geschriebenen] Sprache«.[20] Für eine Untersuchung des Klangs des Nordpolarmeers, das im 19. Jahrhundert selbst im arktischen Sommer weitgehend mit Treibeis oder festem Eis bedeckt war,[21] stellen die Expeditionsberichte, Tagebuchaufzeichnungen und verschriftlichten Vorträge der Arktisreisenden reiche Quellen dar. Denn zahlreiche Nationen beteiligten sich an dem Unterfangen, die letzten weißen Flecken auf der Erdkugel zu erforschen und den mythisch aufgeladenen Nordpol zu entdecken. Für damalige wie heutige Leser der Expeditionsberichte gilt indes gleichermaßen: Wir werden bezüglich der Höreindrücke aus dem Nordpolarmeer nie wissen, »wie es eigentlich geklungen, sondern nur, wie Menschen ihre Klangumwelt wahrnahmen und in ihr handelten«.[22] Für diesen Beitrag sind insbesondere solche Texte ausgewertet worden, die im Kontext von Expeditionen entstanden, die vom arktischen Eis eingeschlossen wurden,[23] denn durch die dann gegenwärtige Gefahrensituation stieg die Wahrscheinlichkeit, den Klang des Nordpolarmeers zu hören. Schließlich, darauf verweist einmal mehr Schulte-Fortkamp, sind Beurteilungen von Höreindrücken und Schallereignissen im Alltag eher selten, es sei denn diese seien von »besonderer Intensität«, würden explizit »nachgefragt und/oder sind Teil eines Konfliktfalles«.[24] Doch bevor die

---

18 Vgl. R. Murray Schafer, Die Ordnung der Klänge. Eine Kulturgeschichte des Hörens. Mainz 2010, 49: »Das Auge richtet sich nach außen, das Ohr leitet nach innen«; und 48: »Das Ohr kann man nicht willentlich verschließen.«
19 Müller, Sound of Silence, 10, 19. Dazu auch Jan-Friedrich Missfelder, Period Ear. Perspektiven einer Klanggeschichte der Neuzeit, in: Geschichte und Gesellschaft 38, 2012, 21–47, hier 33.
20 Alain Corbin, Zur Geschichte und Anthropologie der Sinneswahrnehmung, in: ders., Wunde Sinne. Über die Begierde, den Schrecken und die Ordnung der Zeit im 19. Jahrhundert. Stuttgart 1993, 197–211, hier 209.
21 Beispielhaft dazu der Lexikoneintrag »Eismeer«, in: Pierer's Universal Lexikon, Bd. 5. Altenburg 1858, 594. Dort heißt es zum nördlichen Eismeer: »Auch dieses ist wegen der Eismassen (wenn nicht vielleicht die nächsten Umgebungen des Pols eisfrei sind) nicht überall zugänglich, auch sind seine Küsten nicht alle Jahre befahrbar.«
22 Missfelder, Period Ear, 35.
23 Zur literarischen Ausgestaltung dieser Situation siehe Sarah Moss, The Frozen Ship. The Histories and Tales of Polar Exploration. New York 2006.
24 Schulte-Fortkamp, Wie der Schall soziale Räume schafft, 274.

eigentliche Analyse des Materials erfolgen kann, rückt der Wandel der Quellensprache in den Fokus, der dafür verantwortlich zeichnet, dass vor allen Dingen die Texte aus dem frühen 19. Jahrhundert den Klangerlebnissen deutlich weniger Raum geben als ihre Nachfolger.

2. Taub aus Objektivität? Frühe Klangeindrücke

Die frühen publizierten Expeditionsberichte beispielsweise eines George Lyon oder John Barrow waren, wie die Literaturwissenschaftlerin Erika Behrisch gezeigt hat, entschieden einer sprachlichen »Neutralität« verpflichtet. Den Autoren war es lediglich erlaubt, über ihre *wissenschaftlichen* Entdeckungen und Beobachtungen zu schreiben. Die Individualität des jeweiligen Entdeckers dagegen sollte weitestgehend ausgeblendet werden: »The explorer existed only as a data recorder.«[25] Dieses hehre Ziel war jedoch, so Behrisch, fast unmöglich zu realisieren – zu sehr wirkten die extremen klimatischen Verhältnisse auf die Schreibenden ein, als dass sie sich emotional davon hätten freimachen können. Folge dieser sprachlichen Limitierung sei paradoxerweise nicht selten eine Flucht in die Poesie gewesen, die dann wiederum umso stärker das In-der-arktischen-Welt-Sein des Dichters betonte und als inoffizielle Sprache der Expeditionen gelesen werden könne.[26] Zurückzuführen ist dieser sprachliche Spagat zwischen einer dem eigenen Ich zugewandten (privaten) Lyrik einerseits und nüchterner (öffentlicher) Wissenschaftsprosa andererseits zumindest für die britischen Expeditionen auf Leitfäden der Admiralität, die ihren Kapitänen strikte Vorgaben über das begleitende wissenschaftliche Programm in den Feldern der Astronomie, Botanik, Geographie und Hydrographie, Geologie, Mineralogie, des Magnetismus, sowie der Meteorologie, Statistik, Zoologie und der Erforschung der Gezeiten mit auf die Reise gab. Auch wenn es sich bei den zu absolvierenden Beobachtungen, wie ein Memorandum aus dem Jahr 1849 betont, nicht um »very deep and abstruse research« handle, sie möglichst einfach gehalten waren und ohne aufwändige Apparate und Instrumente realisiert werden sollten, kann das Programm nicht anders als anspruchsvoll beschrieben

---

25 Erika Behrisch, »Far as the eye can reach«: Scientific Exploration and Explorers' Poetry in the Arctic, 1832–1852, in: Victorian Poetry 41, 2003, H. 1, 73–92, hier: 76. Die untersuchten Expeditionsberichte: John Barrow, A Chronological History of Voyages into the Arctic Regions (1818), hrsg. v. Christopher Lloyd. Devon 1971; George F. Lyon, A Brief Narrative of an Unsuccessful Attempt to Reach Repulse Bay through Sir Thomas Rowe's »Welcome,« in His Majesty's Ship Griper, in the Year MDCCCXXIV. London 1825.
26 Es ist interessant zu lesen, wie auch die im Appendix abgedruckten ausgewählten Gedichte der Arktisreisenden das Sublime der Arktis betonen wenn nicht gar explizit benennen, siehe: Ebd., 89–91.

werden.[27] Mochten sich die Berichtenden auch um eine noch so rationale und vernunftgeleitete Beschreibung bemuhen – »the effect of their books on the public was quite other than what they expected«.[28]

George Lyon zählt also zu jenen Polarfahrern, deren zur Publikation bestimmten Texte im Dienste der Wissenschaft möglichst neutral verfasst waren.[29] Subjektive Wahrnehmungen waren in diesem Genre nicht erlaubt. Wie aber »klingt« es in seinem *Private Journal*, das er als Kapitän der *HMS Hecla*, die William Edward Parry bei seiner zweiten Reise zur Entdeckung der Nordwestpassage begleitete, zwischen den Jahren 1821–1823 verfasste? Lyon zeigt sich in seinem zum persönlichen Vergnügen geführten Tagebuch, das nur wenige Jahre später um die wissenschaftlichen Beobachtungen gekürzt gedruckt wurde,[30] in der Tat emotional etwas zurückhaltender als der oben erwähnte Miertsching. Doch auch er schildert schon auf den ersten Seiten immer wieder akustische Phänomene, beispielsweise, wie das Eis mit extremer Heftigkeit knirschte, sobald die Eisfelder in Bewegung gerieten: »the noise with which they rushed together, resembled the sound of a torrent of water.«[31] Aber da Parrys und Lyons Expedition – obgleich sie zwei Winter im Eis verbringen musste – von gravierenden Eispressungen weitgehend verschont blieb, blieben auch entsprechende Gefahrensituationen überwiegend aus.[32] Nichtsdestotrotz machte auch sein Schiff wiederholt Bekanntschaft mit der Unberechenbarkeit des Meereises, das ebenso schnell verschwinden konnte, wie es gekommen war.[33] Hatte es die *HMS Hecla* einmal in seinem eisigen Klammergriff eingeschlossen, war die Crew dem Eismeer völlig ausgeliefert – »we were obliged to let the ice take us where it would«.[34] Es verwundert demnach nicht, dass auch Lyon das Eis schon frühzei-

---

27 Sir John F. W. Herschel (Hrsg.), A Manual of Scientific Enquiry; Prepared for the Use of Officers in Her Majesty's Navy; and Travellers in General. 3. Aufl. London 1859.

28 Loomis, Arctic Sublime, 101.

29 Wissenschaftshistorisch lässt sich Lyon noch in der Spätphase der sogenannten zweiten *scientific revolution* verorten, die nach Richard Holmes »a new imaginative intensity and excitement to scientific work« gebracht habe, »driven by a common ideal of intense, even reckless, personal commitment to discovery«. Richard Holmes, The Age of Wonder. How the Romantic Generation Discovered the Beauty and Terror of Science. London 2009, xvi.

30 Und das wohlgemerkt auf Nachdruck John Barrows, des zweiten Sekretärs der Admiralität, der in dieser Funktion zahlreiche Entdeckungsfahrten initiierte. Das Tagebuch Lyons wurde wie üblich nach der Expedition zunächst an die Admiralität geschickt. Vgl. die Einleitung in: The Private Journal of Captain G. F. Lyon, of H. M. S. Hecla, during the Recent Voyage of Discovery under Captain Parry. With a Map and Plates. London 1824, vii–ix.

31 Ebd., 8 f., Zitat 41.

32 Zudem brachen beide Mannschaften immer wieder zu längeren Erkundungstouren zu den sie umgebenden Inseln nördlich der Hudson Bay auf, führten wissenschaftliche Beobachtungen durch und erforschten die Lebensart der Inuit – Lyon schenkt diesem Teil, wie von Behrisch angedeutet, große Aufmerksamkeit.

33 Beispielsweise ebd., 32, 43 f.

34 Ebd., 216–218, aber auch 68 f.

tig als »Feind« beschreibt – ein Topos, der auch in späteren Expeditionsbeschreibungen aufgegriffen wurde.

Andere Texte aus dem frühen 19. Jahrhundert beschreiben die Klänge des Polarmeers dagegen deutlich eindrücklicher. In William Scoresbys, einer strengen wissenschaftlichen Systematik folgendem,[35] *Account of the Arctic Regions* aus dem Jahre 1820 sind es insbesondere akustische Eindrücke, mit denen das Eismeer veranschaulicht wird. Scoresby hatte als Walfänger seit Anfang des Jahrhunderts fast 20 Reisen in das Polarmeer unternommen, die ihn unter anderem auch als ersten westlichen Seefahrer an die Ostküste Grönlands führten. In seinem fast einhundert Seiten umfassenden Bericht über die verschiedenen Eisphänomene, die er in 18 Kategorien unterteilt,[36] erklärt er zunächst die Charakteristika des Eismeers vor Grönland – die immer wieder in Bewegung geratenden Eisfelder. Stöße eines derselben, mitunter mit einem Gewicht von mehr als zehntausend Millionen Tonnen, mit einem anderen zusammen, das in eine andere Richtung drifte, habe dies Konsequenzen, die sich nur schwerlich fassen ließen: »The weaker field is crushed with an awful noise.« Aus sicherer Distanz betrachtet, als visueller Eindruck verarbeitet, gleiche ein solches Spektakel einem »picture sublimely grand«. Doch wer dies aus nächster Nähe erlebe und vor allem höre, den überwältigten Gefühle der Angst.[37]

Auch Scoresby selbst fand sich wiederholt in solchen Gefahrensituationen wieder: Als im Jahre 1804 sein Schiff zwischen zwei Eisfelder geriet, konnte man ein »lengthened acute tremulous noise« vernehmen.[38] Zehn Jahre später erlebte er Ähnliches: »The fields continued to overlay each other with a majestic motion, producing a noise resembling that of a complicated machinery, or distant thunder.« Bedient sich der Seefahrer für die Beschreibung der tönenden Naturgewalten hier noch einer Metaphorik, die sich offenbar aus Höreindrücken des beginnenden Maschinenzeitalters speist,[39] schreibt er auf der nächstfolgenden

---

35 Seine Kapitel nahmen gewissermaßen bereits die Gliederung des oben erwähnten Memorandums von 1849 vorweg. Der erste Band eröffnet mit einer einleitenden Geschichte der Erforschung der nördlichen Regionen, der detailliertere Beschreibungen einzelner Inseln folgen. Schließlich widmet er sich seinen hydrographischen Beobachtungen des Meeres vor Grönland, dem ein Bericht über die verschiedenen Eisphänomene ebenda nachgestellt ist, ehe er sich mit der Atmosphäre und einer vielfach unterteilten Zoologie auseinandersetzt.

36 W. Scoresby, An Account of the Arctic Regions, with a History and Description of the Northern Whale-Fishery. 2 Bde. Edinburgh 1820, 225–322, dort 226–229: von *ice-berg, field, floe, Drift-ice, Brash-ice* bis hin zu *pack, stream* oder *open ice*. Zur Vielzahl der Begriffe vgl. Terence E. Armstrong, Brian Birley Roberts, Charles Swithinbank, The Illustrated Glossary of Snow and Ice. Cambridge 1966.

37 Ebd., 247 f. Auch Scoresby beschreibt das Eismeer ähnlich wie Lyon immer wieder als faszinierenden Verwandlungskünstler, der in wenigen Augenblicken seine Materialität verändern könne. Siehe ebd., 301.

38 Ebd., 248 f.

39 Wird hier der Klang des Meeres mit denen der städtischen Industrie umschrieben, erfolgte schon wenig später im städtischen Raum auch eine Übertragung der »akustischen

Seite diesen Eisbewegungen einen geradezu einzigartigen Sound zu: »the singular noise with which it was accompanied«. Das Gehörte scheint sowohl in der natürlichen wie der menschgemachten Welt ohne Gleichen. Kein Wunder, dass bei leichtsinnigen Zuschauern, die sich zu nah an das Spektakel heranwagen, angesichts der dieserart nicht nur sichtbar, sondern auch hörbar werdenden unbändigen Kraft des Eises Empfindungen »of novelty and grandeur« hervorgerufen würden.[40] Seh- und Hörsinn scheinen nach Scoresby unterschiedliche emotionale Reaktionen zu evozieren.

Die oben beschriebene Fokussierung auf eine möglichst neutral betriebene Wissenschaft in der Arktis wurde mit Beginn der 1850er und 1860er Jahre durch eine immer stärkere Kommerzialisierung der Arktiserfahrung mehr und mehr aufgeweicht, ja verkehrte sich mit einer zunehmend interessierteren Öffentlichkeit und einer sensationslüsternen Presse gar in ihr Gegenteil: »The new focus on tragedy and scandal further marginalized the role science played in expeditionary campaigns.«[41] Zeitgleich intensivierten eifrige Verlagslektoren ihre Bemühungen, die abgelieferten Manuskripte der Reiseberichte marktkonform zu gestalten, und griffen immer stärker in deren sprachliche Ausformung und narrativen Elemente ein.[42] Und noch ein Aspekt des Schreibens darf nicht außer Acht gelassen werden: das Lesen von Berichten früherer Reisen in die Region. Dies geschah in der Regel vor, während[43] und nach der Expedition und es ist offensichtlich, wie sehr die dort vorgefundenen Narrative die eigenen prägten.[44] Waren bislang erst einzelne Höreindrücke des Nordpolarmeers aufgezeigt worden, begannen sich diese in den nächsten Jahrzehnten zu verfestigen - und dies entsprechend marktkonform, indem die Schreibenden den durch die Klänge ausgelösten Horror, die Angst vor dem Meer, in den Mittelpunkt stellten.

Eindrücke des Maritimen« auf die Stadt selbst, die nicht umsonst als Häusermeer umschrieben wurde. So ist vom »Rauschen«, der »Brandung der Großstadt« zu lesen. Peter Payer, Vom Geräusch zum Lärm. Zur Geschichte des Hörens im 19. und frühen 20. Jahrhundert, in: Wolfram Aichinger, Franz X. Eder, Claudia Leitner (Hrsg.), Sinne und Erfahrung in der Geschichte. Innsbruck u. a. 2003, 173–191.

40 Alle Zitate Scoresby, An Account of the Arctic Regions, 249f.

41 Michael F. Robinson, The Coldest Crucible. Arctic Exploration and American Culture. Chicago und London 2006, 105.

42 I. S. MacLaren, From Exploration to Publication: The Evolution of a 19th-Century Arctic Narrative, in: Arctic 47, 1994, H. 1, 43–53, insbesondere 51.

43 Hinweise auf gut sortierte Schiffsbibliotheken mit den einschlägigen Titeln finden sich zahlreich.

44 Vgl. Urban Wråkberg, The Quest for Authenticity in Narratives of Northern Borderlands, in: Nordlit 22, 2007, 193–209.

3. Horror. Die Stille der erstorbenen Natur und die Sprache des belebten tobenden Meeres

Wer eine Soundscape untersuchen wolle, so der kanadische Klangforscher Murray Schafer in seiner *Kulturgeschichte des Hörens*, der müsse ihre »signifikanten Eigenschaften herausfinden« und dafür zunächst erst einmal ganz basal »wichtige Klänge und Geräusche identifizieren«. Denn erst wenn alle akustischen Eindrücke und deren Zusammenspiel erfasst sind, lassen sich etwaige Veränderungen der Klanglandschaft herausarbeiten. Wie sehr dabei die äußeren Bedingungen – Geographie und Klima – diese ortsspezifischen Klanglandschaften prägen, veranschaulicht er anhand der nördlichen Regionen der Erde: dort sei das typische »Geräusch des Winters der Laut gefrorenen Wassers, der Laut von Eis und Schnee«.[45] Das eigentlich dominierende Klangphänomen der nördlichen Breiten jedoch sei die dem Winter eigene Stille. Der Schnee dämpfe alle Geräusche. Die Vorstellung von absoluter Stille ist Schafer zufolge – zumindest in der Vorstellung der Menschen der westlichen Welt und dabei keineswegs auf den Norden beschränkt – schlechthin negativ konnotiert.[46]

Die Texte der Arktisreisenden aus der Mitte des 19. Jahrhunderts sprechen diesbezüglich jedoch eine deutlich andere Sprache. In ihrem Erleben, so wie sie es uns über ihre Reiseberichte vermitteln, ist ihnen die Stille nach dem Krachen und Tönen des Eismeers stets willkommen. Der Missionar Miertsching beispielsweise nutzt zwar den Kontrast zwischen dem eben noch ohrenbetäubenden Krachen des Eismeers und dem mit einem Mal auftretenden Stillstand des zuvor so »furchtbaren Eis[es]« zu einer kunstvollen Inszenierung des Augenblicks: Just im Moment der nicht mehr für möglich gehaltenen Rettung trat eine »fast schauerliche Stille« ein, die die Besatzung ehrfürchtig, ja »blaß und lautlos« beisammen stehen ließ.[47] Doch zugleich ermöglichen ihm der Stillstand in der Natur und die diesen begleitende Lautlosigkeit erst den Blick für die visuellen Phänomene der Arktis: »die Natur ist erstorben und es herrscht eine Stille, daß man den Gang der Uhr in der Tasche hört. Indessen bieten die Himmelserscheinungen manches Interessante: die Sterne leuchten mitten am Tage; um den Mond sieht man häufig ringförmige Regenbogen; Sternschnuppen und Meteore sind nicht selten.«[48] Ist indes das Eis in Bewegung, das Schiff ein bloßer Spielball der natürlichen Kräfte des Meers, ist es »entsetzenerregend« zu hören, wie die großen Eisblöcke und ganze Schollen von den unsichtbaren Strömungen gegeneinander geschoben und unter Getöse aufeinander geworfen werden. Das

---

45 Schafer, Die Ordnung der Klänge, 45 und 58.
46 Ebd., 411 ff.
47 Reisetagebuch des Missionars Joh. Aug. Miertsching, 99.
48 Ebd., 68 f.

Schiff, immer wieder erzitternd ob der zahlreichen Stöße, von den Eismassen emporgehoben und auf die Seite gelegt, wird in seinem Bericht zu einem kaum noch schützenden Raum, der akustisch von allen Seiten belagert wird: »Gegen 11 Uhr hörten wir fernen Donner, aber nicht über, sondern unter uns.«[49]

Das Bild des verstummenden – lautlosen – Polarmeers, das den Blick freigibt auf die Schönheit der erstorbenen Natur, findet sich nicht nur bei Miertsching. Auch in Julius Payers Bericht über *Die Entdeckung von Kaiser Franz Joseph-Land* kontrastiert es das Leben, das im Eis schlummert: »Die einsame Schönheit solcher Wacken mit dem dunklen Saum der Torosy in der Ferne und im hellen Lichte des silberweißen Mondes gewährte unbeschreiblich schwermütige Bilder; hier war alles tot und starr – nur nicht, wenn des Eises Riesenleib seine Glieder dehnte.«[50] Doch auch seine Texte dominiert das geisterhafte, schaurig wilde Eismeer, das mit einem Mal, aus seiner »Lethargie« erwachend, sein wahres Gesicht zeigt – das eines Feindes, der gezielt und laut Angriffe auf die Eindringlinge lanciert.[51] Diese vermögen der Urgewalt der Natur nichts entgegenzusetzen – ihre Bemühungen, das Schiff inmitten einer Eispressung auszubessern, scheinen zum Scheitern verurteilt, zersprenge doch »ein einziger Atemzug des Eismeeres solches Flickwerk«.[52] Payers Meer gleicht hier dem des französischen Historikers Jules Michelet, der das Meer in seiner gleichlautenden Studie als ein »Wesen« beschrieb: einem niederen Lebewesen gleich pulsieren Ströme im Meer; ausstaffiert mit Kreislauf, Puls und Herz wirke es, als sei ihm »etwas Animalisches beigemischt«.[53] Auch bei Payer ist das Meer belebt, mit einem Atem versehen. Die Eispressungen geraten zur »Folter«[54] durch ein nicht recht fassbares, mythisches, ja dämonisches Gegenüber, das eine Vielzahl an Assoziationen weckt: Eben noch beschreibt er das infernalische Getöse als »tausendstimmige[s] Wutgeheul« ähnlich einer »Volksmenge bei einem Aufstande«, ein Geräusch, dass er womöglich ein gutes Jahrzehnt zuvor aus nächster Nähe hören konnte. Schließlich erlebte er die österreichische Niederlage bei Solferino am 24. Juni 1859 hautnah, die den Sardinischen Krieg zu Gunsten der italienischen Freiheitskämpfer, die an der Seite der Franzosen kämpften, entscheiden sollte.

---

49 Ebd., 90 f., Zitat 91.
50 Julius Payer, Die Entdeckung von Kaiser Franz Joseph-Land, 1872–1874, hrsg. v. Detlef Brennecke. Lenningen 2004, 97. Auch Lyon findet genau dann Worte für die Schönheit der Natur, wenn diese zur Zeit der größten Kälte nahezu still zu stehen scheint, sich keine Wolken am Himmel zeigen. Die Vielzahl der Farben und Schattierungen seien schöner als alles, was er je gesehen habe – »even in Italy«. Und gerade die Nächte könnten einen fast davon überzeugen, sich angenehm in der umgebenden »Trostlosigkeit« zu fühlen. The Private Journal of Captain G. F. Lyon, 99 f.
51 Julius Payer, Die Nordpol-Expedition, in: Neue Freie Presse. Morgenblatt, Nr. 3.621, Wien, 25. September 1874, Feuilleton, 1–6, hier 1 f.
52 Payer, Die Entdeckung von Kaiser Franz Joseph-Land, 87.
53 Jules Michelet, Das Meer. Frankfurt a. M. und New York 2006, 44–54, hier 47 und 53.
54 Payer, Die Nordpol-Expedition, 2.

Nur wenige Zeilen später deutet Payer das Tosen des Meeres dann als hohnlachendes Geschrei ungezählter Teufel, fühlt sich wie umgeben von »Dämonen«, die in das zum Spielball der Natur gewordene Schiff eindringen wollen.[55]

Auch der US-amerikanische Polarforscher George De Long, der 1879 mit der *Jeannette* aufbrach, um im Auftrag von Gordon Bennett, dem Besitzer des *New York Herald*, über die Beringstraße zum Nordpol vorzudringen, erkannte im Eismeer einen dämonischen Widersacher. Nachdem die *Jeannette*-Expedition schon Anfang September nahe der Herald-Insel in der Tschuktschensee im Eis festfror, war die Jagd nach nationalem Prestige schnell beendet;[56] es begann auch für dieses Expeditionsteam ein Kampf mit und gegen das Eis, den De Long und ein Teil seiner Mannschaft letztlich verlieren sollten: Zwar gelang, nachdem das Schiff den Eispressungen zum Opfer gefallen war, einem Großteil das Übersetzen in das Lena-Delta, doch starben er und einige seiner Weggefährten dort den Hungertod. In seinem Logbuch, das bald darauf gefunden[57] und wenige Jahre später durch seine Ehefrau publiziert wurde, zeigt er sich als ein präziser Beobachter des Eismeers und seiner Klänge. Anfangs noch fasziniert von der schier unendlichen Weite und Festigkeit des Eises, das den Anschein erwecke, als könne es gar nicht brechen,[58] wird er schon bald eines Besseren belehrt. Wann immer dieser Lerneffekt zutage tritt, ist er in seinem Tagebuch akustisch untermalt: Mit dem Moment, in dem das Eis – begleitet von ersten »premonitary crashes and groans« – in Bewegung gerät, macht sich bei De Long ein Gefühl von Angst, Sorge und Beklemmung breit. Schon früh erkennt er die Situation als so gefahrvoll, dass jegliches menschliches Handeln und Vorausschauen vergeblich erscheint, er alle Hoffnung auf Hilfe von »oben« setzt. Die Eisbewegungen, die das Schiff erzittern und ächzen lassen, tönen ebenso gewaltig wie einzigartig: »The pressure was tremendous, and the noise was not calculated to calm one's mind. I know of no sound on shore that can be compared to

---

55 Payer, Die Entdeckung von Kaiser Franz Joseph-Land, 87 f. Dem Gewitterdonner auf See haftete auch schon in früheren Zeiten etwas dämonisches an. Für den Atlantik siehe Richard Cullen Rath, How Early America Sounded. Ithaca und London 2003, 15 f.
56 Siehe dazu Leonard F. Guttridge, Icebound. The *Jeannette* Expedition's Quest for the North Pole. Annapolis, MD 1986. De Long führte extra eine durch seine Frau höchstpersönlich genähte Flagge der Vereinigten Staaten von Amerika mit sich, um bislang unentdeckte Territorien zum Gewinn nationalen Prestiges in Besitz zu nehmen. Vgl. The Voyage of the Jeannette. The Ship and Ice Journal of George W. De Long, Lieutenant-Commander U.S.N., and Commander oft he Polar Expedition of 1879–1881. Edited by his Wife, Emma De Long, with two steel Portraits, Maps, and many Illustrations on Wood and Stone. 2 Bde., Boston 1885, Bd. 1, 70–73.
57 Zur Geschichte des Logbuchs: Our lost Explorers: The Narrative of the Jeannette Arctic Expedition as related by the Survivors, and in the Records and last Journals of Lieutenant De Long. Revised by Raymond Lee Newcomb. San Francisco 1882, darin Kapitel XXI: Lieutenant De Long's Log-Book, 262–269.
58 The Voyage of the Jeannette, 116.

it.«⁵⁹ Selbstredend versucht er sich dann doch unmittelbar an einer präzisen Beschreibung des Gehörten, der das Meer über seinen einmaligen Klang zu etwas anderem, etwas besonderem macht: »A rumble, a shriek, a groan, and a crash of a falling house all combined might serve to convey an idea of the noise with which this motion of ice-floes is accompanied.«

Was sich nun fortsetzt, liest sich wie eine veritable Horrorgeschichte. Im steten Wechselspiel zwischen ohrenbetäubendem Knarren, Knacken, Krachen und absoluter Stille strapaziert das Eis die Nerven De Longs und seiner Crew. Eben noch scheint das Donnern des brechenden Eises sie nicht zu betreffen, schon schreitet die Bruchlinie der Eisschollen »as fast as a man could walk« genau auf die *Jeannette* zu. Von seinem Standpunkt auf dem Dach des Deckhauses aus erscheint dieses Schauspiel als »magnificent though awful«.⁶⁰ Zwar waren alle Mann an Deck beordert, doch tun konnten sie nichts. Mit einem Mal erstarb die Bewegung und alles fand sich in plötzlicher Stille wieder. So sollte es auch in der folgenden Nacht bleiben, bis sich gegen zwei Uhr nachts das Eis mit einem lauten »crack« unmittelbar unter dem Schiff wieder bemerkbar machte. Schlaflose Nächte häuften sich, die Gedanken drifteten zu jenen Polarfahrenden, die zuvor vergleichbares erlebt hatten: »I sincerely pray that we are not going to have the experience of the Tegetthof in her long and perilous drift in the pack. This steady strain on one's mind is fearful.« Mit der *Tegetthof* waren wenige Jahre zuvor Julius Payer und Carl Weyprecht zu Gefangenen des Eises geworden und hatten das Schiff nach zwei Jahren aufgeben müssen. Die Katastrophe vor Augen, wird jeder einzelne ereignisarme Tag, an dem das Meer nicht zu toben beginnt, extra notiert und damit hervorgehoben; bis aufs Äußerste angespannt, auf jedes Knacken lauschend, verbringt De Long die Nächte in voller Montur, ohne wirkliche Ruhe zu finden. Nüchtern bemerkt er an einem Tag ohne Angriffe des Eises: »[o]ccasionally it is beautiful indeed«, doch Zeit für die malerische Schönheit findet sich nur dann, wenn kein Ton zu vernehmen ist. Auch wenn sich De Long keine zwei Tage später einer fast elegischen Schwärmerei über eine nächtliche Mondscheinszenerie hingibt, bricht er mit den tradierten Vorstellungen arktischer Schönheit radikal – wer einmal die Stimme des Nordpolarmeers vernommen hat, erscheint desillusioniert. Sicher seien poetische Annäherungen an die Arktis lobenswert, so De Long. Er selbst indes entschied sich dazu, sie gänzlich aufzugeben. Zu oft schon sei er in derart kritischen Situationen gewesen, dass es ihm schlicht unmöglich sei, nüchtern über die Schönheit der Eislandschaften zu schreiben. Das Packeis sei nun einmal kein Ort für ein Schiff, »and however beautiful it may be from an aesthetic point of view, I wish with all my heart that we were out of it.«⁶¹ Ein knappes halbes Jahr später,

---

59 Ebd., 166–170.
60 Ebd., 171, sowie die folgenden Zitate 174 und 177.
61 Ebd., 187. Das Zitat zuvor, 185.

nachdem das Schiff vom »Feind verletzt wurde«, liegt die *Jeannette* noch immer im Eis gefangen, aber das Gegenüber erscheint nicht mehr unbekannt: So bemerkt De Long, dass stets zum Neu- und Vollmond das »horrible grinding and groaning« erneut erschalle, doch seien ihnen diese schaurigen Klänge mittlerweile vertraut geworden.[62]

Dass die Angst vor diesen Klängen besonders dann virulent werden konnte, wenn das Schiff schon lange verloren war, zeigt das Beispiel der *Polaris* Expedition von 1871, des ersten US-amerikanischen Versuchs den Nordpol zu erreichen. Das Schiff musste schon früh aufgegeben werden, die Crew flüchtete sich auf eine Eisscholle, auf der sie die nächsten sechs Monate gefangen war. Die stetigen Eisbewegungen, begleitet von »cracking and snapping under us, sounding like distant thunder«, rissen, wie wir aus den Aufzeichnungen des späteren Kapitäns George Tyson erfahren können, diesen wiederholt aus seinem Schlaf – ständig die Angst vor Augen, dass die nächste Eisbewegung für sie die letzte sein könnte: »It is impossible to describe, so that, without the actual experience, the sounds of breaking ice floes and bergs can be realized. No two sounds appear alike, except the repetition of the grinding and explosive, which are a horrid sort of refrain.«[63]

4. Analyse. Der Klang des Nordpolarmeers und seine Funktion in wissenschaftlichen Texten

Wie sehr das gefrorene Polarmeer die Seeleute durch seine andersartige Natur ebenso faszinierte wie irritierte, wird in der Analyse solcher Texte offenbar, die die unmittelbaren Eindrücke vor Ort in unter den Reisenden zirkulierenden Journalen festhielten: Nicht wenige Expeditionen veranstalteten gegen die Monotonie nicht nur regelmäßige Theaterabende, sondern stellten auch eigene monatlich erscheinende Zeitschriften her – mit den Schiffskameraden als Leserschaft, die ja in der Regel dieselben Situationen an Bord erlebte. So erschien 1850 eine »Midnight Scene« in den *Arctic Miscellanies*,[64] die jene Irritation prä-

---

62 Ebd., 298 und 309.
63 Captain George E. Tyson, Arctic Experiences. Aboard the Doomed *Polaris* Expedition and Six Months Adrift on an Ice-Floe. New Introduction by Edward E. Leslie to which is added a general arctic chronology edited by E. Vale Blake. New York 2002 [1874], 295 f.
64 Die *Arctic Miscellanies* waren das inoffizielle Organ einer 1850 aufgebrochenen vierschiffigen Expedition unter den Kapitänen Austin und Ommanney, sowie den Lieutenants Osburn und Cator, die sich auf die Suche nach der verschollenen Franklin-Expedition begab. Allerdings froren die Schiffe schon früh für fast ein Jahr zwischen den Inseln Cornwallis und Griffiths ein und mussten unverrichteter Dinge umkehren. Die an Bord produzierten Ausgaben der Zeitung erschienen bereits 1852 als Buch – ein Beleg mehr dafür, wie sehr die Arktis Aufmerksamkeit erregte und diese durch gedruckte Informationen aller Art gestillt werden sollte.

zise auf den Punkt bringt: »I looked down and around me, on a splendid panorama – a world of ice, of unsullied and dazzling whiteness, not the smallest speck of water visible to denote the element on which we rode.«[65] Wenn diese Welt aus Eis schon die Seeleute derart faszinierte, verwundert es nicht, dass die wissenschaftliche Analyse der Transformation des Meerwassers in Eis – die schon Scoresby Anfang des Jahrhunderts fasziniert hat – zu immer detaillierteren Abhandlungen darüber führte. Carl Weyprechts *Metamorphosen des Polareises* aus dem Jahr 1879 sind ein interessantes Beispiel dafür, da sie als Handbuch für die später auf sein Betreiben hin durchgeführten Expeditionen des Ersten Internationalen Polarjahrs 1882/83[66] gedacht waren. Diese konzertierte Messkampagne im Zeichen der meteorologischen und geomagnetischen Forschung sollte den bisherigen Fokus auf geographische Entdeckungen radikal verschieben: An die Stelle heldenhafter Entdeckungsgeschichten trat eine nüchterne Analyse der klimatischen und meteorologischen Bedingungen der polaren Gebiete und damit eben auch der dortigen Naturphänomene.[67] Es verwundert daher nicht, dass eine Analyse von Weyprechts detaillierten Beobachtungen des Polareises – in der ihm immer wieder unfreiwillig »die Feder davon [lief]« und in Folge dessen »ein Ton hinein [kam], der sich für ein wissenschaftliches Fachwerk nicht recht eignete« – dem bisher dokumentierten Klangbild des Nordpolarmeers neue Elemente hinzufügte.[68]

Die Geräusche des Eismeers spielen in seinen Aufzeichnungen eine prominente Rolle. Nahezu in jedem der acht Kapitel – die beispielsweise jahreszeitenspezifische Ausprägungen des Eises, dessen Umformungen und Bewegun-

---

65 A.B., Midnight Scene. Beset in the Skirts of Melville Bay, in: Arctic Miscellanies. Souvenir of the Late Polar Search by the Officers and Seamen of the Expedition. London 1852, 77–79, hier 77 f.

66 Beispielhaft für Weyprechts Agitation: Die Nordpol-Expeditionen der Zukunft und deren sicheres Ergebniß, verglichen mit den bisherigen Forschungen auf dem arktischen Gebiete. Vortrag gehalten von Carl Weyprecht, k.k. Schiffslieutenant. Wien u. a. 1876; zur weiteren Planung des Polarjahrs siehe den edierten Briefwechsel: Carl Weyprecht (1838–1881). Seeheld, Polarforscher, Geophysiker. Wissenschaftlicher und privater Briefwechsel des österreichischen Marineoffiziers zur Begründung der internationalen Polarforschung, hrsg. v. Frank Berger, Bruno P. Besser, Reinhard A. Krause unter Mitarbeit von Petra Kämpf und Enrico Mazzoli. Wien 2008. Dazu Alexander Kraus, Scheitern als Chance. Auch eine Vorgeschichte des Ersten Internationalen Polarjahrs 1882/83, in: Julia Obertreis, Martin Aust (Hrsg.), Osteuropäische Geschichte als Globalgeschichte (erscheint 2014).

67 Zum Ersten Internationalen Polarjahr siehe auch Marc Rothenberg, Cooperation at the Poles? Placing the First International Polar Year in the Context of Nineteenth-Century Scientific Exploration and Collaboration, in: I. Krupnik, M.A. Lang, S.E. Miller (Hrsg.), Smithsonian at the Poles: Contributions to International Polar Year Science. Washington, D.C. 2009, 13–21; ders., Making Science Global? Coordinated Enterprises in Nineteenth-century Science, in: Roger D. Launius, James Rodger Fleming, David H. DeVorking (Hrsg.), Globalizing Polar Science. Reconsidering the International Polar and Geophysical Years. New York 2010, 23–35.

68 Karl Weyprecht, Die Metamorphosen des Polareises. Wien 1879, XIV.

gen zum Inhalt haben, – wird auch die klangliche Komponente seines Themas erörtert. Und dies nicht ohne Grund: Der Klang ist für Weyprecht ein Indikator für die Belebtheit des Eises. Ist auch das Eis des Nordpolarmeers belebt, kann es entsprechend als Teil des Naturganzen aufgefasst werden. Damit fügt es sich ein in den natürlichen Kreislauf des Lebens. Symbolisierten die eisigen Weiten der Arktis ehedem das Tote, bricht Weyprecht diese Zuschreibungstradition noch radikaler als Michelet und Payer auf. In seinem Kapitel über die *Eispressungen*, für das er wie so oft auf seine eigenen Erfahrungen der österreichisch-ungarischen Polarexpedition zurückgriff, beschreibt er nicht nur *en detail* die Transformation vom Meerwasser zum Packeis, sondern entfaltet auch ein Klangpanorama des Nordpolarmeers:

»Am 7. September hörten wir zum ersten Male jenes ominöse Geräusch, mit dem wir später im Laufe des Winters so vertraut werden sollten, die Verkündung so mancher bösen Stunde. Es war Windstille und in der lautlosen Umgebung drang jeder Ton aus weiter Ferne klar und deutlich über die endlose Eisfläche zu uns herüber. Im Anfange schien es, als hörten wir das Geräusch von frischem Winde in der Ferne, dann kam es scheinbar näher und es klang wie das entfernte Brausen des offenen Wassers an der Eiskante, einzelne stärkere Töne lauteten wie das Zerschellen von Eisstücken in der Brandung. Dem Uneingeweihten musste es scheinen, als sei das offene Wasser bis nahe zu uns herangedrungen. Gleichzeitig knackte und knisterte es ohne sichtbare Ursache in dem Eise um und unter uns, wir hörten die merkwürdigsten Laute, deutliches Pfeifen, Singen, Klappern, Krachen, ohne dass wir entscheiden konnten, aus welcher Entfernung die Töne stammten […].«[69]

Zu den bereits bekannten Elementen wie der zunächst lautlosen polaren Welt und der komplizierten Verortung der Höreindrücke fügen sich spezifischere Beobachtungen Weyprechts. So bemerkt er, wie sehr die Eisdecke des Packeises noch über die weitesten Entfernungen laute wie leise Töne zu übertragen vermag und beschreibt sie als »colossale[n] Resonanzboden«. Gleich ob nah oder fern: sobald das Eis in Folge von Pressungen oder Verschiebungen in Bewegung gerät, erklinge ein regelrechtes Konzert, das – und auch diese akustische Beobachtung betont der Polarforscher wiederholt – über Monate hinweg nicht mehr verstumme. Die vielgerühmte *arktische Stille* ist offenbar nur ein temporäres Phänomen, das von einem arktischen Knistern und Krachen abgelöst und von Weyprecht gar als »Musik« umschrieben wird.[70] Und wie in der Musik vermag eben auch der Klang des Nordpolarmeers erst dann seine Wirkung voll zu entfalten, wenn er im rechten Moment die Stille durchbricht. Zwar reiht auch

---

69 Ebd., 25. Auf den folgenden Seiten findet das »Brodeln und Knistern«, »Knistern und Knirschen des Eises« immer wieder Erwähnung. Mal »knistere und krachte es«, mal war ein »entfernte[s] Krachen« zu vernehmen, dann wieder das »Krachen und Bersten« und »Poltern«, das »Aechzen und Gellen der splitternden Platten«. Ebd., 33, 33, 35, 36, 37, 38, 41. Die Reihe ließe sich bis zum Ende des Buchs fortführen.
70 Ebd., 66–68 und schließlich 220.

er sich ein in die Phalanx jener, die Eispressungen als »Kampf« zweier Eisfelder schildern und dem Eis selbst einen Willen zuschreiben, der es scheinbar bewusst Schiffe angreifen lasse;[71] zwar beschreibt auch er diese Szenen wiederholt als »grossartiges Schauspiel von unwiderstehlicher Gewalt«,[72] doch versucht er die Hintergründe dieser Bewegungen zu analysieren und vermag darob manch alte Zuschreibung zu dekonstruieren. Der Klang des Eises verheißt zwar immer noch Gefahr, doch wird ihm darüber hinaus eine andere Funktion zugeschrieben. Diese erklärt auch, warum die Natur, das Eismeer, in seinen Ausführungen zu keiner Zeit als tot beschrieben wird: Nur »oberflächliche Beobachter« könnten das Eis im Zustand vollkommenen Stillstands vermuten, die Landschaft als trostlos, erstarrt, abgestorben beschreiben, gälten doch auch im hohen Norden, inmitten des arktischen Eises, die gleichen Naturgesetze, die eben auch das Eis nie komplett stillstehen ließen. Es befinde sich in einem Stadium permanenter »Umwandlung«, in einem »ewigen ununterbrochenen Zustande der Umformung«.[73] Und diese zyklischen Prozesse – vom Sommer zum Winter zurück zum Sommer – kündigten sich jeweils akustisch an. Das Nordpolarmeer sei zu keiner Zeit verstorben, fungiere doch der spezifische Klang als Indikator für dessen Belebtheit, den Zustand der konstanten Erneuerung: »Alles auf Erden ist der Veränderung unterworfen und nichts ist für die Ewigkeit gebaut, die Schöpfungen des Südens so wenig, wie das Eis des Nordens.«[74] Indem er das Eismeer und seine Bewegungen in das natürliche Spiel »schaffender und wieder zerstörender Kräfte« einschreibt, enttarnt er das Sprechen vom *ewigen arktischen Eis* als Mythos.[75]

---

71 Ebd., 28, 31, 33, eine regelrechte Kampfszene findet sich auf Seite 41, eine weitere geradezu epischen Ausmaßes findet sich auf Seite 228 f.
72 Ebd., Zitat 39, weitere Beispiele 28, 43 f.
73 Ebd., 75 und 161. Der »Zustand vollkommener Ruhe des Eises« könne höchstens an den Küsten, in Buchten, eintreten, »[i]m weiten, offenen Meere aber« sei er zu keiner Zeit anzutreffen. Ebd., 207; ähnlich auch 206.
74 Ebd., 112–115, Zitat 162.
75 Ebd., 265 und 274. Welch mythisches Potential dem Eis Ende des 19. Jahrhunderts noch zugeschrieben werden sollte, zeigt die 1896 durch den Österreicher Hanns Hörbiger entwickelte *Welteislehre*, eine fantastische Kosmologie, die gerade in der Öffentlichkeit aufgrund ihrer Anschlussfähigkeit an »zeitgenössische Träume, Sehnsüchte und Utopien« rege rezipiert wurde. Christina Wessely, Welteis. Die »Astronomie des Unsichtbaren« um 1900, in: Dirk Rupnow, Veronika Lipphardt, Jens Thiel, dies. (Hrsg.), Pseudowissenschaft. Konzeptionen von Nichtwissenschaftlichkeit in der Wissenschaftsgeschichte. Frankfurt a. M. 2008, 163–193, hier 186. Zur mystischen Komponente des Eises siehe auch Francis Spufford, Ice, in: Stephan Harrison, Steve Pile, Nigel Thrift (Hrsg.), Patterned Ground. Entanglements of Nature and Culture. London 2004, 279–281.

5. Zähmung des Meers durch den technischen Fortschritt

Dass nur wenige Jahre später der Norweger Fridtjof Nansen das Meer zwar nicht wirklich »verstummen« ließ, aber doch den Respekt vor dem Klang des Eismeers verlor, ist ein Beleg für ein radikales Umdenken. Beschrieb Weyprecht das Ringen des Schiffs mit dem Eis noch als einen gefahrvollen, ungleichen Kampf, werde doch »der stärkste Bau [...] zum gebrechlichen Spielzeuge, sobald er sich zwischen den in Bewegung gesetzten Eiscolossen befindet«,[76] nahm Nansen mit seiner *Fram*-Expedition diesen *Kampf* erst gar nicht mehr auf: Nicht gegen, sondern mit den Naturkräften sollte gearbeitet werden, wenn es darum ging, den »sichersten und leichtesten Weg« zum Nordpol zu beschreiten.[77] Inspiriert durch eine Zeitungsmeldung, die das Auffinden einzelner Wrackteile des zuvor verschollenen Expeditionsschiffs *Jeannette* an der Südwestküste Grönlands bekannt machte, entwickelte Nansen eine »revolutionäre Idee«:[78] Wenn Eisschollen und Schiffsteile durch das auch bei ihm gerne zum »Reich des Todes« stilisierte »Unbekannte« treiben konnten, »so mußte sich diese ›Drift‹ auch im Dienste der Forschung anwenden lassen«.[79] Aus dem Schaden anderer klug geworden, entwickelte er die Idee zu einem Schiff, dessen Schiffskörper mit derart schrägen Seiten ausgestattet war, dass es im Falle von Eispressungen emporgehoben werden würde, folglich dem Eisdruck gar nicht standhalten müsse – auch wenn die Schiffswände erheblich verstärkt wurden.[80] Dass zahlreiche Größen der Polarforschung, wie beispielsweise Adolph Greely, der Nansens Plan als ein »illogical scheme of self-destruction« bewertete,[81] erhebliche Zweifel am Erfolg der Unternehmung anmeldeten, braucht hier nicht weiter zu interessieren. Letztlich war Nansens Expedition wenigstens teilweise von Erfolg gekrönt: Sein Ansatz, die Eisschollen zum »unwiderstehlichen Bundesgenossen« seiner Expedition zu machen, erwies sich als grundsätzlich richtig,[82] erreichte die *Fram* doch tatsächlich, nachdem sie in Ostsibirien einfror, wenigs-

---

76 Ebd., 44.
77 Fridtjof Nansen, In Nacht und Eis. Die Norwegische Polarexpedition 1893–1896. 2 Bde., Leipzig 1897, Bd. 1, 13. Es muss allerdings ergänzt werden, dass Nansen in seinem Reisebericht betont, der Nordpol, jener bloße mathematische Punkt, sei nicht von zentraler Bedeutung, gehe es doch um allgemeine Untersuchungen der diesen umgebenden Region. Ebd., 29. Später listet er das ganze Spektrum der Ausrüstungsinstrumente, ebd., 61 f., und führt auch die entsprechenden Messungen auf, ebd., 182–185.
78 Holger Afflerbach, Das entfesselte Meer. Die Geschichte des Atlantik. München 2003, 237.
79 Nansen, In Nacht und Eis, 6 und 11. Präziser zur theoretischen Fundierung seiner Idee, die Gegenstimmen ausführlich zu Wort kommen lassend, ebd., 30–43.
80 Ebd., 23. Zum Aufbau des Schiffs und seinen Funktionen, ebd., 48–56, speziell 55.
81 A. W. Greely, Will Dr. Nansen Succeed? In: The Forum, August 1891, 710–716, hier 716.
82 Nansen, In Nacht und Eis, 330.

tens 83° nördliche Breite. Erkennend, dass die Drift ihn seinem Ziel nicht noch näher bringen werde, versuchte Nansen – letztlich erfolglos – per Hundeschlitten den Pol zu erreichen. Der eigentliche Ausgang der Expedition ist jedoch für diese Untersuchung weniger von Bedeutung, als der auf den Tagebuchaufzeichnungen Nansens aufbauende Bericht, da in ihm mit den bislang aufgezeigten Klangnarrativen gebrochen wird.[83] Im Grunde beginnt der Bruch bereits damit, dass Nansen und sein Expeditionsteam den Moment des Einfrierens im Eis begrüßen, getreu ihrer Überlegungen regelrecht herbeisehnen mussten.[84] Anfang Oktober 1893 setzten, so dokumentiert es Nansens äußerst populärer Bericht, die regelmäßig auftretenden Eispressungen ein – in Begleitung der bekannten akustischen Phänomene: einmal ist »ganz plötzlich ein betäubendes Getöse« zu vernehmen und das »dumpfe Knallen starker Pressungen«, die »durch alle Tonarten lauter« werden, ein andermal »krachte und brüllte« es von ganz nah.[85] Doch das, was vorherige Augen- und vor allen Dingen Ohrenzeugen faszinierte, sie starr vor Angst werden ließ oder sie zu wissenschaftlichen Erklärungen veranlasste, entlockt Nansen in der Regel lediglich nüchterne Kommentare, die in eine gänzlich andere Richtung weisen. Auf der *Fram* regierte ein unaufgeregtes Vertrauen in die Technik: Während draußen ein Grollen zu vernehmen ist, hält er das »angenehme, behagliche Gefühl« fest, das sich unter ihnen breit mache, da sie von der Stärke ihres Schiffes wussten. Stürzten Miertsching oder De Long noch an Deck, um dem Schauspiel tatenlos zuzusehen, verharrte – wenn wir Nansen hier folgen dürfen – die Crew der *Fram* in gemütlicher Atmosphäre unter Deck, plauderte und lachte, ließ, während es draußen »krachte und brüllte«, bisweilen das Harmonium erklingen oder schlief behaglich ein, da man sich ja nicht auf der *Tegethoff* der österreichisch-ungarischen Polarexpedition wusste. Nansen wiederum notiert, dass er Pfeife rauchend mit »Vergnügen dem Getöse der Eispressungen« lausche.[86] Gleichwohl gesteht er angesichts eines Kampfs zwischen den Eismassen »ängstliche[n] Gemüther[n]« gönnerhaft zu, in Furcht zu geraten.[87] Bemüht er sich einmal selbst an Deck, um sich das Schauspiel zu ver-

---

83 Letztlich knüpft Nansen an zahlreiche Narrative an, so beschreibt er die Umgebung als »todte Gegend« (176), begeistert sich für die Schönheit der arktischen Nacht, in der sie von einer wahren »Todtenstille« als eindrucksvolle »Symphonie der Unendlichkeit« (190f.) umgeben waren, und erfreut sich an dem »großartigen Schauspiel« schier »titanischer« Naturgewalten (209).
84 Ebd., 176.
85 Ebd., in der Reihenfolge 204, 204, 205, 241. Die akustische Dimension begleitet nahezu jede beschriebene Eispressung.
86 Ebd., 205–207, 241, 221f., 240, 306. Entgegen früherer Expeditionen ist es in Nansens Bericht immer wieder die *Fram*, die das Eis an seiner Bordwand zerschellen lässt, und nicht umgekehrt. Ebd., beispielsweise 205, 212, 232.
87 Ebd., 209 und das folgende Zitat 306. Auf der folgenden Seite erfolgt noch einmal ein Querverweis auf das Schicksal der Mannschaft der *Tegethoff*.

gegenwärtigen, so bleibt er in seiner Selbststilisierung gegenüber den Natureindrücken auffällig distanziert: »Wiederum denke ich daran, wie behaglich und sicher es an Bord der ›Fram‹ ist, und schaue mit einer gewissen Verachtung auf den schrecklichen Wirrwarr hinab, den die Natur vollständig zwecklos verursacht; sie wird uns nicht so schnell zu zermalmen vermögen, ja nicht einmal in Furcht versetzen.«

Die Art und Weise, wie sehr Nansen hier Angst und Schrecken von sich weist, erinnert durchaus an das berühmte Pfeifen im Walde, zeigt aber auch auf, wie bewusst er sich der emotionalen Gefühlslage derjenigen war, die zuvor Gefangene des Eises wurden. Je länger sich das Schiff in den Eispressungen beweist, desto weniger fügen sich die Selbstaussagen Nansens in das zuvor aufgezeigte Stimmengeflecht früherer Polarforscher. Die Bewegungen des Eises stellen schlichtweg keine bedrohliche Situation mehr da, sodass Nansen für den 9. März 1894 konstatiert: »Ich lache über die Macht des Eises; wir leben in einer uneinnehmbaren Burg.«[88] Mit der Gewissheit, ein Schiff konstruiert zu haben, dem die Naturkräfte nichts anhaben konnten, verlor die akustische Dimension, der Klang des Nordpolarmeers, ihre ursprüngliche Bedeutung. Sie findet noch Erwähnung, steht nach wie vor für die Urgewalt des Meeres, doch ruft diese eben keine Gefahrensituationen mehr hervor. Ergo bleiben emotionale Reaktionen nun den Momenten vorbehalten, in denen das Meer verstummte, sich die Landschaft in allen Facetten ihrer Schönheit entfaltete.

Die Bedeutung der klanglichen Wahrnehmungsebene des arktischen Eismeers ist seitdem von den visuellen Bildmedien mehr und mehr überlagert und verdrängt worden. Es erscheint paradox, dass die Geschichtswissenschaften, die erst des *iconic* beziehungsweise *pictorial turns* bedurften, um sich die Bilderwelten zu erschließen,[89] im Falle der Vorstellungen über das Nordpolarmeer so lange die visuellen Repräsentationen und ausgeformten bildlichen Narrative – das arktisch Sublime – aus dem 19. Jahrhundert fortgeschrieben haben. Doch aktuelle geschichtswissenschaftliche Beiträge zu den Perspektiven einer Klanggeschichte betonen unisono, wie sehr unsere Vorstellung von der werdenden Moderne bildlich geprägt sei. Und jenes »primär visuelle Zeitalter« habe eben zunehmend andere Sinneswahrnehmungen verdrängt.[90] Um diesen Verdrän-

---

88 Ebd., 330.
89 Einführend dazu Doris Bachmann-Medick, Cultural turns. Neuorientierungen in den Kulturwissenschaften. Reinbek bei Hamburg 2006, 329–377.
90 Hier Daniel Morat, Sound Studies – Sound Histories. Zur Frage nach dem Klang in der Geschichtswissenschaft und der Geschichte in der Klangwissenschaft, in: kunsttexte.de/ auditive Perspektiven Nr. 1, 2010, 1–8, hier 1; ders., Zur Geschichte des Hörens, in: Archiv für Sozialgeschichte 51, 2011, 695–716, hier 715 f.; dazu auch Missfelder, Period Ear, 30 f. Dies entspreche auch einer Sinneshierarchie in der Geschichtswissenschaft. Vgl. Mark M. Smith, Sensing the Past. Seeing, Hearing, Smelling, Tasting, and Touching in History. Berkeley und Los Angeles 2007, 41.

gungsprozess etwas entgegenzusetzen, rückten zuletzt vornehmlich menschgemachte Geräusche und Klänge beispielsweise der modernen Großstädte in den Fokus.[91] Nicht selten sind es hier gerade der zunehmende Lärm der Städte und das als Verlust empfundene Verschwinden der Stille, die die Dimension und Bedeutung des Klangs erst bewusst werden lässt. Die Analyse des Klangs des Nordpolarmeers und seiner tatsächlichen beziehungsweise schriftlich dokumentierten Bedeutung für die Forschungsreisenden im arktischen Eismeer hat gezeigt, dass natürliche Höreindrücke keineswegs mit dem Beginn der Moderne ihre Wirkmächtigkeit einbüßten. Zugleich verweist sie auf eine weitere Ebene: die einer veränderten Naturwahrnehmung im langen 19. Jahrhundert. Denn offenbar haben sich die Klänge des Nordpolarmeers nicht gewandelt, sie binden jedoch nicht mehr die Aufmerksamkeit, die ihnen noch in der Mitte des 19. Jahrhunderts seitens der Polarforscher zu Teil wurde. Vielleicht muss man nicht so weit gehen, wie der Klangforscher Murray Schafer, dem zufolge »das Meer den Grundlaut aller maritimen Kulturen« bildet, die *Ur-Soundscape* schlechthin,[92] doch eine Geschichte der Meere ohne seine Klänge, kann keine vollständige sein.

---

91 Z. B. David Garrioch, Sounds of the City. The Soundscape of Early Modern European Towns, in: Urban History 30, 2003, 5–25; Peter Payer, Der Klang von Wien. Zur Neuordnung des öffentlichen Raumes, in: Österreichische Zeitschrift für Geschichtswissenschaften 15, 2004, 105–131; James H. Johnson, Listening in Paris. A Cultural History. Berkeley u. a. 1995.
92 Schafer, Die Ordnung der Klänge, 56 und 53.

Julia Heunemann

No straight lines

Zur Kartographie des Meeres bei Matthew Fontaine Maury

»in deine letzten Tiefen«

1. Nachträglichkeit und Konsistenz: vom Zirkulieren der Diskurse

Angesichts sich mehrender Unglücke auf hoher See kündigte sich in der *New York Times* im Januar 1854 ein Besorgnis erregender Jahresbeginn für Seeleute und deren Familien an. Am 5. Januar waren Telegraphenmeldungen in der Redaktion eingegangen, die auf die Möglichkeit eines Schiffsunglücks hindeuteten. Keine dieser Meldungen wusste indessen mehr zu berichten als das, was während eines Sturms elf Tage zuvor, am 26. Dezember 1853, von Bord der *Maria Freeman* aus vor der Küste New Jerseys beobachtet worden war. Es handelte sich um das Dampfschiff *San Francisco*, »with her decks swept, boats gone, and completely disabled«.[1]

Nachdem sie den Blickkontakt zu dem manövrierunfähigen Dampfer verloren hatte, ging die *Maria Freeman* in Liverpool, Nova Scotia, vor Anker, wo die beunruhigenden Informationen in die Provinzhauptstadt Halifax und von da aus weiter nach New York telegraphiert wurden. Dort war die *San Francisco* am 22. Dezember 1853 in See gestochen. Zwei Tage nach Veröffentlichung der ersten Meldungen kamen in der *New York Times* Augenzeugen zu Wort, die den beschädigten Dampfer auf hoher See beobachtet hatten. Weniger »consistent and intelligent«[2] als deren Berichte waren hingegen die Zeitungsmeldungen der darauffolgenden Tage, die sich zunehmend wiederholten oder gar widersprachen und Vermutungen in Umlauf brachten, die das Wissen um das erwartete Ereignis vervielfältigten.

Der im Golfstrom treibende Dampfer war auch von einem zwischenzeitlich in Boston ankernden Schiff aus beobachtet worden, ehe er erneut außer Sichtweite geriet. Die von dort erhaltenen Berichte waren zwar zuversichtlich, dass

---

1 Disaster to the New Steamship San Francisco, in: The New York Times, 6. Januar 1854, Titelseite.
2 Latest Intelligence, in: The New York Times, 9. Januar 1854, o. S.

die *San Francisco* bald in ruhigere Gewässer geraten und noch nicht gesunken sei.³ Jedoch konnten auch sie eine entscheidende Ungewissheit nicht beseitigen: Um die Passagiere des hunderte von Kilometern vor der Küste driftenden Dampfers noch bergen zu können, musste ihr Schiff möglichst rasch lokalisiert werden, schließlich zirkulierten die einzigen bislang zu ihm führenden Spuren bereits seit zwei Wochen: zunächst auf dem Seeweg nach Liverpool, dann telegraphisch weiter über Halifax nach New York, bevor sie schließlich wieder zur See geschickt wurden, auf einem Schiff, das »in the track she would be likely to drift in« nach der *San Francisco* suchen sollte.⁴ Dass Richtung und Ausmaß ihrer zwischenzeitlichen Drift keineswegs bekannt waren, legen die für eine vierzehntägige Fahrt ausreichenden Kohlevorräte nahe, die das ausgesandte Rettungsschiff an Bord führte.

Der dringende Bedarf an gesicherten Informationen über den Golfstrom und dessen Ausläufer vor der nordamerikanischen Küste rief das U. S. Naval Observatory auf den Plan. Dessen Leiter Matthew Fontaine Maury, der bereits durch diverse Publikationen zu Winden und Strömungen im Nordatlantik in Erscheinung getreten war, wurde im Zuge der Bergungsmaßnahmen beauftragt, die Position des Dampfers nach dessen zweiwöchiger Drift zu bestimmen.⁵ Mit den Karten, die Maury daraufhin den Rettungsschiffen zur Lokalisierung der *San Francisco* mit auf den Weg gab, trat das zirkulierende Wissen um das mögliche Schiffsunglück nicht nur in das Feld der Meeresforschung ein, dessen Gegenstände, etwa hinsichtlich des Golfstroms, selbst zirkulierende Phänome umfassten. Zugleich beruht die Strömungskartographie auf einem Wissensumlauf, der an spezifische Träger dieses Wissens ebenso wie an Kanäle der Mobilisierung gebunden ist. Die Zirkulation erweist sich hierbei nicht nur als physisches Phänomen, sondern auch als epistemische Figur, mit deren Einsatz einer Generierung von Wissen auf die Spur zu kommen ist.

Die Herstellung von Wissen über das Meer wird im Folgenden aus medientheoretischer und wissensgeschichtlicher Perspektive anhand der Praktiken, Objekte und Medien der Kartographie in den Blick genommen. Hierbei wird der disziplinenübergreifende Umlauf dieses Wissens auch auf diejenigen Potenziale hin befragt, die das Meer in den Karten Matthew Fontaine Maurys über seinen bloß transitorischen Status hinaus als einen dreidimensionalen organi-

---

3 Ebd.
4 Hier und im Folgenden Wrecks at Sea, in: The New York Times, 9. Januar 1854, o. S.
5 Aus Maurys Forschungen waren bereits die *Wind and Current Charts* (ab 1847) sowie die *Explanations and Sailing Directions to accompany the Wind and Current Charts* (ab 1851) hervorgegangen. Zur Beschreibung des Unglücks der *San Francisco* bei Maury vgl. ders., The Physical Geography of the Sea. Second edition, enlarged and improved. New York 1855, 56–58. Der vorliegenden Untersuchung liegt neben der hier genannten auch die im Jahr 2003 neu editierte achte Auflage von 1861 der wiederholt überarbeiteten und erweiterten Publikation zugrunde.

sierten und epistemischen Raum in Erscheinung treten lassen, der als solcher geschichtlichem Wandel unterliegt.

Einen ersten Hinweis auf die Praktiken der Strömungskartographie liefert ein Artikel der *New York Times*, der am 14. Januar 1854 die erfolgreiche Bergung von Passagieren der *San Francisco* bekanntgab und auf besondere Weise das bisherige Wissen der Meldungen und Spekulationen über den befürchteten Schiffbruch durch eine ausführliche und konsistente Darstellung des nun nachweislich eingetretenen Unglücks ersetzte.[6] Er enthält den detaillierten und chronologischen Bericht eines Offiziers der *San Francisco*, der mit präzisen Informationen zu Windstärke, Luft- und Wassertemperatur aufwartet. Durch diese Verwertung von dem Logbuch entnommenen Messdaten sichtlich um eine konsistente Wiedergabe des Unfallhergangs bemüht, verweist der Artikel auf eine epistemische und mediale Bedingung seiner eigenen Entstehung. Er rekurriert auf eine Prozessierung seiner Referenzen, die neben der Verarbeitung und Repräsentation von Beobachtungen auch deren Übertragung und Zirkulation umfasst. Bemerkenswert ist dahingehend auch das wörtliche Zitieren einer bereits publizierten Referenz: der ersten Unglücksmeldung vom 5. Januar.[7] Mit der Wiederholung dieser ursprünglich aus Halifax übertragenen Ankündigung des Unfalls greift der Artikel auf ein inzwischen veraltetes Wissen um die *San Francisco* zurück – ein Wissen, mit dem erst nach dessen zehntägiger Schiffspassage und darauffolgender telegraphischer Übermittlung operiert werden konnte. Durch die erneute Publikation der überholten Nachricht und durch die zur Sprache kommenden Logbucheintragungen rekurriert der Artikel auf eine Nachträglichkeit als Möglichkeitsbedingung seiner inhaltlichen Konsistenz ebenso wie auf eine qualitative Veränderlichkeit seiner Referenzen während ihrer Übertragungen: Zum einen ließen sich die Wissenslücken der *New York Times* zugunsten einer synchronisierten und dichten Darstellung des Unfallhergangs erst durch eine retrospektive Kombination veralteter Meldungen mit neu eintreffenden Informationen schließen. Zum anderen modifizierten sich diese Referenzen durch ihre Verarbeitung, denn die in besagtem Artikel geleistete zeitlich und räumlich verlagerte Prozessierung stattete die ersten Sichtungen des manövrierunfähigen Dampfers aus der Ferne ebenso wie die währenddessen auf der *San Francisco* vorgenommenen Logbucheintragungen mit potenziell neuem und unplanmäßigem Aussagegehalt aus. Die ersten Berichte über das erwartete Unglück sowie die Logbuchdaten nahmen ihren Ausgang auf hoher See und beschreiben das Meer als Schauplatz eines Ereignisses und zugleich als dessen Nachrichtenkanal. Dergestalt tritt es auch dann in Erscheinung, wenn die *San Francisco* in der Folge des Unglücks in einer von Maury

---

6 Total Loss of the San Francisco, in: The New York Times, 14. Januar 1854, o. S.
7 Ebd.

publizierten Strömungskarte wieder auftaucht. Ein Blick auf die Techniken ihrer Herstellung zeigt, auf welche Weise die Karte dem verunglückten Dampfer einen gesonderten Platz in der Geschichte der Meeresforschung zuweist.

2. Strandgut, zum Sprechen gebracht

Für seine Erforschung der Meeresströmungen griff Maury, der aufgrund einer Beinverletzung nicht mehr selbst zur See fahren konnte, auf die Beobachtungen zahlreicher Schiffsbesatzungen zurück, denen er im Gegenzug für ihre Logbücher regelmäßig aktualisierte Karten zukommen ließ. Neben seiner Initiative zugunsten einer internationalen Vereinheitlichung von Logbüchern bestand Maurys Verdienst daher weniger in der Generierung von Daten als in deren Prozessierung – von ihrer Sammlung und Verarbeitung zu *track charts* bis hin zu ihrer Verteilung. Von seinem Washingtoner Büro aus beabsichtigte er, den Steuermännern auf hoher See nichts geringeres zur Verfügung zu stellen als Erfahrungen im ganz buchstäblichen Sinn: »the young mariner [...] would here find, at once, that he had already the experience of a thousand navigators to guide him on his voyage.«[8] Was er im Gegenzug von ihnen verlangte, waren die auf ihren Fahrten ausgefüllten Tabellen der Logbücher, die ihn mit Beobachtungen und Messdaten versorgten (dazu gehörten etwa Wasser- und Lufttemperatur, Wind- und Strömungsverhältnisse, Wellengang, Wassertiefe und Salzgehalt des Wassers), gepaart mit den dazugehörigen Koordinaten zur Lokalisierung der Messungen.[9] Maurys Verarbeitung von Daten während ihrer Zirkulation zwischen der instrumentellen Generierung und schriftlichen Fixierung ihrer Referenzen auf hoher See und ihrem letztlich ebendort stattfindenden Einsatz in Form von Karten schrieb der Seefahrt neue Funktionen und Qualitäten zu: Jedes mit seinem Büro entstammenden »charts« and blank abstract logs« ausgestattete Schiff »may henceforth be regarded as a floating observatory, a temple of science«.[10] Das Naval Observatory unterhielt nunmehr mobile Außenstellen, die an der Stabilisierung ihrer eigenen Sicherheit mitwirkten. Betrieben wurden diese von zur Feldforschung ausgerüsteten Seefahrern, deren Praktiken und Kenntnisse, wie das Zitat impliziert, sie in den Stand wissenschaftlicher Assistenten erhoben.

Neben den an seinem Schreibtisch eintreffenden Logbucheintragungen wertete Maury auch Quellen ganz anderer Art aus: »It is a custom often practiced

---

8 Maury, Geography (1855), vi. Zu den biographischen Angaben vgl. John Leighly, Introduction, in: Matthew Fontaine Maury, The Physical Geography of the Sea and its Meteorology. Edited by John Leighly. Mineola, NY 2003 (1861), ix–xxx.

9 Vgl. Maury, Geography (1855), 272 f.

10 Ebd., xii. Zum Schiff als Instrument vgl. auch Richard Sorrenson, The Ship as a Scientific Instrument in the Eighteenth Century, in: OSIRIS, 2nd series, 11, 1996, 221–236.

by sea-faring people to throw a bottle overboard, with a paper, stating the time and place at which it is done. In the absence of other information as to currents, that afforded by these mute little navigators is of great value.«[11] Die Zettel in den Flaschen enthielten neben den Koordinaten ihrer Aussendung auch Adressen zur Weitersendung derselben, etwa ins Washingtoner Observatorium, wo die eintreffenden Informationen ähnlich der Logbucheintragungen zu Karten und Segelanweisungen verarbeitet werden konnten. Was die Flaschen von den Logbüchern unterschied und zugleich ihren Wert ausmachte, war ihre zunächst uneingeschränkte Überantwortung an das Meer, bevor sie durch die Hände derer, die sie an den Küsten auflasen, weiteren Transportsystemen und schließlich den datenverarbeitenden Institutionen überlassen wurden. Anders als die Werte, die von den Seeleuten mittels verschiedener Instrumente gemessen und daraufhin in vorgefertigte Tabellen eingetragen wurden – und dies auf Schiffen, die auf möglichst denselben viel befahrenen Routen ganz konkrete Häfen ansteuerten –, erlaubten es die durch die Flaschenpost generierten Daten Strömungen über weite Strecken hinweg und ohne zuvor festgelegte Destination zu erfassen. In diesem Sinne diente auch ein manövrierunfähiges Schiff wie die *San Francisco* nicht nur als Quelle wichtiger Logbucheintragungen: Das schwimmende Observatorium wurde nunmehr zur Flaschenpost, zu epistemischem Treibgut, das sich als alles andere als »mute« erwies, als es durch das Nachzeichnen seiner Kurse zum Sprechen gebracht wurde.

Der Kartenausschnitt in Abbildung 1 zeigt die berechnete Driftroute der *San Francisco*, nachdem sie im Dezember 1853 in Seenot geraten war: Der Punkt *a* markiert die Stelle, an der das steuerungsunfähige Schiff vor der Suche nach ihm zuletzt gesichtet worden war, die Linien zwischen *a* und den beiden mit *b* markierten Stellen beschreiben die Grenzen seiner kalkulierten Drift. Das *c* zwischen den Enden der beiden Linien bezeichnet den Ort, an dem die Suchmannschaften eingesetzt wurden und der Kreis direkt neben der mit c markieren Stelle gibt an, wo die überlebenden Passagiere vom Dampfer geborgen wurden.[12] Deren Rettung geschah bereits am 4. Januar, jenem Tag, an dem man die ersten Nachrichten über das erwartbare Unglück nach New York telegraphiert hatte. Als die Möglichkeit des Dampferunglücks begann, die Stadt in Aufruhr zu versetzen, waren dessen Überlebende also bereits in Sicherheit. Denn wie die Leser der *New York Times* erst nach Eintreffen der Verunglückten in der Stadt erfuhren, hatten längst zwei weitere Schiffe unerwartet bei der *San Francisco* festgemacht und deren Passagiere an Bord genommen.[13]

Analog zu dem Artikel, der die wiederholte Telegraphenmeldung neben die Berichte der Überlebenden stellt, weist auch Maurys Karte auf die Nachträglichkeit

---

11 Maury, Geography (1855), 28.
12 Zur Beschreibung der Karte bei Maury vgl. ders., Geography (1855), 56–58.
13 Vgl. ebd. sowie Total Loss.

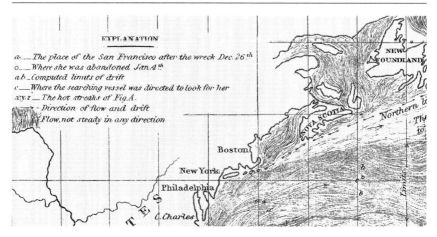

Karte 1: Matthew Fontaine Maury, *Gulf Stream and Drift*, Detail. Publiziert 1855 als Tafel iii der ersten Ausgabe von »The Physical Geography of the Sea«.

ihres Wissens hin. Durch die verzeichnete Rettung der Passagiere lässt sie nicht nur erkennen, dass sie keine der für die Rettungsmaßnahmen erstellten Karten ist, auch gibt sie eine Bedingung ihrer eigenen Herstellung preis: Sie deklariert die Pfeile und Linien, die laut Legende die Richtungen und Ausdehnungen der Strömungen verzeichnen, als Rekonstruktionen wahrscheinlicher Routen manövrierunfähiger Schiffe, mit Nachrichten befüllter Flaschen und Treibgut anderer Art: »They leave no tracks behind them, it is true, and their routes cannot be ascertained. But knowing where they were cast, and seeing where they are found, some idea may be formed as to their course.«[14] Die in die Karte eingetragenen Koordinaten der Geschichte des Dampferunglücks verzeichnen eine mediale Bedingung der Möglichkeit wissenschaftlicher Strömungsforschung. Mithin lassen sich auch Maurys Flaschen als Instrumente zur Erfassung von Strömungen in den Blick nehmen und danach befragen, auf welche Weise sie als epistemisches Treibgut die Meeresströmungen als Wissensobjekte formten.[15]

Die Rekonstruktion der von den Flaschen spurlos zurückgelegten Kurse führte über den Weg mathematischer Operationen, die punktuelle Daten – die räumlichen und zeitlichen Koordinaten der Herkunftsorte möglichst vieler an der Wasseroberfläche treibender Objekte – in einen zeitlichen und räumlichen

---

14 Maury, Geography (1855), 28.
15 Zu älteren Berichten von »fremdem« Treibgut an Europas Küsten, vgl. Johann Georg Kohl, Geschichte des Golfstroms und seiner Erforschung von den ältesten Zeiten bis auf den grossen amerikanischen Bürgerkrieg. Eine Monographie zur Geschichte der Oceane und der geographischen Entdeckungen. Mit 3 lithographischen Karten. Bremen 1868, 28. Siehe auch Érik Orsenna, Lob des Golfstroms. Aus d. Französischen von Annette Lallemand. München 2008, 99.

Zusammenhang bringen. Der Versandort der Flaschenpost diente zugleich als Nachricht, die nachher als Wegmarke der sie transportierenden Strömungen in die Karten übertragen wurde. Die Küsten, an der die Flaschen wieder auftauchten, wurden mit dem weiteren Verlauf der Strömungen in Verbindung gebracht: »Straight lines may at least be drawn, showing the shortest distance from the beginning to the end of their voyage, with the time elapsed.«[16] In der Praxis waren geradlinige Verbindungen jedoch auszuschließen, insbesondere wenn es sich um entlegene Küsten handelte, die kartographisch eben nicht auf direktem Seeweg mit den Herkunftsorten der Flaschen zu verbinden waren. Während die Bahnen der durch die Strömungen transportierten Objekte notwendigerweise im Verborgenen bleiben, erzeugten die Interpolation der Wegmarken und ihre Repräsentation einen Kontinuitätseffekt, der sich in Maurys Karten in Form von Richtungspfeilen und Linien einschrieb.[17] Erst die nachträgliche Übertragung und Prozessierung isolierter Referenzen generierten die »tracks« der Flaschen. Als rekonstruierte Bewegungsspuren verleihen diese nicht nur den Karten spezifische Formen von Zeitlichkeit, sondern bringen auch das Meer selbst, den Kanal der Flaschenpost, als grundlegend dynamisches Phänomen in Erscheinung. Ähnlich verwertbar sind auch Logbucheintragungen; und zwar umso mehr, als sie im Zuge der Initiative Maurys auf der ersten Internationalen Hydrographischen Konferenz 1853 in Brüssel vereinheitlicht wurden. Die einzelnen Tabellenzeilen der standardisierten Logbücher – also alle an ein und demselben Ort vorgenommenen Messungen – lassen sich fortan als Momentaufnahmen von Dynamiken lesen, die in ihrer Kombination ein kartographisches Bewegungsbild des Meeres ergeben.

Dass es keineswegs ausreiche, Herkunfts- und Fundorte der Flaschen durch »straight lines« zu verbinden, um deren Verlauf zu verzeichnen, da Meeresströmungen alles andere als geradlinig sind, entnahm Maury auch der Geschichte der Strömungsforschung.[18] Der breite Bogen, den der Golfstrom zwischen Europa und Nordamerika beschreibt, wurde schon einhundert Jahre zuvor kartographiert. Dies führt auf eine Episode zurück, die weitere epistemische und mediale Qualitäten des Strömungswissens aufscheinen lässt.

16 Maury, Geography (1855), 28. Hier erwähnt er auch bereits existierende Karten, in denen Flaschenpostdaten zur Verzeichnung von Strömungen verwendet wurden.
17 Hinweise und Inspiration im Hinblick auf Kontinuitätseffekte bei der Repräsentation von Strömungen sowie auf die narrativen und epistemischen Potentiale ihrer Erforschung verdanke ich Wolfgang Struck, Über die wirbelreichen Tiefen des Meeres. Momentaufnahmen einer literarischen Hydrographie, in: Steffen Siegel, Petra Weigel (Hrsg.), Die Werkstatt des Kartographen. Materialien und Praktiken visueller Welterzeugung. Paderborn 2010, 123–142, sowie Alexander Klose, Das Container-Prinzip. Wie eine Box unser Denken verändert. Hamburg 2009, hier 29–43.
18 Zu Maurys Kenntnis der Geschichte der Golfstromforschung vgl. Maury, Geography (1855), 60–64. Kohl situiert ein spezifisches Wissen von Strömungen als zirkulierenden Phänomenen im 16. Jahrhundert, vgl. Kohl, Geschichte, 44 f.

3. Umlauf des Zirkulationswissens

Ein knappes Jahrhundert zuvor, 1768, war im Auftrag des damaligen Generalpostmeisters Benjamin Franklin eine Karte des Atlantischen Ozeans angefertigt worden, die den Golfstrom vor Nordamerika abbildet.[19] Ihre Entstehungsgeschichte führt auf eine Beschwerde zurück, die Franklin zu Ohren gekommen war. Darin beklagte sich das Bostoner Zollamt bei den Finanzbehörden in London darüber, dass die Postschiffe von Falmouth (Cornwall) nach New York etwa zwei Wochen länger unterwegs seien als die Handelsschiffe von London nach Rhode Island.[20] Franklin konsultierte hierauf Timothy Folger, einen Kapitän aus Nantucket, und erfuhr, dass die Verzögerungen der Postschiffe durch Strömungen vor der nordamerikanischen Küste verursacht würden. Die Handelskapitäne und Walfänger der Gegend kannten diese laut Folger gut; letztere besonders, »because in our pursuit of whales, which keep near the sides of it, but are not to be met within it, we run down along the sides, and frequently cross it to change our side«. Die Besatzungen der englischen Postschiffe, die man zuweilen entgegen der Strömungsrichtung segelnd antraf, seien jedoch »too wise« um auf die nautischen Ratschläge von »simple American fishermen« zu hören, wenn diese sie auf die Problematik hinwiesen.

Franklin ließ die Strömungen von Folger kartographieren und schickte Kopien der Karte zusammen mit der Empfehlung, beim Anlaufen der nordamerikanischen Küste den Golfstrom zu meiden, nach Falmouth. Er musste jedoch feststellen, dass die Steuermänner der englischen Postschiffe nicht nur die Ratschläge der Walfänger ignorierten, sondern auch die des amerikanischen Postmeisters.[21] Immerhin stellte sich die zunächst geringe Beachtung seiner Karte bald als strategischer Vorteil heraus. In Anbetracht des drohenden Krieges gegen Großbritannien unternahm Franklin keine weiteren Versuche in Europa zu

---

19 Zur Datierung der Karten Franklins und Folgers vgl. Philip L. Richardson, The Benjamin Franklin and Timothy Folger Charts of the Gulf Stream, in: Mary Sears, Daniel Merriman (Hrsg.), Oceanography. The Past. New York u. a. 1980, 703–717. Etwa zeitgleich kartographierte auch John William Gerard de Brahm den Golfstrom, jedoch auf aktuellerem geographischen Kartenmaterial, was als ein Grund für die größere Popularität von De Brahms *Atlantic Pilot* (1772) gedeutet wird, vgl. Josef W. Konvitz, Cartography in France, 1660–1848. Science, Engineering and Statecraft. Chicago 1987, 64. Ältere Darstellungen von Meeresströmungen reichen auf Athanasius Kirchers' *Mundus Subterraneus* (1665) zurück, vgl. Arthur H. Robinson, Early Thematic Mapping in the History of Cartography. Chicago und London 1982, 80 f.

20 Hier und im Folgenden Benjamin Franklin, A Letter from Dr. Benjamin Franklin, to Mr. Alphonsus le Roy, Member of Several Academies, at Paris. Containing Sundry Maritime Observations, in: Transactions of the American Philosophical Society 2, 1786, 294–329, hier 314 f.

21 Vgl. ebd.

verbreiten, was Johann Georg Kohl in seiner *Geschichte des Golfstroms* (1868) dessen »Oceanisches Geheimnis« nennt.[22] Hinter dieser Entscheidung kriegsstrategische Erwägungen zu vermuten, scheint naheliegend; dem früheren Drucker und Publizisten Franklin wäre es sicher nicht schwer gefallen, weitere Veröffentlichungen seiner Karte zu erwirken. Stattdessen ließ er die Engländer bis nach Kriegsende gegen die Strömung ansegeln, indem er die risikobehaftete Zirkulation seines Wissens selbst zu steuern und zumindest vorläufig zu verhindern suchte.

Der Golfstrom weckte Franklins Interesse nicht nur hinsichtlich seiner Funktion als Postmeister. Bereits dreißig Jahre zuvor, in den 1740er Jahren, hatte er sich mit der Erforschung verschiedener Naturphänomene, etwa der Wärmegewinnung und -leitung sowie der Elektrizität beschäftigt, in deren Rahmen auch seine Erfindung des Blitzableiters fällt. Unter Rückgriff auf die Arbeiten Albrecht von Hallers hatte Franklin zudem elektrische und ökonomische Kreisläufe untersucht und seine eigene Theorie einer »Ökonomie der Zirkulation« innerhalb geschlossener Systeme entwickelt, wie Bernhard Siegert anhand ihrer Bezugnahme auf »Currents und Currency«, auf Elektrizität und den Umlauf von Papiergeld, gezeigt hat.[23] Eine Konzeptualisierung von Strömungen und Zirkulationen war Franklin hiernach keineswegs fremd, als er den Golfstrom für seine Studien entdeckte. Trotzdem ist es weniger seine Beschreibung desselben, als eine 1786 publizierte Karte – eine überarbeitete Version derjenigen von 1768 –, die den Golfstrom mit einem zirkulierenden Phänomen in Verbindung bringt (Abb. 2). Sie zeigt ihn als ein nach Norden hin breiter werdendes Band, das sich an der nordamerikanischen Küste entlang zieht, bevor es sich in einem weiten Bogen nach Südosten krümmt. Frühere Varianten dieser Darstellung zeigen einen etwas größeren Kartenausschnitt. In ihnen beginnt die Strömung unvermittelt an der Mündung des Golfs von Mexiko in den Atlantik – und nicht am Kartenrand – und endet nach einem weiten Bogen nach Nordosten mitten im Ozean, fast bündig an einer Kompasslinie. In der neueren, hier abgebildeten Darstellung hingegen beginnt und endet der Golfstrom, als wäre er einzig durch die Wahl des Kartenausschnitts unterbrochen, an ihren Rändern.[24]

---

22 Kohl, Geschichte, 108. Einer Publikation der Karte wurde zunächst nur in Frankreich nachgekommen, wie Franklin in seinem Brief an ein Mitglied französischer Akademien versichert, vgl. Franklin, Letter, 315.
23 Bernhard Siegert, Currents and Currency. Elektrizität, Ökonomie und Ideenumlauf um 1800, in: Jürgen Barkhoff, Hartmut Böhme, Jeanne Riou (Hrsg.), Netzwerke. Eine Kulturtechnik der Moderne. Köln 2004, 53–68, hier 57.
24 Im Vergleich zeigt sich zudem, dass in den älteren Darstellungen andere Projektionstechniken angewendet wurden, was den Eindruck einer über die Ränder der 1786er Karte hinausreichenden Strömung jedoch nicht mindert, vgl. die Abbildungen der verschiedenen Kartenversionen in: Richardson, Charts, 707, 709 f.

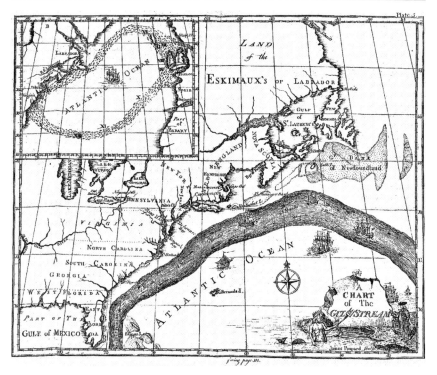

Karte 2: Benjamin Franklin, *A Chart of the Gulf Stream*. Publiziert 1786 als Tafel 5 in »A Letter from Dr. Benjamin Franklin, to Mr. Alphonsus le Roy, Member of Several Academies, at Paris. Containing Sundry Maritime Observations«.

Was die Karte ferner von ihren früheren Ausführungen unterscheidet und den Golfstrom als zirkulierendes Phänomen andeutet, ist eine verkleinerte Abbildung des Nordatlantiks in seiner gesamten Breite am oberen linken Rand, in der eine Schraffur einen weiten, unregelmäßigen Ring im Ozean markiert. Sie zeichnet die jahreszeitliche Migration von Heringen nach und ist Teil einer Untersuchung, die in derselben Publikation veröffentlicht wurde wie Franklins maritime Observationen.[25] Sicher ließen sich mögliche Begründungen für das Insert an dieser Stelle finden, etwa eine Nutzbarmachung der auf der Karte abgebildeten Spuren der Heringe für Fischer oder gar für die Jagd auf Wale, die ihrerseits Heringe jagen, womit wiederum eine Entstehungsbedingung der Karte ins Bild gesetzt wäre. Eher noch stellt sich jedoch die Frage, inwieweit die beiden nebeneinander dargestellten Phänomene Golfstrom und Heringsstrom in Relation zueinander treten. Nicht nur lässt der Titel *A Chart of the Gulf Stream* wenig

---

25 Vgl. John Gilpin, Observations of the annual Passage of Herrings, in: Transactions of the American Philosophical Society 2, 1786, 236–239.

Raum für Zweifel daran, dass beide Abbildungen den Golfstrom beschreiben – und zwar als zirkulierendes Phänomen –; auch bleibt die Heringswanderung im Begleittext neben der Darstellung unerwähnt.[26]

Die geschilderte Entstehungsgeschichte der Karte deutet zudem auf anders geartete Zirkulationen hin. Sie zeigt die Mobilisierung von Strömungsdiskursen durch verschiedene Wissensfelder hindurch, noch bevor diese auf das Meer übertragen wurden. Diese Übertragung, die sich in der kartographischen Repräsentation niederschlug, verweist auf ein tradiertes Wissen um Meeresströmungen, das in Nantucket die Fangquote der Waljäger erhöhte, während es auf den Handelsschiffen aus Rhode Island eher navigatorische Zwecke erfüllte. Auf dem Postweg zwischen Europa und Nordamerika, wo Geschwindigkeit und Sicherheit des Nachrichtentransports auf dem Spiel standen, wurde es zu einem Übertragungswissen, bis es sich schließlich während des Amerikanischen Unabhängigkeitskrieges auch als ein strategisches erwies.

Indem die kartographische Aufzeichnung des Golfstroms den Umlauf der Diskurse über ihn ermöglichte, operierten Franklins und Folgers Karten ganz im Licht des von Bruno Latour geprägten Konzeptes der *immutable mobiles*, die als unveränderliche Träger von Inskriptionen die Mobilisierung von Wissen veranlassen.[27] Das ihnen eingeschriebene Wissen über den Golfstrom kursierte nicht nur mit dem Golfstrom über die geographische Grenze des Atlantischen Ozeans hinweg, sondern auch auf diskursiver Ebene hinein in verschiedene Wissensfelder, wie das der Jagd, des Handels, des Krieges und der Kommunikation. Trotz der zögerlichen Publikationsstrategie Franklins gelangten die Karten, wenn schon nicht zu den britischen Postbehörden und Kriegsstrategen, immerhin in die Kreise der Royal Society. So begann auch der britische Naturforscher und Mediziner Charles Blagden sich im Anschluss an Franklin für

---

26 Selbst Albert Henry Smyth, Herausgeber von »The writings of Benjamin Franklin«, beging den Irrtum, beide Karten dem Golfstrom zuzuschreiben. In Band IX des 1907 in New York publizierten Werkes finden sich Franklins »Maritime Observations« zusammen mit einer als Plate XIII abgedruckten vermeintlichen Reproduktion besagter Karte, basierend auf einem 1906 neu angefertigten Stich. Unter dem Titel »A Chart of the Atlantic Ocean Exhibiting the Course of the Gulph Stream, &ct.« stellt sie jedoch eine Kombination der Karten Gilpins und Franklins dar, in der die Heringswanderungen des einen in die Golfstromabbildung des anderen hineinprojiziert sind, vgl. Louis De Vorsey, Pioneer Charting of the Gulf Stream: The Contributions of Benjamin Franklin and William Gerard De Brahm, in: Imago Mundi 28, 1976, 105–120, hier 119, Fußnote 28.

27 Nach Latour ist die Mobilisierung von Wissen an dessen Inskription gebunden, was zudem die rhetorische Autorität der Referenzen erhöhe. Repräsentieren Datenträger ihr Wissen unveränderlich, mobil und kombinierbar, so ermöglichen sie als *immutable mobiles* dessen Zirkulation, wie Latour anhand der Karten des Seefahrers und Entdeckers La Pérouse zeigt, vgl. Bruno Latour, Drawing Things Together, in: Michael Lynch, Steven Woolgar (Hrsg.), Representation in Scientific Practice. Cambridge, MA 1990, 19–68, besonders 24–26. Selbstredend ist die Unveränderlichkeit der Inskriptionen, wie die verschiedenen Versionen der Karten Franklins und Folgers zeigen, an ihre spezifischen Datenträger gebunden.

Strömungen zu interessieren. Unabhängig voneinander machten sich beide auf »thermometrischen See-Reisen« fortan daran, die Spur des Golfstroms anhand von Temperaturunterschieden außerhalb und innerhalb desselben weiter zu verfolgen.[28] Nachdem also Treibgut, Wale und (vermittels der Segelgeschwindigkeiten ihrer Schiffe) auch die Post als Institution auf die Existenz von Strömungen hingewiesen hatten, kam mit Franklin und Blagden das Thermometer zum Einsatz, mit dessen Hilfe der Golfstrom nun auch explizit im Rahmen der Naturforschung entdeckt werden konnte. Die Existenz der Strömung wissenschaftlich zu verifizieren hieß hierbei in erster Linie, sie isoliert von den umgebenden Gewässern zu betrachten.

Die medizinische Forschungsarbeit Blagdens und die Tätigkeit Franklins als Postmeister bilden nicht zufällig den Rahmen für die Erforschung von Meeresströmungen. Wenn im Folgenden die spätere Strömungsforschung erneut unter die Lupe genommen wird, so wird sich zeigen, wie die mit Franklin angesprochenen Zirkulationsprozesse das Meer auch mit den Wissensfeldern der Physiologie und Kommunikation in Verbindung bringen. Über eine Erkundung der Verhältnisse von Meeresströmungen zu Transportsystemen im menschlichen Organismus führt der Weg hinab in die Tiefen des Meeres und zurück zu Maury.

4. Die Physiologie des Meeres

In *The Physical Geography of the Sea* schlägt Maury zum Zweck des Erkenntnisgewinns über den Golfstrom eine Zusammenschau desselben mit dem Herzschlag vor: »Now, if we may be permitted to apply to the Gulf Stream and to the warm flows of water from the Indian Ocean an idea suggested by the functions of the human heart in the circulation of the blood, we perceive, how these pulsations of the great sea-heart may perhaps assist in giving circulation to its waters through the immense system of aqueous veins and arteries that run between the equatorial and polar regions.«[29] Er verweist damit auf funktionale Äquivalen-

---

28 Kohl, Geschichte, XII, 109 f. Auch Blagden, der während des Amerikanischen Unabhängigkeitskrieges als Mediziner auf einem britischen Lazarettschiff tätig war, gibt einen »effect of the current in pushing ships« zu bedenken und empfiehlt den Einsatz von Thermometern für navigatorische Zwecke: Charles Blagden, On the Heat of the Water in the Gulf-Stream, in: Philosophical Transactions of the Royal Society of London 71, 1781, 334–344, hier 339, 342–344.

29 Maury, Geography (1855), 252. Das Zentrum dieser Zirkulation bilde die Sargassosee (vgl. ebd., 29), in der sich – wie auch in ihrem Pendant im Pazifik – »the drift matter of each sea« ansammelt: Maury, Geography (2003/1861), 60. Physiologische Verweise sind zahlreich in den ersten Ausgaben der *Physical Geography*, werden aber in späteren Editionen nur selten übernommen. Ob dies einer Reaktion auf zum Teil erhebliche Kritik am Werk zuzurechnen ist, kann hier nicht entschieden werden; zur zeitgenössischen Kritik an Maury und den zahlreichen Überarbeitungen seiner Texte vgl. John Leighly, Introduction, xiii–xxviii.

zen zwischen dem Golfstrom sowie dessen Entsprechung im Indischen Ozean und dem menschlichen Herz (Maury orientierte sich hierbei an der Humanphysiologie), innerhalb der die großen Strömungen, die sich nach außen hin zunehmend verzweigen, als Impulsgeber eines Zirkulationsprozesses agieren. Anders als der graphisch kontrastreich vom umgebenden Wasser isolierte Golfstrom in Franklins und Folgers Karte verbinden Maurys Strömungen mithilfe ihrer Verzweigungen alle marinen Regionen. Ihre Zirkulationen betreffen den gesamten Raum des Meeres; erst mittels ihrer Ausläufer vermögen sie es, entsprechend der Verteilung von Blut im menschlichen Körper durch Venen und Arterien, Flaschen an ferne Küsten zu transportieren. Es war dabei keineswegs neu, die Wissensfigur der Zirkulation ebenso wie ihre jeweiligen Objekte mit der Physiologie in Verbindung zu bringen. Auf welche Weise der Zirkulationsdiskurs seinen historischen Widerhall insbesondere in William Harveys Entdeckung des Blutkreislaufs fand, bevor er etwa auf ökonomische oder gesellschaftstheoretische Kontexte übertragen wurde, ist Gegenstand mehrerer aufschlussreicher Untersuchungen.[30]

Nicht nur Maurys Texte beziehen die Meeresströmungen auf die Zirkulation des Blutes im lebendigen Körper, auch seine Karten verweisen auf ein Wissen der Physiologie. Bereits Franklins Entdeckung des Golfstroms deutete darauf hin, dass die Diskurse über Strömungen und Zirkulationen durch ihre Übertragungen auf verschiedene Wissensfelder spezifische Ausprägungen erfahren haben. Hierbei war mit dem Postwesen auch die Kommunikation auf den Plan gerufen – ein Feld, das nicht zuletzt Maurys Flaschen betrifft. Das Treibgut zu Informationsträgern erklärend ließ dieser die Meeresströmungen als ein weltumspannendes Verkehrssystem in Erscheinung treten, als ein zirkulierendes Phänomen, das als solches wiederum Objekte und Informationen in Umlauf versetzte. Die innere Organisation des Meeres wies somit nicht nur Parallelen zu demjenigen weltumspannenden Kommunikationsnetz auf, das im späten 19. Jahrhundert mit der Verlegung von Telegraphenkabeln durch den Atlantik in Angriff genommen wurde, sondern implizierte auch Vergleiche mit Systemen der Signalübertragung im lebenden Organismus.

Die Vorstellung funktionaler, auf ihre Übertragungstätigkeit bezogener Äquivalenzen von Strömungen, Telegraphenkabeln und Nervenbahnen lässt sich ins 18. Jahrhundert zurückverfolgen: Nicht nur führte Samuel Thomas Soemmerrings Entwicklung eines elektrochemischen Telegraphen (mit dem er

---

30 Exemplarisch sei hier verwiesen auf Roland Borgards, Blutkreislauf und Nervenbahnen. Zum physiologischen Zusammenhang von Zirkulation und Kommunikation im 18. Jahrhundert, in: Harald Schmidt, Marcus Sandl (Hrsg.), Gedächtnis und Zirkulation. Der Diskurs des Kreislaufs im 18. und frühen 19. Jahrhundert. Göttingen 2002, 25–38 (zu weiteren Prägungen des Zirkulationsdiskurses vgl. den gesamten Band). Ausführlich finden sich diese Zusammenhänge auch bei Joseph Vogl, Kalkül und Leidenschaft. Poetik des ökonomischen Menschen. Zürich und Berlin 2004, hier besonders Kapitel 4.

bereits 1811 Impulse durch die Isar geschickt haben soll[31]) auf Experimente an Froschschenkeln zurück, die Luigi Galvani um 1791 anstellte und die weite Teile des später als Neurophysiologie bezeichneten Forschungsbereichs unter dem Vorzeichen der *thierischen Elektricität* vereinten.[32] Im Gegenzug wurde auch das Transatlantikkabel nach der ersten erfolgreichen Nachrichtenübertragung im Jahr 1858 mit den Nervenbahnen im Organismus in Verbindung gebracht.[33] Dabei ist kaum anzunehmen, dass die ersten fragmentarischen und unzusammenhängenden durch den Atlantik verschickten Meldungen – bemerkenswerterweise lauteten die ersten durchs Kabel gesendeten Worte »Repeat, please« – die Ansprüche an das neue Medium minderten. Neben dem erwarteten bald globalen Nachrichtenumlauf schlugen diese sich nicht zuletzt auch im Begriff der Kontinuität nieder.[34]

Die Erforschung des Tiefseebodens durch die Initiative Maurys fand Unterstützung durch die Gesellschaften der Kabelleger, deren Aufmerksamkeit sich zunehmend auf die Vermessung des Nordatlantischen Rückens richtete – eine Region, auf die sich Maury bereits 1855 als »telegraphic plateau« berief.[35] Dennoch lassen seine Karten zumindest nicht in erster Linie auf gesellschaftspolitische, kommunikationstechnische oder transnationale Interessen schließen. Expliziter als mit der Überwindung des Raumes befassen sie sich mit dessen Beschaffenheit: der äußeren Konturierung – so im Falle seiner bathymetrischen, die vertikalen Grenzen des Meeres betreffenden Untersuchungen – und der inneren Organisation des Meeres, den Strömungen, die nach seiner Auffassung wie Blut in einem Organismus zirkulieren. Wenn daher nachfolgend Maurys Herstellung bathymetrischer Karten in den Blick genommen wird, dann geschieht dies vor dem Hintergrund der bereits angesprochenen Übertragungen physiologischer Modelle auf das Meer. Die Telegraphie, gerade weil sie eine Überwindung des Raumes verspricht und Ozeanüberquerungen per Schiff entbehrlich zu machen vermag, erscheint dabei als Fluchtpunkt und Widerlager zugleich.

---

31 Jan-Peter Domschke, Ströme verbinden die Welt. Telegraphie – Telefonie – Telekommunikation. Stuttgart und Leipzig 1997, 20.
32 Vgl. etwa Emil du Bois-Reymonds *Untersuchungen über thierische Elektricität* (ab 1848), die Lebensvorgänge ganz im Sinne der Elektrophysiologie chemisch und physikalisch zu erklären suchten.
33 Nach Christian Holtorf ist dies im Zeichen gesellschaftspolitischer Metaphoriken anzusiedeln: vgl. ders., Der erste Draht zur neuen Welt. Die Verlegung des transatlantischen Telegrafenkabels. Göttingen 2013, Kapitel 6.
34 Ebd. 252, 284.
35 Maury, Geography (1855), 210. Zu Maurys Beitrag zur Kabellegung vgl. Holtorf, Telegrafenkabel, Kap. 2.1.

5. Kartographie der Tiefe

In Benjamin Franklins Aufzeichnungen zu einer durchgeführten Lotung findet sich anstelle einer das Tiefenmaß angebenden Zahl die Notiz »no bottom«.[36] Dem Problem, auf das die Notiz verweist, stand die Vermessung des Meeresbodens noch fast einhundert Jahre später gegenüber. Es bestand in mangelnden Beweisen für eine Bodenberührung der Lote. Während die von Maury als »counter currents« benannten Tiefenströmungen Senkbleie von zu geringem Gewicht davontrugen und bathymetrische Messungen zum Teil verunmöglichten, waren es bei zunehmender Tiefe gerade die zu schweren Leinen und Lote, die mittels Winden betrieben werden mussten, durch die jedoch Bodenberührungen kaum mehr zu registrieren waren.[37] Dennoch weist eine von Maury 1853 in der fünften Auflage der *Sailing Directions* publizierte bathymetrische Karte (Abb. 3) jeder Region des Nordatlantiks eine spezifische Tiefe, und somit das Vorhandensein eines Bodens zu, obwohl »official reports« für verschiedene Koordinaten weiterhin »no bottom« verzeichneten.[38] Dieses kartographische Wissen ähnelt dem Strömungswissen dahingehend, als es auf einer Interpolation derjenigen Daten beruht, die Maury als gesichert einstufte.

Im Jahr der Veröffentlichung dieser Karte wurde Maury von John M. Brooke, einem Kommandanten der U.S. Coast Survey, der Einsatz eines Apparats vorgeschlagen, der die Ergebnisse von Lotungen auch in größten Tiefen zu verifizieren versprach.[39] Eine hohle Kanonenkugel diente ihm als Senkblei, das sich bei Kontakt mit dem Meeresboden von der Leine löste und dort zurückblieb. Am Ende der Leine war zudem ein mit Seife oder Talg bestrichenes Objekt befestigt (ein Metallröhrchen oder Federkiel), das es erlaubte, an ihm haftende Bodensedimente an Bord der Vermessungsschiffe zu holen. Unter der Bedingung der Entnahme dieser Proben vom Meeresgrund lieferten die von Brooke entwickelten Lotapparate somit einen buchstäblich substanziellen Beleg für die Bodenberührung.[40] Mit ihrer Hilfe waren es fortan Sedimente, die die Tiefen und

---

36 Franklin, Letter, 325. Auch Maury berichtet von Lotungen, die noch bei 50.000 Fuß (über 15 km) Tiefgang keinen Boden erreicht hatten. Während er diese Messungen 1855 immerhin in Frage stellt, schließt er derartig große Tiefen in der späteren Ausgabe explizit aus: Maury, Geography (1855), 203, sowie ders., Geography (2003/1861), 284.
37 Maury, Geography (1855), 201, 203–206.
38 Matthew Fontaine Maury, Explanations and Sailing Directions to accompany the Wind and Current Charts. Fifth edition, enlarged and improved. Washington 1853, 239.
39 Vgl. Maury, Geography (1855), 206f, 211f. Zur Beschreibung desselben vgl. auch Helen Rozwadowski, Fathoming the Ocean. The Discovery and Exploration of the Deep Sea. Cambridge, MA 2005, 79–84.
40 Vgl. Rozwadowski, Fathoming, 84f. sowie Sabine Höhler, Dichte Beschreibungen. Die Profilierung ozeanischer Tiefe im Lotverfahren von 1850 bis 1930, in: David Gugerli, Barbara

somit die Grenzen der Meere verzeichnen ließen. Das Beweismaterial, wenn schon nicht für die Genauigkeit der Messung, so doch für die Bodenberührung, wurde zugleich anderweitig als Untersuchungsgegenstand für geologisch intendierte Naturforschung und als Argument für die transatlantische Telegraphie bedeutsam. So weist Helen Rozwadowski in ihren Untersuchungen zur Geschichte der Tiefseeforschung auf Abbildungen der Sedimente in Tageszeitungen hin (etwa als Illustration von Zeitungsartikeln, die die Verlegung der Kabel verfolgen), die ebenso wie die kartographischen Repräsentationen der Meerestiefen für ein »inviting image of the deep sea« und somit für Vertrauen von Öffentlichkeit und potentiellen Sponsoren in die submarine Telegraphie gesorgt hätten.[41]

Zwei Jahre nach der Veröffentlichung seiner ersten Tiefenkarte konnte Maury dieselbe als veraltet erklären und eine detailliertere bathymetrische Karte publizieren.[42] Insofern ein möglichst enges Netz an Messdaten erforderlich ist, um, mit den Worten Sabine Höhlers, eine »dichte« und damit »glaubwürdige« Beschreibung des Meeresbodens zu erlangen, ließe sich angesichts der wenigen in Maurys erster Karte eingetragenen Werte sagen, dass er detailliertere Darstellungen anfertigen *musste*.[43]

Schon für seine frühen bathymetrischen Karten brachte er die gesammelten Tiefenangaben – analog zu den Koordinaten von Flaschenpost und Logbuch – in Relation zueinander, um sie in annähernd gleichwertige Gruppen zu gliedern, denen er jeweils eine spezifische Tönung zuwies. Auf die Karte übertragen binden die so erzeugten, unterschiedlich getönten Flächen jede Region des Meeresbodens an eine spezifische Tiefe. Die Ränder der Flächen markieren die Abstufungen zwischen den Tiefenregionen. Erst in späteren Kartenversionen setzt Maury auch Isobathen ein, Konturlinien, die eine stichhaltigere Rhetorik implizieren, die mit einer Zunahme an verarbeiteten Datenmengen einhergeht. Denn angesichts ihrer wenigen Referenzpunkte kann in Maurys erster Karte von einer »dichten Beschreibung« im Sinne Höhlers keine Rede sein. Der enorme Abstraktionsgehalt, den die Karte aufgrund ihrer geringen Anzahl an interpolierten Tiefenangaben aufweist, stellt sie daher vielmehr ins Licht der zuvor erwähnten Argumentation von Maury, die Versand- und Fundorte von Flaschenpostsendungen durch gerade Linien zu verbinden – ein Gedanke, der dazu

---

Orland (Hrsg.), Ganz normale Bilder. Historische Beiträge zur visuellen Darstellung von Selbstverständlichkeit. Zürich 2002, 19–46, 24f.
41 Rozwadowski, Fathoming, 89.
42 Diese erschien in der 7. Auflage der *Sailing Directions* als Abbildung XV.
43 Höhler zufolge erhielt der »wissenschaftlich-abstrakte Datenraum Tiefe seine Glaubwürdigkeit mit der [zunehmenden] Dichte der gewonnenen Daten«, ein Anspruch, den später die »lückenlose Sondierung« des Meeresbodens durch das Echolot umso nachdrücklicher einlöste: Höhler, Beschreibungen, 21 und 30 (Herv. i. O.).

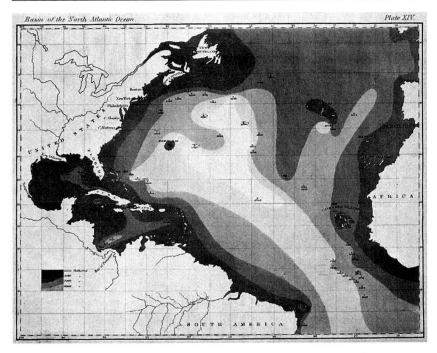

Karte 3: Matthew Fontaine Maury, *Basin of the North Atlantic Ocean*, Publiziert 1853 als Tafel xiv der »Explanations and Sailing Directions to accompany the Wind and Current Charts« (Fifth edition, enlarged and improved, Washington). U.S. Naval Observatory Library/National Oceanic and Atmospheric Administration Department of Commerce.

dienen mochte, die Existenz von Strömungen aufzuzeigen, der sich jedoch für deren nähere oder gar dichte Beschreibung als ungeeignet erwies.[44]

Mit ihrer geringen Anzahl an Messpunkten verweist Maurys erste bathymetrische Karte daher auf wenig mehr als das bloße Vorhandensein des Meeresbodens. Sie erzeugt dessen (kartographische) Sichtbarkeit, lenkt den Blick aber zugleich auf ihre *weißen Flecken*: all jene Stellen am Meeresboden, die der Lotapparat eben nicht berührt hatte.

Bemerkenswerterweise ist Maurys Darstellungstechnik zugleich eine mögliche Repräsentationsform für Volumen und verweist auf sein Vorhaben, den Wissenschaften nichts weniger als ein »sealed volume« zugänglich zu machen.[45] Zwar hatten kartographische Reliefabbildungen des Festlands seinerzeit längst verschiedene Möglichkeiten der Volumenrepräsentation durchgespielt; Variationen in Tönung, Schraffur und Schattierung waren ebenso gebräuchliche

44 Maury, Geography (1855), 28.
45 Maury, Geography (1855), 202, sowie Höhler, Beschreibungen, 23–30.

Techniken wie der Einsatz von Isolinien.[46] Dennoch läuft seine Darstellung der tiefsten Stellen des Ozeanbodens, die als deren hellste Flächen das Zentrum der Karte bilden, einer optischen Wahrnehmung räumlicher Tiefe zuwider, waren seit Ende des 18. Jahrhunderts doch zumindest landbezogene physische Karten verbreitet, die das Tiefland mit dunklen, und höher gelegene Gebiete mit graduell helleren Tönungen versahen.[47] Vor dem Hintergrund graphischer Konventionen erstreckt sich das marine Volumen bei Maury gerade nicht perspektivisch unter der, oder vielmehr: in die Kartenoberfläche. Insofern seine Karte den Betrachterblick eben nicht »eintauchen« lässt, ermöglicht sie eine Wahrnehmung der Räumlichkeit des Meeres auf ganz andere Weise. Genau genommen wiederholt sie das, was schon ihre technische Bedingung – die Auslotung der Meerestiefen – bewirkt hatte: Sie bringt den Meeresboden ans Licht. Indem sie sich einer Repräsentation des ozeanischen Raums im »Negativen« unter dem Meeresspiegel wie unter der Papieroberfläche verwehrt, versetzt sie ihre Betrachter auf die tiefsten Stellen des Meeresbodens, die ebenso wie die Küsten keinerlei Schattierung aufweisen. Das Meer ist hier als ein körperliches repräsentiert und verfügt damit über eine Qualität, die es umso mehr als Objekt einer dezidiert »*Physical* Geography« bestätigt.[48] Und dieses körperliche Meer erstreckt sich nicht in die Tiefe, sondern scheint sich vielmehr aus Maurys Karte hervorzuwölben.

Schon die Golfstromforscher Franklin und Blagden hatten Messungen der Tiefen und Untiefen des Meeres in ihren Untersuchungen berücksichtigt, wenn auch eher im Hinblick auf navigatorische Zwecke.[49] Die nun durch Maurys Prozessierung von Tiefenzahlen erstellten bathymetrischen Karten, kombiniert mit dessen Strömungswissen, betreffen weitere Diskurse. Sie repräsentieren einen dreidimensionalen Zirkulationsraum, der eine innere Organisation und Regulation kontinuierlich strömender Wassermassen aufweist, welche wie bei lebenden Organismen nicht nur an der Oberfläche, sondern auch in der Tiefe wirksam ist. Im Meer war diese Organisation mindestens bis in jene Tiefen nachweisbar, in denen die »counter currents« die Lotleinen davontrugen.

---

46 Vgl. Robinson, Mapping, 210–213.
47 Vgl. ebd., 94–96, zu den Techniken der Schattierung vgl. ebd. 194–198.
48 Zu Maurys Übernahme des Begriffs der »Physical Geography of the Sea« von Humboldt, vgl. Maury, Geography (1855), xiii.
49 Während Franklins Temperaturmessungen Tiefenangaben eher sporadisch zugeordnet sind, wies Blagdon darauf hin, dass die Kenntnis des Golfstroms ein Scheitern an Riffen verhindern kann, vgl. Franklin, Letter, 325, 329, sowie Blagden, On the Heat, 344.

6. *Vom Schreiben* des Meeres

Das von Maury kartographierte Meer erweist sich weder lediglich als ein mit Daten angefüllter (oder vielmehr anzufüllender) symbolischer Raum des Wissens und der Erkenntnis über Naturphänomene, noch als bloßer Schauplatz historischer oder aktueller Ereignisse, wie etwa aufsehenerregender Schiffsunglücke. Vor allen Dingen bringen seine Karten ein Meer hervor, dessen Plastizität und innere Organisation einen Zirkulationsraum aufspannen, einen Raum also, dessen Ordnung durch Zirkulationsprozesse bestimmt ist und der zugleich selbst Objekte zum Zirkulieren bringt. Die dem Meer hier zugeschriebene Physis und spezifische Dynamik ziehen sich als epistemische Kategorien durch Maurys Kartographie und bleiben in ihrer Reichweite unverbindlich. Sie schreiben zusammen mit Maury und dessen Kollegen am Observatorium, mit den Forschern auf hoher See und deren Instrumenten und Praktiken am Wissen über das Meer. Das von ihnen hervorgebrachte physisch-dynamische Meer verfügt selbst über den Status eines prozessierenden Akteurs, der Flaschen befördert, Treibgut zum Verschwinden bringen oder Lotleinen davontragen mag und Geschichten generiert, der Wissen transportiert und absorbiert ebenso wie er telegraphische Verbindungen in seinen Tiefen herstellen lässt und wieder löst.

Maurys Erkenntnisse speisen sich aus unterschiedlichen Disziplinen und Wissensfeldern – von physischer Geographie, Meteorologie und Biologie bis hin zu Fischerei und Schifffahrt –, die sein Wissen unentwegt neu konfigurieren und das von ihm repräsentierte Meer in einen Zustand des immerfort noch zu Aktualisierenden versetzen. In seinen Karten zeigt sich dies an den Anhäufungen von berücksichtigten aber weitgehend unverarbeiteten Daten neben anderen, sich wiederholenden oder überlagernden bereits veralteten oder widersprüchlichen Referenzen. Diese Informationen gehen aus Zirkulationen hervor; denen des Meeres ebenso wie denen der Daten selbst. Während ihres Umlaufs unterliegen sie zugleich qualitativen Transformationen, die den Übertragungen in verschiedene Wissensfelder und Übersetzungen von Datenmengen in ihre Repräsentationsformen geschuldet sind.

Maurys verschiedenen Disziplinen entlehnte Wissensfiguren artikulieren sich durch ihre Wendung auf dieses prozessierende Meer selbst als historische; sie müssen fortwährend überprüft und revidiert, ausgetauscht, wiederholt und neu kombiniert werden. Wenn sich hierbei zuweilen ihre Spuren verwischen und sich daher, wie die »tracks« der Flaschenpost, nur nachträglich als historische rekonstruieren lassen, so befinden sich Aktualität und Aussagekraft bei Maury in stetigem Prozess. Dabei werden das Bedürfnis nach konsistenter Beschreibung und Kontinuität ebenso wie die damit einhergehende Forderung nach Faktizität gegen sich selbst gewendet und als konstruiert enttarnt.

Während Franklin die Strömungen noch höchstpersönlich mit dem Thermometer verfolgte, reiste Maury ihnen nicht mehr hinterher. Stattdessen ließ er reisen, um sie zu messen. Seiner Zuständigkeit unterlag die Sammlung und Verarbeitung der Daten sowie die Delegation von Instrumenten und Praktiken ins Feld. Dass sich dabei der Status von Instrumenten, Fahrzeugen und Aufzeichnungspraktiken vermischte, zeigt die verunglückte *San Francisco*, wenn sie als Strömungsflasche und wissenschaftliches Instrument ebenso fungiert wie als ein mit Logbuch und Karten ausgestattetes Laboratorium und historischer Schauplatz. Bei der Rekonstruktion des Unglückshergangs in der *New York Times* begünstigte ein Informationsmangel Spekulationen, die erst unter Einbezug von Messdaten des Logbuchs durch kontinuierliche und konsistente Beschreibungen ersetzt werden konnten. Nicht nur verweist dies auf die narrative Struktur der Geschichte der *San Francisco*, sondern auch auf die Generierung von Wissen aus seiner Mobilisierung heraus. Wenn daher die auf Referenzen basierende Beschreibbarkeit als eine Möglichkeitsbedingung zur Hervorbringung des Meeres als epistemisches Objekt betrachtet werden kann, so sind die Medien und Praktiken der Generierung und Prozessierung, des Ordnens und Umordnens, Schreibens, Wiederschreibens und Überschreibens von Daten nicht zu unterschätzen: Es sind Übertragungsprozesse zirkulierender Referenzen, die Maurys Meer in Bewegung halten. Und in dieser Dynamik lässt sich die Rolle der Disziplinengrenzen und verschiedene Repräsentationsformen durchdringenden Diskurse bei der Ausprägung seines Wissens über das Meer lokalisieren.

Pascal Schillings

Das Meer als Akteur

Maritime Einflüsse auf die Wissensproduktion
der ersten deutschen Antarktisexpedition, 1901–1903

»*Wer kennt die Perlen, die verborgen schliefen*«

1. Einleitung

Die europäische Antarktisexploration um 1900 wurde von der breiten Öffentlichkeit der Zeitgenossen ebenso wie in der populären Rückschau vor allem als Abenteurerphänomen wahrgenommen – ihre Protagonisten stellten sich den Herausforderungen der menschenfeindlichen südpolaren Umwelt und bewiesen damit Ausdauer, Maskulinität, Heldenmut und Willensstärke.[1] Die weiße Leere der südpolaren Landschaft bot hierfür eine ideale Bühne.[2] Körper und Körperpraktiken spielten in dieser Visualisierung bzw. Inszenierung der Antarktis eine entscheidende Rolle: Vor allem durch die physischen Veränderungen, welche die Antarktis im Laufe der Expeditionen an den Entdeckerkörpern hervorrief – beispielsweise in Form von Erfrierungen –, wurde die Südpolarlandschaft für das europäische Publikum fassbar.[3] Doch das dramatisch anmutende Durchschreiten der antarktischen Landschaft war nur eine – wenn auch die öffentlich am stärksten wahrgenommene – Technik, sich die Südpolar-

---

1 Vgl. Rebecca Farley, ›By Endurance We Conquer‹. Ernest Shackleton and Performances of White Male Hegemony, in: International Journal of Cultural Studies 8, 2005, 231–254.

2 Insbesondere in Großbritannien, von wo vier der insgesamt fünfzehn Südpolarexpeditionen am Ende des langen 19. Jahrhunderts starteten, fügten sich die Unternehmungen in breitere zeitgenössische Diskurse zum britischen Empire ein. Dies betraf einerseits den Führungsanspruch, den das Empire nach einem Jahrhundert der geographischen Expansion und Exploration auch für den letzten weißen Flecken auf der Landkarte für sich beanspruchte. Andererseits begegneten die Geschichten heroischer Durchhaltekraft Zeitdiagnosen, die der britischen Männlichkeit eine Krise attestierten; vgl. z. B. Christopher Forth, Masculinity in the Modern West. Gender, Civilization and the Body. New York 2008, 141–168.

3 Vgl. Kathryn Yusoff, Antarctic Exposure. Archives of the Feeling Body, in: Cultural Geographies 14, 2007, 211–233; John Wylie, Becoming-icy. Scott and Amundsen's South Polar Voyages, 1910–1913, in: Cultural Geographies 9, 2002, 249–265.

region anzueignen. Daneben traten vielfältige Praktiken der wissenschaftlichen Vermessung und Datensammlung. Verschiebt man den Fokus auf diese wissensgeschichtlichen Aspekte, so rücken neue Akteure ins Zentrum der Aufmerksamkeit: Dies betrifft neben den Forschern einerseits die eingesetzten Instrumente und Apparate und andererseits die Umwelt als Raum, in dem und über den geforscht wurde.

Für die Antarktisexploration war die Anpassung der Expeditionsteilnehmer, ihrer wissenschaftlichen Instrumente und Ausrüstungen an die spezifischen polaren und maritimen Forschungsumwelten von besonderer Bedeutung. Die Rolle der Umgebung, in die wissenschaftliche Aktivitäten eingebettet sind, ist in der Wissenschaftsgeschichte vor allem in Studien zu den sogenannten *field sciences* wahrgenommen worden: »Practices in the *field sciences* depend on the conditions of specific places, requiring considerable improvisation to cope with local exigencies.«⁴ Zu beachten seien die Schwierigkeiten der Fortbewegung, affektive Elemente und die schiere Vielfalt der Phänomene, denen Wissenschaftler im Feld begegneten.⁵ Im Anschluss daran geht es in diesem Aufsatz um das Verhältnis der ersten deutschen Antarktisexpedition von 1901 bis 1903 zu ihrer maritimen Umwelt an drei für die Expedition markanten Zeitpunkten: Während der Vorbereitungen zur Konstruktion eines polarfesten Schiffes, während der Sammlung wissenschaftlicher Daten auf See und während des Eingeschlossenseins im antarktischen Eismeer. Dabei soll – über die Interpretation des Meeres als Raum, in und auf dem geforscht wird, hinaus – ein Hauptaugenmerk dem Meer als Akteur gelten.⁶

Ozeane und Meere werden in der Geschichtswissenschaft in der Regel als Handlungs- oder Interaktionsräume behandelt. Die spezifische Materialität der Wassermassen und ihrer natürlichen Energieströme tritt dabei in den Hintergrund gegenüber einer Konzeptualisierung des Meers als einer Transitzone, die es zu durchqueren oder zu überbrücken gilt, um Flüsse und Netzwerke von

---

4 Henrika Kuklick, Robert Kohler, Introduction. Science in the Field, in: Osiris 11 (1996), 1–14, hier 2.

5 Allerdings beschäftigen sich Studien dieser Art vor allem mit Kontakt- und Austauschsituationen, da die meisten Stätten für *field sciences*, ungleich der Antarktis oder der Weltmeere, bewohnte Orte waren. Vgl. z. B. Kapil Raj, Introduction, in: ders., Relocating Modern Science. Circulation and the Construction of Scientific Knowledge in South Asia and Europe. Seventeenth to Nineteenth Centuries. Delhi 2006, 1–26.

6 Die Zuschreibung des Akteursstatus beruht im Folgenden auf den Überlegungen Bruno Latours. Dieser nimmt an, dass Handeln nicht die transparente Aktion eines menschlichen Akteurs ist, sondern »aus vielen überraschenden Handlungsquellen« entspringe. Deshalb müsse »jedes Ding, das eine gegebene Situation verändert, indem es einen Unterschied macht«, als Akteur, als Handlungsträger betrachtet werden; Bruno Latour, Eine neue Soziologie für eine neue Gesellschaft. Einführung in die Akteur-Netzwerk-Theorie. Frankfurt a. M. 2010, 123.

Menschen, Gütern oder Ideen zu etablieren und verstetigen.[7] Der Ozean als Einflussfaktor tritt in Studien dieser Art so weit zurück, dass Richard Drayton für die britische koloniale Expansion des 18. Jahrhunderts kürzlich explizit darauf aufmerksam machte, dass es die Energieflüsse von Wind- und Strömungsverhältnissen gewesen seien, die scheinbar unbegrenzte Handlungsmöglichkeiten auf einige mögliche Verkehrswege beschränkten.[8]

Während es weiterhin im Anschluss an die Diskussionen in der Wissenschaftssoziologie auch in der Wissenschaftsgeschichte nicht mehr unüblich ist, Gegenstände, wie beispielsweise wissenschaftliche Instrumente und Apparate, in den Fokus der Forschung zu rücken und ihnen damit einen Akteursstatus zuzugestehen,[9] gilt dies bislang nicht in vergleichbarer Weise für Untersuchungsgegenstände und -umwelten, wie in diesem Fall das Meer. Dem entgegen nimmt der folgende Aufsatz das Meer als Handlungsträger ernst und fragt nach seinem Handlungspotential. Mit Bezug auf den Schiffsbau stellt sich erstens die Frage, welchen Einfluss ein weitgehend imaginierter Ozean auf die Konstruktion des Expeditionsschiffs hatte. Zweitens ist zu bestimmen, welche Veränderungen wissenschaftlicher Praktiken das Meer als Forschungsumwelt erzwang. Schließlich wird anhand des im Polarmeer eingefrorenen Expeditionsschiffs gezeigt, wie nachdrücklich das Meer als Akteur über die Handlungsmöglichkeiten der deutschen Antarktisexpedition bestimmte.

Das Meer soll damit keineswegs zum einzig relevanten Handlungsträger erhoben werden. Vielmehr geht es darum, das Bild der instrumentenbasierten rationalen modernen Wissenschaft[10] zu relativieren, indem der Kreis relevanter Akteure vergrößert wird. Nicht allein Wissenschaftler, sondern auch ihre Instrumente und Untersuchungsobjekte haben einen Einfluss auf die gewonnenen Daten und das daraus produzierte Wissen. In diesem Sinne folgt

---

7 Vgl. Kären Wigen, Oceans of History, in: American Historical Review 111, 2006, 717–721; Martin Lewis, Kären Wigen, A Maritime Response to the Crisis in Area Studies, in: The Geographical Review 89, 1999, 161–168; Jerry Bentley, Sea and Ocean Basins as Frameworks of Historical Analysis, in: The Geographical Review 89, 1999, 215–224; Bernhard Klein (Hrsg.), Das Meer als kulturelle Kontaktzone. Räume, Reisende, Repräsentationen. Konstanz 2003.
8 Vgl. Richard Drayton, Maritime Networks and the Making of Knowledge, in: David Cannadine (Hrsg.), Empire, the Sea and Global History. Britain's Maritime World, c. 1760–1840. Basingstoke 2007, 72–82, hier 72 f.
9 Vgl. Albert van Helden, Thomas Hankins, Introduction. Instruments in the History of Science, in: Osiris 9, 1994, 1–6, hier 4; vgl. auch Liba Taub, Introduction. Reengaging with Instruments, in: Isis 102, 2011, 689–696; dies., On Scientific Instruments, in: Studies in History and Philosophy of Science 40, 2009, 337–343; Deborah Warner, What Is a Scientific Instrument. When Did it Become One, and Why? In: The British Journal for the History of Science, 23, 1990, 83–93.
10 Vgl. Marie-Noëlle Bourquet, Introduction, in: dies., Christian Licoppe, Heinz Otto Sibum (Hrsg.), Instruments, Travel and Science. Itineraries of Precision from the Seventeenth to the Twentieth Century. London 2002, 1–19, hier 3.

der Aufsatz neueren wissenssoziologischen Ansätzen und stellt die Gegensatzpaare von Mensch und Technik einerseits und Natur und Kultur andererseits in Frage.¹¹ Stattdessen ergibt sich ein dynamisches Zusammenspiel von natürlichen Elementen, technischen Instrumenten und Expeditionsteilnehmern, in dem Handlungspotentiale und Akteursstatus jeweils zu bestimmen sind.

Der Zusammenhang von Südpolarexploration, Ozean und Meeresforschung mag zunächst verwundern. Doch die Polarforschung – insbesondere in der Arktis – hatte spätestens seit Fridtjof Nansens *Fram*-Expedition die Tiefseeforschung zu einem ihrer Hauptgegenstände erhoben. Die Messung von Meerestiefen und -strömungen sollte für die Nordpolarregion dringende Forschungsfragen beantworten, was – in abgeschwächter Form – auch für die südlichen Eismeere galt.¹² Doch der ambitionierte Expeditionsplan der ersten deutschen Antarktisexpedition war nicht auf die Polarregionen beschränkt. Nicht nur waren die meteorologischen und erdmagnetischen Arbeiten der Expedition eingebettet in ein globales Netz von Observatorien, das über ein Jahr synchrone und standardisierte Vergleichsmessungen anstellen sollte. Die wissenschaftlichen Mitglieder der Expedition sollten auch bereits während der Reise in die Antarktis, die von Kiel über Kapstadt auf die subantarktischen Kerguelen Inseln führte, ihren Arbeiten nachgehen. So fand die deutsche Polarexpedition bereits auf dem Ozean ihr Betätigungsfeld.

2. Zwischen Eisfestigkeit und Multifunktionalität. Ein Forschungsschiff für das imaginierte Südpolarmeer

Mit dem *spatial turn* haben nicht nur konkrete, sondern auch vorgestellte Räume vermehrt Eingang in die geschichtswissenschaftliche Debatte gefunden. Die Imagination von Räumen spielte unter anderem für imperiale Herrschaft und die Hierarchisierung von Metropole und peripherem Anderen eine zentrale Rolle.¹³ Robert Stafford erklärt beispielsweise zu den Raumentwürfen britischer Entdecker des 19. Jahrhunderts: »Exploration and travel literature made geography available, so that the British public learned the entire world, in both

---

11 Vgl. z. B. Jörg Niewöhner, Estrid Sörensen, Stefan Beck, Science and Technology Studies – Wissenschafts- und Technikforschung aus sozial- und kulturanthropologischer Perspektive, in: dies. (Hrsg.), Science and Technology Studies. Eine sozialanthropologische Einführung. Bielefeld 2012, 9–48.

12 Vgl. Fridtjof Nansen (Hrsg.), The Norwegian North Polar Expedition 1893–1896, 6 Bde. Christiania 1900–1905.

13 Denis Cosgrove, Geography and Vision. Seeing, Imagining and Representing the World. London 2008; Matthew Edney, Mapping an Empire. The Geographical Construction of British India, 1765–1843. Chicago 1997; Robert David, The Arctic in the British Imagination 1818–1914. Manchester 2000; Paul Simpson-Housley, Antarctica. Exploration, Perception and Metaphor. London 1992.

time and space, was accessible for objectification, appropriation, and use.«[14] Matthew Edney geht, was die Handlungsmacht räumlicher Repräsentationen angeht, noch einen Schritt weiter. Seiner Meinung nach ermöglichten Landkarten im 18. Jahrhundert einen Überblick über große Erdräume zu gewinnen, was die Voraussetzung für koloniale Ausbeutung und Kontrollausübung gewesen sei.[15] Der Bau der *Gauss*, des Expeditionsschiffs für die deutsche Antarktisexpedition, zeigt aber, dass Raumvorstellungen noch wesentlich konkreteren Einfluss auf Handlungsverläufe haben konnten: Die relativ vagen Vorstellungen vom gefährlichen Südpolarmeer bestimmten – im Zusammenspiel mit den Anforderungen, welche die wissenschaftlichen Instrumente an Bord stellten – die Konstruktion des Schiffskörpers.

Die Vorstellungen vom antarktischen Meer waren vor allem von zwei Faktoren bestimmt. Erstens herrschte ein weitgehender Mangel an gesichertem Wissen, insbesondere über die von der deutschen Expedition ins Visier genommene Region südlich des Indischen Ozeans. Gerade diese Fremdheit machte dieses Gebiet des Eismeeres zu einem attraktiven Forschungsziel, allerdings führte sie auch dazu, dass die Expedition auf wissenschaftlich wenig abgesicherten Hypothesen fußte. Mehrfach berief sich der Expeditionsleiter Erich von Drygalski in Planungssitzungen auf die Annahmen des Geographieprofessors Alexander Supan, wonach im Jahr 1897 südlich der subantarktischen Kerguelen Inseln gesichtete Eismassen darauf hindeuteten, dass in der vorgesehenen Forschungsregion in den nächsten Jahren »gute Verkehrsbedingungen«[16] zu erwarten seien. Bei den Eismassen handle es sich nämlich um Abstoßungen des ansonsten festliegenden Südpolareises – das antarktische Meer liege demnach offener als gewöhnlich, bis sich das Packeis durch nachrückendes Landeis in den nächsten Jahren wieder verdichten werde.

Zweitens diente die Arktis als wichtige Vergleichsgröße zur Antarktis, vor allem aufgrund der intensiven Exploration der Nordpolarregion in den Jahrzehnten zuvor. Dort erprobte Techniken schienen auf die Südpolregion übertragbar. Gegenüber der Arktis machten die Expeditionsplaner vor allem zwei Unterschiede aus, von denen allerdings nur einer Bedeutung für die Schiffskonstruktion erlangen sollte. Während erstens in der Nordpolarregion »das Eis in einem fast geschlossenen Becken durch eindringende Strömungen und durch die Verteilung der Winde zusammengeschoben« werde, würden sich im Süden

---

14 Robert Stafford, Scientific Exploration and Empire, in: Andrew Porter (Hrsg.), The Oxford History of the British Empire, Vol. III: The Nineteenth Century. Oxford 1999, 294–319, hier 310.
15 Vgl. Matthew Edney, Bringing India to Hand. Mapping an Empire, Denying Space, in: Felicity Nussbaum (Hrsg.), The Global Eighteenth Century. London 2003, 65–78, hier 65 f.
16 Geheimes Staatsarchiv Preußischer Kulturbesitz (GStA PK) I. HA Rep. 76 Kultusministerium, Vc. Sekt. 1 Tit. XI Teil V A Nr. 7 Bd. 1 Protokoll der kommissarischen Beratung, 3.1.1899.

die Eismassen »radial nach allen Seiten in das offene Weltmeer« verteilen. Deshalb würden »die im Nordpolargebiet besonders gefährlichen Eispressungen in der Antarktis in geringerem Maße auftreten«.[17] Diese Erwägungen sollten aber keinen Einfluss auf die Schiffsgestaltung haben – das Schiff sollte so stabil wie möglich gebaut werden. Zweitens erwarteten die Schiffsbauer im Gegensatz zur Arktis im Südpolarmeer schwere Stürme und hohen Seegang, sodass das Südpolarschiff seetüchtiger gestaltet sein müsse als ein Fahrzeug für die Nordpolarsee.

Neben den vagen Vorstellungen von den Verhältnissen im Südpolarmeer spielten bei der Konstruktion des Polarschiffs noch zwei weitere Aspekte eine Rolle. Erstens – auf symbolischer Ebene – war das Schiff ein nationales Prestigeobjekt; es reihte sich in die mit dem Flottenausbau stetig wachsende Zahl deutscher Schiffsneubauten ein. Die auf ihm durchgeführte Expedition sollte die anvisierte Weltstellung des Deutschen Reichs auf dem Gebiet der wissenschaftlichen Exploration unterstreichen. Zweitens verlangte die breite Anlage der Expedition die Koordination verschiedener Forschungsrichtungen und ihrer Instrumente auf einem Schiff – der Schiffskörper musste entsprechend den Anforderungen der beteiligten Wissenschaften angelegt werden. Gleichzeitig galt es, das Gefahrenpotential des Südpolarmeers soweit wie möglich zu minimieren.

Anfang April 1901 lief als Ergebnis eingehender Beratungen in wissenschaftlichen Kommissionen und der Beteiligung von Experten des Reichs-Marine-Amts das Expeditionsschiff der deutschen Antarktisexpedition, die *Gauss*, in Kiel vom Stapel. Die Rede zum Taufakt hielt Ferdinand von Richthofen, Geographieprofessor, Präsident der *Gesellschaft für Erdkunde zu Berlin* und Direktor des im gleichen Jahr in der Hauptstadt gegründeten *Instituts für Meereskunde*, der sich in der Organisation der Expedition sehr engagiert hatte. Obwohl sich die *Gauss*, so von Richthofen, in Größe und Pracht nicht mit anderen deutschen Fabrikationen der Zeit vergleichen lasse, schaue doch die ganze Nation hoffnungsvoll auf das Schiff:

»Denn es hat die ideale Bestimmung, im Kampf gegen furchtbare Elemente hohe wissenschaftliche Ziele zu erringen [...]. Es soll dieses Schiff das Werkzeug sein, um die verschlossensten Teile unserer Erdoberfläche der Erkenntnis zu erobern und den Einblick in das geheimnisvolle Walten innerer Kräfte des Erdballs, sowie in das Wesen der Bewegungen im Ozean und Luftmeer zu vertiefen.«[18]

Um diese Aufgaben erfüllen zu können, sei es notwendig gewesen, »von gewohnten Bahnen« abzuweichen. Die Planer sahen es als ihre Aufgabe an, »nach

---

17 Otto Kretschmer, Die deutsche Südpolarexpedition. Berlin 1900, 12.
18 Hier und im Folgenden GStA PK, I. HA Rep 76 Kultusministerium, Vc Sekt. I Tit. XI VA Nr. 7 Bd. 1 von Richthofen, Rede zum Taufakt, 2.4.1901.

eigenartigen Grundsätzen ein Fahrzeug zu schaffen, das den Gefahren des Meeres, des Eises und langer Isolation« trotzen könne. Diese Ausführungen von Richthofens verweisen auf eine ganze Reihe von Aspekten. So belegen sie die Bedeutung wissenschaftlicher Praktiken in der Auseinandersetzung mit der Antarktis und dem Meer – »hohe wissenschaftliche Ziele« sollten errungen und Wissen über »das geheimnisvolle Walten innerer Kräfte des Erdballs« gewonnen werden. Insofern präsentierte von Richthofen die Expedition als Forschungsreise, die im deutlichen Gegensatz zu anderen Nationen unterstellten bloßen athletischen Unternehmungen stand. Trotzdem verzichtet er in seiner Ansprache nicht auf den Pathos des Kämpferischen: Neue Bereiche der Natur seien »der Erkenntnis zu erobern«.

Darüber hinaus verdeutlichten die Schiffsplaner bereits in der Namensgebung die Verbindung wissenschaftlichen Anspruchs mit imperialen Ambitionen. Nach sorgfältigen Abwägungen brachte von Drygalski, der Professor für Geographie und Schüler von Richthofens war, vor allem zwei Gründe für die Wahl des Namens *Gauss* vor: Zunächst argumentierte er, dass Karl Friedrich Gauss »das naturwissenschaftliche und technische Leben des 19. Jahrhunderts so tiefgehend beeinflusst« habe wie niemand sonst. Darüber hinaus hätten Gauss' erdmagnetische Arbeiten den Anstoß für britische, französische und amerikanische Südpolarexpeditionen seit Ende der 1830er Jahre gegeben:

»Deutschland musste damals die Erfolge seiner geistigen Arbeit dem nautischen Können anderer Nationen überlassen. Die jetzige Weltstellung des Deutschen Reichs ermöglicht ihm die Führung in dem internationalen Wettbewerb um die Erforschung des letzten unbekannten Erdraums.«[19]

Das wissenschaftliche Vorgehen rückte durch diese Begründung in einen nationalen Interpretationsrahmen, der letztlich die imperialen Ansprüche der Expedition unterstrich, wenn diese auch eher ideeller als praktischer Natur waren, wie der für die *Gauss* zuständige Marine-Oberbaurat Otto Kretschmer feststellte. Die Beteiligung des Deutschen Reichs an der Antarktisexploration werde »Deutschlands Ansehen zur See in dem selben Maße heben, wie das Zeitalter der großen Entdeckungen das Ansehen der daran beteiligten Nationen gehoben hat«.[20]

Zuletzt stellt von Richthofens Beschreibung des Schiffs als Werkzeug, mit dessen Hilfe Wissen gewonnen werden sollte, eine Verbindung zu neueren wissensgeschichtlichen Interpretationen her, wie beispielsweise Richard Sorensons Ansatz, die Expeditionsschiffe des 18. Jahrhunderts als Instrumente zu

---

19 GStA PK, I. HA Rep. 89 Geheimes Zivilkabinett jüngere Periode, Nr. 21373 von Drygalski, Der Name des Südpolarschiffs, 28.2.1901.
20 Kretschmer, Südpolarexpedition, 29.

deuten.[21] Sorrenson liefert für diese These vor allem drei Argumente: Schiffe besäßen – im Gegensatz zu vielen anderen Transportmitteln – sehr spezifische Eigenschaften, sodass es durchaus von Bedeutung sei, welche Art von Schiff für eine Reise gewählt werde. Weiter hinterließen Schiffe durch ihre Routen Spuren auf der Karte und hätten schließlich den auf ihnen reisenden Wissenschaftlern »a superior, self-contained, and protected view of the landscapes«[22] geboten. Auf diese Argumente wird zurückzukommen sein, doch es ist zunächst zu betonen, dass die *Gauss* nicht nur *ein* Instrument, sondern gleich eine Vielzahl von Instrumenten darstellte: Geodäsie, Geologie, Eisforschung, Zoologie, Botanik, Meereskunde, Erdmagnetismus und Meteorologie beanspruchten nicht nur ihren Platz auf dem Schiff, sondern stellten auch je eigene Anforderungen an den Schiffsbau.

Am markantesten war dies für die erdmagnetischen Arbeiten der Fall. Diese machten ein hölzernes Schiff notwendig – die Verwendung von Eisen an Bord des Schiffes wurde so weit wie möglich unterlassen, da »eine einwandfreie Ausführung der wichtigen magnetischen Arbeiten die tunlichste Einschränkung des Gebrauchs von Eisen oder Stahl bei dem Schiffsbau verlangt«.[23] Deshalb wurde mit Ausnahme der Verbolzung in einem Umkreis von etwa acht Metern um die magnetischen Instrumente auf der mittschiffs gelegenen Kommandobrücke herum auf Eisen verzichtet. Alle metallischen Elemente, »auch das Rudergeschirr mit Ketten wurden [...] aus Bronze oder Deltametall hergestellt«.[24] Bei manchen Bauteilen, wie der Maschine oder den für Ballonaufstiege in der Antarktis bestimmten Wasserstoffzylinder, war Eisen unvermeidlich. Diese wurden deshalb in das Hinterschiff verlegt, wo sie nach Annahme der Konstrukteure »genügend weit von dem magnetischen Arbeitsplatz entfernt waren«.

Die Konstruktion der *Gauss* sah zwei wissenschaftliche Arbeitsräume vor, die das Schiff zu einem Observatorium machten. Der erste befand sich als kleines Deckhaus auf dem Oberdeck und diente als Observationshaus, das »von guter Mannshöhe«, fünf bis sechs Meter lang und mit zwei Arbeitsplätzen ausgestattet war. Unter diesem Deckhaus befand sich ein zweiter Arbeitsraum, an den ein Instrumentenraum angeschlossen war; zusätzlich war eine Dunkelkammer für das Zwischendeck vorgesehen. Eine Besonderheit des zweiten Arbeitsraums bestand in der speziellen Isolierung der Wände:

---

21 Vgl. Richard Sorrenson, The Ship as a Scientific Instrument in the Eighteenth Century, in: Osiris 11, 1996, 221–236; zu Schiffen als Instrumenten vgl. auch Bruno Latour, Science in Action. How to Follow Scientists and Engineers through Society. Cambridge, MA 1987, 215–224.
22 Sorrenson, Ship, 222.
23 Kretschmer, Südpolarexpedition, 12.
24 Erich von Drygalski, Zum Kontinent des eisigen Südens. Deutsche Südpolarexpedition. Fahrten und Forschungen des »Gauss«, 1901–1903. Berlin 1904, 62. Dort auch das nächstfolgende Zitat.

»Die Wände dieses Arbeitsraumes sind wegen des Präparierens der Tierbälge und sonstiger zoologischer und biologischer Konservierungsarbeiten so hermetisch gut dicht schließend herzustellen, dass von den giftigen Ausdünstungen die Nachbarräume unbedingt verschont bleiben.«[25]

Dieser Raum wurde während der Reise zur Antarktis als Stauraum und erst in der Südpolarregion als Präparierzimmer und Handwerkskammer genutzt.

Schließlich galt es in der Verteilung der wissenschaftlichen Apparaturen an Bord sicherzustellen, dass die verschiedenen Wissenschaftler ihre Arbeiten ungestört von einander zeitgleich durchführen konnten. Durch die Platzierung der Draht- und Kabelwinden ergab sich eine räumliche Aufteilung, die das parallele Arbeiten der ozeanographischen Probensammler ermöglichte. Von der über dem Maschinenhaus liegenden Brücke aus konnten, unter Nutzung der davor liegenden hinteren Winde, die Tiefen- und Tiefentemperaturmessungen des Ozeanographen vorgenommen werden, während gleichzeitig der Zoologe seine Netze über eine vordere Winde herablassen konnte, »ohne dass in der Tiefe eine Verwicklung der verschiedenen Drähte und Kabel zu besorgen war«.[26] Weiter konnte der Erdmagnetiker zeitgleich an seinem Schlingertisch auf der Kommandobrücke arbeiten, von wo aus der Kapitän die dazugehörigen Kompassdeviationen bestimmte. Zuletzt war an einer Stütze auf der Kommandobrücke neben dem Schlingertisch »die meteorologische Hütte angebracht, und mit ihren Thermo- und Psychometern, sowie mit Registrierapparaten versehen«.

Drittens verweisen von Richthofens Hinweise darauf, dass es sich bei dem Schiff um einen »nach eigenartigen Grundsätzen« hergestellten Bau handle, auf die Frage mit welchem polaren Fortbewegungsmittel dem vorgestellten gefahrenvollen Meer am effektivsten zu begegnen sei. Hier zeichnete sich technikgeschichtlich um 1900 ein Umbruch ab, der allerdings erst deutlich später tatsächlich vollzogen wurde. Bis zur Jahrhundertwende waren Holzschiffe für Polarexpeditionen, wie für Robben- und Walfangunternehmungen, das einzige Fortbewegungsmittel gewesen. Doch nachdem sich der Seeverkehr mehrheitlich auf eiserne und stählerne Dampfschiffe verlegt hatte,[27] nahm die Nachfrage nach Holzschiffen drastisch ab und beschränkte sich weitestgehend auf Eismeerfangunternehmen. Finanziell weniger gut gestellte Polarexpeditionen kauften deshalb in der Regel Fangschiffe und ließen sie für ihre Zwecke umrüsten.[28]

---

25 Kretschmer, Südpolarexpedition, 20.
26 Von Drygalski, Kontinent, 71. Dort auch das nächstfolgende Zitat.
27 Bereits 1882 besaß der Norddeutsche Lloyd 98 Schiffe und war damit weltweit lediglich die viertgrößte Dampfergesellschaft; vgl. David Haek, Hamburg-Amerika-Linie und Norddeutscher Lloyd. Ein Beitrag zur Geschichte der deutschen Seeschifffahrt. Berlin 1906, 81.
28 So etwa die britisch-norwegische *Southern Cross*-Expedition von 1898 bis 1900 oder Ernest Shackletons *Nimrod*-Expedition von 1907 bis 1909.

Lediglich die ersten deutschen und britischen Antarktisexpeditionen investierten um 1900 in einen Schiffsneubau.

Die zeitgenössische Debatte zu geographischer Exploration belegt gleichzeitig das Innovationspotential in der polaren Fortbewegungstechnik. Verschiedenste Vorschläge zur Verbesserung der Technik, um den polaren Eismeeren zu trotzen, wurden um die Jahrhundertwende vorgestellt und teilweise erprobt. Als Hauptziel zeichnete sich dabei zunehmend das Erreichen des Nordpols ab. So stellte beispielsweise Salomon Andrée beim *Sechsten Internationalen Geographenkongress* 1895 in London seinen Plan vor, den Nordpol per Ballon zu erreichen.[29] Fast zeitgleich unterbreitete der russische Admiral Stepan Makarow den geographischen Gesellschaften Europas den Plan, mit einem Eisbrecher zum Pol zu fahren.[30] Schließlich machte Hermann Anschütz-Kaempfe 1901 seine Idee öffentlich, ein Unterseeboot auf dem Weg zum Pol zu nutzen.[31] Der Durchbruch für diese Techniken lag noch in der Zukunft, doch belegen die Erwägungen, dass Mittel jenseits des hölzernen Expeditionsschiffs diskutiert wurden.

Allerdings hatte wenige Jahre zuvor die norwegische *Fram* das Holzschiff als effektives Fortbewegungsmittel im Eismeer noch einmal bestätigt. Mit technischen Neuerungen wurde dieser Klassiker für die Reise durch das Eis optimiert. Gemeinsam mit dem Schiffsbauer Colin Archer hatte Nansen eine Schiffskonstruktion entwickelt, die sich durch ihre Resistenz gegen Eispressungen auszeichnete. Der Hauptgedanke dabei war, »dem Schiff solche Seitenwände zu geben, dass es während der Eispressungen leicht gehoben werden konnte, ohne zwischen den Schollen zerdrückt zu werden«.[32] Deshalb erhielt es seine abgerundete Form, mit einer Breite, die etwa einem Drittel der Länge entsprach, und wurde durch Stützen zusätzlich verstärkt; »die Absicht war: das ganze Fahrzeug sollte glatt wie ein Aal aus der Umarmung des Eises gleiten«.[33] Wenn die der Konstruktion zugrunde liegenden Einsichten auch, wie Nansen selber erklärte, nicht vollkommen neu waren, so lag der Neuigkeitswert der

---

29 Vgl. The Sixth International Geographical Congress, in: The Geographical Journal 6, 1895, 269–174, hier 271. Die Zeitgenossen waren übrigens Andrées Plan gegenüber äußerst skeptisch. So bemerkte der in der meteorologischen Ballonfahrt erfahrene Arthur Berson: »In the present state of practical ballooning, Andrée's polar expedition is little better than wilful suicide«; Arthur Berson, The Use of Balloons in Geographical Work, in: The Geographical Journal 7, 1896, 541–544, hier 542.

30 Vgl. The Monthly Record. Polar Exploration by Means of Ice-Breakers, in: The Geographical Journal 12, 1898, 420–421, hier 420; Stepan Makaroff, The Yermak Ice-Breaker, in: The Geographical Journal 15, 1900, 32–46.

31 Vgl. The Monthly Record. A New Plan for Reaching the North Pole, in: The Geographical Journal 17, 1901, 435–436.

32 Fridtjof Nansen, In Nacht und Eis. Die norwegische Polarexpedition 1893–1896, Bd. 1. Leipzig 1897, 48.

33 Ebd., 50.

Fram doch darin, dass sie in zuvor nicht erreichtem Maße im Bau umgesetzt wurden. Die Erfolge der norwegischen Polarexpedition bestätigten Nansens und Archers Erwägungen und die *Fram* wurde durch ihre Robustheit zum Vorbild für die nachfolgenden Polarschiffskonstruktionen.

Zwar existierten weitere Vorbilder für Forschungsschiffe, wie etwa die norwegische *Michael Sars* oder das Schiff der deutschen Tiefseeexpedition von 1898/1899, die *Valdivia*.[34] Doch der Erfolg und der innovative Charakter der *Fram* waren so weitreichend, dass sich die deutschen Schiffsplaner ihrem Einfluss nicht entziehen konnten, wenn sie auch in ihren Ausführungen Wert darauf legten, den Aufbau in wichtigen Aspekten verändert zu haben. Die Form der *Fram*, »so praktisch und genial erfinderisch sie gewählt war, musste naturgemäß ein Schiff ergeben, das sich nicht dazu eignete, schwere See zu ertragen«, die aber ja als ein Charakteristikum des Südpolarmeers ausgemacht worden war. Das Konzept der hölzernen Verstärkungen für die *Gauss* glich trotzdem dem der *Fram*:

»Die auch bei dem Südpolarschiff für die Fahrt durch das Eis notwendige Stärke wird sich vollkommen durch innere starke Holzabsteifungen erreichen lassen, welche ja dem *Fram* seine allgemeine und lokale Widerstandsfähigkeit gegen Eisdruck und Eisschiebungen gegeben haben. Diese lassen sich auch bei der für das Südpolarschiff notwendigerweise anders gewählten Form herstellen, so dass dasselbe an Stärke dem *Fram* in keiner Weise nachstehen wird.«[35]

In der Vorstellung vom gefährlichen Südpolarmeer mischten sich wenig abgesicherte wissenschaftliche Erkenntnisse, angenommene Ähnlichkeiten mit dem Nordpolarmeer und Vorstellungen von einer stürmischen und hohen See. So wenig konkret diese Vorstellungen auch blieben, hatten sie dennoch bestimmenden Einfluss auf die Konstruktion des Polarschiffs. Wo Sicherheitserwägungen es geboten, blieben die Unterschiede zur Arktis unberücksichtigt, sodass die *Gauss* der *Fram* im Hinblick auf ihre Eisfestigkeit in nichts nachstand. Der markanteste ausgemachte Unterschied, die gefährlich hohe See, bewegte die Expeditionsplaner allerdings dazu, eine der *Fram* gegenüber seetüchtigere Form zu wählen.

---

34 Vgl. Johan Hjort, Die erste Nordmeerfahrt des norwegischen Fischereidampfers Michael Sars im Jahre 1900 unter Leitung von Johan Hjort, in: Dr. A. Petermanns Mitteilungen aus Justus Perthes' Geographischer Anstalt 47, 1901, 73–83, 97–106.
35 Kretschmer, Südpolarexpedition, 12.

3. Datennahme bei Wellengang. Die Anpassung der Forschungspraktiken an die maritime Umwelt

Im Sinne eines Weltprojekts[36] beschränkte die *Gauss*-Expedition ihr Observationsfeld nicht allein auf die Südpolarregion. Wissenschaftliche Arbeiten sollten stattdessen bereits auf dem Weg in die Antarktis, wie auch auf dem Rückweg, betrieben werden. Dies betraf ozeanographische, biologische, meteorologische und geophysikalische Datensammlungen. Diese Messungen sollten in Abstimmung mit den parallel stattfindenden britischen und schwedischen Expeditionen erfolgen. Insbesondere für die meteorologischen und erdmagnetischen Datennahmen gab es genaue Vereinbarungen. Friedrich Bidlingmaier, der für diese Wissenschaften zuständige Teilnehmer der deutschen Expedition, hatte ein entsprechendes Programm entwickelt, das mit den Planern der britischen Expedition erörtert worden war. Die letztgültige Fassung des Programms wurde an seefahrende Nationen und Observatorien in der ganzen Welt verschickt, um zeitlich, methodisch und instrumentell angepasste Messungen zu organisieren.[37]

In der Wissenschaftsgeschichte ist der Einfluss von Instrumenten auf die produzierten Ergebnisse inzwischen ein unstrittiges Faktum – Latours Diktum »When science in action is followed, instruments become the crucial elements«[38] scheint damit eingelöst. Das Handlungspotential, das wissenschaftlichen Apparaten zugesprochen wird, reicht sogar verschiedentlich sehr weit. Nach Albert van Helden und Thomas Hankins stecken Instrumente nicht nur Handlungsrahmen ab, »they also determine to some extent what can be thought«.[39] Besonders große Wirkungsmacht wird von verschiedenen Autoren den Apparaturen der Tiefseeforschung zugesprochen: »What oceanographers have learned about the ocean has been based almost exclusively on what various technologies, or machines, have taught them.«[40] Instrumente werden zu

---

36 Vgl. Markus Krajewski, Restlosigkeit. Weltprojekte um 1900. Frankfurt a. M. 2006. In seiner globalen Anlage fügt sich der deutsche Expeditionsplan in die von Krajewski beschriebene Weltprojektekonjunktur um 1900 ein.

37 Die Prinzipien dieses Programms ähnelten denen des *Internationalen Polarjahres* von 1882/83, was unter anderem auch daran lag, dass der deutsche Sachverständige für letzteres, Georg von Neumayer, Leiter der *Deutschen Seewarte* in Hamburg, aktiv an der Konstituierung der deutschen Antarktisexpedition beteiligt war. Vgl. Georg von Neumayer (Hrsg.), Die Internationale Polarforschung 1882–1883. Die deutschen Expeditionen und ihre Ergebnisse, 2 Bde. Berlin 1890–1891; Susan Barr, Cornelia Lüdecke (Hrsg.), The History of the International Polar Years. Berlin 2010.

38 Latour, Science, 69.

39 Van Helden, Hankins, Introduction, 4.

40 Keith Benson, Helen Rozwadowski, David van Keuren, Introduction, in: Helen Rozwadowski, David van Keuren (Hrsg.), The Machine in Neptune's Garden. Historical Perspectives on Technology and the Marine Environment. Sagamore Beach 2004, XIII–XXVIII, hier XIV.

Mittlern zwischen nicht zugänglichem Forschungsobjekt und Wissenschaftler: »Hydrographers had to interpret the behavior of equipment out of their sight, far beneath the water's surface.«[41]

Doch um zu dem eingangs erwähnten Zusammenspiel von Wissenschaftlern, Instrumenten, Forschungsobjekt und -umgebung Meer zurückzukommen: Instrumente funktionierten nicht alleine, es bedurfte zunächst ihrer Abstimmung mit den sie bedienenden Wissenschaftlern, um verwertbare Daten zu produzieren. Die Etablierung wissenschaftlicher Praktiken erforderte die Gewöhnung der Wissenschaftler an ihre Instrumente und die Entwicklung des für die Durchführung der Messungen notwendigen praktischen Wissens.[42] Ein Beispiel für die zunächst noch fehlende Übung der Wissenschaftler in ihrem Umgang mit ihren Instrumenten schilderte der Expeditionsleiter in einem Bericht zum ersten Streckenabschnitt der Expedition bis Kapstadt.

Von Drygalski erläuterte dort, dass die Lotungen zu Beginn der Reise den Zweck hatten, »die für physische Meereskunde auf der *Gauss* vorhandenen Einrichtungen und Instrumente zu prüfen und einzuüben«.[43] Wie notwendig dies war, zeigten die ersten Tiefseearbeiten. Obwohl die Wissenschaftler mit der Bremsvorrichtung der Lotmaschine noch nicht vertraut waren, installierten sie an ihrem Ende »in dem beneidenswerten Optimismus, welcher den Anfänger ziert«, gleich mehrere Instrumente. Allerdings bemerkten sie aufgrund mangelnder Erfahrung den Aufschlag des Lots auf dem Meeresgrund nicht sofort, sodass »die Maschine infolge des Zuges, den der schon ausgelaufene Draht selbst ausübt, unentwegt weiter lief«,[44] bis das Kabel schließlich beim Versuch, es wieder einzuholen, riss. Das Ergebnis war nicht nur die Lotung einer unmöglichen Tiefe, sondern auch der Verlust von 3.000 Metern Kabel und mehreren Instrumenten.

Darüber hinaus musste das Zusammenspiel der Instrumente mit den maritimen Wassermassen und dem Meeresgrund koordiniert werden, wie das Beispiel der Sammlung von Bodenproben zeigt. Diese wurde durch sogenannte Schlammröhren ermöglicht, die an das Ende von *Sigsbee*-Loten angeschraubt wurden. In ihrer Bauart nutzten die Expeditionsplaner erst kurz zuvor erworbenes praktisches Wissen: Die unten angespitzten Röhren wurden nach den Vorgaben der vorangegangenen *Valdivia*-Expedition konstruiert. Beim Herablassen des Lotes drang das Wasser durch die an ihrem unteren Ende offene

---

41 Helen Rozwadowski, Technology and Ocean-Scape. Defining the Deep Sea in Mid-Nineteenth Century, in: History and Technology 17, 2001, 217–247, hier 219.

42 Vgl. Theodore Schatzki, Introduction. Practice Theory, in: ders., Karin Knorr Cetina, Eike von Savigny (Hrsg.), The Practice Turn in Contemporary Theory. London 2001, 10–23.

43 Erich von Drygalski, Oceanographische Beobachtungen, in: Veröffentlichungen des Instituts für Meereskunde und des Geographischen Instituts an der Universität Berlin 1, 1902, 33–48, hier 33.

44 Von Drygalski, Kontinent, 89.

Röhre und verließ dieselbe durch Öffnungen, die ein Kugelventil am oberen Ende der Röhre freigab. Traf die Schlammröhre auf Grund, so bohrte sie sich in diesen hinein und schnitt einen Zylinder aus, der im Idealfall beim Hochziehen nicht aus der Röhre herausgespült wurde, weil sich das Kugelventil dann schloss.

Das Erzielen optimaler Ergebnisse beruhte letztlich auf während der Reise gesammelten praktischen Erfahrungen – die Wissenschaftler mussten sich an ihre Apparate, Instrumente, deren Verhalten im Meereswasser und an dessen Grund gewöhnen. Dreißig vorgenommene Lotungen produzierten neunzehn Grundproben. Der zuständige Wissenschaftler Emil Philippi lernte auf der Ausreise der Expedition in Richtung Antarktis, dass für die Tiefseemessungen allein Röhren mit zwei Zentimetern Durchmesser geeignet waren, während die ebenfalls mitgeführten Röhren mit drei und vier Zentimetern Durchmesser nach anfänglichen Versuchen später keine Verwendung mehr fanden. Bei ihnen demonstrierte das Meer seine Wirkungsmacht, indem es die Konstruktionsannahmen widerlegte und die Röhren beim Heraufziehen ausspülte.[45]

Während die Abstimmung von Wissenschaftlern, Instrumenten und Meer bei der Sammlung von Bodenproben nach anfänglichen Schwierigkeiten verhältnismäßig unproblematisch funktionierte, erforderte die Beobachtung erdmagnetischer Phänomene auf dem Ozean die Etablierung neuer wissenschaftlicher Praktiken. Für erdmagnetische Beobachtungen hatten die Expeditionsplaner ein besonders ehrgeiziges Programm erarbeitet, das auch Messungen auf See beinhaltete. Wie Bidlingmaier erklärte, blieben erdmagnetische Datensätze unzureichend, so lange »von dem größten Teil der Erdoberfläche, dem Meere, kein nach Menge und Güte brauchbares Material vorliegt«.[46] Dem entsprechend formulierte das Expeditionsprogramm die globalen Ansprüche des Vorhabens: Zweck der Untersuchungen sei es, »eine größere Anzahl von Einzelbildern zu liefern, welche erlauben, die Änderung des magnetischen Zustandes der Erde in seiner ganzen Totalität je für einen bestimmten Zeitabschnitt bis in die Einzelheiten zu verfolgen«.[47] Bidlingmaier fand sich deshalb selber »in der glücklichen Lage, schon auf der Reise an wichtigen Aufgaben mitarbeiten zu dürfen«, die er vor allem in der möglichst vollständigen Erfassung der auf dem Reiseweg beobachtbaren magnetischen Kräfte sah.[48]

---

45 Vgl. Emil Philippi, Die Beschaffenheit des Meeresgrundes, in: Veröffentlichungen des Instituts für Meereskunde und des Geographischen Instituts an der Universität Berlin 1, 1902, 50–53.
46 Friedrich Bidlingmaier, Magnetische Beobachtungen, in: Veröffentlichungen des Instituts für Meereskunde und des Geographischen Instituts an der Universität Berlin 1, 1902, 72–95, hier 72.
47 Bundesarchiv (BArch) R 901/37549 Programm der internationalen erdmagnetischen Kooperation, n.d.
48 Bidlingmaier, Beobachtungen, 72.

Doch erkannte Bidlingmaier bald die Probleme, die sich in der Umsetzung des Programms auf See stellten:

»Es scheint, als ob alles, was man an Land als notwendige Vorbedingung für magnetische Beobachtungen anzusehen pflegt, an Bord versagt wäre […]. In den Wellen, auf der Dünung schwankt das Schiff; auf dem Schiff schwankt der Schlingertisch, und mit ihm das Instrument; und im Instrument selbst schwankt die Nadel gleichzeitig nach ihrem eigenen Rhythmus, nach dem des Tisches, nach dem des Schiffes und nach dem der Wellen.«[49]

Zum Schlingern traten zwei weitere Ungenauigkeitsfaktoren hinzu. Der Beobachtungspfeiler an Bord schwankte nicht nur mit den Wellen- und Schiffsbewegungen, er drehte sich auch immer wieder und erschwerte so die für magnetische Messungen notwendigen Azimutbestimmungen. Zuletzt verursachte das – wenn auch in der Konstruktion möglichst vermiedene – Eisen des Schiffes Ungenauigkeiten: »das ganze Maschinenhaus, die Schiffswinden etc. repräsentierten doch so große Eisenmassen, dass die magnetischen Verhältnisse überall an Bord nicht unwesentlich gestört sind.«[50]

Der Wellengang relativierte die wissenschaftlichen Ansprüche der Forscher: Nicht mehr möglichst präzise ausgelegte Messinstrumente, sondern vielmehr robuste Apparate erschienen den Wissenschaftlern auf der *Gauss* am effizientesten. Für die magnetischen Messungen kamen zwei Instrumente zum Einsatz, ein Deviationsmagnetometer und ein Inklinatorium, die sich beide auf der Kommandobrücke befanden.[51] Ersteres beschrieb von Drygalski als »ein rohes Instrument«, das aber eben deshalb zu Beobachtungen auf dem schwankenden Schiff geeignet gewesen sei. Mit ihm wurde die magnetische Deklination, also der Winkel zwischen der Richtung der Magnetnadel und der Richtung des Meridians, die Horizontalintensität und mithilfe des Inklinatoriums die magnetische Inklination bestimmt. Die durch von Drygalski attestierte Grobheit des Deviationsmagnetometers zeigte ihre Vorzüge im Vergleich zu dem zweiten Instrument, dem *Lloyd-Creak*. Bei diesem war die Ablesevorrichtung so feingliedrig angelegt, dass die aufgetragene Skala nur per Vergrößerungsglas ablesbar war, »was die Schwierigkeiten erhöhte, da die Schwankungen der Nadel meist so groß waren, dass sie über den Gesichtskreis der Vergrößerungsgläser hinausgingen«.[52]

Um die drei Fehlerquellen zu minimieren, entwickelte Bidlingmaier an die maritime Umgebung angepasste Messpraktiken. Dem Schwanken des Schiffes in den Wellen begegnete er durch Mehrfachmessungen und Mittelwertsbildung:

---

49 Ebd., 75.
50 Ebd., 77.
51 Vgl. ebd., 75.
52 Ebd.

»Wiederholt man [...] eine Einzelmessung so oft, bis sich ihre einzelnen Bestandteile möglichst gleichmäßig auf möglichst viele Phasen des Schwingungszustandes verteilen, so enthalten die einzelnen Bestandteile wahrscheinlich ebenso viele positive wie negative Abweichungen.« Deshalb überprüfte Bidlingmaier seine Bestimmungen jeweils zehn bis zwanzig Mal. Die Schwierigkeit des Drehens eliminierte er durch parallele Kompassbeobachtungen: »Ich selbst beobachte am Schlingertisch und gebe im Moment jeder einzelnen Einstellung durch ein ›Topp!‹ dem am Peilkompass stehenden Protokollanten [...] das Signal zu einer Ablesung des Kurses«,[53] sodass letzterer beide Werte notieren konnte. Der Einfluss des Schiffseisens ließ sich durch Vergleichsmessungen bestimmen.

Diese Beobachtungen der wissenschaftlichen Praktiken an Bord der *Gauss* widersprechen einerseits Latours Feststellung, dass in der wissenschaftlichen Praxis Instrumenten die entscheidende Rolle zukomme. Andererseits kann allerdings auch die Maßgabe der *field studies*, die Forschungsumgebung in die Analyse von Forschungspraktiken einzubeziehen, die Produktion wissenschaftlicher Daten nicht alleine hinreichend erklären. Stattdessen ist es das dynamische Zusammenwirken von Wissenschaftlern, Instrumenten, Forschungsobjekten und -umgebungen, das Einfluss auf die Gewinnung von Beobachtungsresultaten hat. Während das Meer in diesem Zusammenhang die Anpassung von Beobachtungspraktiken erzwang, zeigt es im nächsten Abschnitt im Verbund mit anderen natürlichen Kräften seine Handlungsmacht, die Reiseroute der Expedition zu bestimmen, Wege und Fortkommen zuzulassen oder zu verwehren.

4. Eingeschlossen im Eismeer.
Die Gauss als »Spielball der Elemente«

Expeditionsschiffe, so Sorrenson über die Schiffe der Cook'schen Weltreisen, waren mehr als bloße Vehikel oder Observationsplattformen, »they shaped the kinds of information observers collected«.[54] Dies ist nicht weniger zutreffend für die Polarschiffe am Ende des langen 19. Jahrhunderts. Durch ihre spezifische Konstruktion, die Möglichkeit der Navigation in polaren Gewässern und ihre Widerstandsfähigkeit gegenüber Eispressungen, die den Aufenthalt im zugefrorenen Eismeer erlaubte, erweiterten sie wissenschaftliche Blickfelder und gestatteten die kartographische Erfassung und wissenschaftliche Durchdringung zuvor unzugänglicher Regionen. Die nach der *Gauss*-Expedition produzierten Karten waren zugleich Ausdruck der Reiseroute des Expe-

---

53 Bidlingmaier, Beobachtungen, 77 f.
54 Sorrenson, Ship, 227.

ditionsschiffs und Beleg für die Möglichkeiten und Grenzen seiner Navigation im Südpolarmeer.

Doch auch im Polargebiet waren die Routenpläne – und damit die Wissensproduktion – nicht allein vom Schiffskörper abhängig, sondern mehr noch von den natürlichen Bedingungen, auf die er traf. Auch die speziellen Verstärkungen am Expeditionsschiff bedeuteten nicht, dass die *Gauss* nach Belieben durch die Südpolargewässer bewegt werden konnte. Ausgestattet mit Instruktionen, die eine allgemeine Route vorgaben, waren akute Routenentscheidungen von den lokalen Bedingungen abhängig – Wind, Strömungen, Eisberge und -flächen präsentierten sich den Expeditionsteilnehmern als gewichtige Akteure in Fragen der Kurswahl. So schufen, nachdem die Expedition auf dem Weg nach Süden auf erste Eisfelder traf, zunächst östliche Winde immer wieder Fahrtrinnen durch das Meereis. Als jedoch weiter südlich ein Schneesturm aufkam, wurde das Schiff, wie der Expeditionsleiter bemerkte, zum »Spielball der Elemente«. Von Drygalski berichtete: »Wir kämpften unter vollem Dampf dagegen an, bald auf südlichem, bald auf nördlichem Kurs, ohne aber etwas ausrichten zu können.«[55]

In dieser Situation war Sorrensons drittes Argument, Expeditionsschiffe hätten ihren Wissenschaftlern überlegene und geschützte Aussichten auf die umliegende Landschaft geboten, für die Forscher auf der *Gauss* nicht mehr zutreffend. Aus dichtem Nebel tauchten Eisberge und -schollen immer wieder an verschiedenen Stellen auf. Was in den Stunden des Sturms genau geschehen sei, sei im Nachhinein von niemandem zu rekonstruieren gewesen. »Doch immer war es dasselbe Bild einer gänzlichen Ohnmacht, eines Kampfes mit den Elementen, die uns übermächtig umgaben.«[56] Am Ende dieser Situation fand sich die *Gauss* von dichten Eisschollen umschlossen in der Antarktis festgesetzt. Durch Eisausgrabungen um das Schiff herum und begleitende Sprengungen versuchte die Besatzung in den folgenden Tagen, das Schiff aus seiner Lage zu befreien, doch alle Bemühungen waren vergebens: »Die Falle, in die wir gerieten, war geschlossen; die Natur hatte mächtige Riegel vor die einzige Öffnung geschoben, die uns noch blieb, und wir lagen fest.«

Die wissenschaftlichen Arbeiten blieben in dieser Situation nicht auf das Schiff beschränkt. Mit dem 1. März 1902 nahte ein sogenannter Termintag. Diese Tage waren von Bidlingmaier in seinem erdmagnetischen Programm festgelegt worden. An ihnen sollten die beteiligten Observatorien und Expeditionen stündlich magnetische Messungen vornehmen und während einer Stunde zwischen 12 und 1 Uhr Greenwich Zeit alle zwanzig Sekunden die magnetischen Elemente bestimmt werden. Allerdings fror die *Gauss* deutlich früher und weiter nördlich als erwartet im Eis ein, sodass einige Improvisation

---

55 Von Drygalski, Kontinent, 245.
56 Ebd., 245, das nächstfolgende Zitat 254.

notwendig wurde: Weil das magnetische Observatorium nach dem Einfrieren im Eis noch nicht eingerichtet war – suchte Bidlingmaier eine Eisscholle in der Nähe des Schiffs als Beobachtungsort aus. Eigentlich sollten selbstregistrierende Apparate die erdmagnetischen Kräfte aufzeichnen, doch weil diese noch nicht installiert waren, bemühte er sich gemeinsam mit von Drygalski die Werte selber abzulesen und zu notieren.[57] Später wurde Bidlingmaiers Observatorium zunächst in einem Eishaus auf einer dem Schiff nahe gelegenen Eisscholle aufgebaut. Als diese zu sinken begann, wurden die Instrumente in einen ausgehöhlten Eisberg verlegt.

Das Schiff diente während des folgenden antarktischen Winters als Lebensmittelpunkt. Wissenschaftliche Ablesearbeiten sowie die Schiffswartung und das Freilegen des Schiffes nach Schneestürmen bestimmten den Tagesablauf, Vorträge und die Gründung von Klubs die gesellige Unterhaltung. Zudem verfügte die *Gauss* über eine umfangreiche Bibliothek, die neben Unterhaltungs- auch wissenschaftliche Literatur umfasste. Das Expeditionsschiff fungierte damit, wie viele seiner Vorgänger, selber als Wissensspeicher. In der Bibliothek las von Drygalski beispielsweise nach, welche Strategien vorangehende Expeditionen in ähnlichen Lagen angewandt hatten. Die *Belgica*-Expedition von 1897 bis 1899, erfuhr er so, hatte versucht, sich durch Eissägen einen Weg zu bahnen. Doch die unternommenen Versuche bestätigten von Drygalski nur in seinem Gefühl des Ausgeliefertseins: »Man kann mit Gewaltmitteln einiges erreichen, doch die Befreiung muss durch die Natur bewerkstelligt werden.«[58]

Gegen Ende der Überwinterungsperiode der *Gauss* im antarktischen Eis wurde der Gegensatz zwischen den akribischen wissenschaftlichen Datensammlungen und einem generellen Unverständnis der Eislandschaft gegenüber immer deutlicher. Zugleich belegen die Ausführungen des Expeditionsleiters die Umverteilung der Akteurspositionen im Eismeer – das Handlungspotential verlagerte sich weg von Schiff und Wissenschaftlern hin zu Eis, Wasser und Strömungen. Die Handlungsmacht lag in der Situation des Festgefrorenseins bei den natürlichen Kräften der polaren Umwelt, die Expeditionsteilnehmer wurden von ihnen in die Rolle passiver Beobachter gedrängt. Wissenschaftliche Expertise und Beobachtungstechniken halfen zur Einschätzung der Lage kaum weiter, in der die Natur ihren Akteursstatus demonstrierte. »Wer konnte sagen, wann das Eis am *Gauss* überhaupt aufgehen würde«,[59] fragte von Drygalski zu Beginn seines Kapitels über den Aufbruch aus der Antarktis. Die Wortwahl seines Berichts belegt die Gegensätzlichkeit von natürlichen Aktivitäten und menschlicher Passivität. Die Wissenschaftssoziologin Karin Knorr Cetina verweist in ihrer Studie zu *Wissenskulturen* auf die sprachlichen Rekon-

---

57 Ebd., 252.
58 Ebd., 356.
59 Ebd., 484.

figurationen, die sie in Laborbeschreibungen von Forschern beobachtet hat. In den Beschreibungen ihrer Instrumente und Apparaturen bemühten die Wissenschaftler symbolische Repertoires, die andeuteten, »welche Komponenten unabhängig von externen Definitionen zu den Lebewesen gehören, welche Organismen sind [...], welche Akteure mit Machtpotential ausgestattet sind«[60] und welchen dieses fehle. Dieser Mechanismus ist auch im Reisebericht von Drygalskis zu beobachten.

Während »Leben im Eise« war und das »Eis arbeitete«, konnten die Expeditionsmitglieder lediglich »dem großartigen Schauspiel zu[sehen]«,[61] welches das Eismeer vor ihren Augen entfaltete. Gleich mehrfach bemühte von Drygalski das Bild der menschlichen Zuschauer, die »mit gespanntester Aufmerksamkeit [...] das anregende Schauspiel«[62] der Bewegung der Eismassen verfolgten. Mit der Zuschauerrolle ging die Beschränktheit der menschlichen Handlungsmöglichten einher. Die Besatzung versuchte, sich aus dieser Rolle zu befreien. Doch nachdem nach mehr als einem Jahr im Eis Mitte Januar 1903 mit Sprengungen und Abgrabungen eine Seite des Schiffs von Schneewehen befreit war, rechnete von Drygalski hoch, dass bei einer Fortsetzung dieser Bemühungen fünf Monate Arbeit nötig wären, um dem Schiff einen Kanal zu schaffen, durch den es hätte navigieren können. Die Bemühungen wurden bald eingestellt.

Während die festgelegten wissenschaftlichen Datensammlungen unverändert fortgesetzt wurden, fanden sich die Wissenschaftler in einer Situation völliger Unplanbarkeit, in der Kräfte wirkten, die sie nicht erklären und deren Ergebnisse sie dementsprechend nicht vorhersagen konnten. Ende Januar beispielsweise beobachteten die Expeditionsteilnehmer, dass sich die östlich des Schiffes liegenden Eisberge langsam vom Schiff zu entfernen begannen »und zwar unvermutet, ohne merklichen Anlass«.[63] Einen Tag später öffneten sich Spalten im Eis und wiederum versammelte sich die Schiffsbesatzung »um die Veränderungen zu beobachten, die um uns vorgingen, ohne dass eine Kraft bemerkbar war, die sie bewirkte«. Auch die Befreiung aus dem Eis kam für die Wissenschaftler an Bord letztlich überraschend: »Es war ein großer Moment, den wir alle herbeigesehnt hatten und von dem doch keiner wusste, wie er eintreten würde.«

Jenseits wissenschaftlicher Erklärbarkeit blieben ihnen daher nur Gefühle: Hoffnungen, Ahnungen und vage Vermutungen. Als sich die Eisberge von der *Gauss* zu entfernen begannen, hatte von Drygalski »den Eindruck, dass auch der Zusammenhalt des Ostfeldes nun nicht mehr lange währen könne«. Mehr

---

60 Karin Knorr Cetina, Wissenskulturen. Ein Vergleich naturwissenschaftlicher Wissensformen. Frankfurt a. M. 1999, 165.
61 Von Drygalski, Kontinent, 503, 494.
62 Ebd., 505.
63 Ebd., 492 sowie die folgenden Zitate 494, 495.

als eine Vermutung war dies jedoch nicht: »Es schien, als könne jetzt ein geringer Anlass genügen, um das Eis zu zerbrechen.«[64] Nachdem das Schiff aber acht Tage lang eng von Eis umgrenzt hin und her trieb, schwand die Zuversicht, »die Hoffnung auf Befreiung« begann zu sinken. Über den Abend bevor die *Gauss* aus dem Eis freikam, schreibt der Expeditionsleiter schließlich: »Es war vielleicht etwas mehr als Zufall, wie eine Vorahnung, die mir am Abend des 7. Februar die Prophezeiung entlockte, morgen kommen wir frei und mich in der Nacht auch mit solchen Träumen erregte.«[65] Diese Gefühlslagen verdeutlichen gleichzeitig die menschliche Ausgeliefertheit und Passivität und den bestimmenden Akteursstatus der natürlichen Kräfte.

Diesen Status bestätigen von Drygalskis Ausführungen zur Befreiung der *Gauss* aus dem Eis. Alle angestellten Erwägungen erwiesen sich als falsch: »Kein Westwind, auf den wir gehofft, kein Ostwind, den wir gefürchtet«,[66] brachte die Lösung des Expeditionsschiffs aus den Eis. Stattdessen waren es »die Kräfte des Meeres von innen heraus; Strömungen, von kosmischen Kräften getrieben und die Zersetzung des Eises, von der Sonne gebracht«,[67] die das Ausbrechen des Schiffs aus dem Eis gestatteten. Zwar wurden noch einmal die Eissägen eingesetzt, doch es bestand kein Zweifel, bei wem die Handlungsmacht lag. Die mühevolle Arbeit fiel leichter, weil sie von dem Gefühl begleitet war, dass »die Natur uns selbst Befreiung verschaffen würde und dass alles, was man in langer Zeit und mühsamer Arbeit mit Menschenkraft tat, pygmäenhaft war gegen das, was die Natur in kurzen Stunden verrichtet«.

Erst als »die Natur die Befreiung bewerkstelligt« hatte, wurde die *Gauss* wieder zu einem Akteur und erwies sich als gut geeignet für das Navigieren im Polarmeer. In Eispressungen drückten sich die Eisschollen halb unter das Schiff, bevor sie zerbrachen und wieder auftauchten; ohne Schaden überstand ihre Eishaut die harten Zusammenstöße mit Eisbergen. Lange Zeit überstand auch die Schiffsschraube die Kollisionen mit Eisbergen schadlos. Selbst als durch wiederholte Schläge auf einen Eisberg ein Teil eines Schraubenflügels verloren ging, konnte die Fahrt für einige Zeit ohne große Beeinträchtigungen fortgesetzt werden.[68] Dies änderte aber nichts an von Drygalskis Einschätzung, dass maßgebliche Weichen für die Expedition nicht durch menschliche Planung oder eingesetztes Material, sondern durch natürliche Umstände gestellt wurden.

---

64 Ebd., 493.
65 Ebd., 501 f.
66 Ebd., 495.
67 Hier und im Folgenden ebd., 496.
68 Vgl. ebd., 520.

5. Schluss

Die Ozeane, so Kären Wigen, erleben in den letzten Jahren einen Boom in den Geschichtswissenschaften. Unter anderem Wissenschafts-, Sozial- und Wirtschaftsgeschichte hätten sich des Meeres als Untersuchungsgegenstand angenommen: »No longer outside time, the sea is being given a history.«[69] Doch zeigt eine genauere Betrachtung, dass es bei Wigens Referenzen letztlich nicht um das Meer selbst geht, sondern um Längen- und Breitengrade, auf See tätige menschliche Akteure und die Ausbeutung maritimer Ressourcen. Das Meer als solches aber, seine Wassermassen und Energieströme finden in der Thematisierung des Ozeans als Gegenstand historischer Untersuchungen wenig Berücksichtigung.

Dem entgegen hat dieser Aufsatz aus wissenschaftshistorischer Perspektive anhand von drei Momenten der ersten deutschen Antarktisexpedition versucht, das Handlungspotential des Meeres aufzuzeigen: Als imaginierte Landschaft beeinflusste das weitgehend unbekannte Südpolarmeer die Konstruktion des deutschen Expeditionsschiffs, als Forschungsumwelt erzwang es die Anpassung wissenschaftlicher Praktiken. Schließlich belegen die Expeditionsberichte die Handlungsmacht des Eismeeres: Während das Eismeer arbeitete, wurden die Expeditionsteilnehmer zu passiven Zuschauern einer Situation, aus der sie nur die Kräfte des Meeres befreien konnten. Das Meer setzte so den Wissens- und Handlungsmöglichkeiten enge Grenzen.

Die Aberkennung des Akteursstatus des Meeres mag das Ergebnis der modernen Trennung zwischen Mensch und Natur sein. Verschiedentlich wird argumentiert, dass diese diskursive Grenzziehung zwischen Mensch und Kultur auf der einen und Natur auf der anderen Seite eines der entscheidenden Charakteristika der westlichen Moderne sei.[70] Das Potential zu Handeln kommt nach dieser Unterscheidung lediglich menschlichen Akteuren zu. Dagegen wird vor allem ausgehend von wissenschaftssoziologischen Debatten argumentiert, dass unterhalb dieser diskursiven Ebene beständig Mischformen zwischen menschlichen und nichtmenschlichen Akteuren entstünden, in denen auch letzteren der Akteursstatus zuzuerkennen sei. Ob diese Phänomene adäquat als Mischwesen oder Hybride[71] beschrieben sind oder ob es angemessener ist, sie wie in diesem Aufsatz als das dynamische Zusammenspiel menschlicher, natürlicher und technischer Akteure zu fassen, scheint eher eine Frage der Begrifflichkei-

---

69 Wigen, Oceans, 717.
70 Vgl. z. B. Bruno Latour, Wir sind nie modern gewesen. Versuch einer symmetrischen Anthropologie. Frankfurt a. M. 2008.
71 Vgl. z. B. Andréa Belliger und David Krieger, Einführung in die Akteur-Netzwerk-Theorie, in: dies. (Hrsg.), ANThology. Ein einführendes Handbuch zur Akteur-Netzwerk-Theorie. Bielefeld 2006, 13–50.

ten. Doch das Beispiel der Wissensproduktion der deutschen Antarktisexpedition zeigt, dass diese nur zu verstehen ist, wenn der Einfluss nichtmenschlicher Akteure berücksichtigt wird.

Schließlich liegt die geschichtswissenschaftlich angemessene Strategie zur Beantwortung der Frage, wer handeln kann, darin, die Auffassungen und Beschreibungen der historischen Akteure ernst zu nehmen. Der Blick in die Quellen zeigt, dass die Teilnehmer der deutschen Antarktisexpedition keine Probleme damit hatten, nichtmenschlichen Entitäten Handlungsmacht und damit den Akteursstatus zuzuerkennen. Sicherlich unbeabsichtigt antwortete von Drygalski am Ende seines Expeditionsberichts auf die kämpferische Rhetorik, die von Richthofen in der Taufrede der *Gauss* angeschlagen hatte. Während letzterer von der Expedition als einem Kampf gegen die natürlichen Elemente sprach, denen Wissen entrungen werden sollte, fiel das Urteil des Expeditionsleiters am Ende seiner Abhandlungen deutlich bescheidener aus und verschob die Rolle des Handlungsträgers in Richtung des Meeres: »Die Geheimnisse, die der Natur dort abzulauschen waren, waren entschleiert. Der Natur war abgerungen, was sie uns hergeben wollte.«[72]

---

72 Von Drygalski, Kontinent, 662.

Martina Winkler

Landratten auf Segeltour?

Russländische Unternehmer im Nordpazifik

»Die Schätze, die das neidische Meer bewahrt?«

1. Einleitung: Landreiche und Seeimperien

»Sind aber die Russen, diese Jakutsken, u.s.f. gute Seeleute? [...] Aus allen Nachrichten sieht man, wie zaghaft diese Leute auf dem Meere sind, und wie wenig sie sich getrauen, sich vom Ufer zu entfernen«.[1]

Der Geograph Samuel Engel stand im späten 18. Jahrhundert mit dieser kritischen Haltung den russischen Seefahrerkünsten gegenüber nicht allein. Und nicht nur seine Zeitgenossen, sondern auch spätere Historiker haben seine Einschätzung geteilt – auch wenn nicht alle, wie James Gibson, gleich explizit von russischen »Landratten« sprechen.[2] Doch spielt die ansonsten florierende historische Meeresforschung in der Historiographie Russlands eine allenfalls marginale Rolle,[3] und umgekehrt kommt Russland in Untersuchungen zur Geschichte der Seemächte kaum vor. Dies hat durchaus seine Gründe, immerhin haben zahllose Historiker und Soziologen Russland klar und nachvollziehbar als »Kontinentalimperium« klassifiziert und so eine zentrale Vergleichs- und

---

1 Samuel Engel, Geographische und kritische Nachrichten und Anmerkungen über die Lage der nördlichen Gegenden von Asien und Amerika, nach den allerneuesten Beschreibung: Aus dem Französischen v. J. C. Brotze. Basel 1772–77, 325.

2 James Gibson, A notable Absence: the Lateness and Lameness of Russian discovery and exploration in the North Pacific, 1639–1803, in: Robin Fisher (Hrsg.), From Maps to Metaphors – The Pacific World of George Vancouver. Vancouver 1993, 85–103. James Gibson, Russian Expansion in Siberia and America, in: The Geographical Review 70, 1980, Nr. 2, 127–136, 128. Siehe auch Gwenn A. Miller, Kodiak Kreol: Communities of Empire in early Russian America. Ithaca 2010, 29. Patrick Daley, Cultural Politics and the Mass Media: Alaska Native Voices. Urbana 2004, 23.

3 Einen Ansatz wagte kürzlich Guido Hausmann, Maritimes Reich – Landreich: Zur Anwendung einer geografischen Deutungsfigur auf Russland, in: ders. (Hrsg.), Imperienvergleich. Beispiele und Ansätze aus osteuropäischer Perspektive. Festschrift für Andreas Kappeler. Wiesbaden 2009, 489–510.

Systematisierungskategorie geschaffen.[4] Fraglos gibt es deutliche Unterschiede zwischen Russland auf der einen Seite sowie England, Spanien und Portugal auf der anderen – sei es in Hinblick auf Selbstverständnis, Expansionsmechanismen, Peripheriekonzepte, Raumvorstellungen oder andere Komponenten imperialer Realitäten. Doch fungiert die Unterscheidung von Land- und Seeimperium in vielen Texten nicht nur als Analysekategorie, sondern als schematisch definierte Schublade. Russländische maritime Ambitionen erscheinen in dieser Perspektive schnell als Widerspruch zum »eigentlichen« Charakter des Imperiums,[5] Peter der Große, »hydraulischer Herrscher«[6] bildet einmal mehr eine »unrussische« Ausnahme,[7] Ozeane werden zu einem für »die Russen« fremden, unbekannten Raum, den Historiker unbesehen ausklammern können.

Doch werden mit dieser Perspektive auch zahllose Quellen übersehen, die uns einen Einblick geben können in eine durchaus von maritimen Kulturen und Ambitionen bestimmte russländische Geschichte. Und wenn wir Imperien nicht als monolithische Blöcke betrachten, die mit eindeutigen Adjektiven zu beschreiben wären, sondern eher von heterogenen Herrschaftsverbänden ausgehen (und Heterogenität als *zentrales* Kriterium für die Definition von »Imperium« ernst nehmen),[8] dann ist es nicht mehr verwunderlich, dass auch ein »Landimperium« maritime Kulturen beherbergt. Zu diesen »maritimen Kulturen« gehören beispielsweise die »meeresromantische« Stimmung der Petersburger Elite seit dem frühen 18. Jahrhundert, die petrinische Ostseepolitik, die katharinäischen Ambitionen im Atlantik zur Zeit der Amerikanischen Revolution, die großen Weltumsegelungen des 19. Jahrhunderts und natürlich die Kulturen von Küstenbewohnern, welche seit Jahrhunderten vom und mit dem Meer lebten. Wenn im Folgenden der Nordpazifik – offener Ozean und russländisches Hausmeer, internationale Kontaktzone und Verbindungsraum zur einzigen überseeischen Kolonie Russlands – im Zentrum stehen wird, so soll

---

4 Herfried Münkler, Imperien. Die Logik der Weltherrschaft – vom Alten Rom bis zu den Vereinigten Staaten. Berlin 2007, 81 f. Jürgen Osterhammel, Imperien, in: Gunilla Budde (Hrsg.), Transnationale Geschichte. Themen, Tendenzen und Theorien. Göttingen 2006, 56–67. Ricarda Vulpius, Das Imperium als Thema der russischen Geschichte. Tendenzen und Perspektiven der jüngeren Forschung, in: Zeitenblicke 6, 2007, Nr. 2, (http://www.zeitenblicke.de/2007/2/vulpius/dippArticle.pdf). Osterhammel, Imperien. James Gibson, Russian imperial Expansion in Context and by Contrast, in: Journal of Historical Geography 28, 2002, Nr. 2, 181–202.

5 Mairin Mitchell, The Maritime History of Russia 848–1948. London 1949. Walter Sperling, Der Aufbruch der Provinz: Die Eisenbahn und die Neuordnung der Räume im Zarenreich. Frankfurt a. M. 2011, 59.

6 Hausmann, Maritimes Reich – Landreich.

7 Mitchell, The Maritime History, 80 f.

8 Siehe vor allem Ann-Laura Stoler, On Degrees of Imperial Sovereignty, in: Public Culture 18, 2006, Nr. 1, 125–146. Lauren A. Benton, A Search for Sovereignty: Law and Geography in European Empires, 1400–1900. Cambridge 2010.

damit ein Anfang gemacht werden für eine Erforschung maritimer Kulturen im russländischen Imperium. Die Expansion im Nordpazifik ist in dieser Hinsicht keineswegs »typisch russisch« oder besonders »repräsentativ«, aber eben auch nicht – wie es die Forschung zuweilen behauptet,[9] »ungewöhnlich«, »merkwürdig« und zum Scheitern verdammt. Ebenso wie imperiale Strategien in anderen Regionen spiegeln auch diese maritimen Ambitionen die jeweiligen Interessen und Konflikte wider und bilden ein Element eines vielfältigen imperialen Panoramas, das nur schwerlich auf einen gemeinsamen Nenner reduziert werden kann. Hier rücken Akteure in den Blick, die sich zwischen Zentrum und Peripherie bewegten, zwischen den in St. Petersburg gepflegten »Illusionen« und der »rauen Prosa«[10] im Nordpazifik, zwischen Regierung und aleutischen Inselbewohnern: Unternehmer und Pelzhändler, welche vor allem durch die Hoffnung auf Profit zu Seefahrern wurden. Sie verfolgten ihre Interessen in einem für sie neuartigen Raum, in Konflikt und Kooperation mit verschiedenen Partnern und Gegnern. Und letztlich konstruierten sie diesen Raum – das Meer – entsprechend ihren Bedingungen und Interessen.[11] Ihre Wahrnehmungen des Meeres waren entsprechend pragmatisch und vielfältig. Sie ergänzen unsere Erkenntnisse zur europäischen Konstruktion der Meere, stellen den Kontrast von Kontinentalimperium und Seereich in seiner Absolutheit infrage und erweitern die dualistische Perspektive von »Landratten« einerseits und »Seebären« andererseits. Wenn dieser Beitrag den Versuch unternimmt, die russländische Geschichte mit aktuellen Erkenntnissen der Meeresforschung zu verbinden, so werden damit auch grundlegende Kategorien der Historiographie angesprochen und problematisiert.

2. Die russländische Expansion in den Nordpazifik

Nachdem die wissenschaftlich ebenso wie imperial motivierte Erforschung des Nordpazifiks in den dreißiger und vierziger Jahren des 18. Jahrhunderts im Rahmen der groß angelegten so genannten Kamčatka-Expeditionen begonnen hatte, wuchs das wirtschaftliche Interesse an der Region ständig. Das zahlreiche Vorkommen von Pelztieren, insbesondere der wertvollen Seeotter, und die Aussicht auf Zugang zum profitablen chinesischen Markt, möglicherweise aber

---

9 Marcus Köhler, Russische Ethnographie und imperiale Politik im 18. Jahrhundert. Göttingen 2011, 39 f.
10 Dieser schöne Gegensatz wurde formuliert in »Vvedenie«, in: Ochotina-Lind, Natal'ja, Møller, Peter Ulf (Hrsg.), Vtoraja Kamčatskaja ekspedicija. Dokumenty 1734–1736: Morskie otrjady. Sbornik dokumentov. St. Petersburg 2009, 8–19, 9.
11 Als Inspiration für eine solche Herangehensweise diente natürlich: Richard White, The Middle Ground: Indians, Empires, and Republics in the Great Lakes Region, 1650–1815. Cambridge 1991.

auch auf Handel mit dem sich bislang isolierenden Japan, trieb russländische Pelzhändler nach Nordostsibirien und in den nordpazifischen Raum. Der erhoffte Profit war enorm, die organisatorischen Probleme jedoch dramatisch. Die große Distanz zu den Hauptstädten des Reiches, der riesige personelle und finanzielle Aufwand beim Schiffbau und Transport sowie die bei allem Interesse doch eher vorsichtige Politik der Herrscher bei der Förderung des nordpazifischen Handels schufen zahlreiche Hindernisse. Die im Nordpazifik aktiven Unternehmer mussten sich somit mit unterschiedlichen Schwierigkeiten und Interessen auseinandersetzen: Strategien zur Orientierung vor Ort und der Umgang mit indigenen Bevölkerungen, die Konkurrenz mit anderen Unternehmern – sowohl aus Russland als auch, seit den 1780ern, aus England und den USA – sowie Verhandlungen mit Vertretern der Regierung bestimmten das Koordinatensystem, innerhalb dessen sich die Pelzhändler an der Pazifikküste bewegten. Eben dieses Koordinatensystem und die Notwendigkeit, nicht nur als Akteure vor Ort aufzutreten, sondern auch die Verbindung zu den imperialen Zentren zu schaffen, bestimmten auch die Art und Weise, in der die Unternehmer den vor ihnen liegenden Raum wahrnahmen und darstellten.

Einer dieser Unternehmer war Grigorij Šelichov. Der Sohn eines Kaufmanns und einer Adligen, 1747 geboren in der südrussischen Stadt Rylsk, schickte seit Mitte der 1770er Jahre Handelsschiffe zu den Aleutischen Inseln und den Kurilen und begab sich auch selbst auf See. Er war Begründer verschiedener Handelskompanien und gehörte zu den erfolgreichsten Unternehmern im Pelzhandel. 1799, vier Jahre nach seinem Tod, erhielt die von ihm und Ivan Golikov gegründete Gesellschaft unter den Namen »Russländisch-Amerikanische Kompanie« (RAK) ein staatliches Monopol auf die Verwaltung und Ausbeutung der nunmehr als »Russisch-Amerika« bezeichneten Kolonie. Šelichov stand in Kontakt zu Repräsentanten des Imperiums bis hinauf zur Kaiserin Katharina der Großen selbst und verkörperte somit in typischer Weise die russländische Expansion im Nordpazifik, in der private Initiative mit staatlicher Verpflichtung eng verknüpft war. Diese komplexe Interessenlage macht seine Schriften zu besonders dichten Quellen für die Betrachtung von »vor Ort« entwickelten Bildern des Nordpazifik. Gleichzeitig löste er sich von der Lehnstuhl-Maritimität des Zentrums.[12] Seine Briefe, Berichte sowie Landkarten zeigen einen ausgesprochen unaufgeregten Umgang mit dem Meer. Šelichovs Texte stehen in diesem Beitrag im Zentrum; sie werden eingebettet in und ergänzt durch Verweise auf die Schriften anderer Autoren, zu denen nicht nur weitere Unternehmer zähl-

---

12 Wie sie beispielsweise deutlich wird in Michail Vasil'evič Lomonosov, Kratkoe opisanie raznych putešestvii po severnym morjam i pokazanie vozmožnogo prochodu sibirskim okeanom v vostočnuju Indiju, in: ders., Polnoe sobranie sočinenii, Tom 6: Trudy po russkoj istorii, obščestvenno-ekonomičeskim voprosam i geografii 1747–1765. Moskau und Leningrad 1952, 421–498.

Landratten auf Segeltour? 195

Abb. 1: Frontispiz des Reiseberichts des Kaufmanns
Šelichov, St. Petersburg 1793.[13]

ten, sondern teilweise auch unmittelbar durch den Staat finanzierte Seeleute wie
Vitus Bering und Petr Krenicyn.

Bei der Beschäftigung mit Šelichov fällt zunächst das Frontispiz seines Reiseberichtes über die Schiffspassage vom ostsibirischen Hafen Ochotsk zur amerikanischen Küste ins Auge. Hier wird aus einer Ode des berühmten Gelehrten und Hofdichters Michail Lomonosov zitiert: »Die Russländischen Kolumbusse trotzen einem schrecklichen Schicksal, Durch das Eis hindurch haben sie einen

13 Aus: Grigorij Ivanovič Šelichov: Rossijskago kupca Grigor'ja Šelichova stranstvovanie v 1783 godu iz Ochotska po Vostočnomu okeanu k Amerikanskim beregam, s obstojatel'nym uvedomleniem ob otkrytii novoobretennych im ostrovov Kyktaka i Afagnaka, do koich ne dostigal i slavnyj aglinskij morechodec kapitan Kuk, St. Peterburg 1793. Digitalisat: http://frontiers.loc.gov/cgi-bin/ampage?collId=mtfxtx&fileName=txs/s00017//mtfxtxs 00017.db&recNum=0&itemLink=r?intldl/mtfront:@field%28NUMBER+@od1%28mtfxtx+ s00017%29%29&linkText=0 [29.1.2014].

neuen Weg nach Osten eröffnet/Und nun erstreckt sich unser Reich bis nach Amerika/Und in alle Richtungen reicht der Russen Ruhm.«[14] Das Bild der Russischen »Kolumbusse«, welche furchtlos den Ozean erobern, findet sich in einigen Quellen des 18. Jahrhunderts, ebenso wie der wirkungsvolle Topos vom Kaiser als Steuermann und die Nutzung von Schiffen auf Herrscherportraits.[15] Hier wird nicht nur Russland als maritime Macht gezeichnet, hier wird mindestens ebenso sehr das Meer als gefährlicher, Helden herausfordernder Heterotopos konstruiert. Das offizielle Bild von Russland als neue Seemacht orientierte sich – dies ist nicht besonders überraschend – an den westeuropäischen, insbesondere britischen Meereskonstruktionen. Das Äußere des Buches von Šelichov entsprach also Elitendiskursen in St. Petersburg und letztlich auch in London – der Inhalt jedoch, die Reisebeschreibung Šelichovs selbst, weist einen erstaunlichen Mangel an Dramatisierung des Ozeans auf. So zeigt sich Šelichovs Text etwas widerspenstig für eine an aktueller Forschung wie traditionellen Bildern orientierte Lesart, die das »Andere« im Ozean sucht und einen Wahrnehmungsbruch durch den Sprung auf den Pazifik beschreiben will. Dass gerade die russländischen »Landratten« darauf verzichteten, das Meer als gefährlich und fremd zu beschreiben, fordert einen genaueren Blick auf deren Meereswahrnehmung heraus. Dabei ergeben sich drei einander überschneidende Untersuchungsbereiche: Das Schiff, das Meer und die Inseln.

3. Das Schiff

Den Anfang macht das Schiff, das vollkommen fraglos eine zentrale Rolle bei der russländischen Eroberung des Nordpazifiks spielte. Der Bau von Schiffen, die nicht nur Flüsse befahren konnten, sondern hochseetauglich waren, bildete seit der Zeit Peters des Großen ein wichtiges Element der Wirtschaft und der Gesetzgebung. Gern zitiert wird der Erlass, der den traditionellen Sargbau aus Eichenholz verbot, weil das Material für Schiffe genutzt werden sollte. Pläne, die imperiale Expansion über die Ostküsten Sibiriens hinaus in den Nordpazi-

---

14 Das Zitat stammt aus Lomonosovs Ode an Peter den Großen: Michail Vasil'evič Lomonosov, Petr Velikij, in: ders., Izbrannye proizvedenija. Leningrad 1986, 280–310.
15 Hier seien nur als Beispiele für viele zitiert: Michail Vasil'evič Lomonosov, Oda blažennyj pamjati gosudaryne imperatrice Anne Joannovne na pobedu nad turkami i tatarami i na vzjatie Chotina 1739 goda, in: ders., Izbrannye proizvedenija. Leningrad 1986, 61–69; Aleksandr P. Sumarokov, Oda E. I. V. vsemilostivejšej gosudaryne Imperatrice Elisavete Petrovne, samoderžice vserossijskoj, in: ders., Izbrannye proizvedenija. Leningrad 1957, 58–63. In der Malerei: Portrait Peters I. von Godfrey Kneller (1698) sowie die das Meer ins Zentrum rückenden Kupferstiche von Alexej Zubov. Siehe auch: Grabinschrift für Šelichov. LC, The Gennadii V. Yudin Collection of Russian-American Company Papers. Meeting of frontiers, online abrufbar unter http://frontiers.loc.gov/cgi-bin/query/r?intldl/mtfront:@field %28NUMBER+@od1%28mtfms+y0010007%29%29 [8. Mai 2012].

fik auszudehnen, bezogen von Beginn an die schwierige Frage mit ein, auf welche Weise – und mit welchem Material – vor Ort Schiffe gebaut werden konnten. Material zu beschaffen war ähnlich schwierig wie Arbeiter zu finden – vom zu investierenden Kapital ganz zu schweigen. Angesichts solcher Schwierigkeiten nahm die Bedeutung einzelner Kosaken und *promyšlenniki* (Pelzjäger und -händler) ab zugunsten von finanzstarken Unternehmern und staatlichem Engagement.[16] Über diese praktischen Probleme der Seefahrt auf dem Nordpazifik informieren uns Quellen wie Briefe, Beschwerden, Petitionen, Gerichtsakten, und es wird deutlich, um wie viel aufwändiger sich die Seeexpansion im Vergleich zu den Reisen durch Sibirien gestaltete.[17] Doch wird diese praktische Bedeutung des Schiffes interessanterweise nicht auf eine diskursive Ebene im Reisebericht übertragen. In Reiseberichten wurden Eigner, technische Daten und Ladung notiert, aber über diese pragmatischen Angaben gingen die Autoren nicht hinaus.[18] Das Schiff ist hier kein Topos – geschweige denn ein Heterotopos[19] – wie in zahlreichen anderen europäischen Reiseberichten, und viele Schlagworte der historischen Meeresforschung wollen nicht recht passen: Schiffe erscheinen bei Šelichov und anderen – inklusive der Berichte wissenschaftlicher Expeditionen – keineswegs als »a world apart, foreign and often incomprehensible«, als »vectors of law« oder als »sole bastions of society on the ocean«.[20] Die historische und kulturwissenschaftliche Forschung, die das Schiff

16 Lydia Black, Russians in Alaska 1732–1867. Fairbanks 2004, 102 ff.; Ilya Vinkovetsky, Russian America. An overseas Colony of a continental Empire, 1804–1867. Oxford 2011, 32.
17 Siehe z. B. Objasnenie kupca G. I. Šelichova v gorodskom magistrate g. Ryl'ska o celjach učreždenija im Severo-vostočnoj amerikanskoj kompanii i ee dejatel'nosti, in: R. V. Makarova (Hrsg.), Russkie ėkspedicii po izučeniju severnoj časti Tichogo okeana vo vtoroj polovine XVIII v.: Sbornik dokumentov. Moskau 1989, 202–204; Mnenie flagmanov o soderžanii flota i admiraltejstva v 1732 g i o trudnostjach, predstojaščich ekspedicii V. I. Beringa, in: V. A. Divin, Russkaja tichookeanskaja epopeja. Chabarovsk 1979, 534–538; Nakaz jakutskomu kazačnemu desjatniku Vasiliju Savostjanovu, in: A. I. Timofeev, Pamjatniki sibirskoj istorii XVIII veka. St. Peterburg 1882, 417–428; Report Sojmonov, in: V. A. Divin, Russkaja tichookeanskaja epopeja. Chabarovsk 1979, 306–311; Grigorij Šelichov, 1786 g. maja 4. – Iz nastavlenija G. I. Šelichova glavnomu pravitelju Severo-vostočnoj amerikanskoj kompanii K. A. Samojlovu o dejatel'nosti po upravleniju delami kompanii, in: Makarova, Russkie ekspedicii, 220–224.
18 Report morechoda i peredovščika suda Sv. Živonačal'naja Trojca Ivana Korovina s tovariščami praporščiku T. I. Šmalevu ob ich plavanii i prebyvanii na ostrovach Unalaške i Umnake v 1762–1765 gg (26.7.1766), in: Aleksandr I. Andreev (Hrsg.), Russkie otkrytija v Tichom okeane i Severnoj Amerike v XVIII veke. Moskau 1948, 120–146; Skazka Totemskogo kupca Stepana Čerepanova o ego prebyvanii na Aleutskich ostrovach v 1759–1762 gg (3.8.1762), in: ebd., 113–120.
19 Wie bei Michel Foucault, Andere Räume, in: Karlheinz Barck (Hrsg.), Aisthesis. Wahrnehmung heute oder Perspektiven einer anderen Ästhetik. Leipzig 1992, 34–46.
20 Erin Mackie, Welcome the Outlaw: Pirates, Maroons, and Caribbean Countercultures, in: Cultural Critique 59, 2005, Nr. 1, 24–62, hier 47; Benton, A Search for Sovereignty, 112; Philip E. Steinberg, The Social Construction of the Ocean. Cambridge 2001, 131. Ähnlich: Luciana de Lima Martins, Mapping Tropical Waters: British Views and Visions of Rio de

als einen besonderen, übercodierten Ort beschrieben hat, ist auf die russländischen Seefahrer im Nordpazifik somit kaum anwendbar.

Dies gilt zunächst einmal für die rechtlich-soziale Ebene. Russländischen Schiffen und ihren Kapitänen im Nordpazifik des 18. Jahrhunderts wurde eine andere politische Symbolik beigemessen als dies bei westeuropäischen Flotten der Fall war. Zwar hatten russländische Schiffe – sowohl aus staatlichem als auch aus Privatbesitz – eine wichtige politische Funktion: wissenschaftliche, ökonomische und imperiale Ziele überschnitten sich stets. So gehörte es immer auch zu den Aufgaben und Zielen der Seefahrer, die indigene Bevölkerung zu steuerpflichtigen Untertanen zu machen. Seit den 1780er Jahren, als Spanien, England und die USA als konkurrierende Imperien im Nordpazifik auftauchten, hatten russländische Schiffe regelmäßig Metallplatten mit imperialen Wappen geladen und verteilten Medaillons mit Herrscherporträts an die indigene Bevölkerung. Russländische Schiffe transportierten also Symbole der Souveränität in weit entfernte Regionen. Doch während westeuropäische Herrscher außerordentliche Autorität, ja Semi-Souveränität unmittelbar an ihre Kapitäne delegierten und diese die Herrschermacht gleichsam stellvertretend auf die Meere tragen ließen,[21] hielten sich die russländischen Kaiser diesbezüglich zurück. Sie gaben häufig klare und bindende Instruktionen ohne Entscheidungsspielraum; für den Fall, dass dennoch unmittelbar auf dem Schiff Entscheidungen getroffen werden mussten, erscheinen diese in den Berichten als Ergebnis gemeinsamer Deliberation der Offiziere.[22] Auch auf privaten Schiffen wurden insbesondere Kursänderungen erst »nach dem einmüthigen Beschluß der Schiffsgesell-

---

Janeiro, in: Denis Cosgrove (Hrsg.), Mappings. London 1999, 148–168, hier 148; Richard Sorrenson, The Ship as a Scientific Instrument in the Eighteenth Century, in: Osiris 11, 1996, 221–236.

21 Benton, A search for sovereignty, 112.

22 Die zahlreichen Beispiele dafür stammen aus privaten Reiseberichten, vor allem aber auch von staatlich geförderten Expeditionen, siehe z. B.: Frank Alfred Golder, Bering's voyages: The log Books and official Reports of the first and second Expeditions 1725–1730 and 1733–1742. With a Chart of the second Voyage by Ellsworth P. Bertholf; Bd. 1. New York 1922; Arthur Dobbs, A Letter from a Russian Sea-Officer, to a Person of Distinction at the Court of St. Petersburgh: Containing his Remarks upon Mr. de L'Isle's Chart and Memoir, relative to the new Discoveries northward and eastward from Kamtschatka. London 1754, 16; T. S. Fedorova, Vitus Jonassen Bering and the First Kamchatka Expedition, in: Tatiana S. Fedorova, Peter Ulf Møller (Hrsg.), The Journal of Midshipman Chaplin. A Record of Bering's First Kamchatka Expedition. Aarhus 2010, 243–259, hier 246 und 254; Gerhard Friedrich Müller, Nachrichten von den neuesten Schiffahrten im Eißmeer und in der Kamtschatkischen See, seit dem Jahr 1742; da die zweyte Kamtschatkische Expedition aufgehört hat, in: Neue Nordische Beyträge zur physikalischen und geographischen Erd- und Völkerbeschreibung, Naturgeschichte und Oekonomie 5, 1793, 1–104, hier 46, 80; Pavel Vasil'evič Čičagov, Zapiski Admirala Pavla Vasil'eviča Čičagova, pervogo, po vremeni, morskogo ministra, in: Russkaja starina 50, 1886, 239–258, hier 247.

schaft« vorgenommen. Auch Ungehorsam der Besatzung war nicht selten.[23] Die Macht der Kapitäne war, wenn sie denn in den Berichten Erwähnung fand, keine selbständige, sondern vom Zentrum und vom Herrscher unmittelbar abhängig, bei privaten Schiffseignern vom Geldgeber. Russländische Schiffe im Nordpazifik erscheinen nicht als kleine Königreiche absoluter Kapitänsmacht, sondern vielmehr als Räume, in denen der Kompromiss entscheidend war: ein pragmatischer Umgang miteinander sowie das Abwägen der unterschiedlichen Ziele einer Schiffsreise.[24]

In einigen Berichten fungiert das Schiff als ein Schutzraum, was sich bereits in der Tatsache andeutet, dass viele Schiffe die Namen von Heiligen trugen. Šelichov, sonst extrem zurückhaltend bei der Schilderung seiner Empfindungen, erwähnt an einer Stelle, dass er und seine Gefährten nach einer Expedition auf die Insel Atšaka »glücklich auf dem Schiffe ankamen«.[25] Die Besatzung bewegte sich eher selten und nur vorsichtig vom Schiff fort um die angesteuerten Inseln zu besuchen. Mithilfe kleiner Paddelboote, der lokalen *baidarki*, entwickelte man intensive Kommunikations- und bald auch Handelsverbindungen zwischen Schiff und Insel und war so in der Lage, die Situation vom sicheren und relativ bequemen Schiff aus zu kontrollieren.[26] Genau zu der Zeit, als die britischen und spanischen Entdecker eine Wende durchmachten vom »maritime paradigm« hin zu einem größeren Interesse am Inland,[27] wird in russischen Reiseberichten vom Nordpazifik deutlich, wie sehr das Schiff als Orientierungs- und Fixpunkt im Prozess von Entdeckung und Eroberung fungierte. Vor allem in der Kommunikation und in Konflikten mit der indigenen

---

23 Auszug aus dem Reisebericht des Rußischen Steuermanns Saikof, über eine bis an das feste Land von Amerika geschehenen Schifffahrt, in: Neue nordische Beyträge zur physikalischen und geographischen Erd- und Völkerbeschreibung, Naturgeschichte und Oekonomie 3, 1782, 274–288, hier 276; Katerina Solovjova, The Rise and Decline of the Lebedev-Lastochkin Company: Russian Colonization of South Central Alaska, 1787–1798, in: Pacific Northwest Quarterly 90, 1999, 191–205, hier 193.
24 Instrukcija Admiraltejstv-kollegii kapitanu 2-go ranga P. K. Krenicynu o podgotovke i provedenii ekspedicii na Aleutskie ostrova, 26.6.1764, in: Makarova, Russkie ekspedicii, 78–83.
25 Schelechof's Reise von Ochotsk nach Amerika von 1783 bis 1787, in: Neue nordische Beytraege VI, 1793, 165–249, 221. Russisch: »pribyli [...] na sudno blagopolučno«, siehe: Putešestvie G. Šelechova otražennago galiota nazyvaemago, Trech Svjatitelej, pod predvoditel'nost'dvuch šturmanov Izmajlova i Botarova, v 1788 godu, in: Putešestvie G. Šelechova s 1783 po 1790 god iz Ochotska po Vostočnomu Okeanu k Amerikanskim beregam. Sanktpeterburg 1812, 1–90, hier 31.
26 Report morechoda.
27 Mary Louise Pratt, Imperial Eyes: Travel Writing and Transculturation. London 1992, 23 f. Zu den Wandlungen des interimperialen Systems siehe auch Daniel Baugh, Withdrawing from Europe: Anglo-French Maritime Geopolitics, 1750–1800, in: International History Review 20, 1998, Nr. 1, 1–32.

Bevölkerung bot das Schiff Schutz sowie eine im wahrsten Sinne des Wortes erhöhte Position.

Doch war diese sichernde und stabilisierende Funktion des Schiffes nur vorläufig: 1799 schrieb Šelichovs Witwe Natal'ja über die Zukunftsaussichten unterschiedlicher Handelskompanien im Nordpazifik. Für ihre eigene Kompanie führte sie vor allem ins Feld, dass diese nicht mehr allein auf Schiffe angewiesen war, sondern bereits eine feste Machtstruktur an Küsten und auf Inseln etabliert hatte. Sie zeichnet als Gegensatz ein Bild von »so genannten Kompanien«, die ihre Macht und Organisation ausschließlich auf Schiffe stützten – flüchtig, unzuverlässig und ökonomisch unsicher.[28] Dieses von Šelichova entwickelte evolutionäre Muster zeigt nochmals den pragmatischen Umgang mit dem Schiff: Das Schiff ist ein Transportmittel und ein Instrument, aber kein Topos. Es handelt sich nicht um eine Nussschale inmitten eines weiten Ozeans oder einen Kontrapunkt zum wilden Meer, sondern um ein Werkzeug, das eine Strukturierung des Nordpazifiks in naher Zukunft möglich machen sollte.

4. Das Meer

Dieser pragmatische Umgang mit dem Raum »Schiff« spiegelt unmittelbar russländische Vorstellungen vom Meer, wie sie in Quellen über den Nordpazifik deutlich werden. Die Geschichte europäischer Konstruktion der Meere konzentriert sich sehr stark auf Größe, Weite und Unbeherrschbarkeit und zeichnet das Schiff entsprechend als besonderen, diese Wildnis kontrastierenden Raum. Doch solche Topoi sind den russländischen Quellen zum Nordpazifik fremd: das Meer erscheint hier niemals von überwältigender Größe. Wohlgemerkt sind hier keineswegs die »tatsächlichen« Größenverhältnisse entscheidend. Die Reise der *Nadežda* 1803 unter Kapitän Krusenstern von Falmouth bis zum ersten Halt auf der Insel Teneriffa beispielsweise dauerte 13 Tage; die Fahrt Ivan Korovins, Kapitän auf einem Handelsschiff, im Jahre 1766 von Kamčatka bis zu den Kommandeursinseln und damit zum Beginn der Aleutenkette war mit zehn Tagen nur wenig kürzer.[29] Doch während die Abreise der Krusenstern-Expedition von Falmouth aus als dramatischer Aufbruch in die Weiten des unermesslichen

---

28 Natal'ja Šelichova, Note on the Essential Meaning of Maritime Shares in Animal-Hunting Companies and on the State of the Companies of the Late Šelichov, November 1, 1799, in: Dawn Lea Black (Hrsg.), Natalia Shelikhova: Russian Oligarch of Alaska Commerce. Fairbanks 2010, 143–147. Siehe auch Natal'ja Šelichova, Objasnenie v uspechach Amerikanskoj kompanii, in: Makarova, Russkie ekspedicii, 341–344.

29 A.J. Krusenstern, Putešestvie vokrug sveta v 1803, 4, 5 i 1806 godach. Po poveleniju E.I.V. Aleksandra I., na korabljach Nadeždy i Neve, pod načal'stvom Kapitan-Lejtenanta, nyne Kapitana vtorago ranga, Kruzenšterna, čast' pervaja. St. Peterburg 1809, Kapitel III; Report morechoda, 121.

Ozeans geschildert wurde,[30] ist solche Betonung bei Korovin und anderen Seefahrern im Nordpazifik nicht zu finden. Zwar war der Nordpazifik kein Teich und wurde schon früh – noch bevor man die tatsächlichen Ausmaße kannte – anders charakterisiert als das zuvor befahrene Meer von Ochotsk: als »offenes Meer« oder »offenen Ozean« (*otkrytoe more, otkrytyj okean*).[31] Doch ging das Adjektiv »offen« nicht einher mit der Konstruktion besonderer Größe oder Unbeherrschbarkeit. Adjektive, die Größe oder Weite implizieren, werden interessanterweise häufig in englischen Quellenübersetzungen nachträglich eingefügt – im Original sind sie nicht zu finden.[32] Auch die zahlreichen Probleme, die in Berichten und Petitionen mit dem Ziel angesprochen wurden, Unterstützung in finanzieller, administrativer und organisatorischer Hinsicht zu erhalten, vermitteln keine Vorstellung vom unbeherrschbaren Ozean. Hier werden Schwierigkeiten ausgeführt, die sich auf den Schiffbau, das Personal und die Konflikte mit der indigenen Bevölkerung beziehen – niemals jedoch auf das Meer.

Der Nordpazifik wurde im 18. Jahrhundert nicht mental vergrößert, sondern vielmehr diskursiv verkleinert. Er erscheint nicht als Problemfaktor oder als schwer zu beherrschender Raum, sondern als Region mit regelmäßigem und recht zuverlässigem Schiffsverkehr, in der man danach fragte, *wann* ein Schiff ankommt, nicht etwa *ob* es den Hafen erreicht.[33] Diese Haltung hat durchaus ihre Logik: Denn während die schreibende Elite in St. Petersburg gern den Mythos des unbeherrschbaren Meeres pflegte, wäre eine solche Haltung für die Unternehmer und Seeleute vor Ort eher kontraproduktiv gewesen. Die russländischen Herrscher des 18. Jahrhunderts waren in der Förderung der Seefahrt nicht besonders konsequent,[34] und der vom Zentrum weit entfernte Nordpazifik, dessen Geschichte und geographische Lage zudem Konflikte mit Spanien und später Großbritannien sowie den USA befürchten ließen, bildete keinen bevorzugten Raum für Investitionen und administrative Hilfe. Insofern erscheint

---

30 Jurij F. Lisjanskij, Putešestvie vokrug sveta na korable »Neva« v 1803–1806 godach. St. Peterburg 1812, 2 f.; Georg Heinrich von Langsdorff, Bemerkungen auf einer Reise um die Welt in den Jahren 1803 bis 1807. Bd. 1. Frankfurt a. M. 1812, 5. Ein späteres Beispiel: Adelbert von Chamisso, Reise um die Welt mit der Romanzoffischen Entdeckungs-Expedition in den Jahren 1815–18 auf der Brigg Rurik. Erster Theil: Tagebuch, in: ders., Werke Band 1. Leipzig 1836, 28, 31.
31 Report morechoda, 120; Raport sibirskogo gubernatora tajnogo sovetnika F. I. Sojmonova v Senat o gotovjaščemsja plavanii irkutskogo kupca I. Bečevina v Tichij i Severnyi Ledovityj okeany, in: Makarova, Russkie ekspedicii, 46–50.
32 Ein Beispiel: Memorandum by G. I. Šelechov on the Privileges of His Company, in: A. I. Andreyev (Hrsg.), Russian Discoveries in the Pacific and in North America in the eighteenth and nineteenth Centuries. A Collection of Materials. Transl. from the Russian by Carl Ginsburg. Ann Arbor 1952, 81–85.
33 Nastavlenie G. I. Šelichova glavnomu pravitelju K. A. Samojlovu 4.5.1786, in: Andreev, Russkie otkrytija v Tichom okeane i Severnoj Amerike v XVIII veke, 185–198.
34 Glynn Barratt, Russia in Pacific Waters, 1715–1825. A Survey of the Origins of Russia's Naval Presence in the North and South Pacific. Vancouver und London 1981, 43.

es nachvollziehbar, dass Šelichov sich gern als »Russischen Kolumbus« feiern ließ, der die Unwägbarkeiten des Ozeans besiegt hatte, selbst jedoch seine Kompetenz und die seiner Männer eher undramatisch in den Vordergrund stellte und das Meer keinesfalls als besonderen Gefahrenraum zeichnete. Statt eines unbezwingbaren Ozeans präsentierte er lieber eine Expertengruppe, die Navigation und Kartographie ebenso beherrschte wie die Kommunikation mit indigenen Bewohnern und sich souverän im nordpazifischen Raum bewegte.[35]
Diese Attitüde wird auch deutlich in der Haltung gegenüber indigenen Völkern. In der Perspektive der russländischen Eroberer war die indigene Bevölkerung den Launen der maritimen Natur hilflos ausgeliefert: ganzjährig vom Fischfang abhängig, fuhren sie in »ihren kleinen bajdarki« hinaus, waren bei ungünstigem Wetter ständig der Gefahr von Hungersnöten ausgesetzt und darüber hinaus auch noch unpassend gekleidet. Doch diese Macht der Natur, die Gefahren des Meeres waren nicht unüberwindbar, sondern würden in naher Zukunft – ebenso wie die Wildnis Sibiriens – durch russländische Zivilisation besiegt.[36]

Diese Strategie, die nicht allzu sehr mit dem Konzept räumlicher Weite kokettierte, sondern Räume eher verkleinerte, war keine Erfindung der Unternehmer im Nordpazifik und auch nicht nur aufklärerischem Optimismus geschuldet, sondern entsprach durchaus langen Traditionen russländischer Raumwahrnehmung. Die Beschreibung des Pazifiks ähnelt auffällig der Wahrnehmung und kartographischen Darstellung Sibiriens im 17. Jahrhundert. Sibirien wurde seit dem 19. Jahrhundert gern als weiße Hölle, wilder Osten oder Grenzraum der Freiheit konstruiert; in jedem Fall gehörten Adjektive wie »weit«, »unermesslich«, »unbezwingbar« zu dem jeweiligen Bild.[37] Im 17. Jahrhundert und weit ins 18. Jahrhundert hinein aber wurde die imperiale Expansion des Moskauer Imperiums nach Osten unter anderem durch eine diskursive Domestizierung unterstützt. Sibirien erschien auf vielen Karten als grüne und blühende Landschaft, durchzogen von einem bequem zu befahrenden Flussnetz und problem-

---

35 Siehe z. B.: Nastavlenie G. I. Šelechova šturmanskomu učeniku D. I. Bočarovu, in: Aleksandr I. Andreev (Hrsg.), Russkie otkrytija v Tichom okeane i Severnoj Amerike v XVIII–XIX vekach: Sbornik materialov. Moskau 1944, 42–45; Donesenie G. I. Šelichova irkutskomu general-gubernatoru I. A. Pil'ju, in: Andreev, Russkie otkrytija v Tichom okeane i Severnoj Amerike v XVIII veke, 289–295. Später wurde sogar die Notwendigkeit eines solchen Expertentums von Alexander Baranov in Frage gestellt, als dieser sich über die hohen Honorare für Kapitäne beschwerte: Aleksandr A. Baranov to Natalia A. Shelikhova, sent on June 10, 1798, in: Dawn Lea Black (Hrsg.), Natalia Shelikhova: Russian Oligarch of Alaska Commerce. Fairbanks 2010, 97–105, hier 101.

36 Opisanie Andrejanovskich ostrovov, sostavlennoe na osnovanii pokazanii kazakov M. Lazareva i P. Vasjutinskogo, in: Andreev, Russkie otkrytija v Tichom okeane i Severnoj Amerike v XVIII–XIX vekach, 29–37.

37 Zur Konstruktion Sibiriens z. B.: Mark Bassin, Inventing Siberia: Visions of the Russian East in the Early Nineteenth Century, in: American Historical Review 96, 191, Nr. 3, 763–794.

los überschaubar.³⁸ Dieses kleingeschriebene Sibirien bildete historisch für das Imperium ebenso wie individuell für die meisten Reisenden eine Vorgeschichte zur Seefahrt im Nordpazifik. Viele Erfahrungen und Strategien aus der Expansion in Sibirien wurden für die Reisen über das Meer übernommen – die Raumwahrnehmung und -darstellung, die eher die Überschaubarkeit als die Weite ins Zentrum stellte, war eine davon.

An dieser Stelle wird eine weitere Differenz deutlich zwischen Raumvorstellungen, die zentral gesteuert wurden und dabei explizit das ganze Imperium im Blick hatten, und vor Ort entstandenen Konzepten, die sich auf die Region des Nordpazifik konzentrierten. Bereits erwähnt wurde die Unterscheidung zwischen abstrakten, mythisierenden Meeresbildern in St. Petersburg und eher pragmatischen, wenig dramatischen Wahrnehmungen des Ozeans. Ebenso unterscheidet sich die Wahrnehmung und vor allem Wertung von Größe: Die imperiale Selbstdarstellung Russlands im Laufe des 18. Jahrhunderts entdeckte zunehmend das Konzept räumlicher Größe als positives Kennzeichen und Machtelement für sich.³⁹ Die Entwicklung eines von der Akademie der Wissenschaften herausgegebenen »Russländischen Atlas«, der erstmals 1745 erschien und eine »Generalkarte« des Imperiums enthielt,⁴⁰ deutet in diese Richtung, ebenso die neue Rhetorik insbesondere Katharinas der Großen, welche die Weite und die kulturelle Vielfalt des Reiches besonders betonte. Besonders drastisch zeigt die von Gerhard Friedrich Müller und Samuel Engel öffentlich geführte Debatte über die Ausmaße Sibiriens, wie wichtig räumliche Größe im 18. Jahrhundert wurde.⁴¹ Interessanterweise aber zeigt diese Entwicklung keine erkennbare Wirkung in den Darstellungen der Akteure vor Ort am Nordpazifik.

Wenn also das Meer in den Schriften Šelichovs ebenso wie in ähnlichen Quellen nicht mythenbeladen war, nicht als besonders gefährlich erschien

---

38 Valerie A. Kivelson, Cartographies of Tsardom: The Land and its Meanings in seventeenth-Century Russia. Ithaca 2006. Traditionelle und sehr pauschale Vorstellungen wie die bei Roger Dow formulierte (»Russians have had a certain love of vastness for its own sake.«) sind spätestens in solchem Licht höchst fragwürdig. Siehe Roger Dow, Prostor – a Geopolitical Study of Russia and the United States, in: Russian Review 1, 1941, Nr. 1, 6–19.
39 Willard Sunderland, Imperial Space: Territorial Thought and Practice in the Eighteenth Century, in: Jane Burbank (Hrsg.), Russian Empire. Space, People, Power, 1700–1930. Bloomington 2007, 33–66.
40 Atlas Rossijskoj. St. Peterburg 1745.
41 Für einen Überblick zu der Debatte: Kristina Küntzel-Witt, Wie groß ist Sibirien? Die russischen Entdeckungen im Pazifik und die Kontroverse zwischen Joseph Nicolas Delisle, Samuel Engel und Gerhard Friedrich Müller im 18. Jahrhundert, in: Jörn Happel (Hrsg.), Osteuropa kartiert – Mapping Eastern Europe. Münster 2010, 155–172 sowie Johannes Dörflinger, Die Diskussion über die Längenausdehnung Asiens im 18. Jahrhundert, in: Friedrich Engel-Janosi (Hrsg.), Formen der europäischen Aufklärung. Untersuchungen zur Situation von Christentum, Bildung und Wissenschaft im 18. Jahrhundert. München 1976, 158–189.

Karte 1: Die Reiseroute des Kaufmannes Šelichov.[42]

und nicht einmal als ungewöhnlich groß dargestellt wurde, so erklärt dies zunächst den pragmatischen Umgang mit Schiffen. Wird das Meer nicht als unendlich und wild konstruiert, so gibt es auch keine Basis für einen dem entsprechenden Schiffsmythos. Darüber hinaus fällt hier auf, wie wenig diese Wahrnehmung dem entspricht, was wir als europäische Konstruktion des Meeres kennen. Das Meer galt schon Jean Delumeau und Elias Canetti als Angst- und doch auch Sehnsuchtsraum schlechthin.[43] Philip Steinberg dann hat die Konstruktion des Meeres als »Anderes« differenzierter analysiert und gezeigt, wie Meere und Ozeane als Gegenräume in einer sich zunehmend modernisierenden und strukturierenden Gesellschaft funktionieren: als nicht-territoriale, unstrukturierte, letztlich unbeherrschbare Räume.[44] Die russländische Wahrnehmung des Nordpazifik – durchaus, wie gezeigt wurde, aufklärerisch und »modern« – gehört jedoch zu den Fällen, die sich nicht nahtlos in dieses

---

42 Karta predstavljajuščaja prosledovanie vojaža Kupca Šelechova, Niedersächsische Staats- und Universitätsbibliothek Göttingen: http://gdz.sub.uni-goettingen.de/dms/load/img/?PPN=PPN349619980 [29.1.2014].
43 Jean Delumeau, Angst im Abendland. Die Geschichte kollektiver Ängste im Europa des 14.–18. Jahrhunderts. Reinbek bei Hamburg 1989. Elias Canetti, Masse und Macht. Frankfurt a. M. 1980.
44 Steinberg, The Social Construction. Speziell für den Atlantik hat ein ähnliches Bild ausgearbeitet: Eliga Gould, Lines of Plunder or Crucible of Modernity? The Legal Geography of the English-Speaking Atlantic, in: Jerry Bentley, Kären Wigen (Hrsg.), Seascapes: Maritime Histories, Littoral Cultures, and Transoceanic Exchanges. Honolulu 2007, 105–120.

Bild moderner Meereskonstruktion fügen.⁴⁵ Wenn – trotz aller realer Gefahren und Probleme – eine solche Wahrnehmung des Meeres bei den russländischen Nordpazifikfahrern nicht zu finden ist, was können wir stattdessen erkennen?

Das Meer erscheint hier nicht als blaue, das Territorium kontrastierende Leere, sondern, wie bereits erwähnt, als ein Bewegungs- und Expansionsraum für entsprechend ausgebildete und kompetente Seeleute. Dies wird in Texten deutlich, aber ebenso auf Karten des späten 18. Jahrhunderts, die es dem modernen Betrachter zuweilen schwermachen, sich zu orientieren. Auf vielen von den Gesellschaften Šelichovs produzierten Karten sind Land und Wasser optisch nicht klar voneinander getrennt. Die abgebildete Karte der Reiseroute von Ochotsk bis zur Insel Kodiak ist in solches Beispiel, bei dem weder Farbgebung noch Reliefzeichnung eine deutliche Trennung von Land und Wasser schaffen. Darüber hinaus kontrastiert die Mischung aus sehr detaillierten Informationen für einige Regionen, wie beispielsweise Kamčatka und die Aleutischen Inseln, auffällig mit dem vollständigen Fehlen anderer Angaben, insbesondere zur nordöstlichen Küste des Ochotskischen Meeres.

Die Küstenlinie spielt hier offenbar keine entscheidende Rolle, zumindest nicht in dem Sinne, wie ihn Paul Carter so prominent behauptet. Carter erklärt die Küstenlinie nicht nur zu einem entscheidenden Strukturelement für »jeden Seefahrer« und weist ihr »a privileged position in geographical discourse« zu, sondern interpretiert darüber hinaus das Konzept der (konsequent durchgezogenen) Linie schlechthin als zentralen Gedanken der Aufklärung. Die Linie, so Carter, sei tief im aufklärerischen Denken verwurzelt und verkörpere Einheitlichkeit und Logik, aber auch Abgrenzung gegen ein »Anderes«.⁴⁶ Die russländischen Wahrnehmungen des Nordpazifik, in vieler Hinsicht durchaus am Diskurs der Aufklärung orientiert, zeigen einmal mehr die begrenzte Reichweite einer allzu homogen kulturwissenschaftlichen Beschreibung europäischer Meereskonstruktion und der damit eng verbundenen Meistererzählung von Modernisierung und Territorialisierung. Hier ging es nicht um Territorien und entsprechend nicht um ein *anderes* Meer. Auf den russländischen Karten des Nordpazifik sind Linien durchaus zentral, doch grenzen sie nicht, wie Carter voraussetzt, homogene *Flächen* voneinander ab. Auf der Karte Šelichovs werden Küstenlinien detailliert eingezeichnet, wo sie bekannt sind – es werden jedoch keine Linien konstruiert, wo genauere Informationen fehlen. Mit dieser Auslegung soll keineswegs ein russischer Sonderweg angedeutet wer-

---

45 Andere Beispiele finden sich z. B. in Südostasien, siehe Jennifer Gaynor, Liquid Territory: Subordination, Memory and Manuscripts among Sama People of Sulawesi's southern Littoral. Dissertation University of Michigan 2005.
46 Paul Carter, Dark with Excess of Bright: Mapping the Coastlines of Knowledge, in: Denis Cosgrove (Hrsg.), Mappings. London 1999, 125–147.

den. Auf den Generalkarten des Imperiums war es durchaus das zentrale Ziel, die Fläche – das Territorium – des Russländischen Reiches abzubilden, und entsprechend wurden Küsten und Grenzen auch dann vollständig eingezeichnet, wenn Details gar nicht bekannt waren. Nicht umsonst werden diese Karten als klassisches Mittel moderner Territorialisierung und Staatsbildung betrachtet. Auf Šelichovs Karten aber – und in ähnlicher Weise auf Karten der Bering-Expedition – bildet Land keinen Container, der vom leeren Meer abgegrenzt werden müsste. Vielmehr erscheint der gesamte abgebildete Raum, also das nordpazifische Becken, als eine Wasser und Land umfassende Einheit. Die Funktion der Linien in diesem Bild liegt mehr in der Verbindung als der Trennung; dies wird besonders deutlich angesichts der rot hervorgehobenen Reiseroute.

Neben dem territorialisierenden Raumbild gab es somit eine weitere Perspektive auf Land und Meer – und diese konzentrierte sich nicht allein auf Karten aus der Peripherie. Die verbindende Funktion von Linien wird auch in vielen anderen Nordpazifikkarten der Zeit deutlich: nicht nur in den von den Seefahrern selbst gezeichneten Skizzen, sondern auch in »offiziellen«, im Zentrum des Reiches oder in Westeuropa aufwändig produzierten Karten.[47] In zahlreichen Karten sind Reiserouten eingezeichnet und drücken das bereits ausgeführte Konzept der Machbarkeit, der Beherrschbarkeit des Meeres aus. Dabei unterscheiden diese Linien sich stark von der regelmäßigen Linienführung der Längen- und Breitengrade, die eine theoretische, sehr abstrakte und gleichzeitig universale Beherrschung des Ozeans durch Vermessung und Systematisierung anzeigen. Auch die Rhumben der Windrosen, von mittelalterlichen Portolankarten übernommen, waren letztlich nur ein Symbol für die Möglichkeit der Beherrschung der Meere.[48] Reiserouten dagegen symbolisieren keine *Möglichkeit* der Beherrschung, sondern informieren über eine konkrete, individuelle, tatsächliche Beherrschung des Meeres. Anders als das zeitlose kartographische Gradnetz verleihen eingezeichnete Reiserouten der Karte zusätzlich eine zeitliche, historische Dimension und widersprechen auch auf diese Weise dem Bild

---

47 Z. B. die Karte Zaikovs von 1782, in: Auszug aus dem Reisebericht des Rußischen Steuermanns Saikof (Abbildung folgt auf Seite 404); Karta predstavljajuščaja otkrytii Rossijskich moreplavatelej na Tichom More i aglinskago Kapitana Kukka. St Petersburg, 1787, online abrufbar unter http://vilda.uaf.edu/cdm4/item_viewer.php?CISOROOT¼/cdmg11&C ISOPTR¼10446&REC¼4 [2.09.2010]; Gerhard Friedrich Müller, Nouvelle Carte des Decouvertes faites par des Vaisseaux Russes aux côtes inconnues de l'Amerique Seprentrionale ... (1754), online abrufbar unter http://digproj.libraries.uc.edu:8180/luna/servlet/detail/JCB~1~ 1~2203~3560002:Nouvelle-Carte-des-Decouvertes-fait [11.5.2012].

48 Marvin W. Falk, Maps of the North Pacific to 1741, in: Orcutt J. Frost (Hrsg.), Bering and Chirikov: The American Voyages and Their Impact. Anchorage 1992, 127–138; Philip E. Steinberg, Insularity, Sovereignty, and Statehood: The Representation of Islands on Portolan Charts and the Construction of the Territorial State, in: Geografiska Annaler 87, 2005, Nr. 4, 253–265, hier 258; ders., Sovereignty, Territory, and the Mapping of Mobility: A View from the Outside, in: The Annals of the Association of American Geographers 99, 2009, 467–495.

vom unbeherrschbaren, der Welt des Menschen diametral entgegengesetzten Ozean. Auch rechtlich entwickelte Šelichov »lineare« Ambitionen. Er sprach explizit von »Rechten auf das Meer«[49] – durchaus ein Widerspruch zum zeitgenössischen Völkerrechts- und damit Meeresverständnis in Europa und in St. Petersburg, das Gebietsansprüche nur in Verbindung mit *Land* denken konnte. Und auch hier waren es Linien, die Šelichov zeichnete, wenn er fest etablierte Handelsstrecken, also Korridore, schaffen wollte, von denen fremde Schiffe keinesfalls abweichen dürften.[50]

5. Die Inseln

Die wichtigste Linie auf den meisten zeitgenössischen Karten des Nordpazifiks bildet jedoch die aleutische Inselkette. Die russländischen Seefahrer und Kartographen des Nordpazifiks brauchten Inseln als Jagdgründe, Orientierungspunkte und für ihre Winterlager. Insofern ist es nicht erstaunlich, dass Inseln sehr stark im Zentrum russländischer Meereswahrnehmung standen. Damit scheinen die russländischen Quellen auf den ersten Blick ganz einem westlichen Diskurs zu entsprechen. Das Ende des 18. Jahrhunderts war eine Zeit großer Inseleuphorie.[51] Die Insel bot sich an als literarischer Topos, Sehnsuchtsort und Projektionsfläche für soziale sowie politische Konzeptionen.

Doch passen die russländischen Quellen aus dem nordpazifischen Raum nur sehr bedingt in diesen europäisch-kolonialen Kontext. So erscheinen Inseln in den Reiseberichten Šelichovs und ähnlichen Quellen keineswegs ausgestattet mit den angeblich »typischen« Inseleigenschaften, die Steinberg benennt als »frozen in time, isolated, [...] and pristine«.[52] Die Inseln des Nordpazifiks werden nicht idealisiert. Es gibt keinen Schlüsselmoment der Erstbegegnung, wie er so typisch ist bei vielen Weltumseglungen. Die intertextuelle Rezeption der klassischen Ansicht einer Insel – gespannte Erwartung, Freude, Wasserfälle, Felsen und dem Schiff entgegen schwimmende (oder, im Nordpazifik eher

---

49 Donošenie G. I. Šelechova irkutskomu general-gubernatoru I. V. Jakobii 1787, in: Andreev, Russkie otkrytija v Tichom okeane i Severnoj Amerike v XVIII i XIX vekach, 66–73, hier 72.
50 Zapiska G. I. Šelechova o torgovle s angličanami na Kamčatke, in: Andreev, Russkie otkrytija v Tichom okeane i Severnoj Amerike v XVIII–XIX vekach, 73–77, hier 74.
51 O. H. K. Spate, Seamen and Scientists: The Literature of the Pacific, 1697–1798, in: Roy MacLeod, Philip Rehbock (Hrsg.), Nature in its Greatest Extent: Western Science in the Pacific. Honolulu 1988, 13–26, hier 14 ff.; Hans-Wolf Jäger, Reisefacetten der Aufklärungszeit, in: Peter Brenner (Hrsg.), Der Reisebericht. Die Entwicklung einer Gattung in der deutschen Literatur. Frankfurt a. M. 1989, 261–283, hier 270 f.
52 Steinberg, Insularity, Sovereignty, and Statehood, 254.

angebracht: paddelnde) Einheimische – fehlt.[53] Ebenso wenig wie das Schiff in einen starken Kontrast zum Meer gestellt wird, bilden auch die Inseln hier keinen territorialen Gegensatz zum nicht-territorialen Ozean.

Der Anthropologe Epeli Hau'ofa hat in einem ganz anderen Zusammenhang zwei verschiedene Raum- bzw. Meeresverständnisse definiert: Er argumentierte gegen die westliche Sicht Ozeaniens als »islands in a far sea« und propagierte dagegen das Verständnis als »a sea of islands«.[54] Dem Konzept der »islands in a far sea« entspricht Hau'ofa zufolge der für das europäische Raumverständnis so folgenreiche Blick eines Cook oder eines Bougainville, betont die Weite und Leere des Ozeans und geht von einem radikalen Kontrast zwischen Wasser und Land aus. Bei aller exotisierender Idealisierung insbesondere der Südseeparadiese werden Inseln dann doch als problematische, schwache, entlegene Räume gesehen, politisch, wirtschaftlich und geographisch von eher geringer Bedeutung. Georg Forster beispielsweise zitierte Cook ein wenig enttäuscht mit der Feststellung, »daß Neu-Seeland nichts mehr als zwey große *Inseln* wären«.[55] Das von Hau'ofa engagiert proklamierte Gegenkonzept der »sea of islands« meint dagegen einen holistisch begriffenen Raum, in dem Wasser und Land keine Gegensätze bilden, sondern eine dynamisch verbundene Einheit. Dieses »sea of islands« habe seit Jahrhunderten die Welt und das Selbstbild der Ozeanier charakterisiert und sei in der Moderne von einer westlichen, terrozentrischen Perspektive und der Vorstellung von einem »leeren« Ozean überlagert worden. Interessant ist nun, dass in den russländischen Quellen zum Nordpazifik des späteren 18. Jahrhunderts ein durchaus ähnliches Raumkonzept zu erkennen ist. Sicherlich ist das poetische Eingangszitat Hau'ofas »We sweat and cry salt water, so we know that the ocean is really in our blood«[56] nicht gerade geeignet, um eine russische Mentalität zu charakterisieren. Doch gerade deshalb ist es bemerkenswert, dass die Vorstellung einer »sea of islands« bei den russländischen »Landratten« wieder zu finden ist; eine Beobachtung, die eine genauere Analyse des russländischen Insel- und Meerbildes herausfordert.

In den in diesem Beitrag behandelten russländischen Quellen werden Inseln nicht als Kontrast zum ansonsten leeren Ozean verstanden. Sie bilden keinen isolierten, individuellen Raum, sondern sind integrale Bestandteile und Strukturmerkmale des Meeres, gemeinsam mit Häfen, Küsten, Felsen, Kanälen und

---

53 Für das klassische Bild siehe z.B. Georg Forster, Reise um die Welt. Frankfurt a.M. 1983, 234; von Langsdorff, Bemerkungen auf einer Reise, 75ff.; Stephen Greenblatt, Marvelous Possessions. The Wonder of the New World. Oxford 1994.
54 Epeli Hau'ofa, Our Sea of Islands, in: E. Waddell (Hrsg.), A New Oceania: Rediscovering Our Sea of Islands. Suva, Fiji 1993, 2–16; ders., The Ocean in Us, in: The contemporary Pacific: A Journal of island affairs 10, 1998, Nr. 2, 392–409.
55 Forster, Reise um die Welt, 223 (Hervorhebung im Original).
56 Hau'ofa, The Ocean in Us, 392.

Buchten, Flussmündungen, Riffen sowie Untiefen.[57] Man segelte von Insel zu Insel, kartierte und beschrieb diese, baute zuweilen Festungen, etablierte Häfen und Handelswege und schuf auf diese Weise ein maritimes, aber doch festes Netzwerk. So fungieren Inseln als Gruppe oder auch Kette, die ökonomisch und navigatorisch nützliche Zusammenhänge bieten.[58]

Gleichzeitig werden Inseln auch nicht als besonderer, vom Festland grundsätzlich zu unterscheidender Raum konzipiert. »Inseln und Länder« werden stets als Einheit genannt, und das Erreichen des amerikanischen Kontinents spielt eine untergeordnete Rolle in den Quellen. Auch die heutige große Bedeutung der Kontinente als Hauptstrukturmerkmale globaler Geographie[59] ist in diesen Quellen nicht zu erkennen. Es waren die wirtschaftlichen Ziele (insbesondere die Jagd auf Seeotter und der lukrative Handel mit ihren Pelzen) sowie imperiale Interessen (die Pazifizierung indigener Völker, um von ihnen als Handelspartner, erfahrene Jäger und Steuerzahler profitieren zu können), welche die Reisen motivierten – ob diese Ziele auf einer Insel oder auf dem Festland verfolgt wurden, war relativ gleichgültig. Im Übrigen war die »tatsächliche« Topographie des Nordpazifik für lange Zeit unklar: Die Konzeption Berings von einem weit in den Ozean hineinreichenden amerikanischen Festland stand durchaus gleichberechtigt neben der Darstellung Čirikovs, die von zahlreichen Inseln ausging.[60] Entsprechend kam ein dezidiertes Interesse am nordamerikanischen Festland in Gegensatz zu den zahlreichen vorgelagerten Inseln erst relativ spät auf.[61]

In der Nachfolge Čirikovs strukturierte Jacob von Staehlin im späten 18. Jahrhundert den Nordpazifik als eine von Küsten, Wasser und Inseln strukturierte *einheitliche* Region. Staehlin entwarf ein »Nördliches Archipel«, zu dem er Kamčatka, die Aleuten und die Nordwestküste Amerikas zählte, und konzipierte auf diese Weise den Nordpazifik als geographische Einheit.[62] Von

---

57 Nastavlenie G. I. Šelechova glavnomu pravitel'ju K. A. Samojlovu, in: Andreev, Russkie otkrytija v Tichom okeane i Severnoj Amerike v XVIII–XIX vekach, 46–59; Skazka Totemskogo kupca Stepana Čerepanova.
58 Dies wird auch deutlich in der Liste von Landkarten Izmajlovs: Gerasim Izmajlov, Reestr planam, postavlennym iz Ameriki ot šturmana Izmajlova. 1795, LC, The Gennadii V. Yudin Collection of Russian-American Company Papers, online abrufbar unter http://frontiers.loc.gov/cgi-bin/query/r?intldl/mtfront:@field%28NUMBER+@od1 %28mtfms+y0010118%29%29 [19.04.2012].
59 Martin Lewis, Kären Wigen (Hrsg.), The Myth of Continents: A Critique of Metageography. Berkeley 1997.
60 Aleksei V. Postnikov, The Mapping of Russian America. A History of Russian-American Contacts in Cartography. Milwaukee 1995, 9f.
61 Siehe auch Martina Winkler, Another America: Russian mental Discoveries of the North-west Pacific Region in the eighteenth and early nineteenth Centuries, in: Journal of Global History 7, 2012, Nr. 1, 27–51.
62 Karta novogo Severnogo Archipelaga izobretennogo rossijskimi moreplavateljami v Kamčatskich i Anadyrskich morjach, in: Aleksej Efimov (Hrsg.), Atlas geografičeskich otkrytii v Sibiri i v Severozapadnoj Amerike XVII–XVIII vv. Moskau 1964, No. 157.

großer Bedeutung war die aleutische Inselkette: optisch häufig hervorgehoben durch breite Küstenstreifen sowie parallel zum Inselverlauf gezeichnete Schriftzüge und zusätzlich verstärkt durch die eingezeichneten Reiserouten, verbanden die Aleuten die ostasiatische Küste mit der westamerikanischen. Auf Peter Simon Pallas' Karte von 1780 scheint die Linie der Aleuten tatsächlich von Alaska bis unmittelbar an Kamčatka heranzureichen.[63] Tatsächlich ließ die zeitgenössische geographische Terminologie die Aleuten im Westen mit Kamčatka beginnen[64] (anders als die heutige Zählung von den Inseln Attu und Agattu aus) und unterstützte somit ebenfalls das Konzept einer Verbindung der beiden Kontinente. Diese Verbindung fungierte zugleich als optische Abtrennung des Nordpazifik, im Russischen meist als Östlicher Ozean (*Vostočnyj okean*) bezeichnet, vom Stillen oder auch Südlichen Ozean. Auf diese Weise wurde der Nordpazifik, zumindest aus russischer Sicht, zu einer Art russländischem Hausmeer – einem Meer von Inseln.

Wenn bisher argumentiert wurde, dass Inseln im russländischen Nordpazifikdiskurs nicht im Sinne des europäischen aufklärerischen und frühromantischen Diskurses wahrgenommen wurden, so gibt es doch eine bemerkenswerte und bezeichnende Ausnahme. Tatsächlich bilden Inseln hier keine ästhetische Kategorie, und sie werden auch nicht als Paradies oder sonst gearteter Heterotopos konstruiert.[65] Doch die Insel Kodiak, von 1784 bis 1786 der Schauplatz brutaler Kämpfe zwischen Šelichovs Männern und der lokalen Bevölkerung,[66] erhält in Šelichovs rückblickender Schilderung einen anderen, bemerkenswerten »Inselcharakter«. Bereits frühere russländische Seefahrer, so Stepan Gavrilovič Glotov 1763, trafen in Kodiak auf entschiedenen Widerstand, als sie ihr Steuer- und Pelzjagdsystem zu etablieren versuchten.[67] Šelichov erwartete also Konflikte und hatte sich entsprechend vorbereitet und bewaffnet. Im August 1784

---

63 Peter Simon Pallas, Carte der Entdekvngen zwischen Sibirien und America bis auf das Jahr 1780, Standort: Bern UB ZB. Sammlung Ryhiner | Signatur: ZB Ryh 1302: 48; online abrufbar unter http://aleph.unibas.ch/F?func=find-b&find_code=SYS&request=000979727 [19.04.2012].
64 Doklad Admiraltejskoj kollegii, 1767, in: Andreev, Russkie otkrytija v Tichom okeane i Severnoj Amerike v XVIII veke, 170–172.
65 Ein Beispiel für eine ausführliche, aber in keiner Weise am Ästhetischen interessierte Beschreibung: Auszug aus dem Reisebericht des Rußischen Steuermanns Saikof.
66 Die Ereignisse auf Kodiak werden – durchaus kontrovers – geschildert von Lydia Black, The Conquest of Kodiak, in: Anthropological Papers of the University of Alaska 24, 1991, Nr. 1–2, 165–182 sowie Gwenn A. Miller, Kodiak Kreol: Communities of Empire in early Russian America. Ithaca 2010.
67 Savin Ponomarev, Raport kazaka S. T. Ponomareva i perevodščika S. G. Glotova v Bol'ševeckuju kancelariju o plavanii v 1758–1762 na bote ›Sv. Juljan‹, otkrytii ostrovov Umnak i Unalaška i privedenii ich žitelej v rossijskoe poddanstvo, 12.9.1762, in: Makarova, Russkie ekspedicii, 60–65.

»kamen wir bey der Insel Küktak[68] an, brachten die Gallioten auf der Südseite in den Hafen, und legten uns da vor Anker«.[69] Bereits diese detaillierte Schilderung der Anreise deutet an, dass Kodiak in diesem Bericht eine eigene Topographie erhält. Die zahlreichen anderen erwähnten Inseln bilden Teile von Inselgruppen, sind eingebettet in Kanalsysteme und Kommunikationsnetzwerke. Damit passten sich die russländischen Seeleute nicht zuletzt den lokalen Bedingungen an. 1764 hatten Kosaken festgestellt, die Bewohner der Andreanov-Inseln seien sehr mobil, und in ihrer ständigen Bewegung zwischen den Inseln »schwer zu zählen«.[70] Kodiak dagegen wird in Šelichovs Text als ein geschlossener Raum behandelt, dem man sich langsam nähert. Es geht nicht einfach darum, einzelne Elemente wie Wasser oder einen geeigneten Hafen zu finden; *die Insel* als Ganzes wird erforscht. »Den 7ten Aug, schickte ich abermals einige Mannschaft [...] *zu Untersuchung der Insel selbst*, in vier Baidaren aus, und befahl ihnen, letztere so weit als nur immer möglich zu umfahren«.[71] Diese Vereinheitlichung des Inselraumes wird noch deutlicher im russischen Original, wo mit der Formulierung *»okolo* onago proechat'«[72] eine Kreisbewegung impliziert wird. Sie widerspricht in recht dramatischer Weise Kodiaks »tatsächlicher« sehr ungleichmäßiger Topographie, die geprägt ist von zahlreichen kleinen, vorgelagerten Inseln. Godfrey Baldacchino hat auf wunderbare Weise herausgearbeitet, wie und weshalb die moderne Raumwahrnehmung stets unwillkürlich von *runden* Inseln ausgeht. Seine Erklärung dieses Phänomens basiert auf der Prämisse, dass diese runde Form »is easier to hold, to own, to manage or to manipulate« – die kreisförmige Insel als perfekte Gelegenheit für territorial ausgeprägte Herrschaft.[73] Dieser Gedanke wurde ähnlich entwickelt von Brian Richardson, Philipp Steinberg und John Gillis. Diese Autoren arbeiten zu unterschiedlichen maritimen Regionen, doch alle drei argumentieren gleichermaßen, dass Inseln Topoi waren, an denen im späten 18. Jahrhundert die Vi-

---

68 Küktak ist eine der verschiedenen üblichen Bezeichnungen für die Insel Kodiak.
69 Grigorij Šelichov, Rossijskago kupca Grigor'ja Šelichova stranstvovanie v 1783 godu iz Ochotska po Vostočnomu okeanu k Amerikanskim beregam, s obstojatel'nym uvedomleniem ob otkrytii novoobretennych im ostrovov Kyktaka i Afagnaka, i s priobščeniem opisanija obraza žizni, nravov, obrjadov, žilišč i odežd tamošnich narodov, pokorivšichsja pod Rossijskuju deržavu: takže klimat, godovyja peremeny, zveri, domašnija životnyja, ryby, pticy, zemnyja projzrastenija i mnogie drugie ljubopytnye predmety tam nachodjaščejsja, čto vse verno i točno opisano im samim. S čertežem i so izobraženiem samago morechodca, i najdennych im dikich ljudej. St. Peterburg 1791, 7. Die deutsche Übersetzung folgt der Ausgabe: Schelechof's Reise von Ochotsk nach Amerika, hier 170.
70 Opisanie Andrejanovskich ostrovov.
71 Šelichov, Rossijskago kupca Grigor'ja Šelichova stranstvovanie v 1783 godu, 9 bzw. Schelechof's Reise von Ochotsk nach Amerika, 171 (Hervorhebung M. W.).
72 Ebd. (Hervorhebung M. W.).
73 Godfrey Baldacchino, Islands: Objects of Representation, in: Geografiska Annaler 87, 2005, 247–251.

sion eines klar abgegrenzten und einheitlich regierten Territorialstaates und damit langfristig des Nationalstaates entwickelt und gewissermaßen geübt werden konnte.[74]

Ganz diesem Muster entsprechend beschreibt Šelichov denn auch die Konflikte und Kämpfe zwischen Russen und einheimischen Qikertarmiut, die stark territorialisiert geschildert werden: Festungen werden gestürmt und verteidigt, Räume besetzt und zugeordnet, Entfernungen werden genau benannt, die ganze Insel erscheint als Kampfplatz, den Šelichov im Blick hat. Die dramatischste Auseinandersetzung schließlich findet statt um ein vorgelagertes Felsmassiv, auf das sich Einwohner Kodiaks zurückgezogen haben. Dieser Felsen – abgesondert, unzugänglich, sehr steil – vereint die territorialen Eigenschaften einer Festung und einer Insel in sich. Die Qikertarmiut (in russischen Quellen als »konjagi« bezeichnet) »befahlen uns ernstlich, wir sollten uns von ihren Ufern entfernen«.[75] Besitzansprüche funktionieren hier durch die Festlegung klarer Grenzen – gegeben durch die Umrisse der Felseninsel.

Šelichovs nicht unmittelbar militärische Maßnahmen, um den Widerstand der Bewohner Kodiaks zu brechen, sind nicht minder territorial. Er baute eine Siedlung mit zusätzlichen Festungen, Wohnhäusern für pazifizierte Inselbewohner sowie dem zivilisierenden Raum schlechthin: einem Garten. Die Insel wird in seiner Erzählung durch Räume strukturiert, die den jeweiligen Gruppen den Aufenthalt erlauben oder auch verwehren. Das Zentrum dieser Struktur besteht aus Šelichovs Wohnräumen; Inselbewohner nähern sich diesen auf der Suche nach Schutz und Bildung. Šelichov schuf sich somit ein eigenes »glowing center«,[76] von dem er schrieb: »Wenn die armen Leute zu meinem Wohnplatze kamen, […] glaubten sie, außer mir könne es gar keinen Größeren mehr geben.«[77] Perfektioniert wurde die Territorialisierung Kodiaks schließlich durch ein eigenes Passsystem. »Nachdem die Wilden die Kraft meiner ihnen gegebenen Briefe kennen gelernt, nahmen sie, wenn sie weit auf die Jagd gehen

---

74 Brian William Richardson, Longitude and Empire: How Captain Cook's Voyages changed the World. Vancouver und Toronto 2007; Steinberg, Insularity, Sovereignty, and Statehood sowie John R. Gillis, Islands in the Making of an Atlantic Oceania, 1400–1800, in: Jerry Bentley, Kären Wigen (Hrsg.), Seascapes: Maritime Histories, Littoral Cultures, and Transoceanic Exchanges. Honolulu 2007, 21–37.

75 Šelichov, Rossijskago kupca Grigor'ja Šelichova stranstvovanie v 1783 godu, 10 bzw. Schelechof's Reise von Ochotsk nach Amerika, 172.

76 Clifford Geertz, Centers, Kings, and Charisma: Reflections on the Symbolics of Power, in: ders., Local Knowledge: Further Essays in Interpretive Anthropology. Chicago 1983, 121–146. Zum Moskauer Kreml als »glowing center« siehe Daniel Rowland, Two Cultures, One Throne Room: Secular Courtiers and Orthodox Culture in the Golden Hall of the Moscow Kremlin, in: Valerie A. Kivelson, Robert H. Greene (Hrsg.), Orthodox Russia. Belief and Practice under the Tsars. University Park, PA 2003, 33–57.

77 Šelichov, Rossijskago kupca Grigor'ja Šelichova stranstvovanie v 1783 godu, 30 bzw. Schelechof's Reise von Ochotsk nach Amerika, 182.

wollten, so zu sagen Erlaubnisscheine von mir.«[78] Šelichov konstruiert zunächst eine Territorialität der Insel Kodiak, um diese – durch Kampf und, wie er meint, freundschaftliche Überzeugung – zu überwinden. Dieser Prozess resultiert in einer neuen, zivilisierten Territorialität, die von Šelichov aufgebaut und erhalten wird: »und in der That machte ich dadurch einen solchen Eindruck auf sie [die Qikertarmiut, M. W.], daß sie wünschten und mich baten, alle die auf ihre Insel kommen würden zu vertreiben.«[79]

Šelichovs Beschreibung der Insel Kodiak unterscheidet sich damit deutlich von dem Umgang mit anderen Inseln im Nordpazifik. Kodiak ist nicht Element einer umfassenderen, komplizierten maritimen Struktur; Kodiak ist begrenzt, einheitlich und territorial. Die wirtschaftliche und strategische Bedeutung der Insel sowie die großen Schwierigkeiten bei der Pazifizierung der Qikertarmiut führten zur Konstruktion dieser territorialen Besonderheit im Narrativ Šelichovs. Godfrey Baldacchino argumentiert, die besondere Geographie der Insel sei »too powerful to discard; the opportunity to ›play God‹ on/for an island too tantalizing to resist«.[80] Das Beispiel Šelichovs macht deutlich, wie sehr diese »Geographie der Insel« konstruiert ist: erst der Widerstand der Inselbewohner führt hier zu einem spezifischen territorialen Denken. Es ist also nicht unbedingt die Insel selbst, die Herrschaftsansprüche generiert; es können ebenso die Herrschaftsansprüche sein, welche das Konzept »Insel« hervorbringen.

6. Fazit und Ausblick

Ein genauer Blick auf die Wahrnehmung des Nordpazifiks in russländischen Quellen des späten 18. Jahrhunderts zeigt einen in erster Linie pragmatischen und flexiblen Umgang mit dem Meer. Zusammenfassend soll festgehalten werden, dass das allzu glatte Bild vom russländischen Landimperium beim genauen Blick auf die Quellen nicht ohne Kratzer bleiben kann. Die vermeintlichen Landratten auf Segeltour erweisen sich letztlich als wichtige Ergänzung zu den bestehenden Bildern von europäischer Seefahrt und pazifischem Raum.

Der nördliche Pazifik bildete nach der Eroberung Sibiriens einen neu zu erobernden Raum, der jedoch keineswegs als grundlegend neu oder »anders« beschrieben wurde. Eine Konstruktion des Ozeans als weit und unbeherrschbar hätte den konkreten Interessen der Pelzhändler an staatlicher Unterstützung widersprochen: man wollte ökonomischen Erfolg und keine Heldengeschichten. Die Konstruktion des Nordpazifiks als einheitlicher, in sich detailliert strukturierter Raum von Küsten, Inseln, Kanälen, Buchten und weiteren Elementen

---

78 Ebd., 34 bzw. 184.
79 Ebd., 30 bzw. 182.
80 Baldacchino, Islands, 247.

orientierte sich an technischen und nautischen Notwendigkeiten, an den Bedingungen des Dialogs mit der Hauptstadt des Imperiums, an der Konkurrenz mit Händlern und Seefahrern aus anderen Ländern sowie an den Möglichkeiten der Kooperation und des Kampfes mit indigenen Völkern. Von europäischen Diskursen und Ideen des »pacific craze« seit der Reise Lord Ansons dagegen zeigten sich die russländischen Händler kaum beeindruckt. Dies lag jedoch nicht an Informationsmangel oder an territorialer Isolation: die Akteure im Nordpazifik waren trotz langer Kommunikationswege relativ eng mit den administrativen und auch kulturellen Zentren in St. Petersburg verbunden. »Rückständigkeit« ist somit keine Kategorie, mit der man die Besonderheit der nordpazischen Raum- und Seekonzepte erklären könnte.

Interessanterweise sollten wenig später all die westeuropäischen Vorstellungen von weiten Ozeanen und einsamen Inseln im frühen 19. Jahrhundert auch im nordpazifischen Diskurs Einzug halten, mit der ersten russländischen Weltumsegelung durch Adam Krusenstern und Jurij Lisjanskij. Die Schriften Krusensterns, Lisjanskijs und weiterer Besatzungsmitglieder ordnen sich – ganz anders als die in diesem Aufsatz beschriebenen Quellen – nahtlos ein in die Narrative von der modernen Konstruktion der Meere. Ihre Expedition war, in Motivation, Planung und Durchführung, eng mit den russländischen Interessen im Nordpazifik verknüpft, schuf aber neue Parameter der Raumbetrachtung. Sie fügte die nordpazifische Region ein in globale Handelswege und intensivierte die Verbindung mit den europäischen Diskursen der »Vermessung der Welt«. Darüber hinaus übernahm die Krusenstern-Lisjanskij-Expedition das Bild vom zusammenhängenden Weltmeer und machte den Nordpazifik zu einem Teil davon. Die Einheitlichkeit des nordpazifischen Beckens, bestehend aus Wasser, aber auch Küsten und Inseln, löste sich nun auf zugunsten eines die Kontinente umspülenden, in Prinzip strukturlosen Ozeans.

Jens Ruppenthal

Wie das Meer seinen Schrecken verlor

Vermessung und Vereinnahmung des maritimen Naturraumes im deutschen Kaiserreich

»Und doch bekämpft ihr euch ohn' Unterlass«

1. Einleitung

Die Begeisterung für Seefahrt und Marine im deutschen Kaiserreich war groß. Dabei erschien das Meer nicht nur als Austragungsort künftiger Seeschlachten, sondern auch als natürliches Trainingsgelände für den Erwerb der erforderlichen Fähigkeiten. Auf dem Höhepunkt des Wettrüstens insbesondere mit Großbritannien zitierte Josef Wiese für eine kaleidoskopische Gesamtbetrachtung des Meeres einen Artikel aus einer Zeitschrift des *Deutschen Seevereins*, in dem die Flotte als »Schule für das deutsche Volk« und der Dienst in der Marine als beste Vorbereitung auf militärische Herausforderungen bezeichnet wurden: »[...] der Seemann wird schon in Friedenszeiten durch den Kampf mit Wind und Wetter mit den Schrecken des Meeres an diese Gefahren gewöhnt.«[1] Das Meer erscheint in solchen Texten manchmal als Gegner, den es zu besiegen gilt, zumeist jedoch als Kampfplatz oder Arena, in der die Natur die Eigenschaften des Menschen und der Völker einer Prüfung unterzieht. Im Flottendiskurs um 1900 ging es darum, die Herausforderungen und Gefahren der See zu meistern und sich der Fähigkeit zu versichern, zu Wasser ebenso wie zu Lande politische und militärische Handlungsfähigkeit zu besitzen, ökonomische Ziele zu verfolgen und kulturelle Geltung zu entfalten. Die Flottenbegeisterung im Kaiserreich – und im Übrigen nicht nur dort[2] – und der Drang nach imperialem Glanz und kolonialer Macht entsprachen einer allgemeinen gesellschaftlichen Orientierung hin zum Wasser.

Vor diesem Hintergrund soll es im Folgenden darum gehen, wie das Meer und seine spezifischen Eigenschaften als Naturraum im deutschen Kaiser-

---

1 Josef Wiese, Das Meer. Geographische, naturgeschichtliche und volkswirtschaftliche Darstellung des Meeres und seiner Bedeutung in der Gegenwart. Berlin 1906, 344.
2 Michael Salewski, Europa und die See: Das kulturelle Erbe, in: Johannes Wienand, Christiane Wienand (Hrsg.), Die kulturelle Integration Europas. Wiesbaden 2010, 405–422.

reich wahrgenommen wurden und mit welchen Mitteln seine Beherrschung gelang. Dabei wird in diesem Beitrag davon ausgegangen, dass das Meer um 1900 nicht nur als furchteinflößender, übermächtiger und unberechenbarer Gefahrenraum erschien, sondern sich vor allem auch ein Prozess der Vereinnahmung und gleichsam Domestizierung der maritimen Natur vollzog. Indem diese Vereinnahmung auf hydrografischer Vermessung und Beschreibung basierte, handelte es sich um einen nachgerade nüchternen Blick auf das Meer, der sich an den Maßstäben von wissenschaftlicher Erfassbarkeit und pragmatischer Darstellung orientierte. Vermessung und Beschreibung fanden ihren Niederschlag in einer zunehmenden Zahl von nautischen Hilfsmitteln und im Wissen um deren Anwendung. Damit ist gemeint, was sowohl in der Berufs- wie in der Sportschifffahrt bis heute unter dem Begriff *Seemannschaft* zusammengefasst wird. Das *Deutsche Seemännische Wörterbuch*, das 1904 im Auftrag des Reichsmarineamtes erstellt wurde, um die hoch speziellen und vielen internationalen Einflüssen unterliegenden seemännischen Fachausdrücke zu sammeln, definiert sie als

»praktische Ausführung der Schiffahrtskunde und der gesamten Manövrierkunde, wozu die genaue Kenntnis des Schiffes mit allem Zubehör, der Eigenschaften und der Stauung desselben, die Kenntnis der See und ihrer Gefahren, der Wirkung und Anwendung des Takelwerks, sowie der Maschine gehören.«[3]

Die im Rahmen dieses Beitrags ausgewerteten Quellen sind entweder nautische Hilfsmittel oder Texte zur Vermittlung von Seemannschaft und erfassen sowohl die Berufs- als auch die Sportschifffahrt im Deutschen Reich. Konkret handelt es sich dabei um: 1. amtliche Publikationen zur hydrografischen und nautischen Beschaffenheit des Meeres, worunter beispielsweise *Seehandbücher* zu verstehen sind; 2. Nachschlagewerke zur Seemannschaft im Allgemeinen; 3. Ratgeberliteratur für den Segelsport. Sie werden in den folgenden Ausführungen im Einzelnen betrachtet werden. Gerade im Hinblick auf den Segelsport sei bemerkt, dass die sportlichen Motive zum Befahren des Meeres hier nur marginal interessieren. Im Vordergrund steht vielmehr, dass alle Quellen ein Bild vom Meer als beschreib- und berechenbarer Naturraum vermitteln, der angesichts nachvollziehbarer Gesetzmäßigkeiten und erlernbarer Fähigkeiten beherrschbar war.

Der Blick auf dieses Bild vom Meer ist nicht im Widerspruch zu jenen Forschungen zu sehen, nach denen das Meer auch in den Vorstellungen und Wahrnehmungen des 19. Jahrhunderts nach wie vor ein Angstraum war, wohl aber als notwendige Ergänzung. Zweifellos besaßen viele negative Zuschreibungen ein enormes Beharrungsvermögen. Von den biblischen Schrecken der Sintflut über die Meerestiefen als Hort sagenhafter Seeungeheuer bis zu den realen Gefah-

---

3 Alfred Stenzel (Hrsg.), Deutsches Seemännisches Wörterbuch. Berlin 1904, 373.

ren von Winterstürmen verbanden sich mit ihm »alle Formen der Angst«, wie der französische Kulturhistoriker Alain Corbin aufzählt.[4] Obwohl sich Corbin mit der Küste auf den Raum zwischen Land und Meer konzentriert, kann er jedoch – zumindest für eine europäische bürgerliche Perspektive – einen sich bis etwa 1840 vollziehenden Wandel zu einer positiveren Wahrnehmung des Meeres belegen. Hinzu kam im Verlauf des 19. Jahrhunderts ein steigendes naturkundliches Interesse, das sich zum Beispiel in der Verbreitung des Aquariums äußerte.[5] Trotz dieser Tendenzen blieben die Schrecken der See in Romanen und Erzählungen der Meeresliteratur ebenso wie in der Berichterstattung von Seereisen präsent. »Immer noch brausen die Stürme«, heißt es bei Michel Mollat du Jourdin, der explizit auf die Gleichzeitigkeit von nüchternen und dramatischen Wahrnehmungen des Meeres hinweist.[6] Auch Philip Steinberg geht von verschiedenen Formen der Repräsentation des maritimen Raumes für die Zeit vom späten 18. bis zum frühen 20. Jahrhundert aus. Ihnen allen gemeinsam sei allerdings die Charakterisierung des Ozeans als grundsätzlich »anti-zivilisatorisch«, ganz gleich, ob es schlicht um die Überwindung eines großen, leeren Raumes gehe oder ob dieser mit voraufklärerischen Vorstellungen negativ aufgeladen werde.[7] Gerade vor dem Hintergrund dieser Einschätzung ist jedoch zu fragen, welche Form und welches Ausmaß die undramatischen Sichtweisen an der Wende zum 20. Jahrhundert eingenommen hatten. Mit anderen Worten: War das Meer um 1900 jenseits der Abenteuerliteratur à la Jules Verne nicht bereits weitgehend erforscht, vereinnahmt und domestiziert? Hatte es nicht wenigstens den größten Teil seines Schreckens verloren?

Die zuvor genannten Quellen zeigen auf, dass der Prozess der wissenschaftlichen und technokratischen Vereinnahmung des Meeres um 1900 besonders in Fahrt kam: Die Hydrografie entwickelte sich zur eigenständigen Wissenschaft, deren Ergebnisse durch eine schnell steigende Zahl von Publikationen Verbreitung fanden. Die Handelsschifffahrt erlebte im Zuge von immer stärker wirkenden Globalisierungstendenzen einen Aufschwung, der den Ausbau der Handelsflotte zur Folge hatte.[8] Damit generierten Handels- und Kriegsmarine einen steigenden Bedarf an nautischen Hilfsmitteln, die schließlich auch im zeitgleich entstehenden organisierten Segelsport zur Anwendung kamen und den sport-

---

4 Alain Corbin, Meereslust. Das Abendland und die Entdeckung der Küste 1750–1840. Berlin 1990, 22.
5 Zu Aquarien siehe den Beitrag von Mareike Vennen. Sowie Bernd Brunner, Wie das Meer nach Hause kam. Die Erfindung des Aquariums. Berlin 2011.
6 Michel Mollat du Jourdin, Europa und das Meer. München 1993, 261.
7 Philip E. Steinberg, The Social Construction of the Ocean. Cambridge 2001, 124.
8 Peter E. Fäßler, Globalisierung. Ein historisches Kompendium. Köln u. a. 2007; Rolf Walter, Geschichte der Weltwirtschaft. Eine Einführung. Köln u. a. 2006; Cornelius Torp, Die Herausforderung der Globalisierung. Wirtschaft und Politik in Deutschland 1860–1914. Göttingen 2005.

lichen Bedürfnissen angepasst wurden. Zudem wurden alle diese Entwicklungen von Denkmustern begleitet, in denen geografische Räume zunehmend mit politischen und gesellschaftlichen Entwicklungen in Zusammenhang gebracht wurden. Deshalb stellt sich zunächst die Frage nach dem Stellenwert des Meeres im geopolitischen Diskurs.

2. Das Meer in der Geopolitik

Als Josef Wiese 1906 seine populäre Darstellung veröffentlichte, traf sie auf ein deutsches Lesepublikum, das bereits seit Jahren mit maritimen Themen konfrontiert war. Dafür waren in erster Linie der Schlachtflottenbau und seine gesellschaftlichen Folgen verantwortlich: Ausgehend von der Annahme, dass eine Großmacht zur Verteidigung ihres Territoriums und zur Durchsetzung ihrer überseeischen Interessen eine schlagkräftige Kriegsflotte benötige, verfolgte Alfred von Tirpitz an der Spitze des Reichsmarineamtes das Ziel einer Hochseeflotte, die den Vergleich mit ihrem englischen Konkurrenten nicht zu scheuen brauchte. Letztlich scheiterte das politisch wie finanziell ruinöse Vorhaben am Widerspruch zwischen globalem Anspruch und begrenzter Reichweite der strategisch ungünstig in der Nordsee konzentrierten Flotte. Hinzu kamen der technologische Vorsprung Großbritanniens und dessen Bündnis mit Frankreich. Auch die organisierte Flottenbewegung, die Unterstützung Kaiser Wilhelms II. und andere prominente Fürsprecher konnten daran nichts ändern.[9]

Zu den Letzteren gehörten freilich Personen, die sich nicht nur aus politischer Perspektive mit dem Meer befassten. Oft handelte es sich um Wissenschaftler, deren Disziplinen maritime Bezüge aufwiesen. Der für seine Forschungen zum Mittelmeer bekannte Marburger Geograf Theobald Fischer beispielsweise äußerte sich 1898 auf eine Umfrage der *Allgemeinen Zeitung* zur Relevanz einer starken Flotte zustimmend: Deutschland müsse als Großmacht unbedingt »Antheil an der Beherrschung des Trägers der Weltkultur der Neuzeit, des Ozeans« haben.[10] Unter den rund 400 Reaktionen, die der Zeitung auf 1800 versandte Fragebögen zugingen, fand sich auch eine Antwort von Fischers Leipziger Kollegen Friedrich Ratzel. In der Beherrschung des Ozeans sah er wie Fischer die Voraussetzung, »um neuen Raum und Boden zu gewinnen«.[11] Verkürzt ließe sich sagen, dass beide Geografen das Meer als Transitraum betrachteten, der den Transport von Menschen und Gütern und die Entfaltung von

---

9 Rolf-Dieter Müller, Militärgeschichte. Köln 2009, 207 f. Ausführlich zu Umsetzung und Folgen der Flottenrüstung: Michael Epkenhans, Die wilhelminische Flottenrüstung 1908–1914. Weltmachtstreben, industrieller Fortschritt, soziale Integration (Beiträge zur Militärgeschichte, Bd. 32). München 1991.
10 Außerordentliche Beilage zur *Allgemeinen Zeitung*, Nr. 1 vom 11.01.1898.
11 Außerordentliche Beilage zur *Allgemeinen Zeitung*, Nr. 2 vom 12.01.1898.

Macht erst ermöglichte. Insbesondere Ratzel trug mit seinen wissenschaftlichen Publikationen erheblich zu der Ansicht bei, dass die Entwicklung von Gesellschaften maßgeblich von geografischen Gegebenheiten beeinflusst werde. Durch das Bewusstwerden dieser Bedingung sah Ratzel gewisse politische Handlungsmöglichkeiten eröffnet, und so rechneten Ratzel und andere, ähnlich argumentierende Autoren des späten 19. und frühen 20. Jahrhunderts das Meer fraglos zu den geografischen Räumen von hoher geopolitischer Relevanz.[12] Gerade Ratzel schaltete sich wiederholt in die Diskussionen um die Flottengesetze von 1898 und 1900 ein und wurde so zu einem einflussreichen Bindeglied zwischen wilhelminischem Navalismus und akademischer Geografie.[13] Vor diesem Hintergrund veröffentlichte er 1900 unter dem Titel *Das Meer als Quelle der Völkergröße*[14] ein maritimes Destillat aus seiner 1897 erstmals erschienenen *Politischen Geographie*.[15] Darin beschrieb er die geografischen Merkmale des Meeres und seine historische Bedeutung für Expansion, Migration und Handel der Völker, ohne dem Meer selbst gewissermaßen charakterliche Eigenschaften zu verleihen:

»So groß und einfach wie das Meer selbst, ist auch die Beherrschung des Meeres. Ihr Grundmotiv kann man in die Worte fassen: Das Meer ist nur der Weg. Das will besagen, daß das Meer den Verkehr erleidet, der über es hin seine Wege sucht. Es trägt ihn, aber es trägt nichts dazu bei.«[16]

Für die Erlangung von Seeherrschaft im politischen Sinne setzte Ratzel die Beherrschung des Naturraums See voraus, und diese wiederum sei hart zu erkämpfen. Dabei sei dies »ein Kampf mit einer weit stärkeren Naturgewalt als der Kampf mit dem Erdboden«, und tatsächlich könne das Meer »niemals gänzlich unterworfen werden«.[17] Seine Bezwingung jedoch sei möglich und beruhe auf der Anwendung jener »Kunst und Wissenschaft, die das Floß, den Kahn, das stählerne Panzerschiff von 13000 Tonnen baut und bewegt«. Diesen Aspekt führte Ratzel nirgends weiter aus, doch unter der genannten »Kunst und Wissenschaft« waren zweifellos Seemannschaft und nautische Hilfsmittel zu verstehen.

---

12 Steinberg, Construction, 20.
13 Rolf Hobson, Maritimer Imperialismus. Seemachtideologie, seestrategisches Denken und der Tirpitzplan 1875 bis 1914 (Beiträge zur Militärgeschichte, Bd. 61). München 2004, 315 f.
14 Friedrich Ratzel, Das Meer als Quelle der Völkergröße. Eine politisch-geographische Studie. München und Leipzig 1900.
15 Ders., Politische Geographie. München und Leipzig 1897.
16 Ratzel, Meer, 38.
17 Ebd., 39, die nächstfolgenden Zitate 47.

3. Hydrografie: Das Meer vermessen

Voraussetzung für die Herstellung und erfolgreiche Verbreitung einschlägiger Publikationen war die hydrografische Erschließung des Meeres durch amtliches Vermessen und Kartieren. Die Ursprünge der systematischen Erfassung der Ozeane lagen bereits im 18. Jahrhundert und waren besonders mit dem Sammeln von maritimen Karten und Routenbeschreibungen durch die Ostindienkompanien Englands, Frankreichs und der Niederlande verbunden. Gemeinsam mit anderen nautischen und schifffahrtstechnischen Entwicklungen der frühen europäischen Expansion sind sie seit längerem Gegenstand des geschichtswissenschaftlichen Interesses.[18] In der zweiten Hälfte des 18. Jahrhunderts machte vor allem die britische Hydrografie Fortschritte, als unter Alexander Dalrymple, zunächst Hydrograf bei der East India Company und ab 1795 in Diensten der Admiralität, nicht nur mehrere Hundert Küsten- und Hafenkarten innerhalb weniger Jahre entstanden, sondern zunehmend standardisiert und verwissenschaftlicht wurden: Klarheit bei Zeichnung und Beschriftung ging mit dem Verzicht auf jegliche Verzierung einher.[19] Insbesondere in den mittleren Dekaden des 19. Jahrhunderts erfuhr die Erforschung des Meeres international entscheidenden Aufschwung. So veröffentlichte erstmals 1845 der US-Marineoffizier Matthew Maury[20] umfassende Studien zu maritimen Wind- und Strömungsverhältnissen, die in den folgenden Jahrzehnten auch von der deutschen Hydrografie herangezogen wurden.

Es wäre jedoch unzutreffend, die deutschen Hydrografen als Nachzügler zu bezeichnen. Im preußischen Marineministerium gab es seit 1861 ein *Hydrographisches Bureau* (1879 in *Hydrographisches Amt* umbenannt), das in den ersten Jahren vor allem Vermessungen entlang der deutschen Küsten unternahm. Seit 1868 bestand in Hamburg die *Norddeutsche Seewarte*, die 1875 in der per Reichsgesetz gegründeten *Deutschen Seewarte* aufging. Diese wiederum war der Vorläufer des *Deutschen Hydrographischen Instituts*, dem heutigen *Bundesamt für Seeschifffahrt und Hydrographie*. Die meereskundlichen Tätigkeiten dieser Einrichtungen blieben auftragsgemäß anwendungsbezogen, hatten also den Be-

---

18 Andrew S. Cook, Surveying the Seas. Establishing the Sea Routes to the East Indies, in: James R. Akerman (Hrsg.), Cartographies of Travel and Navigation. Chicago und London 2006, 69–96; Robert A. Stafford, Exploration and Empire, in: The Oxford History of the British Empire, Bd. 5: Robin W. Winks (Hrsg.), Historiography. Oxford 1999, 290–302; Norman J. Thrower, The Art and Science of Navigation in Relation to Geographical Exploration Before 1900, in: Herman R. Friis (Hrsg.), The Pacific Basin. A History of Its Geographical Exploration. New York 1967, 18–39.
19 Cook, Surveying the Seas, 88.
20 Zu Maury siehe den Beitrag von Julia Heunemann.

langen der Schifffahrt zu dienen.²¹ Die hydrografischen Dienste gaben eine stetig steigende Zahl von Publikationen heraus, die sich zu unverzichtbaren Hilfsmitteln der Navigation entwickelten. Dabei handelte es sich um Seekarten und *Seehandbücher* bzw. *Segelanweisungen*, die teils von der Seewarte, teils vom hydrografischen Dienst der Marine herausgegeben wurden.²² Erst 1945 wurden alle hydrografischen und nautischen Aufgaben unter dem Dach des als zivile Einrichtung auf Veranlassung der britischen Besatzungsbehörden gegründeten Deutschen Hydrographischen Instituts zusammengefasst.

Unter den zur Beherrschung des Meeres zur Verfügung stehenden Hilfsmitteln nahmen neben den reinen Seekarten die erwähnten Handbücher eine immer wichtigere Stellung ein. Bis in die Jahre des Ersten Weltkriegs firmierten zahlreiche Nachschlagewerke und Atlanten zu allen transozeanischen Segelrouten unter der Bezeichnung *Segelhandbücher*. Die enthaltenen Informationen basierten in erster Linie auf den Beobachtungen und Erfahrungen deutscher Segelschiffskapitäne und waren entsprechend praxisnah gestaltet.²³ Mit dem Niedergang der Segelschifffahrt verlor die Gattung der Segelhandbücher und der vom hydrografischen Dienst der Marine betreuten Segelanweisungen an Bedeutung, obgleich sie folgerichtig in Form von *Dampferhandbüchern* und den meteorologischen *Monatskarten* für transozeanische Reisen im Kern fortbestanden.²⁴

Demgegenüber nahm die Zahl der *Seehandbücher* zu. Der zentrale Unterschied bestand in ihrer Konzentration auf die Küsten bzw. die Nebenmeere der Ozeane, etwa Nord- und Ostsee oder Mittelmeer. Seehandbücher sollten die in den Seekarten verzeichneten Informationen ergänzen. Beide basierten für die heimischen Gewässer auf eigenen Messungen und übernahmen für andere Seegebiete ausländisches Kartenmaterial, sodass die deutschen nautischen Dienste bis zum Beginn des Ersten Weltkriegs insgesamt 52 Seehandbücher und 552 Seekarten für Seegebiete weltweit herausgebracht hatten.²⁵ Dazu zählten auch die Ergebnisse von Vermessungsfahrten vor den Küsten der deutschen Kolonien.²⁶ Deren seekartografische Erfassung diente ebenso der kolonialen In-

---

21 Als Überblick über diese institutionellen Entwicklungen: Peter Ehlers, Die Geschichte maritimer Dienste in Deutschland – Das BSH und seine Vorgänger, online abrufbar unter http://www.bsh.de/de/Das_BSH/Organisation/Geschichte/Geschichte.pdf [24.04.2012].
22 Hier und im Folgenden ebd., 4, 9f.
23 Ulrich Schaefer, Schiffswege und Seebücher, in: Peter Ehlers, Georg Duensing, Günter Heise (Hrsg.), Schiffahrt und Meer. 125 Jahre maritime Dienste in Deutschland. Herford u.a. 1993, 70–99, hier 78.
24 Ebd., 87–89.
25 Gerhard Zwiebler, 100 Jahre Hydrographie. Das Deutsche Hydrographische Institut heute, in: 100 Jahre Schiffahrt, Schiffbau, Häfen: 1864–1964. Hamburg 1964, 171–179.
26 Gerhard Schott, Bruno Schulz, Paul Perlewitz (Bearb.), Die Forschungsreise S.M.S. »Möwe« im Jahre 1911 (Archiv der Deutschen Seewarte XXXVII. Jahrgang 1914, Nr. 1). Hamburg 1914.

besitznahme wie die Vermessung, Verzeichnung und Parzellierung des kolonialen Hinterlands.[27] Die Produktion nautischer Bücher und Karten erlebte damit im Untersuchungszeitraum dieses Beitrags ihren entscheidenden Aufschwung, wiewohl die Professionalisierung der Kartografie und damit die Produktion von Karten generell im späten 19. Jahrhundert stark zunahmen.[28]

Gerade die Seehandbücher stellen eine in der Geschichtswissenschaft bisher wenig beachtete Quelle dar, von ausschließlich schifffahrtshistorischen Interessen einmal abgesehen. Sie beschränkten sich keineswegs auf hydrografische und meteorologische Daten und Hinweise auf Seezeichen. Zum Inhalt gehörten auch Informationen über Schifffahrtsvorschriften, das Lotsen- und Rettungswesen anderer Länder und ausführliche küstengeografische Angaben einschließlich gezeichneter Küstenansichten. Insbesondere in diesen Abschnitten fanden sich Wörterlisten in der jeweiligen Landessprache, Beschreibungen von Häfen und Städten und landeskundliche Ausführungen. Sie enthielten vereinzelt bemerkenswerte Urteile und Wertungen zum Charakter des Meeres oder des jenseits der Küste liegenden Landes und seiner Bewohner. So heißt es im Handbuch für das Skagerrak:

»Die Westküste von Jütland ist eine der gefährlichsten, der sich der Seemann nähern kann. […] Die mächtige Dünung des Atlantischen Ozeans wälzt sich aus nordwest- bis nordnordwestlicher Richtung zwischen Schottland und Norwegen ungehindert auf die Küste zu und erzeugt auf dem schnell ansteigenden Landgrund eine hohe Brandung, die schon viele Verluste von Schiffen und Menschenleben verursacht hat.«[29]

Bei aller Präzision, mit der die gut bekannte Küste im Handbuch beschrieben war, schien es den verantwortlichen Hydrografen offensichtlich angemessen, die Gewalt des Ozeans in den einleitenden Bemerkungen deutlich hervorzuheben und die betroffene Küste mit einem Superlativ zu versehen. Eine andere Stelle im gleichen Handbuch bestätigt die Feindseligkeit des Seegebietes dadurch, dass den Bewohnern seiner Küsten ein dem Naturraum gemäßer Charakter zugeschrieben wurde. Demnach gehörten die norwegischen Lotsen »zu den besten der Welt« und seien »nicht allein wegen ihrer Geschicklichkeit bei Bedienung der Schiffe bekannt, sondern auch wegen ihres unerschrockenen Muthes, mit welchem sie bei Einsetzung des eigenen Lebens in Gefahr befindlichen Schiffen« zu Hilfe kämen.[30]

---

27 Vgl. zusammenfassend Jürgen Osterhammel, Die Verwandlung der Welt. Eine Geschichte des 19. Jahrhunderts. München 2009, 53 f.
28 Sebastian Conrad, Globalisierung und Nation im Deutschen Kaiserreich. München 2006, 60 f.
29 Reichs-Marine-Amt, Segel-Handbuch für die Nordsee. Erster Theil. Zweites Heft: Das Skagerrak. 3. Aufl. Berlin 1901, 149.
30 Ebd., XXII.

Die vergleichsweise dramatischen Formulierungen bildeten jedoch die Ausnahme. Selbst mythologisch aufgeladene Schrecken des Meeres, zum Beispiel die starken Strömungen in der Straße von Messina, an deren Ufern in Homers *Odyssee* die Ungeheuer Scylla und Charybdis auf bedauernswerte Seefahrer lauerten, erschienen in nüchterner Beschreibung. Obwohl die Strömungen Schiffe durchaus erheblich vom Kurs abbringen konnten, stand hier der eher lapidare Hinweis: »Nachts kann dies sehr unangenehm werden«, gefolgt von einer knappen Schilderung der Kollision des deutschen Dampfers *Reichstag* mit einem Segelboot.[31]

Die Seehandbücher beschrieben weniger die Gefahren der offenen See als vielmehr die jeweilige Problematik der Küsten und küstennahen Gewässer. Die häufige Verwendung der Worte »Gefahr« bzw. »gefährlich« – im Handbuch zur französischen Westküste beispielsweise erschienen sie in einer Beschreibung zum Iroise-Meer, wo vor allem Klippen und Gezeitenströme »die Schiffahrt [...] gefährlich« machten, bereits auf der ersten Seite viermal[32] – rief zwar stets ins Bewusstsein, dass der Naturraum Meer wohl nie vollständig zu erfassen und zu beherrschen sein würde. Deshalb enthielt jedes Seehandbuch auf den ersten Seiten die etwas sonderbar klingende Warnung: »Wegen der Ungenauigkeit mancher Seekarten betrachte man jede Küste als gefährlich, von der nicht unzweifelhaft erwiesen ist, daß sie frei von Gefahren ist.« Doch zugleich belegten die Seehandbücher gerade vermittels ihrer Vollständigkeit, Präzision und differenzierten Beschreibungen, dass auch gefährliche Gegenden ebenso kalkulierbar wie kontrollierbar waren. Die deutschen Seefahrer lobten die Zuverlässigkeit der nautischen Publikationen von Seewarte und Hydrographischem Bureau mitunter überschwänglich.[33]

Zweifellos wirkten die Seehandbücher ebenso auf die Wahrnehmung maritimer Räume ein wie sie dieselbe spiegelten. Sie präjudizierten und lenkten den Blick auf die beschriebenen Küstenländer und Seegebiete, indem sie über den technischen Aspekt der Navigation hinaus ihren Benutzern die Beschaffenheit und Beherrschbarkeit der Naturräume Küste und Meer darlegten. Ihre Erstellung und Verwendung lässt sich gleichermaßen zwei Prozessen zuordnen, die Iris Schröder und Sabine Höhler als »Verkleinern und Abbilden« sowie als

---

31 Reichs-Marine-Amt, Segelhandbuch für das Mittelmeer. II. Teil: West- und Südküste Italiens, Sardinien und Sizilien. Berlin 1905, 257. Wertende Aussagen finden sich im Übrigen auch in den kurzen Passagen zu Häfen und Orten; so schrieben die Autoren, Noto sei »eine der am besten gebauten und angenehmsten Städte Siziliens«, Taormina werde »von der großartigen Ruine eines Sarazenen-Kastells überragt«, aber: »Die Straßen von Syrakus sind eng und schmutzig«. Ebd., 329, 346, 333.
32 Reichs-Marine-Amt, Segelhandbuch für die Westküste Frankreichs. 3. Aufl. Berlin 1909, 56.
33 Schaefer, Schiffswege, 79.

»Zerteilen und Ordnen« bezeichnet haben. Danach habe zum einen der grundlegende Wandel im Zusammenspiel von Raumwahrnehmung und Geschwindigkeitserfahrung um 1900 sowohl den Bedarf als auch die Möglichkeiten generiert, die Welt gleichsam grafisch zu verkleinern und zum Beispiel mittels Atlanten sichtbar zu machen.[34] Zum anderen zeige sich insbesondere an der Kartografie als Vorgang des Zerteilens und Ordnens der Erdoberfläche, wie die Repräsentation eines geografischen Raumes sich verselbständigen und Raumvorstellungen determinieren könne.[35]

Die Erkenntnisse der Hydrografen blieben im Übrigen nicht ausschließlich auf spezialisierte Kreise beschränkt, sondern kamen mitunter dem öffentlichen Interesse am Meer entgegen. So veröffentlichte der deutsche Ozeanograf Gerhard Schott 1912 seine *Geographie des Atlantischen Ozeans*[36] und machte damit eine Zusammenfassung seiner langjährigen meereskundlichen Forschungen einem breiten Publikum zugänglich. Im Gegensatz zu Josef Wieses recht eklektischem Schmöker bot Schott eine anspruchsvolle Darstellung zu Geologie und Tiefenverhältnissen, zu den physischen und chemischen Eigenschaften des Wassers, zu Klima und Lebewesen des Atlantiks, eingerahmt von einem einleitenden Abriss der Entdeckungshistorie und einem abschließenden Kapitel zur Bedeutung des Atlantiks im Seeverkehr. Schott hatte in den 1890er Jahren Messungen von Handelsschiffen aus vorgenommen und als Ozeanograf an der ertragreichen *Deutschen Tiefsee-Expedition* von 1898/99 mit dem Forschungsschiff *Valdivia* teilgenommen.[37]

Im Rahmen des Kapitels zum Seeverkehr nahmen seine Ausführungen zur Segelschifffahrt vergleichsweise viel Raum ein. Schott prognostizierte zutreffend, dass eine wirtschaftliche Zukunft für Segelschiffe nur in einer Nische für den Transport bestimmter Massengüter, wie Getreide oder Dünger, denkbar war. Aus meteorologischer und ozeanografischer Sicht dagegen bleibe die Segelschifffahrt durchaus erkenntnisfördernd, weil sie sich nach Winden und Strömungen zu richten habe, deren Verständnis für ein umfassendes Wissen vom Atlantik unabdingbar sei.[38] Folglich war für Schott gute Seemannschaft kein »Zufall oder bloßes Glück«, sondern eine Mischung aus seemännischer Erfahrung und der Beachtung amtlicher Verlautbarungen, die »zu einer wahren Virtuosität des Umganges mit den Tief- und Hochdruckgebieten« führe.[39] Der Ver-

---

34 Iris Schröder, Sabine Höhler, Welt-Räume: Annäherungen an eine Geschichte der Globalität im 20. Jahrhundert, in: dies. (Hrsg.), Welt-Räume. Geschichte, Geographie und Globalisierung seit 1900. Frankfurt a. M. und New York 2005, 9–47, hier 31 f.
35 Ebd., 33 f.
36 Gerhard Schott, Geographie des Atlantischen Ozeans. Hamburg 1912.
37 Walter Lenz, Schott, Paul Gerhard, in: NDB 23 (2007), 493 f.
38 Schott, Geographie, 277 f.
39 Ebd., 293.

weis auf die amtlichen Schriften kann vor allem deshalb nicht überraschen, weil Schott im Dienst der *Deutschen Seewarte* stand und dort seit 1912 Abteilungsleiter für Ozeanografie war.

4. Seemannschaft: Das Meer befahren

Neben Segelanweisungen und Seehandbüchern, die den Naturraum erfassten, in dem sich zivile und militärische Schifffahrt bewegten, publizierten die nautischen Dienste im Auftrag des Reichs-Marine-Amtes weitere Nachschlagewerke, die konkret die als Seemannschaft bezeichneten Fähigkeiten und Kenntnisse thematisierten. Das zweibändige *Lehrbuch der Navigation* ersetzte 1901 einen weniger ausführlichen Vorgänger, konzentrierte sich jedoch konsequent auf terrestrische und astronomische Navigation als mathematische Vorgänge.[40] Das Meer erschien praktisch eigenschaftslos, etwaige Gefahren ließen sich bestenfalls erahnen, wenn die Autoren zum Beispiel auch dann größte Sorgfalt im Umgang mit Seekarten anmahnten, »wenn rasches Handeln noththut«.[41]

Ähnlich verhielt es sich mit dem 1893 erstmals herausgegebenen *Handbuch der Seemannschaft*, das ebenfalls von zwei Marineangehörigen zusammengestellt worden war, ohne jedoch im offiziellen Gewand der Seewarte oder des Reichsmarineamtes zu erscheinen. Die Bearbeiter Carl Dick und Otto Kretschmer adressierten das zweibändige Werk dezidiert auch an »weitere Kreise«, um »das Interesse für die Marine zu erwecken«.[42] Dementsprechend befassten sich die meisten Abschnitte des ersten Bandes mit modernen Kriegsschifftypen und dem Betrieb derselben, während der zweite Band vorwiegend der Bedienung von Segelschiffen und Segelmanövern gewidmet war. Indem Dick und Kretschmer dem Handbuch die Bemerkung voranstellten, dass segelspezifisches Wissen »noch nicht entbehrt werden« könne, verwiesen sie indirekt auf die abnehmende Relevanz der Segelschifffahrt.

Insgesamt jedoch enthielten sich die Autoren etwaiger Wertungen oder Ausschmückungen und konzentrierten sich auf die präzise Vermittlung von seemännischem Fachwissen. Die vereinzelt eingestreuten Tatsachenberichte dienten eher dazu, die Relevanz der im Handbuch beschriebenen Verhaltensregeln hervorzuheben. So findet sich zum Beispiel im Abschnitt zu Seenot und Schiffbruch der Bericht eines gelungenen Bergungsmanövers durch ein Segelschiff, bei dem Öl zum Glätten der See abgelassen worden war: »Der Effekt war wie

---

40 Reichs-Marine-Amt (Hrsg.), Lehrbuch der Navigation. 2 Bände. Berlin 1901.
41 Ebd., Erster Band: Terrestrische Navigation, 35.
42 Hier und im Folgenden Carl Dick, Otto Kretschmer (Bearb.), Handbuch der Seemannschaft. Erster Theil. 3. Aufl. Berlin 1902, IV.

durch Zauber.«[43] Und aus einem Seeamtsspruch von 1897 zitierte das Handbuch – im Vergleich zum übrigen Text geradezu packend – die »mit furchtbarer Gewalt« von den Wellen »angerichteten Verheerungen« an Deck des Segelschiffs *Wega*, dessen Steuermann – bereits »Schlimmes ahnend« – vergeblich nach zwei Seeleuten suchte, »die übrigens von Niemand mehr gesehen worden sind«.[44] Der Belegcharakter dieser Berichte wird besonders durch den abschließenden Satz der Schilderung eines mit Bordmitteln behobenen Ruderschadens deutlich: »Dieser Vorfall beweist, was von einer Besatzung unter energischer und klarer Leitung geleistet werden kann.«

Das Meer und seine Eigenschaften als Naturraum traten in den amtlichen Handbüchern zu Navigation und Seemannschaft vor allem mit Bezug zur Segelschifffahrt in Erscheinung, weil die Autoren davon ausgingen, dass ein Segelschiff Sturm und schwerer See hilfloser ausgesetzt war als die wetterunabhängigeren Dampfschiffe. Zugleich enthielten die nautischen Handbücher einzelne Hinweise auf den zunehmenden Bedeutungsverlust von Segelschiffen. Als die Seewarte 1907 eine tabellarische Auswertung der von Segelschiffsreisen eingesandten meteorologischen Journale unternahm, um deren mittlere Dauer zu erfassen und für Reedereien kalkulierbar zu machen, begründete der Bearbeiter die Kürze des untersuchten Zeitraums (1893–1904) pragmatisch mit der immer rascheren Verdrängung der Segel- durch Dampfschiffe.[45] Zunächst war der Passagiertransport seit den 1830er Jahren sukzessive von Dampfern übernommen worden, und seit den 1860ern kamen durch den abnehmenden Kohlenverbrauch bei einer gleichzeitig steigenden Anzahl von Kohlenstationen auch immer mehr Bereiche der Frachtschifffahrt hinzu, in denen Segelschiffe bis dahin noch ökonomisch einzusetzen gewesen waren. Zudem profitierten Segler nicht von der enormen Routenverkürzung durch den 1869 eröffneten Suez-Kanal, den sie wegen der Windverhältnisse im Roten Meer nicht nutzen konnten. Zwar gelang es durch technische Innovationen die Mannschaften auf Segelschiffen zu reduzieren, die Ladekapazitäten zu erhöhen und die Liegezeiten zu verkürzen, sodass um 1900 einzelne Routen mit großen Frachtseglern weiterhin profitabel befahren werden konnten. Doch die entscheidenden Nachteile blieben die geringe Geschwindigkeit und die hohe Abhängigkeit von Wind und Wetter.[46] Davon unberührt blieb jedoch die in den Handbüchern vermittelte Gewissheit, dass auch die Segelschifffahrt bei professioneller Seemannschaft die Gefahren der Ozeane nicht zu fürchten brauchte.

---

43 Carl Dick, Otto Kretschmer (Bearb.), Handbuch der Seemannschaft. Zweiter Theil. 3. Aufl. Berlin 1902, 336 f.
44 Ebd., 340 f., das nächstfolgende Zitat 363.
45 Anton Paulus, Die Reisen deutscher Segelschiffe in den Jahren 1893–1904 und ihre mittlere Dauer (Archiv der Deutschen Seewarte XXX. Jahrgang 1907, Nr. 1). Hamburg 1907, 5.
46 Peter Borscheid, Das Tempo-Virus. Eine Kulturgeschichte der Beschleunigung. Frankfurt a. M. 2004, 138 f.

5. Segelsport: Das Meer als Arena

Zur gleichen Zeit erlebte die Fortbewegung zu Wasser unter Segeln als Freizeitbeschäftigung einen neuen Aufschwung. Die Entstehung des organisierten Segelsports im Kaiserreich stand in unmittelbarem Zusammenhang mit Deutschlands Hinwendung zur See und profitierte vom zunehmenden Wissen über die Beherrschbarkeit des Meeres, wie es in den nautischen Hilfsmitteln und Handbüchern zum Ausdruck kam.

Die Anfänge des Segelsports lagen – wie bei vielen anderen modernen Sportarten – in England, wo sich bereits am Ende des 18. Jahrhunderts sportliche Wettkämpfe als gesellschaftliche Ereignisse mit eigener Berichterstattung herausbildeten.[47] Dort eroberte der Sport im Laufe des 19. Jahrhunderts die Mittelschicht. Vereine und Verbände sowie Regelwerke und Normen entstanden ebenso wie bereits früh eine spezielle Ratgeberliteratur.[48] Meist mit Verzögerung einiger Jahrzehnte gelangten zahlreiche Sportarten von England auch nach Deutschland, wo der Segelsport mit ersten Regatten um 1850 begann.[49] Christiane Eisenberg hat bei diesem Transferprozess gerade auch auf die potenziellen Diskontinuitäten hingewiesen, die den Sport als Bestandteil moderner Gesellschaften auszeichneten, etwa beim Aufeinandertreffen von aristokratischen Traditionen und bürgerlichem Turnen.[50]

Freilich blieb in Deutschland das Segeln als Sport – ähnlich dem Rudern und dem Tennis – bis zum frühen 20. Jahrhundert weitgehend auf Adel und wohlhabendes Bürgertum beschränkt.[51] Kleinere Boote, die mit geringerem finanziellem Aufwand zu unterhalten waren, stießen erst kurz vor dem Ersten Weltkrieg auf breiteres Interesse. Bis dahin prägten größere Boote und Yachten einen »Herrensport im Sinne gesellschaftlicher und finanzieller Exklusivität«.[52] Zusätzlich zum Regattasegeln traf das Fahrtensegeln auf ein weiteres Bedürfnis in der Gesellschaft des Kaiserreichs, nämlich den Wunsch nach Naturerlebnissen. Einerseits drückte sich dieser Wunsch in der zunehmend touristisch organisierten Erfahrung von Landschaften aus, die dem romantischen Ideal von Arkadien möglichst nah kamen, ob es sich nun um das heimische Mittelgebirge, Alpentäler oder eben Seen und Meere handelte. Andererseits gab es eine Sehn-

---

47 Christiane Eisenberg, »English Sports« und deutsche Bürger. Eine Gesellschaftsgeschichte 1800–1939. Paderborn 1999, 32.
48 Ebd., 49.
49 Borscheid, Tempo-Virus, 179.
50 Christiane Eisenberg, Sportgeschichte. Eine Dimension der modernen Kulturgeschichte, in: Geschichte und Gesellschaft 23, 1997, 295–310, hier 306.
51 Thomas Nipperdey, Deutsche Geschichte 1866–1918, Erster Band: Arbeitswelt und Bürgergeist. München 1998, 173.
52 Ruprecht Andriano, Der deutsche Segelsport. Berlin 1929, 14.

sucht nach der rauen, urwüchsigen Natur, wie sie besonders die höheren Lagen des Gebirges als lebensfeindliche und nicht zu domestizierende Wildnis darstellten.[53] Mit diesen Vorstellungen ging zugleich der Drang nach Bezwingung und Eroberung ebendieser Wildnis einher.

Für die sportliche Bezwingung der See gab es die erwähnte Ratgeberliteratur, bei der es sich prinzipiell um die gleiche Art von Handbüchern handelte, die in Kriegs- und Handelsmarine Verwendung fand. Das *Handbuch der Seemannschaft* von Dick und Kretschmer hatte zum Beispiel in dem 1906 erschienenen *Seglers Vademecum* von Ernst Kühl und Theodor Vahlen ein sportliches Pendant. Ähnlich angelegt, wenngleich weniger anspruchsvoll und umfangreich, dafür mit stärkerem Akzent auf Freizeit und Reisen, waren *Der Segelsport* von Justus Wilhelm und Friedrich Scheibert von 1901 sowie *Der Küstensegler* von E. Mylius von 1904.[54]

Seglers Vademecum lehnte sich am engsten an die amtlichen nautischen Veröffentlichungen an und basierte zu großen Teilen auf den Produkten des Reichsmarineamts. Kühl und Vahsen präsentierten die Seemannschaft nicht nur entsprechend nüchtern und technisch, sondern verzichteten auch auf beispielhafte Schilderungen oder Exkurse, in denen das Meer anders als in seinen physikalischen Eigenschaften in Erscheinung getreten wäre. Obgleich »der Wind da draussen auf See auch gewöhnlich um einige Grade härter« wehe, habe man es mit »ein- für allemal feststehenden Gesetzen« zu tun, deren Kenntnis und überlegte Ausnutzung »die eigentliche Segelkunst« darstellten.[55] Zudem listeten Kühl und Vahsen die Aktivitäten der Vereine des Deutschen Seglerverbands auf, bildeten die vollständige Seestraßenordnung des Deutschen Reiches ab und widmeten ihr Kompendium dem Prinzen Adalbert von Preußen.

Während das *Vademecum* somit insgesamt einen offiziellen Anstrich besaß, gaben die Gebrüder Scheibert ihrer wesentlich knapperen Einführung in den Segelsport einen sichtlich populären Zuschnitt. Im Vorwort brachten die Autoren explizit jene Natursehnsucht ins Spiel, die zu befriedigen das Segeln geeignet schien: »Die Natur in ihrem Zorne kann man nirgends besser studieren, als auf den schaukelnden Wogen!«[56] Das Naturerlebnis kam ansonsten nur vereinzelt und mittelbar zur Sprache, etwa bei der Frage nach der zweckmäßigen Kleidung – die empfohlenen Vorkehrungen galten hier allerdings weniger einem Kampf mit dem sturmgepeitschten Ozean als der Vorbeugung von »Erkältun-

---

53 Ebd., 184.
54 Ernst Kühl, Theodor Vahlen, Seglers Vademecum. Eine Sammlung von Daten, Gesetzen und Regeln zum Gebrauch des deutschen Yachtseglers. Berlin 1906; Justus Wilhelm Scheibert, Friedrich Scheibert, Der Segelsport. Leipzig 1901; E. Mylius, Der Küstensegler. Berlin 1904.
55 Kühl, Vahsen, Vademecum, 134.
56 Scheibert, Scheibert, Segelsport, 7.

gen« und der korrekten Uniform im Yachtklub.[57] Die gesellschaftlichen Aspekte des Segelns kamen auch in *Der Küstensegler* relativ ausführlich zur Sprache. Auch Mylius gab sich keine Mühe, das Meer in besonders dramatischen Farben zu zeichnen. Etwaige Gefahren erscheinen in Form von »Umständen«, die nicht zu unterschätzen seien und bestenfalls auf eine Ermahnung zu Aufmerksamkeit und Lernbereitschaft hinausliefen: »Die fortwährend wechselnden Verhältnisse zwingen [den Segler], ein Seemann zu werden, indem jeder Tag etwas Neues bietet und neue Anforderungen stellt.«[58]

Insgesamt stellten auch die sportlichen Handbücher das Segeln als komplexe und technisierte Form der Fortbewegung in einem Naturraum dar. Bei der Beschreibung der erforderlichen Kenntnisse und Fähigkeiten kam das Meer selbst kaum zum Vorschein, vielmehr stand seine Beherrschbarkeit außer Frage. Der Unterschied zu den amtlichen Handbüchern bestand nicht in einer romantisierenden Anrufung der See oder womöglich unterhaltsam eingeflochtenen Segelabenteuern der Autoren, sondern lediglich in der separaten Erwähnung von Vereinsstatuten und segelsportgerechten gesellschaftlichen Konventionen.

Dem breiten Angebot an Ratgeberliteratur entsprach der hohe Organisationsgrad der aktiven Segler. Die 1835 in Berlin gebildete *Stralauer Tavernen-Gesellschaft* war ein ebenso früher wie kurzlebiger Versuch der Vereinsgründung, erst der 1855 entstandene Königsberger Segelclub *Rhe* hatte dauerhaft Bestand. Ihm folgten bis zur Gründung des *Deutschen Segler-Verbandes* 1888 weitere 28 Vereine mit insgesamt 2.100 Mitgliedern und 500 Booten.[59] Dabei waren die Verbindungen zwischen Flottendiskurs und Segelsport natürlich auch personeller Art, weil es sich bei den Mitgliedern der Segelvereine oft um aktive oder ehemalige Angehörige der Marine handelte. Solche gründeten 1887 in Kiel den *Marine-Regatta-Verein*, der bereits 1891 zum *Kaiserlichen Yacht-Club* wurde. Im Rahmen seiner maritimen Selbstinszenierung nahm Wilhelm II. im gleichen Jahr erstmals mit seiner eigenen Yacht *Meteor* an der Kieler Woche teil.[60]

Die Seefahrtsbegeisterung des Monarchen wurde in den Vereinen durchaus als glückliche Fügung verstanden und die Strahlkraft der kaiserlichen Gallionsfigur betont.[61] Auch die Ratgeberautoren stellten wiederholt eine Be-

---

57 Ebd., 110. Ratsam schien den Autoren auch folgender Hinweis: »Werden Damen an Bord einer Yacht zum Mitsegeln eingeladen, so müssen auch sie ihren Anzug dem Sporte anpassen. Die grässlichen Hüte mit wallenden Federn, die den Sturmhauben der alten Puritaner gleichen, müssen zu Hause gelassen und leichten kleinen Filz- oder Strohhüten, in denen der Wind sich nicht fangen kann, Platz machen.« Ebd., 110 f.
58 Mylius, Küstensegler, 74.
59 Andriano, Segelsport, 5 f.
60 Ebd., 7.
61 Otto Gusti, Katechismus des Ruder- und Segelsports. Leipzig 1898, 218; Georg Belitz, Seglers Handbuch. 2. Aufl. Berlin 1897, 7.

ziehung zwischen dem von Wilhelm geförderten politisch-militärischen Streben Deutschlands nach maritimer Geltung und dem Segelsport her, durch den Deutschland eingetreten sei »in die Reihe der Völker, deren Yachtflotten den Stolz der Nation« bildeten.[62] Vor diesem Hintergrund konnten Segelregatten als sportliche Variante des militärischen Kräftemessens gesehen werden. Nach Meinung Otto Gustis erhöhe die Ausübung des Segelns auch im Binnenland das »Verständnis für das Seewesen und die Bedeutung der Kriegs- und Handelsflotte im deutschen Vaterlande«. Zudem seien insbesondere die Besatzungen von Regattayachten ein »sehr ausdehnungsfähiger Stamm von besonders tüchtigen Seeleuten«, die »für den Kriegsfall zur Vervollständigung der Besatzungen der kaiserlichen Marine jedenfalls ein vorzügliches Material« abgäben.[63] Wie angemessen Gusti gerade in diesem Punkt die Potenziale des Segelsports einschätzte, mag offen bleiben. Sein Autorenkollege Georg Belitz hatte sich dazu ein Jahr zuvor jedenfalls deutlich skeptischer geäußert.[64] Seine Ausführungen zum Wettsegeln beinhalteten allerdings ausnahmsweise die Trennung von Regatta- und Fahrtensegeln. Zum einen sei die unterschiedliche Bauart der Boote relevant, was sich vor allem im geringeren Gewicht einer Rennyacht äußere, gegenüber der die schwerere Kreuzeryacht »mit Wind und Wetter erfolgreich kämpfen und dabei ein behagliches Heim abgeben soll«. Zum anderen sei die Frage nach dem Gegner zentral:

»Für gewöhnlich sucht der Segler seinen Ehrgeiz im Kampf mit den Elementen, in der guten Beschaffenheit seiner Yacht und seiner Mannschaft zu befriedigen; ein hohes Etmal, eine schnelle Reise ist ebenso geeignet, ihm diese Befriedigung zu gewähren, wie ein schneidiges Manöver oder das wackere Verhalten seiner Yacht in schlechtem Wetter.«[65]

Unter den »Elementen« verstand Belitz in erster Linie »Wind und Wetter«, während das Meer nur implizit gemeint war. Den beschriebenen Kampf bewertete Belitz als weniger ehrenvoll als den des Regattaseglers:

»Höher steht das Ideal des Wettseglers: er sucht nicht den ungleichen Kampf mit den Naturgewalten, er fordert den ebenbürtigen, mit gleichen Waffen gerüsteten Gegner, um denselben durch überlegenes Material, durch geschickte Benutzung aller Umstände, durch gutes und schnelles Manövrieren zu besiegen.«[66]

Aus der Sicht des Regattaseglers trat das Meer als Gegner offensichtlich hinter den Wettkampfkonkurrenten zurück. Der Naturraum Meer war zuerst die

---

62 Belitz, Handbuch, 7
63 Gusti, Katechismus, 217 f.
64 Belitz, Handbuch, 587, das nächstfolgende Zitat ebd.
65 Ebd., 586. Der Begriff Etmal bezeichnet die im Zeitraum von Mittag bis Mittag zurückgelegte Wegstrecke.
66 Ebd.

Arena, in der Boote gegeneinander antraten. Erst in zweiter Linie galt es für den Segler auch das Meer zu besiegen. Entscheidend waren Wettbewerbe, die zwar im maritimen Raum stattfanden, deren Ziel jedoch die Erhöhung der nationalen Präsenz und der politisch-militärischen Handlungsfähigkeit zur See bildeten und die im Flottenwettrüsten gipfelten. Bereits die erste Nummer der Zeitschrift *Wassersport* im Januar 1883 stellte den Ruder- und Segelsport in den Dienst des Großmachtstrebens: »Der Deutsche, der körperlich und geistig keiner Nation der Welt nachsteht, muss auch seinen sportlichen Rivalen im Auslande ebenbürtig werden!«[67] Auch die fast 20 Jahre später ins Leben gerufene und bis heute existierende Zeitschrift *Die Yacht* verband sportliche und nationale Interessen deutlich sichtbar miteinander – das Titelbild der ersten Ausgabe teilten sich Kaiser Wilhelm II. und König Eduard VII. von England.[68]

6. Fazit

Im späten 19. und frühen 20. Jahrhundert waren jene Zeiten längst vergangen, in denen zoologisch höchst fragwürdige Meeresungeheuer die blauen Flächen auf den Weltkarten bevölkerten und *Terra Australis* noch mit dem Adjektiv *Incognita* versehen war. In den kartografischen Darstellungen war das Meer unscheinbarer geworden.[69] Die Ozeane hatten offensichtlich einen Teil ihres Schreckens verloren und erschienen weniger widerspenstig als in der Frühen Neuzeit. Das *Deutsche Seemännische Wörterbuch* definierte 1904 entsprechend knapp das »Meer« als »die fast ¾ der Erdoberfläche bedeckende, zusammenhängende und alles Festland umgebende Masse salzigen Wassers.«[70]

Die Gründe für die nüchternere Wahrnehmung und Darstellung des Meeres im Zeitalter der Dampfschiffe lagen im Zuwachs und in der Verbesserung von nautischen Karten und Nachschlagewerken. Grundsätzlich blieb die See zwar ein Gefahrenraum, wie entsprechende Hinweise in den nautischen Publikationen anzeigten. Doch die Zunahme des Seeverkehrs, die Modernisierung der Verkehrsmittel, die stärkere Einbindung des Meeres in politische Konzepte und schließlich seine Nutzung für den sportlichen Wettkampf vor dem Hintergrund gesellschaftlicher Repräsentations- und Vergnügungsformen zeigten Veränderungen an. Sie belegten die steigende Relevanz des Maritimen im deutschen Kaiserreich und waren Ausdruck eines souveränen Umgangs mit dem Naturraum im Rahmen der modernen Verkehrsentwicklung.

---

67 An unsere Leser! In: *Wassersport* 1, 1883, 1.
68 *Die Yacht* 1, 1904, 1, online abrufbar unter http://www.yachtsportarchiv.de/yacht.htm [09.05.2012].
69 Steinberg, Construction, 114.
70 Stenzel, Wörterbuch, 261.

Die Vereinnahmung des Meeres beruhte auf Verwissenschaftlichung und Institutionalisierung von Vermessung und Kartierung und darüber hinaus auf einer bürgerlich-sportlichen Domestizierung. Das amtliche Zerteilen und Ordnen und seine Produkte in Handbuchform vollzogen sich im Zuge der Differenzierung jüngerer Wissenschaften wie der Geografie und ihrer Teildisziplinen, etwa der Hydrografie. Dabei blieben die amtliche Erfassung und Beschreibung des Meeres und der Fähigkeiten und Kenntnisse, die zu seiner sicheren Befahrung notwendig waren, keineswegs auf Kriegs- und Handelsmarine beschränkt. Das Wissen der Seemannschaft war durchaus breiteren Kreisen zugänglich, weil die Flottenbegeisterung und die Entstehung des organisierten Segelsports eine entsprechende Nachfrage generierten. Die professionelle Sachlichkeit im Umgang mit dem Naturraum Meer übertrug sich dabei auf die sportliche Ratgeberliteratur. Betrachtet man insbesondere die Darstellungen vom Segelsport als Kampf mit den Elementen und mit dem Wettkampfgegner, so zeigt sich, dass das Meer zwar als Naturgewalt wahrgenommen wurde, die durchaus Schaden anrichten konnte, doch dass es kaum selbst als Gegner firmierte. So wurde das Meer am Beginn des 20. Jahrhunderts aus der Sicht von Berufs- und Sportschifffahrt noch immer als schwieriges Gelände wahrgenommen, doch bei sachkundiger Anwendung seemännischer Verfahrensweisen und nautischer Hilfsmittel schien dieser Naturraum durchaus beherrschbar und hatte viel von seinem Schrecken verloren.

Lars Schladitz

Das Südpolarmeer als Arena: Nationalismus und Nutzungsansprüche im japanischen Walfang (1934–1941)

»Denn ihr liebt Blut und Tod und Grausamkeiten«

1. Einleitung

Im Vergleich zum »heroischen Zeitalter« der Erforschung der Antarktis, als kleine Gruppen von Polarforschern sich durch das Packeis bewegten, wurde das Südpolarmeer in den 1930er Jahren zu einem geschäftigen Ort. Flottenverbände industrieller Walfänger mit Fabrikschiffen, Fangbooten und Hunderten von Besatzungsmitgliedern verflochten das Südpolarmeer – das sie als letzten weitgehend unberührten Meeresraum mit großen Walpopulationen ansahen – während der antarktischen Sommer mit dem globalen industriellen Kapitalismus.[1] In *The social construction of the ocean* hat Philip E. Steinberg konstatiert, dass Meeresräume durch Gesellschaften auch über große Entfernungen hinweg als soziale Räume konstruiert werden und eine Arena für soziale Konflikte sind.[2] Wie ich im Folgenden zeigen werde, sind genau solche Konstruktionsvorgänge auch bei der Neuentdeckung des Südpolarmeeres (*Nanpyōyō*) durch japanische Walfänger zu beobachten. Hier wurden nicht nur Walbestände ausgebeutet, sondern ebenso Meeresräume als soziale Räume konstruiert.

Am Walfang beteiligte Akteure und die von diesen informierte Presse vermittelten Vorstellungen des Südpolarmeeres in einer Vielzahl von schriftlichen und bildlichen Medien und machten es hierdurch für eine breite japanische Öffentlichkeit erfahrbar. Deutungen des Südpolarmeeres sind dabei vor dem Hintergrund der japanischen kolonialen Expansion in Ostasien und der wirtschaftlichen Konkurrenz zu westlichen Industrienationen zu sehen. Das Kielwasser der Walfangschiffe brachte damit nicht nur die Oberfläche des sonst so wenig befahrenen südlichen Eismeeres in Bewegung, sondern hinterließ gleichzeitig eine breite Spur an verschiedensten medialen Aufarbeitungen der Reisen. Die

---

1 Vgl. Arne Kalland, Brian Morean, Japanese whaling. End of an era? London 1992, 81–84; J. N. Tønnessen, A. O. Johnsen, The history of modern whaling. London 1982, 415–422.
2 Philip. E. Steinberg, The social construction of the ocean. Cambridge 2001, 1–7.

Fangfahrten der japanischen Fabrikschiffe, deren Ein- und Auslaufen, deren Transit durch die *Roaring Fourties* und die Jagd und Verarbeitung von Walen waren Medienereignisse, in denen verschiedene Diskurse wie Nationalismus, Fortschritt und Expansion reflektiert wurden.

Weitergehende Beachtung verdient Steinbergs Einschätzung, dass Meer in einem dynamischen Verhältnis, oft einem Kontrast zum Land konstruiert wurde.[3] Im Falle Japans ist es nun besonders interessant zu beobachten, wie das Südpolarmeer in einer Zeit als Raum konstruiert wurde, als Japan räumlich stark in der Expansion begriffen war und ebenfalls der Legitimation und Konstruktion bedurfte. Japans Territorium bestand zu dieser Zeit aus den zentralen Hauptinseln sowie den peripheren Kolonien Taiwan und Korea. Hinzu kamen durch die militärische Besetzung die Mandschurei (ab 1931) und ab 1937 weitere Teile Chinas.[4] In diesem Beitrag wird es darum gehen, wie das Südpolarmeer im Verhältnis zur japanischen Nation konstruiert wurde. Diese Konstruktionsgeschichte unterscheidet sich von vielen anderen vor allem darin, dass romantische und narrative Elemente hier eine deutlich weniger wichtige Rolle spielen als pragmatische, ökonomische und technologische Aspekte.

Dazu werde ich zunächst die internationale Situation im Südpolarmeer zu Beginn des industriellen japanischen Walfangs darstellen und den Aufbau einer japanischen Hochsee-Walfangflotte skizzieren. Des Weiteren stellt sich die Frage, welche rechtlichen Voraussetzungen es aus japanischer Sicht für die Ausbeutung des Südpolarmeeres gab. Anschließend untersuche ich die Konstruktion des Südpolarmeeres, die sich aus der Rezeption des industriellen Walfangs ergab. Besonderes Augenmerk liegt hierbei zunächst auf der verwendeten Sprache, mit der das Südpolarmeer als Ort des Walfangs beschrieben wurde. Nach den schriftlichen Dokumenten rücken in einem dritten Schritt bildliche Zeugnisse des Südpolarmeeres in den Fokus der Untersuchung. Abschließend werde ich zeigen, auf welche Weise das Südpolarmeer angeeignet wurde und welche Rolle ihm für die Nation zugeschrieben wurde.

---

3 Ebd., 6; Philip. E. Steinberg, Sovereignity, Territory, and the Mapping of Mobility: A View from the Outside, in: Annals of the Association of American Geographers 99, 2009, H. 3, 467–495, hier 467.

4 Zum japanischen Imperialismus siehe W. G. Beasley, Japanese Imperialism. 1894–1945. Oxford 1991, 41–100, 175–210.

2. Schwimmende Fabriken auf dem Südpolarmeer und Versuche der Regulierung

Die japanische Wahrnehmungsgeschichte der Antarktis begann zeitgleich mit dem heroisch inszenierten Südpolrennen von Amundsen und Scott. Während die beiden gefeierten europäischen Entdecker sich ein tödliches Rennen darum lieferten, wer als erster eine Flagge am Südpol hissen – und dies natürlich fotografisch dokumentieren – würde, setzte im Januar 1912 der Entdecker Shirase Nobu nach einer Überfahrt von Japan an Bord des umgebauten Schoners *Kainan Maru* seine Flagge auf den fortan *Yamato*-Schneefeld genannten Landstrich in relativer Nähe zur Küste.[5] Nachdem die Südpolarregion seit Shirases Expedition für eine Weile aus dem Blickwinkel der japanischen Öffentlichkeit verschwunden war, setzten ab 1934 japanische Walfänger ihre eigenen Flaggen in der Region.

Das neue Kapitel japanischer Präsenz in der Antarktis und der Rezeption des Südpolarmeeres begann am 25. Oktober 1934. Das Fabrikschiff *Antarctic Maru* lief zu seiner ersten Fangreise aus. Der Startpunkt dieser Premiere lag auf der anderen Seite der nördlichen Erdhalbkugel im norwegischen Tønsberg. Von dort aus sollte das Schiff für eine verkürzte Saison in das Südpolarmeer fahren und anschließend seinen neuen japanischen Heimathafen anlaufen. Unter dem Kommando des Kapitäns Kobayashi Seizo stand eine Besatzung aus 50 Japanern und sieben norwegischen Harpunieren.[6] Im Südpolarmeer angelangt, startete die *Antarctic Maru* eine neue Episode des japanischen Walfangs: Fangfahrten auf hoher See, abseits der eigenen Küstengewässer, mit der Verarbeitung der Wale vor Ort im Fabrikschiff. Das Südpolarmeer wurde dadurch sowohl zu einem Ort für das Gewinnen von Ressourcen als auch von deren sofortiger industrieller Verarbeitung. Die in Tōkyō erscheinende Tageszeitung *Asahi Shimbun* berichtete im November von der vom Ministerium für Land, Forstwirtschaft und Fischereiwesen (*Nōrinshō*) genehmigten Unternehmung: »[...] die Zeit des Vorrückens in die großen Fanggründe des Südpols ist gekommen, der langjährige Traum der japanischen Walfangindustrie hat sich erfüllt.«[7]

Während der Fahrt wurden im Südpolarmeer 213 Wale erbeutet – verglichen mit anderen zeitgenössischen Fangfahrten der seit 1923 mit Fabrikschiffen jagenden Europäer eine geringe Anzahl.[8] Das japanische Walfang-

---

5 Shirase Nobu, Nankyokutanken. Tokio 1913, unpag; Encyclopedia of the Antarctic. New York 2007, s.v. Japanese Antarctic Expedition (1910–1912), 561–563.
6 Tønnessen, Johnsen, The history of modern whaling, 417.
7 Nippon hogei no kōsen Nanpyōyō shinshū, in: Asahi Shimbun, 30. November 1934, 4.
8 Hogei shiryō. 1930–1949. Shōwa 5–24 nen, 1950, 17; Vgl. Morikuni Itabashi, Nanpyōyō hogei shi. Tokio 1987, 56–60; Kalland, Moeran, Japanese whaling, 83; für eine allgemeine internationale Geschichte des modernen Walfangs siehe Tønnessen, Johnsen, The history of modern whaling, 157–201, 250–276.

unternehmen Nippon Hogei hatte die *Antarctic Maru* (die japanische Presse schrieb den Schiffsnamen in Katakana als *Antakuchikku*) von der norwegischen Reederei Hvalfangerselskap Antarctic erworben, die das Schiff seit 1928 unter dem Namen *S. S. Antarctic* im Südatlantik eingesetzt hatte. In der folgenden Saison wurde das Schiff weiter an die japanischen Bedürfnisse angepasst und in *Tōnan Maru* umbenannt. Der neue Name bedeutet »Bestrebung nach Süden« und drückte auf wenig subtile Weise die Entschlossenheit der Japaner aus, im Hochseewalfang auf dem Südpolarmeer Fuß zu fassen. Nach dem Ausbau eines dichten Netzes von Walfangstationen an den Küsten Japans in den Jahren 1899 bis 1909 hatte sich die Walfangindustrie mit ihren Produkten bereits auf dem heimischen Markt etabliert. Der Einsatz des Fabrikschiffs im Südpolarmeer lässt sich demnach als Beginn einer zweiten Expansionswelle deuten.[9] Entsprechend erregte das erneute Auslaufen des Schiffs zur Fangsaison 1935/36 auch im Ausland Aufsehen. So berichtete die *New York Times* über die Ankunft der *Tōnan Maru* in den antarktischen Fanggründen und ordnete dieses Ereignis in das größere Szenario wachsender japanischer Konkurrenz für die westliche industrielle Vorherrschaft ein: »Japan's challenge to the industrial nations took a wider sweep this month with the arrival in Southern waters of the first whaling fleet to sail from Nippon to the South.«[10] Für eine dauerhafte Ausbeutung im Südpolarmeer und ein Bestehen gegen die Konkurrenz etablierter Industrienationen war eine leistungsfähige Walfangflotte notwendig. Alle weiteren Fabrikschiffe nach der *Tōnan Maru* wurden äußerst publikumswirksam auf japanischen Werften gebaut. Der Stapellauf der *Nisshin Maru Nr. 2* etwa wurde Zeitungsberichten zufolge von 10.000 Besuchern verfolgt.[11] Bis 1941 war die japanische Walfangflotte auf sechs Fabrikschiffe mit jeweils fünf bis acht begleitenden Fangbooten angewachsen, welche von drei Reedereien betrieben wurde.

Noch während das erste japanische Fabrikschiff nach Japan überführt wurde, verhandelten bereits die beiden führenden Walfangnationen Norwegen und Großbritannien über eine Regulierung der Ressourcen im Südpolarmeer.[12] Dies in erster Linie, da die Preise für das Hauptprodukt Walöl vorübergehend gefallen waren; darüber hinaus sollte der Bestand der Wale auf einem Niveau gehalten werden, der einen auch langfristig ertragreichen Walfang garantieren sollte. Für die Saison 1930/31 hatten bilaterale Gespräche einen vorübergehenden Fangstopp ergeben. Die Walfang-Konferenz in Genf 1931 wiederum hatte ein erstes Regelwerk zum Schutz bestimmter Walarten er-

---

9 Zu einer Periodisierung des japanischen Walfangs siehe Hiroyuki Watanabe, Japan's whaling. The politics of culture in historical perspective. Melbourne 2009, 12–14.
10 Japanese Appear in Whaling Seas, in: New York Times, 8. Dezember 1935, E6.
11 Launching of Japanese Whaling Ship, in: Singleton Argus. 14. Mai 1937, 3.
12 Vgl. Itabashi Morikuni, Nanpyōyō hogei shi. Tokio 1987, 54.

lassen, dessen Inkrafttreten für 1935 vorgesehen war.[13] Darüber hinaus sollten internationale wissenschaftliche Bestrebungen in enger Zusammenarbeit mit den Walfängern für eine Rationalisierung und wirtschaftliche Nachhaltigkeit des Walfangs sorgen. Die japanische Seite schloss sich dem unter der Regie des Völkerbundes (aus dem Japan 1933 ausgetreten war) ausgehandelten Abkommen von Genf und den folgenden Verhandlungen in London (1937) jedoch nicht an. Tōkyō schickte zwar Abgesandte zu den Konferenzen und startete ein eigenes Programm zur Forschung auf dem Südpolarmeer. Eine rechtliche Bindung Japans an die auferlegten Beschränkungen hinsichtlich der Länge der Fangsaison, des Schutzes bestimmter Walarten und der festgelegten Minimalgröße jagbarer Wale aber existierte nicht.[14] Japan sah das Südpolarmeer als internationales Gewässer an, in dem alle Ressourcen frei verfügbar waren. Eine ähnliche Position hatte Japan bereits in einem früheren Disput um die Ausbeutung von nordpazifischen Robbenbeständen vertreten.[15] In Konsequenz dessen wurde in der Saison 1936/1937 – mit japanischer Beteiligung – die höchste Fangquote der Vorkriegszeit erzielt: insgesamt 46.000 Tiere wurden statistisch erfasst.[16]

In Anbetracht der japanischen Beteiligung an der Antarktisforschung ist noch ein weiterer Teil der rechtlichen und diplomatischen Auseinandersetzungen über das Südpolarmeer von Bedeutung: Großbritannien, Norwegen, sowie später das faschistische Deutschland erhoben aufgrund von Südpolarexpeditionen Territorialansprüche auf Teile des antarktischen Kontinents und versuchten so durch diese Ansprüche auf Landgebiete ihre Interessen am Walfang durch-

---

13 Getroffene Regelungen umfassten u. a. den völligen Fangstopp von atlantischem und pazifischem Nordkaper und Südkaper, ein Jagdverbot auf säugende Kühe und Kälber sowie die Verpflichtungen, Walkadaver größtmöglich zu nutzen und die Bezahlung von Walfängern auf Basis der Ölproduktion anstelle der Anzahl der getöteten Tiere; Convention for the Regulation of Whaling, in: The American Journal of International Law 30, 1936, H. 4, 170–171.
14 Vgl. Anna-Katharina Wöbse, Weltnaturschutz. Umweltdiplomatie in Völkerbund und Vereinten Nationen 1920–1950. Frankfurt a. M. 2012, 228–239; Jessamyn R. Abel, The Ambivalence of Whaling. Conflicting Cultures in Identity Formation, in: Gregory M. Pflugfelder, Brett L. Walker (Hrsg.), JAPANimals. History and culture in Japan's animal life. Ann Arbor 2005, 315–340, hier 326. Bei den Londoner Verhandlungen waren japanische Vertreter mit Beobachterstatus anwesend. Agreement for the Regulation of Whaling signed at London, June 8, 1937, in force May 7, 1938, in: The American Journal of International Law 34, 1940, H. 2, 106 f.
15 Kurk Dorsey, Putting a Ceiling on Sealing. Conservation and Cooperation in the International Arena, 1909–1911, in: Environmental History Review 15, 1991, H. 3, 27–45.
16 Bjørn L. Basberg, Productivity in the 20th Century Antarctic Pelagic and Shore Station Whaling. Growth and Stagnation in Two Technological Regimes, in: The Great Circle: Journal of the Australian Association for Maritime History 19, 1997, H. 2, 93–108, hier 97; George A. Knox, Biology of the Southern Ocean. Boca Raton 2007, 461 f.

zusetzen.[17] Das Südpolarmeer sollte damit zu einem Küstengewässer der antarktischen Landmasse werden, welches ähnlich den als Walfangbasis genutzten britischen Inseln im Südatlantik unter der nationalen Kontrolle und Regulierung der jeweiligen Nation stehen würde. Obwohl Japan durch Shirases Expedition eine Ausgangsbasis für solche Ansprüche gehabt hätte, wurden diese nicht erhoben und stattdessen der unbegrenzte Zugriff auf internationale Gewässer gefordert. Mit dieser rechtlichen Haltung nahm Japan unter den im Südpolarmeer Walfang betreibenden Nationen eine Sonderstellung ein. Einerseits verweigerten die Japaner sich einer internationalen Regulierung und verlangten freien Zugriff auf das Südpolarmeer, andererseits verzichteten sie auf die Erhebung von Territorialansprüchen. Im Gegensatz zu dem auf Landnahme ausgerichteten Vorgehen der Europäer verfolgte Japan damit eine explizit auf die Hochsee ausgelegte Strategie der Ressourcennutzung. Japan ging es um das Meer, nicht um Territorien.

3. Das Südpolarmeer als Arena der »Walfang-Olympiade«

Im Februar 1936 erschien in der *Asahi Shimbun* ein Artikel über den Stand und die Pläne der japanischen Walfangindustrie. Dessen Titelzeile fasst das künftige Programm der japanischen Präsenz im Südpolarmeer prägnant zusammen: »Die Herausforderung der Seemacht Japan im weltweiten Walfang-Wettkampf. Geschickte Harpuniere auf selbst produzierten Schiffen. Heldentum!«[18] Diese drei Aussagen – Konkurrenz zu anderen Nationen, die Fähigkeiten der eigenen Walfänger sowie der technische Fortschritt bis hin zu Überlegenheit der eigenen Schiffe über die der etablierten Walfänger – kennzeichnen die zentralen Motive der medialen Darstellung des Walfangs auf dem Südpolarmeer. Auf dieser Basis wurde die Expansion in der folgenden Zeit als ein »heroischer« Wettlauf um die Nutzung maritimer Ressourcen etabliert, in dessen Zentrum die Fabrikschiffe und deren Besatzungen standen.

Im August 1936, kurz nach dem Ende der Olympischen Sommerspiele in Berlin, titelte die *Asahi Shimbun*: »Im Herbst wird die Walfang-Olympiade präsentiert. Wild fliegen die Pfeile. Zwei unserer Schiffe gegen drei gegnerische Länder.«[19] Dazu wurde ein von Bord der *Tōnan Maru* aufgenommenes Bild mit

---

17 J.S. Reeves, Antarctic Sectors, in: The American Journal of International Law 33, 1939, H. 3, 519–521, hier 520. Vgl. Cornelia Lüdecke, In geheimer Mission zur Antarktis. Die Dritte Deutsche Antarktisexpedition 1938/39 und der Plan einer territorialen Festsetzung zur Sicherung des Walfangs, in: Deutsches Schiffahrtsarchiv 26, 2003, 75–100.
18 Sekai no hoheisōha ni kaikoku Nippon no chōsen, in: Asahi Shimbun, 29. Februar 1936, 7.
19 Aki ni okuru hogei orimupikku. Nankyoku ni midare tobu soya. Sangoku o teki ni ware ga ni sen, in: Asahi Shimbun, 20. August 1936, 10.

drei Besatzungsmitgliedern abgedruckt, die als dunkle Silhouetten dem Packeis und einem Eisberg zugewandt sind. Neben dieser Fotografie namenloser Besatzungsmitglieder finden sich Portraits der Kapitäne beider japanischer Fabrikschiffe, die zu japanischen Wettkampfteilnehmern stilisiert werden. Die Kapitäne wurden in den Veröffentlichungen der in- und ausländischen Presse zu Personifikationen der japanischen Walfangoperationen auf dem Meer. Im Artikel wurde die erwartete »Olympiade« detaillierter beschrieben:

»In diesem Herbst wird auf der Wasserfläche des von Eisbergen abgeschlossenen Südpols mit dem Überqueren der Frontlinie eine Schlacht der Walfänger mit unvergleichlichem Heldentum stattfinden. Zwischen den drei Weltveteranen Norwegen, Großbritannien und Argentinien sind gleichrangig die *Nisshin Maru* der Taiyō Hogei (22.000 Tonnen) und die *Tōnan Maru* der Nippon Hogei (9.800 Tonnen) von der [japanischen] Walfangindustrie beteiligt. Sie nehmen mit einer stolzen Elite von Harpunieren teil.«[20]

Wie der vorangegangene Artikel aus dem Februar 1936 hebt auch dieser Bericht die Konkurrenz der Walfänger um das Südpolarmeer auf internationaler Ebene hervor und betont das heroische Element dieses Wettkampfs: gut ausgebildete Seeleute auf Fabrikschiffen mit leistungsstarker Technologie. Die Schiffe bildeten nationale Außenposten im Südpolarmeer; ihre technische Leistungsfähigkeit wurde durch die Erwähnung der jeweiligen Tonnage herausgestellt. Hervorgehoben wurde auch die Überlegenheit der in japanischen Werften gebauten *Nisshin Maru* gegenüber der in Norwegen erworbenen *Tōnan Maru*. Zu Beginn der 1910er Jahre hatte man Experten und Wissen ähnlich wie die *Tōnan Maru* vor allem aus Norwegen importiert – in den folgenden Jahren jedoch reduzierte Japan diese dem nationalen Stolz widersprechenden Praktiken deutlich.[21] Wenn 1936 von der »stolzen Elite« geschrieben wurde, waren damit eindeutig nur gut ausgebildete, dem rauen antarktischen Klima trotzende, vor allem aber: japanische Männer gemeint.

Diese Rhetorik um die Konkurrenz in Bezug auf Walfang und Ansprüche der Präsenz im Südpolarmeer spiegelt sich auch in zahlreichen weiteren verwendeten Metaphern zum Walfang im Südpolarmeer wieder. Im Artikel zur »Walfang-Olympiade« heißt es weiter: »Auf den aufgeblähten Bäuchen der Wale wehen die Nationalflaggen aller Länder als Markierung der Arena des weltweiten Walfang-Wettkampfes unter den Eisbergen. Die Walfang-Olympiade entfaltet sich.«[22] Begriffe wie »Walfang-Olympiade« (*hogei orimpikku*) oder auch »Kampf

---

20 Ebd., 10.
21 Eldrid Mageli, Norwegian-Japanese Whaling Relations in the early 20th Century. A Case of Successful Technology Transfer, in: Scandinavian Journal of History 31, 2006, H. 1, 1–16.
22 Aki ni okuru hogei orimupikku, in: Asahi Shimbun, 20. August 1936, 10.

um die Vorherrschaft im Walfang« (*hogei sōhasen*) haben bei der Betrachtung der japanischen Position zum Südpolarmeer besondere Bedeutung. Wenn Japan einerseits keine territorialen Ansprüche auf die antarktische Landmasse und das damit als quasi-Küstengewässer verbundene Südpolarmeer stellte, sich aber andererseits bis zum vollständigen Aufbau der Industrie nicht an einer Regulierung des Walfangs durch internationale Abkommen beteiligen wollte, deutet diese Rhetorik auf eine Darstellung des Meeres als freien Raum hin, in dem gleich einer Wettkampfarena um die Vorherrschaft gerungen wurde. Offenbar fühlte sich Japan der Konkurrenz der etablierten Walfangnationen gewachsen, wenn nicht gar als überlegener Teilnehmer des Wettkampfes. Das Schlagwort der »Walfang-Olympiade« wurde auch in einem weiteren Artikel vom November 1936 aufgegriffen und erschien dort gemeinsam mit einer Fotografie des Flensdecks eines Fabrikschiffs. Der Artikel liefert einen per Funk vom Kapitän der *Nisshin Maru* Okamoto übertragenden Bericht über die Arbeitsabläufe beim Walfang und den Fortgang der Walfangoperationen, beschrieb aber auch das Meeresumfeld mit Eisbergen und Pinguinen. Für die japanische Öffentlichkeit war demnach die Walfangindustrie fest mit der »Arena« des Südpolarmeeres und seiner dramatischen Szenerie verknüpft.

Der Anspruch des Walfangs, eine nationale Aufgabe zu verkörpern, der sich in den stetigen Verweisen auf die Leistungsfähigkeit der eigenen Schiffe und Besatzungen in Opposition zur etablierten Konkurrenz manifestiert, war jedoch nicht durchsetzbar. Auch nachdem man intensiver einheimische Technologie verwandte und neue Ausbildungsprogramme für japanische Harpuniere eingerichtet hatte, blieb Japans Walfang von internationaler Kooperation abhängig. Obwohl dies in der nationalistischen Darstellung des Walfangs in den Hintergrund trat, wurden weiterhin Ausrüstungsgegenstände aus dem Ausland erworben. Zuletzt waren die Japaner auf dem Weg in das Südpolarmeer auch auf australische Tankstationen angewiesen. Die japanische Präsenz im Südpolarmeer blieb damit weiterhin international verflochten.

4. Walfang mit Kamera:
Die fotografische Inszenierung des Südpolarmeeres

Eine zentrale Position bei der Konstruktion des Südpolarmeeres durch den Walfang nimmt die Fotografie ein. Als der Walfang mit der ersten Fangexpedition in Übersee einen festen Platz in der japanischen Tagespresse erhielt, wurden die Artikel in den meisten Fällen von fotografischen Abbildungen begleitet. Damit kam dem Walfang eine im Vergleich zu anderen Industrieunternehmungen außergewöhnliche Bedeutung zu. Der Fortschritt der Fangsaison wurde mit großen, teilweise ganzseitigen Fotoserien mit kurzen Bildunterschriften inszeniert. Fotografie und Beschreibung stehen hier in direktem Zusammenhang zueinander, wobei die Bilder nicht nur illustratives Element, sondern Kern der jeweiligen Aussage sind. Dies wird insbesondere in gesonderten Fotoalben und in großformatigen Fotostrecken der Tageszeitungen deutlich, in denen entweder keine oder nur rudimentäre Bildunterschriften das Abgebildete kommentieren. Auffällig ist, dass die industrielle Arbeit an und unter Deck, also die Zerlegung der Wale und der Betrieb der Kochereien, in den Bildzeugnissen eher selten dargestellt werden. Das Publikum war vielmehr interessiert an Szenen der Jagd und der Bergung der Wale sowie Landschaftsaufnahmen mit Eisbergen und technischen Einrichtungen wie den Köpfen der Harpunen. Bilder von Packeis und Pinguinen bedienten die Erwartungen der Leser nach der Exotik der Antarktis und vermieden es, die schmutzigen Seiten des Walfangs zu zeigen.

Fotografische Apparate haben die Erkundung der Südpolarregion fast von Anfang an begleitet. Die Bilder von sich durch die weißen Schneemassen vorkämpfenden Entdeckern, die später zu Helden stilisiert wurden, haben die Imagination des Kontinents und des umgebenden Südpolarmeers seit ihrer Entdeckung entscheidend mitbestimmt.[23] Auch der wichtige Aspekt der Territorialisierung und symbolischen Inbesitznahme bildete schon früh ein entscheidendes Merkmal der Entdeckungstouren und einen bedeutenden Aspekt der fotografischen Beweisführung: Die erste Aufnahme zeigte 1899 eine gehisste britische Flagge.[24] Die japanischen Darstellungen machten hier keine Ausnahme. Shirase Nobu ließ sich 1912 mit seiner Besatzung neben einer Flagge im Schnee fotografieren, um die »ferne Anbetung des Kaisers in der Polregion« zu dokumentieren.[25] Das Bild der Nationalflagge im Schneefeld war durch diese Wiederholungen früh als Trope der Antarktisrezeption etabliert. Dieser Tradition folgend, bedienten sich auch die internationalen Walfänger, mit denen die Südpolarregion in den 1930er Jahren zunehmend assoziiert wurde, der Fotoapparate, um ihre Fangreisen entsprechend in Szene zu setzen. Neben der Möglichkeit, dass Besatzungsmitglieder mit mobilen Kameras private Fotografien anfertigen konnten, wurden Walfangexpeditionen in das Südpolarmeer auch von professionellen Fotografen begleitet, welche die Bildserien oder Einzelbilder später als Abzüge oder Postkarten verkaufen konnten. An Fangexpeditionen beteiligte Wissenschaftler machten ebenfalls zahlreiche Fotos und förderten so die professionelle Archivierungs- und Untersuchungspraxis.[26] Ein Großteil des

---

23 Kathryn Yusoff, Configuring the Field: Photography in Early Twentieth-Century Antarctic Exploration, in: Simon Naylor, James R. Ryan (Hrsg.), New Spaces of Exploration. Geographies of Discovery in the twentieth Century. London 2010, 52–77, hier 52–55.
24 Ebd., 53.
25 Nobu, Nankyokutanken, unpag.
26 Susan Barr, Norwegian Antarctic Whaling seen through the Eye of the Camera, in: Bjørn L. Basberg, Jan Erik Ringstad, Einar Wexelsen, Whaling and History. Perspectives on the Evolution of the Industry. Sandefjord 1993, 177–189, hier180 f.

einem breiten Publikum zugänglich gemachten Bildfundus wurde dabei jedoch von den Walfängern selbst produziert. Die Bilder sollten den Walfang im Südpolarmeer als eine leistungsfähige Industrie inszenieren.

Die so entstandenen Fotografien wurden in den verschiedensten Kontexten reproduziert. Das größte Publikum der Aneignung des Südpolarmeeres durch das Kameraauge erreichten sicherlich die Artikel zum Walfang in den landesweit erscheinenden Tageszeitungen. Die gängigen Motive waren in diesen Abbildungen die Walfangschiffe selbst, beiliegende Walkadaver oder von Bord aus fotografierte Eisberge – Objekte, die ein breites Publikum schnell mit dem Südpolarmeer als Ort des Walfangs und mit der Leistungsfähigkeit der Schiffe in Verbindung bringen konnte. Eine weitere Veröffentlichungsplattform aus demselben Bildfundus bilden von den Walfangreedereien Taiyō Hogei und Nippon Hogei im Selbstverlag oder Kooperation herausgegebenen Bildbände über den jeweiligen firmeneigenen Walfang im Südpolarmeer. Einige der Bilder wurden sowohl in Zeitungen als auch in Bildbänden verwendet. Als von den jeweiligen Reedereien betriebene beziehungsweise sanktionierte Praxis inszenieren die Bildserien die Walfangexpeditionen als moderne, leistungsfähige und geordnet funktionierende Industrieunternehmen.[27] Dennoch stand diese Industrie nie isoliert, sondern war stets in Darstellungen der Meeresumgebung mit ihren regionalen Besonderheiten eingebettet.

Die Bildbände erheben jeweils den Anspruch, die Fangexpedition eines Fabrikschiffs – der *Nisshin Maru* in der Saison 1936/37 beziehungsweise der *Tōnan Maru* 1935/36 – lückenlos zu dokumentieren. Beide Beispiele stellen klar die fotografischen Abbildungen in den Vordergrund und bieten jeweils nur kurze Bildunterschriften und Erläuterungen. Im Gegensatz zu den Abbildungen der Tageszeitungen konzentrieren sie sich nicht nur auf einige wiederkehrende Motive wie Schiffe in der Totalen, den sich zwischen Technik und Besatzung weiß abhebenden Eisflächen und die Sichtlinie zwischen Harpunier und Wal im Moment des Abschusses, sondern umfassen fotografische Ausschnitte aus der gesamten Fangreise.

Der Titel des Bildbandes der Taiyō Hogei, *Der reale Verlauf des Walfangs im Südpolarmeer*, gibt den enthaltenen Fotografien den Anspruch des Dokumentarischen. Die Anordnung der Bilder in linearer Abfolge, beginnend mit dem Stapellauf des Mutterschiffs auf einer japanischen Werft, vermitteln den Eindruck einer lückenlosen Begleitung der Walfangexpedition durch alle Etappen. Selbstverständlich durchliefen die Fotografien trotz der beanspruchten Lückenlosigkeit und Objektivität einen feingliedrigen Auswahlprozess, der Motivwahl, Bildgestaltung, Belichtung und Entwicklung berücksichtigte. Dabei wurde sowohl die Anreise zu, als auch insbesondere die Abreise von den Fanggebieten im Südpolarmeer weitgehend ausgelassen, das dazwischenliegende Meer ledig-

---

27 Vgl. Jens Jäger, Fotografie und Geschichte. Frankfurt a. M. u. a. 2009, 113.

lich als Transitraum für den Schiffsverkehr behandelt. Für die Berichte interessant war erst die Meeresoberfläche des Südpolarmeeres, wo die Schiffe ihre Fang- und Fabriktätigkeit aufnahmen. Die Deutungsmöglichkeiten des Betrachters gehen natürlich über eine mögliche Intention des Fotografen hinaus. Auch die vermeintlich objektiven Abbildungen unter den Bildern sind Teil der »ideologischen Formationen«, in der sie gesehen werden.[28] Im Fall der Abbildungen des Südpolarmeeres finden sich etwa die in den Texten oft wiederholten Elemente von Wettkampf und industrieller Leistungsfähigkeit auch in den Bildern wieder. Die Fotografien ähneln dabei grundsätzlich den Aussagen der textlichen Berichte über das Meer, weisen jedoch auch dem Medium entsprechende Spezifika auf. Der in den Texten beschriebene Fang der Wale und die Umgebung des Südpolarmeeres konnte den Betrachtern in Japan damit visuell vermittelt werden. Es gibt zudem eine Reihe von *möglichen* Abbildungen, die nicht enthalten sind: Probleme wie Unfälle an Bord oder Verluste von verwundeten oder getöteten Walen werden in diesen Darstellungen trotz des Anspruchs auf eine vollständige Darstellung des Ablaufs nicht thematisiert, da diese dem reibungslosen maschinellen Ablauf der industriellen Ressourcengewinnung widersprächen.

Während die Fotografien das Südpolarmeer durch die Abbildung der Meeresoberfläche, des treibenden Packeises, der Eisberge und der regionstypischen Fauna wie Wale, Seevögel und Pinguine darstellten und somit generische, wiederkehrende Motive ins Zentrum rücken, geben die begleitenden Bildunterschriften zahlreiche präzisere geografische Verortungen und ordnen die Bilder innerhalb der Fangexpedition zeitlich und räumlich ein. Diese Angaben sind sowohl relative Entfernungsangaben zum Startpunkt der Reise als auch absolute kartografische Angaben wie die Breitengrade bei der Durchquerung der südlichen Schlechtwetterzonen in den *Roaring Forties*. Auch auf der Titelseite des Buchs wird der Kurs der Walfangflotte auf einer äquatorzentrierten Weltkarte nachgezeichnet. Durch die Bildunterschriften und diese Kartenangaben werden die Fotografien, auch wenn sie keine geografischen Besonderheiten zeigen, geografisch verortbar. Zugleich wird die große Entfernung zu den japanischen Inseln verdeutlicht.

Die große Mehrzahl der Fotografien zeigt die technischen Einrichtungen sowie die Außenansichten der verschiedenen Walfangschiffe zwischen der Umgebung aus Meeresfläche, Packeis und Eisbergen sowie die verschiedenen Arbeitsabläufe an Bord. Ähnlich wie die Texte in den Zeitungsartikeln sind die schwimmenden Fabriken sowohl Handlungsort als auch Hauptmotiv der Fotografien. Die Besatzungen an Bord werden im Verhältnis zu den technischen Bedingungen des Walfangs wenig abgebildet und sind in ihren Arbeitsabläufen zu-

---

28 Abigail Solomon-Godeau, Wer spricht so? Einige Fragen zur Dokumentarfotografie, in: Herta Wolf (Hrsg.), Diskurse der Fotografie. Frankfurt a. M. u. a. 2003, 53–74, hier 71 f.

Abb. 1:. »Ankunft auf den Fanggründen im Südpolarmeer«, in: Nanpyōyō hogei jikkyō. Tōkyō 1937, 14.

meist nicht individuell gekennzeichnet. Nur auf sehr wenigen Abbildungen sind Gesichter der beteiligten Akteure zu erkennen. In der Darstellung erscheint der Arbeiter auf dem Fabrikdeck als anonymer Teil des Produktionsprozesses, in dem die Maschinerie im Vordergrund steht. Zwischen den riesigen Maschinen und Walkadavern bleiben die Menschen untergeordnet. Dies macht eine Abbildung von der Expedition der *Tōnan Maru* deutlich. Sie zeigt eine Gruppe von drei Männern in Winterbekleidung auf dem Vordeck des Schiffs mit einer glatten Meeresoberfläche und Packeis im Hintergrund. Die Bildunterschrift identifiziert die Männer als »Helden des Walfang-Wettkampfes im Südpolarmeer«.[29] Ihre Gesichter sind in der winterfesten Seebekleidung jedoch kaum erkennbar; in der Bildunterschrift werden sie nicht weiter identifiziert. Ein ähnliches Bild von der *Tōnan Maru* wurde 1936 in der *Asahi Shimbun* veröffentlicht. Hier diente es der Illustration des Artikels im August über die bevorstehende »Walfang-Olympiade«. Das gleiche Bild mit den am Bug stehenden, dem Packeis zugewandten Personen erschien wiederum einige Monate zuvor im Zentrum einer ganzseitigen Bildserie zum »Walfang auf dem Südpolarmeer«. Die Bildbeschreibung hier lautet »Ein Eisberg verhindert das Vorrücken der *Tōnan Maru* nach

---

29 Tōnan Maru Nanpyōyō hogei shashinchō. Tokio 1937, unpag.

Süden«.[30] Der auf das Packeis gerichtete Bug des Schiffs mit namenlosen Besatzungsmitgliedern als wiederkehrendes Motiv vermittelt einerseits die Herausforderung, welche die regionalen Besonderheiten des Südpolarmeeres stellen, lassen aber gleichzeitig keinen Zweifel offen, dass Schiffstechnologie und willensstarke Besatzungen diese überwinden können – es ist die fotografische Umsetzung der symbolträchtigen Benennung des Fabrikschiffes als »Bestrebung nach Süden«. Auch der Bildband der Taiyō Hogei setzt ein solches Bild an eine zentrale Position, um das Erreichen des Südpolarmeeres nach der langen Überfahrt darzustellen.

Der Hinweis in der Bildunterschrift, dass diese Szene sich 1.702 Seemeilen von der letzten australischen Landstation der Reise, Fremantle, abspielte, verdeutlicht die große Distanz, welche Schiffe und Besatzungen zurücklegen mussten. Die präzise Entfernungsangabe zu Fremantle zeigt zudem, dass die Fanggründe im Südpolarmeer hier recht genau definiert wurden. Das in dieser und ähnlichen Aufnahmen gezeigte bestimmende Merkmal des Südpolarmeeres sind wiederum die Packeisfelder, deren Erscheinen am Horizont das Eismeer und damit die vermuteten Walbestände ankündigt.

Die sonst im Hintergrund stehenden Walfänger wurden in diesen Beispielen zu Ikonen einer japanischen Männlichkeit stilisiert, die der widrigen polaren Umwelt trotzten und im Südpolarmeer den Wettstreit mit anderen Nationen ausfechten. Zwar bleiben die Personen auch hier namenlos, werden aber im Gegensatz zur größeren Anzahl der Fotografien, in denen die Produktionsbedingungen auf dem Schiff im Vordergrund stehen, als die Hauptakteure des Walfangs dargestellt. Allenfalls die Harpuniere, die eine der qualifiziertesten Tätigkeiten an Bord ausübten, wurden – als »Elite« bezeichnet – individuell an ihrem Arbeitsplatz präsentiert. Am Harpunengeschütz stehend sind sie im selben Bildausschnitt wie der flüchtende Wal abgebildet. Allerdings bleiben auch sie namenlos und auf die Technologie des Schiffes (in diesem Fall die Harpunenkanone) angewiesen. Die in den Bildunterschriften nicht identifizierten und in der Gruppe fotografierten »Helden« bleiben also stets der Technologie der Walfangschiffe nachrangig. Gegenüber den antarktischen Polarforschern wie Shirase folgten die Walfänger in der Darstellung des antarktischen Raumes ähnlichen Abbildungskonventionen, ihr »Heldentum« beruhte jedoch auf einer namenlosen Kollektivität und war stark vom Einsatz der im Vordergrund stehenden Maschinen abhängig.

Die eigentliche Jagd nach den Walen wird im Band durch eine beschleunigte Bildfolge als kontinuierlicher Prozess des Verfolgens und Tötens eines einzelnen Wals dargestellt. Von der Entdeckung des Wals durch den Ausguck, die anschließende Verfolgung durch das Fangboot bis zum Moment des Abschusses durch den Harpunier folgt der Betrachter dem perfekten Ablauf der Jagd.

---

30 Nanpyōyō no hogei. Nanshin suru Tōnan Maru, in: Asahi Shimbun, 12. April 1936, 9.

Abb. 2: »Beflaggt und schwimmen gelassen; es geht zum nächsten Wal«, in: Nanpyōyō hogei jikkyō. Tōkyō 1937, 32.

Die Bildunterschriften erweitern die Abbildungen der Sequenz durch die entsprechenden Ausrufe und Befehle. Die Kommentare eines nicht im Bild präsenten Sprechers wie »furu supiido« (*full speed*) und »sutanbāi« (*standby*!)[31] geben einerseits die Aneignung der an Bord verwendeten seefahrtsspezifischen und dem Englischen entlehnten Fremdwörter wieder und unterstreichen andererseits den Anspruch des Dokumentarischen. Die Bildfolge und deren knappe schriftliche Erläuterungen werden dabei als Augen- und Ohrenzeugen für den professionellen Ablauf des Walfangs präsentiert. Gleichzeitig zur dokumentarischen Authentizität konnte diese Technik den Betrachter mit ihrer Spannung unterhalten. Endpunkt dieser exemplarischen idealen Waljagd ist eine Abbildung des treibenden und mit Druckluft aufgefüllten Kadavers eines Furchenwals auf der ruhigen Meeresoberfläche mit der verankerten und aufrecht stehenden Flagge des Reedereisymbols der Taiyō Hogei Kaisha.

Die Bildunterschrift weist auf das »Beflaggen« und den unmittelbar folgenden Fortgang der Waljagd hin. Diese Praxis des Markierens von Walen mit einer der Reederei zugehörigen Flagge war seit Beginn des 20. Jahrhunderts im globalen Walfang weit verbreitet. Gemeinsam mit den Positionsbestimmungen auf

---

31 Nanpyōyō hogei jikkyō. Tokio 1937, 24–31.

der Karte erleichterte die Flagge das Auffinden des ansonsten tief im Wasser liegenden Walkadavers, der auch bei leichtem Wellengang schnell verloren gehen konnte. Die getöteten Wale wurden von den Besatzungen der Fangboote mithilfe von Druckluft schwimmfähig gemacht und markiert, um die restlichen Tiere einer Herde jagen zu können. Daraufhin konnten mehrere Kadaver zur Verarbeitung zum Fabrikschiff geschleppt werden. Neben dieser praktischen Anwendung hatte die Flagge jedoch auch eine wichtige symbolische Bedeutung, die insbesondere angesichts des japanischen Vorgehens auf dem Südpolarmeer von Bedeutung war. Im Moment des Beflaggens wurde aus dem Wal als einer in den internationalen Gewässern des Südpolarmeeres lebenden und daher nach der japanischen Interpretation frei für jedermann verfügbaren Ressource ein dem jeweiligen Flaggenbesitzer gehörendes Gut.

Da sich die Walfangflotten trotz der Zunahme der Aktivität auf dem Südpolarmeer gegen Ende der 1930er Jahre beim Fang eher selten begegneten, war die Sicherstellung der Inbesitznahme durch die Flagge eher symbolisch als eine unmittelbare praktische, rechtliche Anforderung. Als Fotografie vielfach reproduziert, verdeutlichte sie für ein großes Publikum den Anspruch auf die japanische Beteiligung am Walfang und die Anwesenheit im Südpolarmeer und den dortigen Fang von Walen. Gleichzeitig zeigt der in der Bildunterschrift erwähnte unmittelbare Fortgang der Jagd die effiziente industrielle Rationalität, mit der auch eine große Gruppe von Walen gejagt und verarbeitet werden kann. Das Bild des treibenden und mit einer Flagge markierten Wals wurde in zahlreichen Berichten über den Walfang verwendet und ist damit ein wiederkehrendes Motiv in den Fotografien zum Walfang.

5. Die Flagge setzen: Nutzungsansprüche im Südpolarmeer

Die Verwendung des Motivs eines mit einer Flagge markierten Wals beschränkt sich nicht nur auf das fotografische Medium. In der Walfang-Publikation *Der internationale Wettkampf im Südpolarmeer-Walfang. Ein Bericht vor Ort* wurde eine Karte des Kontinents Antarktika und der umgebenden Wasserflächen mit denselben, klar erkennbaren Umrissen markiert.[32] Symbole erlegter Wale umgeben den antarktischen Kontinent und markieren so die japanischen Ansprüche auf die Nutzung der lokalen Ressourcen. Anstelle der üblichen Flagge der Reedereien sind in dieser Darstellung die Nationalflaggen der beteiligten Walfangnationen Norwegen, Großbritannien und Japan (respektive 3, 2 und 2 Wale) eingefügt.

Das Symbol der beflaggten Wale dient hier dazu, die Präsenz der Fangflotten der jeweiligen Nation in der ungefähren geografischen Lage ihrer Fanggebiete

---

32 Kobayashi Seiki, Nanpyōyō kokusai hogei sōhasen. Genchi hōkoku. Kōbe 1939, 45.

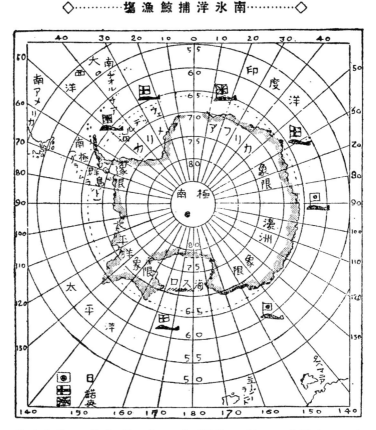

Karte 1: Geografische Einordnung der Walfanggebiete nach Nationen mit Walsymbolen, in: Kobayashi Seiki, Nanpyōyō kokusai hogei sōhasen. Genchi hōkoku. Kōbe 1939, 45.

zu verorten. Andere Nationen mit Beteiligung am Walfang aber wurden auf dieser Karte ignoriert. So insbesondere die ab 1936 ebenfalls im Südpolarmeer tätigen Fangflotten aus Deutschland, deren Anteil am Walfang ähnlich dem Japans bis 1939 stark angestiegen war. Da die japanischen Walfänger ihr gewonnenes Öl durch ein Handelsabkommen nach Deutschland verkauften, ist diese Auslassung des Handelspartners und die sich daraus ergebende Konzentration auf die etablierten Konkurrenten durchaus bemerkenswert. Anscheinend wurden die verbündeten Deutschen nicht als Teilnehmer des Wettkampfs angesehen. Andererseits bildet die Konzentration auf die etablierten Walfangnationen eine Weiterführung der Wettkampfrhetorik, wonach es für die Walfänger darum ging, die an der Spitze stehenden Nationen durch die eigenen Walfangflotten und deren fähige Besatzungen zu überflügeln.

Die Übersichtskarte kombinierte somit die Symbolik der Inbesitznahme des Walkadavers mit dem in der Frühphase der Antarktisreisen als Tropus etablierten Abstecken eines Territoriums durch national geförderte Entdecker. Im Gegensatz zu den Fotografien, welche die Inbesitznahme eines einzelnen Wals durch das Beflaggen darstellten, erweiterte die Kartendarstellung diese Praxis und Symbolik von einem individuellen Tier auf eine größere Meeresregion. Diese Modifizierung der weithin bekannten Fotomotive und der populären Flaggenikone zu einem Symbol der nationalen Inanspruchnahme von Meeresgebieten muss wiederum mit dem wachsenden japanischen Nationalismus der Zeit in Zusammenhang gebracht werden. Im Walfang-»Tagebuch« Marukawa Hisatoshis von 1941, als die europäische Konkurrenz kriegsbedingt den antarktischen Gewässern fernblieb, heißt es unter der Überschrift »Strahle, Walfangnation Japan!« (*Kagayake! Hogeikuni Nippon*):

»[...] jetzt, wo das Überholen aller Länder vollendet wird, ist das Selbstvertrauen vollkommen. Welch eine wunderbare Sache ist der Walfang Japans! Schließlich ist Japan eine Fischereination. Da der Fortschritt schnell ist, äußern die Ausländer Worte der Kritik. Doch im an Rohstoffen armen Japan muss die Fischerei den Anteil der Rohstoffe ungehindert aus dem Meer gewinnen können [...].«[33]

Marukawas Worte bringen den Stolz über die gegenüber der ausländischen Konkurrenz erzielten japanischen Erfolge zum Ausdruck. Gleichzeitig beruft er sich auf eine spezifische Identität Japans als Fischereination, die auf ungehinderten Zugang zum Meer und seine Rohstoffe angewiesen sei. Der Walfang und die Präsenz auf dem Südpolarmeer waren nicht einfach ein Wirtschaftsprojekt; sie wurden zu einer nationalen Aufgabe der »Seemacht Japan« erhoben. Für den Fortschritt der Nation Japan bildete die Präsenz der Fabrikschiffe und das Abstecken eines Fanggebiets ein Akt unmittelbaren nationalen Interesses.

Doch bildete dieses Anmelden von uneingeschränkten Nutzungsansprüchen auf dem Südpolarmeer durch das symbolische und tatsächliche Setzen der Flaggen keine Inanspruchnahme eines fest definierten Territoriums. Japan beteiligte sich nach wie vor nicht an der Diskussion um territoriale Ansprüche auf antarktische Landmassen. Die Flaggen signalisierten lediglich eine Präsenz, die weniger Aspekte des internationalen Rechts berührte als vielmehr in den Heldendiskurs des Walfanges gehört. Das Südpolarmeer war in der öffentlichen Wahrnehmung nicht durch territoriale Grenzziehungen bestimmt. Stattdessen signalisierten die Darstellungen von Packeis, Stürmen und Walen die Merkmale und gleichzeitig Herausforderungen des Meeres.

Die Kombination aus einer kartographischen Darstellung mit Abbildungen von nationaler Symbolik zur Markierung des Nutzungsanspruches auf einen vage definierten Raum wurde in Bezug auf den Walfang in einer ganzen Reihe

---

33 Marukawa Hisatoshi, Hogeisen nikki. Tokio 1941, 285f.

Abb. 3: Titelbild der Zeitschrift *Gyosen*. April 1939.

weiterer unterschiedlicher Medien verwendet. Das Titelbild des an Spezialisten gerichteten Fischerei-Schiffbaumagazins *Gyosen* (Fischerboot) zeigt 1939 auf mehreren Ausgaben ein Walfang-Fangboot – durch die japanische Nationalflagge am Heck als heimische Konstruktion ausgewiesen – vor einem Erdglobus. Dieser ist dabei nicht auf die japanischen Küstengewässer, sondern auf den größeren pazifischen Raum zentriert und verdeutlicht den Anspruch, die neu gewonnene japanische Expertise in der Produktion eigener Walfangtechnologie im überregionalen pazifischen Raum einsetzen zu können. Bilder wie dieses verdeutlichen den Anspruch der Japaner, mit der eigenen Schiffbauindustrie auch auf globaler Ebene erfolgreich zu sein. Eine Reihe von Medaillen, die anlässlich von Walfangexpeditionen und Stapelläufen der auf japanischen Werften konstruierten Fabrikschiffe geprägt wurden, griff das Bild der Flagge zur Markierung der japanischen Anwesenheit und des Anspruchs auf einen uneingeschränkten Zugang zum Südpolarmeer ebenfalls auf und kombinierte die Prägung der japanischen Nationalflagge mit einer kartografischen Darstellung von Antarktika und dem umgebenen Meeresraum. Auf den Abbildungen ist die Nationalflagge zu erkennen. Sie weht jedoch nicht über japanischem Territorium, sondern über dem Südpolarmeer.[34] Die Walfangschiffe standen damit als schwimmende Symbole für einen japanischen Anspruch, auf dem pazifischen Raum eine technologische und wirtschaftliche Vormachtstellung einzunehmen. Konnten die Schiffe in der entferntesten und schwierigsten Weltregion gegen die Konkurrenz bestehen, so war die angestrebte Vormachtstellung erreicht. Sowohl das Hissen der japanischen Flagge durch die Antarktis-Expedition von Shirase als auch die Darstellung von Flaggen im Südpolarmeer durch die japanischen Walfänger blieben symbolische Aussagen für eine feste Anwesenheit der Japaner im Südpolarmeer. Doch deuteten die Japaner das Südpolarmeer trotz der sehr prominenten Aneignungssymbolik nicht als ein eingegrenztes Territorium, auf dem sie ein alleiniges Nutzungsrecht forderten, sondern als maritimen Ort, auf den jeder zugreifen könnte – für Konkurrenz wären die japanische Nation und Walfangindustrie gerüstet.[35]

6. Schluss

Wie die Untersuchung der Darstellung des Südpolarmeeres in öffentlichen Schrift- und Bildzeugnissen gezeigt hat, waren japanische Walfangschiffe in der Vorkriegszeit nicht nur mobile Fabrikanlagen zur Produktion von Walöl und Fleisch für den heimischen Markt. Stattdessen lieferten sie sich einen Wettkampf mit anderen – bereits etablierten – Walfangnationen. Während der Meeresraum auf der Anfahrt als große Leere nicht beachtet wurde, wurde das Südpolarmeer durch die Praxis des Walfangs über Texte und Bilder angeeignet.

Während Japan mit Korea, Taiwan und dem Marionettenstaat Mandschukuo in den 1930er Jahren ein ostasiatisches Kolonialreich mit weitreichenden, abgegrenzten und genau verwalteten Territorien errichtet hatte, stellten die Walfänger im Südpolarmeer Nutzungsansprüche für die unregulierte Ausbeutung der Walpopulationen. Die Konstruktion des Südpolarmeeres war in dieser Hinsicht von den Territorialansprüchen Japans an Land abgesetzt und stellte auch unter den Walfangnationen eine Besonderheit dar.

---

34 In Klaus Barthelmess, Deutsche Walforschung in den 30er Jahren, ihre Funktion in der nationalen Walfangpolitik, ihre Ergebnisse und wissenschaftliche Rezeption, in: Historisch-Meereskundliches Jahrbuch 15, 2009, 53–92, hier 65.
35 Siehe die Definitionen von Territorium und *territoriality* in: David Storey, Territory: The Claiming of Space. Harlow 2001, 1; Philip E. Steinberg, Territory, Territoriality and the New Industrial Geography, in: Political Geography 13, 1994, H. 1, 3–5, hier 3 f.

Die rechtliche Voraussetzung und der damit wahrgenommene Wettbewerb bedingte die Investition in einen schnellen Ausbau der eigenen leistungsfähigen Walfangflotte und der Darstellung ihrer Besatzungen als Helden. In deren Anonymität und der Vordergründigkeit der technischen Einrichtungen zeigt sich jedoch, dass auf dem Südpolarmeer technische Einrichtungen und ein Kollektiv von Personen individueller Leistung vorstand. Fotografien und Texte zeigten dabei ein Bild von modernen technischen Errungenschaften, die eine westliche Vorherrschaft um Ressourcen erfolgreich herausfordern und Japan einen festen Platz unter den Industrienationen sichern konnten. Das Südpolarmeer wurde dem Publikum dabei als ein weit entfernter, exotischer und fordernder Ort beschrieben, in dem die Ressourcenversorgung des Landes sichergestellt werden musste. Auf dem Südpolarmeer wurde damit Japan als Nation gedeutet, welche das seit der Meiji-Zeit bestehende Bestreben, eine Seemacht zu werden, erfolgreich durchgesetzt hat. In der unmittelbaren Vorkriegszeit bedeutet die freie Nutzung des Südpolarmeeres – ohne dieses als Territorium zu deklarieren – auch, dass eine ausreichend leistungsfähige Nation den gesamten pazifischen Raum zu nutzen in der Lage war.

Autorinnen und Autoren

Julia Heunemann ist Doktorandin an der Bauhaus-Universität Weimar und derzeit Stipendiatin der Andrea von Braun Stiftung.

Christian Holtorf ist Professor für Wissenschaftsforschung und Wissenschaftskommunikation an der Hochschule Coburg und leitet das Wissenschafts- und Kulturzentrum.

Alexander Kraus ist Wissenschaftlicher Mitarbeiter am Schreiblabor Geschichte des Historischen Seminars der Westfälischen Wilhelms-Universität Münster.

Shane McCorristine ist Henry Wellcome Postdoctoral Fellow an der University of Leicester sowie Research Associate am Scott Polar Research Institute, Cambridge.

Jens Ruppenthal ist Wissenschaftlicher Mitarbeiter am Historischen Institut der Universität zu Köln.

Pascal Schillings ist Doktorand am Historischen Institut und der a.r.t.e.s. Graduiertenschule der Universität zu Köln.

Lars Schladitz ist Doktorand am Historischen Seminar der Universität Erfurt.

Franziska Torma ist Assistentin am Lehrstuhl für Europäische Kulturgeschichte der Universität Augsburg.

Werner Tschacher ist habilitierter Historiker und arbeitet als Wissenschaftlicher Mitarbeiter beim Kulturbetrieb der Stadt Aachen.

Mareike Vennen ist Doktorandin an der Bauhaus-Universität Weimar.

Martina Winkler ist Professorin für Kulturgeschichte Osteuropas mit Schwerpunkt auf der Zeitgeschichte der Tschechoslowakei an der Universität Bremen.

Orte und Ereignisse, die Spuren in Köpfen und Landschaften hinterlassen

Frank Uekötter (Hg.)
Ökologische Erinnerungsorte
2014. 334 Seiten mit 11 Abb. und 2 Karten,
gebunden
ISBN 978-3-525-30051-0
Auch als eBook erhältlich

Vom Wattenmeer bis Indonesien und von Tschernobyl bis in die Savanne Ostafrikas suchen die Autoren dieses Bandes nach Orten und Ereignissen, die Eingang ins kollektive Gedächtnis gefunden haben.

Auch bei ökologischen Themen leben wir in einer erinnerungsgesättigten Gesellschaft. Kaum ein Ereignis, dessen Diskussion nicht von Erinnerungen geprägt wird: Die Katastrophe von Fukushima ließ sofort an Tschernobyl denken, jede Ölpest evoziert eine lange Liste einschlägiger Havarien von Torrey Canyon bis Exxon Valdez, und in Form der Seveso-Richtlinie der EU fand die Erinnerung an das italienische Chemieunglück von 1976 Eingang in die Rechtssprache. Dieser Band diskutiert Orte und Ereignisse, die Spuren in Köpfen und Landschaften hinterlassen haben, und zeigt Wege zu einer ökologischen Erinnerungskultur.

www.v-r.de

Umwelt und Gesellschaft

Band 9: Patrick Masius
Schlangenlinien
Eine Geschichte der Kreuzotter

2014. ca. 200 Seiten mit ca. 30 Abb. und
5 Tab., gebunden
ISBN 978-3-525-31714-3
Auch als eBook erhältlich

Die Geschichte der Kreuzotter: Vom »Ungetüm mit den roten Mörderaugen« zur erhaltenswerten Art.

Band 8: Uwe Lübken
Die Natur der Gefahr
Überschwemmungen am Ohio River im 19. und 20. Jahrhundert

2014. 334 Seiten mit 25 Abb., gebunden
ISBN 978-3-525-31706-8
Auch als eBook erhältlich

Die Arbeit untersucht Überschwemmungen und Risikomanagement am Ohio River.

Band 7: Frank Zelko
Greenpeace
Von der Hippiebewegung zum Ökokonzern

Aus dem Englischen von Birgit Brandau
2014. ca. 340 Seiten mit 27 Abb., gebunden
ISBN 978-3-525-31712-9
Auch als eBook und ePub erhältlich

Die Weltorganisation »Greenpeace« ist ein global agierendes, in den Medien allgegenwärtiges Unternehmen. Seine dramatische Geschichte, seine komplexe Struktur und faszinierende Philosophie fordern alle wissenschaftlichen Disziplinen heraus.

www.v-r.de

Umwelt und Gesellschaft

Band 6: Sebastian Strube
Euer Dorf soll schöner werden
Ländlicher Wandel, staatliche Planung und Demokratisierung in der Bundesrepublik Deutschland

2013. 256 Seiten mit 1 Karte, 1 Abb. und 2 Tab., gebunden
ISBN 978-3-525-31711-2
Auch als eBook erhältlich

»Unser Dorf soll schöner werden« – Mehr als ein Blumenschmuckwettbewerb?

Band 5: Martin Bemmann
Beschädigte Vegetation und sterbender Wald
Zur Entstehung eines Umweltproblems in Deutschland 1893–1970

2012. 540 Seiten mit 13 Abb., gebunden
ISBN 978-3-525-31710-5
Auch als eBook erhältlich

Umweltbuch des Monats November 2012!

Band 3: Cornel Zwierlein
Der gezähmte Prometheus
Feuer und Sicherheit zwischen Früher Neuzeit und Moderne

2011. 449 Seiten mit 7 Abb., 7 Tab., 21 Grafiken und 18 Farbtafeln, gebunden
ISBN 978-3-525-31708-2
Auch als eBook erhältlich

Band 2: Ute Hasenöhrl
Zivilgesellschaft und Protest
Eine Geschichte der Naturschutz- und Umweltbewegung in Bayern 1945–1980

2011. 632 Seiten mit 28 Abb. und 11 Tabellen, gebunden
ISBN 978-3-525-31707-5
Auch als eBook erhältlich

Band 1: Frank Uekötter
Die Wahrheit ist auf dem Feld
Eine Wissensgeschichte der deutschen Landwirtschaft

3. Auflage 2012. 524 Seiten, gebunden
ISBN 978-3-525-31705-1
Auch als eBook erhältlich

www.v-r.de